21世纪高等院校教材·人力资源管理系列·科学版

人力资源会计

（第二版）

张文贤　编　著

科学出版社

北　京

内 容 简 介

本书共 11 章，分为三篇：理论篇主要介绍人力资源和人力资本的相关理论和知识；主体篇着重探讨人力资源会计的主体，即有关人力资源成本、投资、价值、权益和管理的会计；应用篇突出强调人力资源会计的生命在于推广应用，包括人力资源会计制度设计、培训的投入产出分析等。

本书可作为人力资源管理专业、企业管理专业、会计学专业和教育经济学专业本科生和研究生的教材。

图书在版编目（CIP）数据

人力资源会计 / 张文贤编著．-- 2 版．--北京：科学出版社，2014.8

（21 世纪高等院校教材・人力资源管理系列・科学版）

ISBN 978-7-03-041526-4

Ⅰ.①人… Ⅱ.①张… Ⅲ.①劳动力资源—会计 Ⅳ.①F243

中国版本图书馆 CIP 数据核字（2014）第 177345 号

责任编辑：方小丽 / 责任校对：王艳利

责任印制：张　伟 / 封面设计：蓝正设计

科学出版社出版

北京东黄城根北街 16 号

邮政编码：100717

http://www.sciencep.com

北京虎彩文化传播有限公司印刷

科学出版社发行　各地新华书店经销

*

2015 年 1 月第　二　版　开本：787×1092　1/16

2022 年 8 月第六次印刷　印张：20

字数：468 000

定价：68.00 元

（如有印装质量问题，我社负责调换）

编辑委员会

第二版前言

本书自2010年出版以来，承蒙读者厚爱，不断重印。许多兄弟院校以此作为教材，我深感责任重大，经过多年实践和反复思考，决心作些重要修改。此次修改主要有以下三个方面。

第一，结构调整。全书共11章，分为三篇：第一篇是理论篇，包括第1章和第2章，主要介绍人力资源和人力资本相关的理论知识；第二篇是主体篇，包括第3章至第7章，即人力资源会计的主体——人力资源成本会计、人力资源投资会计、人力资源价值会计、人力资源权益会计和人力资源管理会计；第三篇是应用篇，包括第8章至第11章，主要是加强了分析和审计，强调人力资源会计制度设计和推广应用。这样调整以后，层次更加清晰，逻辑更加严密，可以使读者的理解更加深刻。

第二，充实内容。人力资源会计分析是我们对一般人力资源会计教科书的补充。此次再版把培训的投入产出分析作为重要内容加进去，希望有更多的企业管理决策层改变对培训的片面认识，重新认识培训作为人力资本投资的重大作用。这是本书的主要特色，其中包含了作者以及众多博士弟子(李利、袁磊、魏峰、程立、颜延、何红、苏莉、卢长宝等)跟随我长期研究的成果。我们曾经接受宝钢股份有限公司的委托，为其做了培训的投入产出分析的调查研究咨询课题，这是国际上培训价值评估的前沿课题，研究成果获得了全国人事科学研究成果二等奖。

第三，案例分享。实践证明，被称为哈佛教学法的案例教学是卓有成效的科学方法。本书的第一版已经有意识地穿插了一些案例和阅读资料，再版开辟了专栏，更加强调和突出案例分享，以期引起关注和讨论，使我们的思想更加活跃，操作有样板，思考有材料，交流有方向。其中有些案例是作者亲自参与调查研究的结果，如“冯根生难题”是我用将近10年时间跟踪访问、深入调查的成果，企业家冯根生成了我的好朋友，我的博士生傅颀和博士后朱秀华等也参与了课题研究。有的案例是我平时阅读过程中感到特别有价值而收集积累的资料，此次引用前都分别征得了原作者的同意。例如，厦门大学管理学院副院长刘峰教授听说我选择他的论文作为案例，马上把电子版发给我，体现了我们之间的深厚友谊；华东理工大学教授黄维德、董临萍慷慨同意本书引用她们编写的《人力资源管理与开发案例》(2005年由清华大学出版社出版)；我在好孩子集团的内部刊物上看到一篇文章，就通过集团公司的程祖庆厂长(他和他的许多同事都是我们的EMBA学员)联系，直接向作者石金花要来了文章的电子版。

我要感谢所有为我提供帮助的朋友，特别感谢科学出版社的策划编辑马跃和责任编辑张宁等，还要感谢我的助理马莉、华晔协助我打印资料，使书稿顺利完成。

尽管做了这样的修改，但由于我们的研究还有待深入，实践经验不够丰富，书中定有许多不足之处，诚恳期待各路专家和广大读者提出批评。我愿意不断修改、完善，努力争取达到尽善尽美。

张文贤

2014年7月1日于复旦大学科技园

第一版前言

人力资源会计是会计学科的一个崭新分支，它是鉴别和计量人力资源数据的一种会计程序和方法，其目标是将企业人力资源变化的信息提供给企业和外界有关人士使用。

在一个组织的活动中，经常会出现需要对人力资源数据进行鉴别和计量的情况。

例如，在2001年，“百万年薪聘教授究竟值不值”是清华大学也是全国许多高校和媒体最热门的争议话题之一。一年之后，这一争议可以说已是尘埃落定。在清华园里，对这个问题，不管是教师还是学生，回答的答案都是“物超所值”。但要比较准确地说明“物超所值”，就必须对学校百万年薪招聘教授时所发生的成本费用与这些支出在受益期内(由于这些高级人才给学校带来的影响的延续性，受益期可能大于聘用期)给学校带来的效益进行鉴别和计量。这里涉及的是对人力资源的成本和人力资源创造的价值和贡献进行分析。

又如，一位在意大利博洛尼卫生洁具(中国)有限公司工作了两年的生产工人向厂方提出加薪要求，并声称如果得不到满足便要离职。那么是同意这名员工的加薪要求还是不同意这一要求而另外招聘一名工人来代替他呢？要做出正确的决策，就必须对这名员工的离职成本和招聘一名新的工人并使之达到能提供相同的服务水平所发生的有关成本进行鉴别、计量和比较分析。

再如，要深化分配制度的改革，确立劳动、资本、技术和管理等生产要素按贡献参与分配的原则，完善按劳分配为主体、多种分配方式并存的分配制度，是我国在社会主义初级阶段多种经济成分共存条件下的分配制度。在这种分配制度下，劳动者除了获得工资和工资以外的应得部分(即直接获得的自己剩余劳动的一部分，如利润中的用于保险、福利、公积金、公益基金等的那一部分)，作为生产要素的劳动者的劳动还要参与做出必要扣除后的利润部分的分配。这就涉及人力资源权益的核算。

在传统会计中，人力资源成本的有关数据分散在许多账户之中，同时传统会计也没有对组织的人力资源价值、人力资源权益等进行核算，因此，传统会计不能满足各有关方面对人力资源信息的需要。要解决这一问题，就必须在组织中进行人力资源会计核算。

人力资源会计于20世纪60年代起源于美国。第二次世界大战后，科学技术的第三次革命推动社会经济不断增长，在此过程中出现了许多用传统经济理论无法阐述清楚的现象。西奥多·舒尔茨(Theodore Schultz)、雅各布·明瑟尔(Jacob Mincer)、加里·贝克尔(Gary S. Becker)、爱德华·丹尼森(Edward F. Denison)、罗默(P. M. Romer)、卢卡斯(R. E. Lucas)等美国经济学家和英国经济学家斯科特(A. D. Scott)等把人力资本变量引入经济分析，对经济发展的动力做出了全新的解释，人力资本理论等就此诞生、发展和日益完善。随着人力资本理论在宏观经济领域的应用和发展，会计学界也日益认识到传统会计在某些方面已不能适应新的社会经济环境，因为它无法正确反映人力资源在经济发展中的巨大作用。会计学家将人力资本理论引入会计学领域，创立了人力资源会计。

20世纪60年代为人力资源会计的开始试行阶段。在这一时期，理论界初步奠定了人力资源会计的基础，并将设计出来的会计程序和方法应用于一些小型工业企业。在70年代初期，对人力资源会计理论的研究和该理论在实践中的应用得到迅速发展，同时还设计出了几种人力资源会计的程序和方法。但在70年代后期，人力资源会计的深入发展面临着一些当时难以解决的问题，致使人力资源会计的研究和应用出现停滞的局面。从80年代至今，人力资源会计又进入一个新的发展阶段，得到了更加广泛的应用，在理论研究和实践应用方面都在向前稳步推进。

人力资源会计在20世纪80年代引入我国，现在，我国会计界在人力资源会计的理论研究方面已经取得了很大的进展，但是人力资源会计在会计实践的应用中还很落后，这严重阻碍了人力资源会计在我国的发展。实际上，在我国充分重视人力资源会计的理论研究并将其广泛运用于会计实践，具有非常重要的意义。

首先，进行人力资源会计核算为在我国加强人力资源开发和人力资源能力建设工作的开展提供了必要的信息。

千百年来，人类为了生存和发展不断发掘地球上的各种资源，经济社会的发展和物质财富的增长在很大程度上取决于对物质资源的直接占有。物质资源的开发利用是人类社会发展的基础，而人类智慧和能力的发展决定着对物质资源开发的深度和广度。随着社会的进步，人类自身能力不断发展，显示出越来越大的力量。经济发展和社会进步，需要物质资源作基础，更需要人的知识和能力作支撑。当今世界，人才和人的能力建设，在综合国力竞争中越来越具有决定性的意义。人类有着无限的智慧和创造力，这是文明进步不竭的动力源泉。开发人力资源，加强人力资源能力建设，已成为关系当今各国发展的重大问题。

社会的不断发展，为充分发挥人的能力打开了广阔前景。人类不断创造新的文明成果，而文明进步特别是科学技术的重大突破，又为人类本身的发展不断创造新的条件，对人类的发展提出新的要求。每一次技术发明和运用，在提高社会生产力的同时，都为人的能力提高带来新的推进。当今蓬勃发展的新科技革命，对人类自身发展所产生的影响更为广泛、深刻。信息技术(information technology，IT)的发展，使人们的学习和交流打破了过去的时空界限，为人类能力的提高和发挥作用带来了新的空间。知识不断更新，科技不断突破，经济不断发展，对劳动者素质的要求越来越高。加强人力资源开发，加强人力资源能力建设，从来没有像今天这样重要、这样紧迫。

加强人力资源开发和人力资源能力建设具有极其重要的意义。要做好这些工作，就必须充分了解我国人力资源的现状，了解当前和未来一定时期内我国社会对人力资源的需求，从而有针对性地制定和实施加强人力资源开发和人力资源能力建设的政策和措施。进行人力资源会计（包括社会人力资源会计和企业人力资源会计等）核算，掌握我国人力资源的存量、质量、结构、分布、流动性、流动方向、投资成本、投资效益等信息，预测未来一定时期内我国人力资源总量、分布、流动、供需状况等的发展趋势，能够认识到我国人力资源现状与当前和未来一定时期我国社会对人力资源的需求之间存在的矛盾，从而制定相应的人力资源政策，采取相应的措施，加强我国建设所需要的人力资源的开发和人力资源能力建设，引导人力资源的合理流动和优化配置，提高人力资源的利用效率，增强我国国际竞争的综合能力。

其次，进行人力资源会计核算，有助于加强我国经济建设中各种资源的合理有效配置，克服我国在发展经济中存在的自然资源和资本资源不足、人力资源总量巨大而质量偏低的弱点。

发展经济，离不开对自然资源、资本资源和人力资源的合理有效配置。我国是一个自然资源、资本资源短缺的国家。资金严重不足已经成为制约许多企业特别是中小企业发展的瓶颈，这已是不争的事实。而长期以来在人们心目中所形成的我国“地大物博”的概念，其实是一个误解，因为用我国巨大的人口总量作为分母一平均，就可看出我国实际是一个资源小国，我国经济发展所需要的许多重要资源的人均占有量远远低于世界的平均水平：人均耕地仅为世界人均占有量的32%，人均永久草地为46%，人均森林为11%，淡水为24%，水能为61%，原油为13%，铁为34%，铜为24%，铅为35.3%，锌为58.4%，镍为29%，钴为62.5%，铝为13.9%，锰为18.3%，金为19%……

要在自然资源、资本资源短缺的条件下实现经济发展，提高人力资源的整体素质、发挥人力资源的整体优势是关键。日本国土面积狭小、资源匮乏，但它创造出了经济发展的奇迹。日本《经济白皮书》总结了三点成功原因，居于首位的就是重视人才投资教育、培育，使人才的聪明才智能得到充分发挥的环境；其次是吸收消化国外技术，使之适合日本国情；最后是形成了适应经济形势变化和不同发展阶段的经济系统[①]。在这三条中，第一、二两条都与人力资源开发和人力资源能力建设有关。可以说，日本通过提高国民的整体素质弥补了经济发展中资源短缺的弱点。

“世间万物，人是最宝贵的，人力资源是第一资源。”但值得我们重视的是，在我国发展经济所需要的自然资源、资本资源短缺的同时，我国的人力资源状况却不容乐观。我国教育部在2003年2月14日公布的《中国教育与人力资源问题报告》中描绘了我国人力资源基本现状：我国人力资源总量巨大，但整体国民素质偏低，中高层次人才严重缺乏，人力资源整体水平与发达国家和新兴工业化国家相比存在较大差距，产业、行业人力资源结构性矛盾突出，劳动力整体文化素质不能适应产业高度化发展和劳动生产率的

---

① 李晓光. 日本戴明奖：“经济奇迹的助推器”. 经济日报，2003-06-25。

持续提升①。

我国人力资源整体素质低下所导致的远低于世界先进水平的资源利用率，更加突出了我国经济建设中自然资源短缺的矛盾。有关资料显示，我国能源有效利用率只有28%，大体相当于世界20世纪50年代的水平，而发达国家的能源有效利用率为40%～50%；我国重点企业的吨钢能耗比国外先进企业高出30%以上；我国每单位国内生产总值(GDP)的耗油量相当于美国的1.8倍，日本的3.2倍；我国的水重复利用率为20%～30%，发达国家为70%左右，我国工业万元产值耗水量为103立方米，是发达国家的10～20倍；我国在木材采伐、造材和加工过程中的剩余材料的利用率为10%左右，而发达国家为70%～90%；我国矿产资源总回采率仅为30%，比世界平均水平低20%，铁矿资源总利用率为36%，有色金属资源总利用率为20%，化工原料利用率为40%～50%。

资源利用率低下，体现出我国经济发展所面临的一个突出问题——经济增长的质量和效益不高。造成这种情况的原因很多，主要原因在于我国多数企业尚未从根本上摆脱以大量消耗资源、粗放经营为特征的传统发展模式，通过高投入、高消耗、高污染来实现较高的经济增长，工艺技术和装备落后，管理混乱等。但管理上存在的问题和关键技术的开发与应用能力相对不足，都与人力资源素质有关。

传统会计一直很重视对自然资源、资本资源的核算和控制，到目前为止，对人力资源，虽然在理论上承认它是生产经营活动中主导的、起决定作用的生产要素，但在会计核算和控制方面，它相对于前两者是远远落后了。随着科学技术的进步和生产力的高速发展，人力资源在经济活动中的作用将越来越重要，人力资源与自然资源、资本资源之间的协调也越来越重要。不提高人力资源的整体素质，自然资源、资本资源的有效配置就是一句空话。建立人力资源会计，开展人力资源会计核算，掌握人力资源信息，加强人力资源开发和人力资源能力的建设，已迫在眉睫。

最后，进行人力资源会计核算，有助于提高企业人力资源管理水平，增强企业竞争力。

由于传统会计忽视对人力资源数据的核算，严重影响了我国企业的人力资源管理水平，影响了我国企业的竞争能力。

在传统会计中，人力资源成本的数据分散于许多账户之中，人力资源成本支出也作为费用直接计入当期损益，而且传统会计也没有进行人力资源投资收益的核算，再加上人力资源投资具有周期长、见效慢等特点，许多企业管理者为了追求短期效益，不愿在人力资源投资上增加支出。这种行为导致我国企业中出现了技术人才断层和老化的现象，影响到企业正常生产经营活动的开展，削弱了企业的竞争能力。例如，目前我国数控机床操作工短缺总量已高达60万人，软件行业的高级技工缺口也达42万人。企业技术人才的严重短缺，导致出现某企业愿出30万元年薪招聘一位高级模具技工和在某地高级技工身价超过博士的情况。即便如此，许多企业急需人才的情况还是无法得到解决。因此，在一些企业和地区出现了发人深省的现象：哈尔滨龙江电机厂掌握着关键技

---

① 郭蓝燕等．我国首次公布“中国教育与人力资源问题报告”．中国青年报，2003-02-14。

术的四位年逾七十的老工人迟迟不能退下来，因为“没有了他们，这家万人大厂将只能停产”；在“制鞋大省”广东，制鞋业 250 万名从业人员中，踏破铁鞋也难觅一名鞋业技师①。

在参与国际竞争时，中国企业往往爱提自己劳动力成本低的优势，但实际上这种“优势”并不像人们一般所想象的那么明显。一方面，劳动力成本低并不意味着生产率高。联合国贸易与发展会议发布的《2002 贸易和发展报告》显示，中国劳动力的平均工资甚至低于肯尼亚和津巴布韦，但如果考虑到生产率的差异，偏重劳动密集型制成品的中国，在出口方面的低工资优势就不太明显了。以 1998 年的数据为例，美国的平均工资是中国的 47.8 倍，但考虑到生产率的因素，创造同样多的制造业增加值，美国的劳动力成本只是中国的 1.3 倍。如此比较下来，日本、韩国的劳动力成本比我国还要低②！我国的劳动生产率低下，原因在于劳动者的劳动素质、技能和敬业精神都比较落后。而另一方面，劳动力素质有高低之分，给低素质劳动力以低工资是正常的，但给高素质的劳动力以低工资则是不正常的。也就是说，中国长期存在的人才“价廉物美”的情况是一种极不正常的现象，它不利于企业留住高素质人才，也不能激励高素质人才发挥其主动性、积极性和创造性。我国国有企业的管理人才、技术人才流失的主要原因就在于此。在这种时候，这种所谓劳动力成本低的“优势”根本不能成为“优势”了。企业要留住所需的高素质人才，不但要使他们获得与其付出相对应的劳动报酬，而且应该让他们依其所拥有的人力资本与企业物质资本投资者一样参与企业利润的分配。要解决我国企业存在的劳动生产率低下和建立有效的激励机制问题，建立和增强我国企业的竞争能力，就应该在企业内进行人力资源会计核算，掌握企业人力资源的数据，通过学习、培训等方式提高企业人力资源素质；同时，进行人力资源价值和权益核算，使企业员工的价值能得到充分体现，使他们的权益能够得到充分的尊重。

企业进行人力资源会计核算，还有助于促进企业员工的合理流动，保持企业活力。企业员工缺乏流动性会导致两方面的后果：一是企业无法根据市场需求的变化及时调整资产与员工存量来改变产出组合，因为企业急需的人才吸引不进来，企业的富余人员也流不出去，从而出现人浮于事的现象，造成企业效率低下、市场竞争力弱的局面；二是企业员工对工作岗位的无风险意识会减弱其对工作的责任心和进取心，产生“当一天和尚撞一天钟”的心理。这种情况，在我国国有企业中最为明显。在传统体制下，我国国有企业的员工缺乏退出机制，企业实际上实行的是终身雇用制，即职工能进不能出，企业不能随意解雇职工。国有企业对职工实行就业、福利、保障三位一体的用工制度，使劳动者在国有企业一旦获得了就业岗位，不仅能获得一份工资，而且同时可从企业中获得医疗保险、住房补贴、退休保障等福利和保障。虽然在改革进程中，国有企业的用工制度也进行了相应的改革，但积重难返，人员严重富余和由此产生的企业效率低下的现象仍继续存在。我国著名企业家、许继集团有限公司(以下简称许继集团)董事长王纪年在经营管理的实践中总结出企业发展中的四条“死亡线”：企业在正常经营时期，普通员

① 从玉华．技工薪酬行情是否虚火过旺．中国青年报，2002-09-27。
② 童少广．制造业能否经住冲击．中华工商时报，2003-04-29。

工每年的淘汰率低于2%，在员工的收入分配总额中与企业绩效相挂钩的“活”的部分低于15%，企业内高素质人才的比例低于10%，在竞争性领域里企业的股本纯而又纯，这样的企业将难逃死亡的结局①。四条“死亡线”说明了一个简单的道理，即如果企业内的资产与员工缺乏流动性，企业就会死亡。许继集团通过体制创新构建了资产与职工的退出机制，成功地跨越了四条“死亡线”：通过建立现代企业制度，把纯而又纯的国有企业改造成国有控股条件下的股权分散化股份公司，在企业内积极探索员工持股、高级管理人员与核心技术人员持更多比例股份的改革试点，使国有企业的资产在一定程度上具有可流动性；在企业内形成优胜劣汰的员工流动机制，每年按照5%～8%的比率分别对普通员工与管理人员实行末位淘汰制，并以一流的工资吸引与招进优秀人才，到2003年年初，许继集团4 260名员工中，各类专业技术人员有2 550余人(其中本科生1 375人，硕士216人，博士、博士后34人，国家级有突出贡献专家8人)，占全员的60%，从而大幅度地提高了企业内中、高级技术与管理人才占全体员工的比例。在跨越四条“死亡线”的同时，许继集团也成为国家经济贸易委员会企业改革司向全国国有大中型企业推荐的企业改革典范，1999年被国家经济贸易委员会、中宣部确定为向全国重点宣传的五家企业之一，销售收入、利润、市场占有率等主要经济技术指标连续多年居全行业第一位，是中国电力装备行业中品种最多、规格最全、配套能力最强的专业化研究、生产企业。许继集团的成功经验说明，在企业中保持员工的合理流动性是非常必要的。但如何确定要引进的人才，如何确定哪些人应被淘汰，这不能仅凭主观印象，必须进行人力资源会计核算，根据有关的人力资源成本和人力资源价值的数据做出相应的决策。

人力资源会计的确立还将产生间接的和更为深刻的社会性影响。例如，人力资源成本和人力资源价值的核算及人力资源价值的货币性计量，将使人力资源的投入与产出更加具体而现实，这就使人力资源在经济建设中的重要性和加强人力资源开发与人力资源能力建设的必要性摆脱了过去那种虚无缥缈的空洞说教。不难想象，这必然对全社会形成重视人才与人才培养、重视人才利用的良好风气产生巨大的推动作用。

世界高新技术革命和进步的浪潮，已把世界各国的经济发展从自然资源竞争、资本资源竞争推向人力资源竞争。人力资源的开发、利用、管理将成为人类和社会经济发展的关键制约因素，因此在我国发展人力资源会计具有重要的现实意义。

会计学正面临着一场深刻的革命——从物本主义转向人本主义的革命。由此要求我们在资本、投资、成本、价值、权益等方面的一系列概念必须更新。

1. 关于资本的概念必须更新

传统的经济学只确认计量货币资本和实物资本，却把最重要的人力资本放在视线之外，是一种典型的“见物不见人”的物本主义。我们记得，早期的资产负债表总是把固定资产放置在资产类的首项，因为固定资产是企业实力的象征。后来，人们发现，企业不仅要有实力，而且还要有活力，而资产的流动性正是企业活力的象征。于是，固定资产的“老大”地位悄悄地被流动资产所取代，流动资产昂然挺立于资产类的首项。再后来，

① 杨瑞龙．跨越企业发展死亡线——让资产与人员流动起来．经济日报，2002-02-28。

人们又发现，以往只看到有形资产，却忽略了十分重要的无形资产。殊不知，无形资产对于一个企业来说，简直非同小可。于是，无形资产成了资产负债表的新宠。由此可见，人们的认识总是随着客观事物的不断发展而不断更新。世界的潮流正向着人本主义进军。自从舒尔茨提出人力资本理论以来，科学、技术、信息、知识、经验、阅历、关系等，都成了生产要素，成了资本。知识资本或智慧资本成为资本最重要的形式。诚如唐·泰普斯科特所指出的："如果网络世代会成为资本的主要形式，那么你就不能当它们是可变动支出，而是资产和资源。这不一定表示人力资本应该列入公司的资产负债表(这是一个复杂的辩论话题)，但这确实表示，公司必须好好对待网络世代资本，视它们为珍宝。网络世代不能被视为传统的资本——不仅因为它们是人类，也因为它们聪明、自信、善变，而且能和其他人合力完成知识性工作。"

2. 关于投资的概念必须更新

人力资本理论的精髓就在于论证人力资本投资是促进社会进步、推动经济发展的动力。传统的会计只核算和反映物质资本投资，却不考虑人力资本投资。尽管人们在口头上也总是说，现代的竞争归根结底是人才的竞争，但是，如果没有人力资本投资，难道人才会从天上掉下来吗？1998 年 11 月，微软中国研究院宣告成立。不久就推出了"微软学者计划"，为国内优秀计算机人才提供奖学金等方面的赞助，按照这一计划，每年将有大约 10 名计算机专业的优秀博士生获得"微软学者"称号。有消息说，微软计划投资的 8 000 万美元，主要花在人才投资上。这意思是明摆着的，微软要争抢中关村的软件人才！企业应该有战略发展的长远目标，不惜重金进行人力资本投资。网络世代的会计从某种意义上说，其本质是人力资源会计。不仅企业是如此，而且任何机构、学校都是如此，甚至整个国家又未尝不是如此！生产经营是如此，科学研究又未尝不是如此！据报道，中国科学院遗传研究所人类基因组研究中心不久前成功测试出 1%的人类基因，举世瞩目。但是现在该中心却处境尴尬：守着上亿元的固定资产，就是招不来人。

3. 关于成本的概念必须更新

传统的经济学一般只计算实际发生的成本，而不计算机会成本，更不计算沉没成本。即使计算成本，也没有把重点放在人力资源成本上。未来学家尼葛洛庞帝预言：五年内就会出现一美元的电脑。他还说，由于数字化，生活将不那么同步了。过去人们都认为大就是好，现在有了互联网就不一样了，你可以做很多大公司可以做的事，所以大公司很担心这么大的规模花费太大，它们都要电子化。现在即使是最强大的公司也认识到，必须采取迅速的行动，就像你看到大象也要争取跑得很快一样。未来社会是一个管理数字化、经营虚拟化的创新社会。比尔·盖茨认为，在未来的 10 年中，商务领域将会经历的变革比过去 50 年所经历的还要多。21 世纪的成功企业是一群知道如何运用数字化工具改造工作方式的公司。而下列 12 个关键步骤就可以让数字信息在企业内部顺畅流通，一如人类思考的速度，让企业及时适应外界环境变化、顾客需求以及竞争挑战，并及时采取行动，博得顾客的满意。这些关键步骤是：①单位里使用电子邮件，以便对最新信息做出快速反应；②利用数字工具，与每个人共享信息，分析重要业务数据，交流观点；③将常规工作任务自动化，使员工们有自由的时间进行思考；④利用技术，建立高效的团队；⑤用高效的在线表格代替纸表格；⑥利用数字工具，以增值工作取代一次任务性工作；⑦利用数字工具，快速地获取产品反馈并更迅速地利用反馈改进产品质量；⑧利用技术重新定义自己的任务，拓展业务范围；⑨利用技术拓展新的客户服务种类；⑩用信息换取时间，运作准时；⑪不再通过中介，直接与客户交易，如果自己是中介，就利用技术进行增值服务；⑫让客户利用新技术，解决他们自己的问题。

4. 关于价值的概念必须更新

人力资源价值的计量一直被认为是一个难题。其实，人力资源价值的计量与物质资源价值的计量可以采用同样的原理与方法。从古典政治经济学的创始人威廉·配第(William Petty，1623～1687年)、亚当·斯密(Adam Smith)、大卫·李嘉图到卡尔·马克思，都曾经对劳动价值的计量进行过深入的研究。威廉·配第在他的《政治算术》中表示要“用数字、重量和尺度的词汇来表达我自己想说的问题”。由此可见，他们才是数字化的真正老祖宗。物质资源价值的计量其实也是人为的，而不是天然的。无论是现值还是未来值，也无论是历史成本还是重置成本，都是通过一定的渠道，运用一定的方法，对物质资源进行计量，用货币反映其价值。人力资源的价值与物质资源的价值，计量的出发点有着根本的区别。物质资源价值的计量，反映的是其本身的内在价值；人力资源价值的计量，反映的则是人力资源新创造的价值。

5. 关于权益的概念必须更新

传统的会计中所谓的所有者权益是指货币资本所有者的权益。也就是说，货币资本所有者有权参与利润分配。而事实上，企业的经营成果是各种生产要素发挥作用的结果，其中主要的是人力资源的贡献。这就形成了剩余索取权。因此，人力资源所有者理应和货币资本所有者一样有权参与利润分配。

自从“现代会计理论之父”卢卡·帕乔利发表了他的《簿记论》以后，复式簿记理论在世界范围内得到了广泛的传播。20世纪会计学界的重大事件是，著名会计学家伊尻雄治提出了三式簿记理论，这是对传统的复式簿记提出的挑战。复式簿记是基于“资产＝负债＋所有者权益(资本)”的平衡观，而伊尻雄治教授提出的三式簿记分别以时间的“未来”作为第三度和以收益的导数——“动力”为第三度。但是，伊尻雄治教授的三式簿记之所以没有被推广应用，重要原因还在于没有能够回答财富的真正动力是什么和谁应该拥有所有者权益。事实上，迄今为止，我们还是停留在货币资本或物质资本的概念上，没有把人力资本看做创造价值、增加财富的动力和源泉。所以，历来的所有者权益是没有经营者、管理者和劳动者即人力资本所有者的份的。如果我们真正承认马克思的劳动价值论，真正承认劳动(包括体力劳动和脑力劳动)是创造价值、增加财富的源泉，真正尊重人才、尊重科学、尊重知识、尊重劳动，那么，我们就应该让创造财富的人拥有财富，让增加价值的人实现价值。我们的制度安排就应该让人力资本所有者像货币资本所有者一样，参与所有者权益的分配。在这种情况下，资产负债表中的所有者权益所反映的不仅仅是货币资本所有者的投资和应该分配的利润，而且也包括人力资本所有者所做出的贡献和应该分配的利润。也只有这样，激励才是真正的内在激励，约束机制也才能自然而然地建立起来，并成为人们自觉的行动。

1999 年，作者作为课题主持人，承担了中国会计学会的财政部重点会计科研课题“人力资源会计研究”。课题组成员有柯镇洪、高伟富、曲立群、叶臻、陆颖丰、孙琳。本书在确认人力资源因投资而获得的知识和技能提高了人力资源的生产能力、形成了社会固定资本的一部分——人力资本的基础上，研究了社会资本结构的变化趋势：人力资本在社会所有资本中所占的比重越来越大，作用越来越重要，已成为所有资本中最重要的一种资本。同时，研究了资本结构的变化对社会、企业和产品的成本结构、收入结构的影响，得出人力成本在社会、企业和产品的成本中所占的比例在加大、物质成本的比重在逐渐下降和收入向拥有更多的知识、技能(即人力资本价值量更高的劳动者)倾斜的结论。这些从实际问题的分析研究中得出的结论，有助于进一步引起人们对人力资本重要性的关注，加大对人力资源的投入，促进人力资本的形成和积累。

本书结合人力资本在经济增长中的重要作用的讨论，探讨了我国人力资本在经济增长中的作用。运用丹尼森的方法对我国教育在经济增长中的贡献率进行了计算，得出了我国的人力资本对经济增长的推动作用和发达国家相比还存在很大差距的结论。通过对我国人力资本不容乐观的现状和在经济发展过程中自然资源、物质资本短缺及未得到有效利用情况的分析研究，说明了我国重视人力资源的管理、开发、利用问题具有格外的重要性和迫切性。

在人力资源价值计量的研究中，通过对目前以工资报酬为基础和以收益为基础的一些主要的人力资源价值计量模式的分析评价，指出了这些方法存在的不足之处，提出了以完全价值为基础的人力资源价值计量的改进模式。

结合国际会计师事务所中人力资源价值评估工作的实例，进行了人力资源价值的非货币性计量方法的研究，探讨了对人力资源的非货币性评估的结果如何反映到最终的人力资源价值上的问题。这一研究工作为建立切实可行的人力资源价值评估体系提供了实际模型。

在人力资源权益分配的研究工作中，对主要的人力资本参与收益分配的方式进行了分析评价，并针对以企业未来利益中属于劳动者部分作为人力资产价值的观点进行了分析，指出了这一观点存在的问题，提出了符合按生产要素进行分配的计量模式，为如何计量权益、分配收益提供了依据，这也是对传统分配理论的一个突破。在企业收益分配方法的讨论中，提出了物力资本所有者应享有因向企业让渡资金使用权而产生的补偿权的新观点。在劳动者对企业亏损责任的研究中，也提出了新的见解。

但是，本书还存在一些尚待进一步研究和解决的问题。这些问题主要有以下两个方面。

(1)在人力资源价值计量和人力资源权益分配的研究中，对人力资源和人力资产进行价值计量时，群体价值和个体价值总和之间都存在着差异。在以前的有关研究中，对此都没有人涉及过，而这一差异不解决，就谈不上设置账户进行会计核算，也无法进行将人力资源会计纳入财务会计体系的工作。作者在对人力资源价值计量的研究中，对差异问题的解决提出了自己的见解，但是对人力资源权益会计中人力资产价值计量的差异如何解决，还有待研究。

(2)人力资本理论的建立和发展、人力资本在经济增长中的作用与日俱增，促进了人力资源权益问题的提出。对人力资源权益的确立和人力资源权益分配等问题虽然进行的研究较多，但有一个根本的问题没有得到解决，这就是：所有者权益在法律上是得到保证的，人力资源权益在法律上能否得到确认？如果没有法律的保障，要企业所有者认可职工有参与收益分配的权利，要从其现在全部占有的企业收益中拿出一部分来分配给职工，可能是难以进行的。

张文贤

复旦大学管理学院

2009年7月9日

目 录

第一篇 理论篇

第二篇 主体篇

第三篇 应用篇

第一篇

理论篇

第1章 人力资本理论和人力资源会计

学习目标

通过本章的学习，掌握人力资源和人力资本的含义，认识两者之间的关系；了解人力资本理论及其产生和发展的过程；认识人力资本在经济发展中的重要作用；掌握人力资源会计的含义，了解人力资源会计的产生、发展和现状，认识人力资本理论在人力资源会计产生和发展进程中的重要作用，认识当前人力资源会计发展中存在的一些主要问题。

人力资本理论是人力资源会计的理论基础。人力资本理论认为，人力资源是一种特殊的资本性资源，是一种具有主观能动性的资源，是剩余价值的源泉，是促进经济增长的强大推动力。人力资源的这种主观能动性及其所发挥的作用是任何物质资源都不能替代的。在目前人类社会正由工业经济时代向知识经济时代过渡的特定历史阶段中，人力资本与其他生产要素相比，对高技术产业的发展和经济的增长都有着更重要的决定性的作用。

对人力资本重要性的逐步深入的认识和在此基础上形成的人力资本理论，为人力资源会计的产生奠定了理论基础。

1.1 人力资源和人力资本

要进行人力资本理论和人力资源会计的研究，首先必须明确所涉及的人力资源和人力资本这两个最基本的概念的内涵。

1.1.1 人力资源

所谓的人力是指人类所拥有的脑力、体力的总和，其中脑力包括知识、智力、技能等在内。《辞海》将资源定义为“资财的来源”，“分为自然资源和社会资源两大类，前者如阳光、空气、水、土地、森林、草原、动物、矿藏等；后者包括人力资源、信息资源以及劳动创造的物质财富”①。韦伯·斯特(Webster)在《新世纪词典》(*New Twentieth Century Dictionary*)中称资源为“某种可备以利用、提供资助或满足需要的东西”(Any source of aid or support; an expedfent to which a person may resort for assistance, safety, or supply; means yet untried)。因此，可以认为，人力资源就是以人力形式存在的一种经济资源。人力资源投入生产活动中并与物质资源相结合，就能为社会创造出新的物质财富。

有关人力资源的定义，可以分为两大类：一类是从人力资源载体的角度出发，认为人力资源是一定时期、一定社会区域内在适龄劳动人口和超过劳动年龄的人口中具有劳动能力的人口的总和。另一类是从人力(包括体力、知识、智力和技能等)的角度出发，认为人力资源是指一定时期、一定社会区域内在适龄劳动人口和超过劳动年龄的人口中具有劳动能力的人口所拥有的创造社会财富的能力(包括已经投入和尚未投入社会财富创造活动的能力)的总和。

应该指出的是，人力资本理论和人力资源会计中所使用的人力资源的概念是后一种。人力资源的本质是人的能力，与人本身是不同的两个概念。人力资源是商品不是指人是商品，而是说人的某种技能是商品。这就确立了我们进行人力资源会计研究的科学的理论基础。

在这里还需注意的是，不应将人力资源与人口资源、劳动力资源这些概念相混淆。人口资源是指“一个国家或地区范围内作为一种资源看待的人口总体”，劳动力资源则是“现实劳动力人口与潜在劳动力人口的统一”②，它不但包括在一定时空范围内在适龄劳动人口和超过劳动年龄的人口中具有劳动能力的人口，而且还包括未来的劳动人口。显然，在一定时空范围内，人力资源是劳动力资源的数量和质量的统一。同时，还值得注意的一点是，这三个概念虽然都涉及量和质两个方面，但侧重有所不同。人口资源是劳动力资源的基础，而劳动力资源又是人力资源的基础，从而形成了人力资源“金字塔”。

1.1.2 人力资本

按照能力的形成方式，人力可进一步分为两个部分：一部分是没有经过任何教育、培训而投入经济活动的劳动者所拥有的能力，称为自然人力，如没有掌握机械化清扫技术而只能进行人工清扫的清洁工所具有的清扫能力就是一种自然人力；另一部分是需要通过投资，如接受教育、培训等才能获得的能力(包括知识和技能等)，如清洁工经过学习、培训掌握了进行机械化清扫作业所必需的知识和技能后体现出的能力就属于人力资本的范畴。因此，人力资源也可进一步地分为自然人力资源和人力资本资源两个部分。自然人力主要表现为体力的简单重复运用，人力资本则表现为知识和技能的运用。对于纯粹的自然人力而言，其消费支出只是劳动者维持自身体力简单再生产的必要费用，它不会使劳动者获得知识和技能，即不能形成人力资本，它不是劳动者对自己进行的投资。只拥有纯粹的自然人力的劳动者，其知识和技术的含量较低；而拥有较多的人力资本的劳动者，其知识和技术的含量较高。这里所说的知识和技术的含量是指劳动者的劳

① 夏征农．辞海．上海：上海辞书出版社，1999：1738。

② 赵秋成．人力资源开发研究．大连：东北财经大学出版社，2001：6。

动态度、工作业绩、工作质量、创新能力、独立工作能力、动手能力、解决问题能力、自学能力和知识水平等因素的综合反映。自然人力资源与劳动者数量有密切的关系，而人力资本资源则与劳动者的素质密切相关。自然人力是任何一个具有劳动能力的劳动者都拥有的一种能力。没有接受过任何人力资源投资的、只拥有纯粹自然人力的劳动者，在经过非常简单的培训、掌握了非常简单的操作方法之后，也能拥有很简单的技能。例如，在一些生产流水线的某些环节上从事简单重复的装配工作的工人所拥有的操作技能，大多可以归于这种最简单的技能的范畴。这种只拥有很简单的技能的人力与一定的物质资源相结合，也能形成一定的生产能力，但这种能力是很有限的。一般而言，一个劳动者所拥有的创造社会财富的能力，既有自然人力，也有人力资本。只是对于不同的人来说，他们所拥有的能力或者说是所拥有的人力资源，在量和质的方面、在构成上都存在着差异，甚至是存在非常大的差异。对于任何一个组织来说，它所拥有或控制的人力资源，同样也既有自然人力资源，也有人力资本资源。对于不同的组织而言，其所拥有或控制的人力资源在总量和构成上也存在差异甚至是很大的差异。

人力资本理论的创始者舒尔茨将对人力资源进行投资所形成的凝固在人身上的价值称为人力资本。人力资本体现为通过投资使人们所获得的知识和技能，体现为劳动力素质的提高[①]。在这里，研究者着眼于人力资本的形成，即劳动者所拥有的知识和技能的积累。在人力资源和人力资源会计的研究中，我国许多学者在提到人力资本时，也是指人们由于投资而拥有的知识和技能。例如，周天勇认为，“人力资本是普通教育、职业教育培训、继续教育等支出(直接成本)和受教育者放弃的工作收入(间接成本)等价值在劳动者身上的凝固”[②]。吴文武等认为，人力资本是“人力资源通过后天努力而形成的复杂劳动能力，其大小取决于后天的主观努力程度和对人力资本的投资状况”[③]。

在我国，劳动者权益会计模式的提出者阎达五、徐国君对应于人力资产的概念，也提出和使用了人力资本的概念[④]。他们认为，人力资产是企业所拥有或控制的可望向企业流入未来经济利益的人力资源本身，它包括直接和间接增加企业的现金或其他经济利益的潜力。因此与之相对应，人力资本代表人力资源的使用权让渡给企业后所形成的企业的一种“资金来源”，它在性质上近似于实收资本。当劳动者(即人力资源的载体)成为某一企业的成员时，即进行了人力资源产权交易后，与原来意义上的法定企业所有者投入企业的是物质资本相对应，劳动者投入的是有技能的、有产出价值的“人力资本”。这一概念的提出是以人力资源权益的确立，即劳动者作为人力资本的出资者应与物质资本的出资者一样参与企业盈余价值——税后纯收益的分配为基础的，它特别强调人力资本和物质资本一样是一种能够并且应该获得剩余价值的价值，它是和物质资本相对应的一个概念。这里的人力资本的内涵与人力资本理论中所使用的人力资本概念的差异主要表现在：第一，前者的内涵更为广泛。因为它不但包括对人力资源的教育投资使劳动者获取知识和技能后所形成的具有更高质量的生产能力，也包括在卫生保健等方面的投资使

---

① 舒尔茨 T. 论人力资本投资．吴珠华，等译．北京：北京经济学院出版社，1992：92。

② 周天勇．劳动与经济增长．上海：上海三联书店，上海人民出版社，1994：364。

③ 吴文武，牛越生，赖辉．中国人力资源开发系统论．北京：中国建材工业出版社，1996：5。

④ 阎达五，徐国君．关于人力资源会计的框架．会计研究，1996，(11)。

劳动者体质增强而产生的促进生产率提高的能力，还包括纯粹的自然人力和纯粹的自然人力在掌握简单的操作方法后与一定的物质资源相结合所形成的一定的生产能力。也就是说，前者在内涵上相当于人力资源会计中的“人力资源”的概念。第二，前者强调对剩余索取权的要求，后者没有牵涉到这个问题，只是从人力资本形成的角度来进行讨论。两者都强调了人力资本在经济发展中的重要作用，这是它们的共同点之一。

在我国，人们对人力资源和人力资本的理解不尽相同。例如，经济学家魏杰认为，人力资源是指企业中的所有人，而人力资本则主要是指两种人，一种人叫做技术创新者，另外一种人叫职业经理人①。因此，在进行人力资源会计的研究时，应该注意所使用的人力资源、人力资本等概念的具体内涵。

本书所提到的人力资源和人力资本，采用人们通常所认可的概念，即人力资源是指人的能力，人力资本则是指人们通过投资所获得的能力。

1.1.3 人力资源和人力资本的关系

人力资源和人力资本是两个有着密切联系但又存在着差异的概念。

两者之间的联系首先体现在人力资源这一概念的外延大于人力资本的外延，后者被包含于前者之中。因为人力资本是指人们通过投资所获得的能力，而人力资源是指人们创造社会财富的能力，它包括自然人力和人力资本在内。其次，人力资源的质量与人力资本的存量有着密切的关系，人力资源质量的提高依赖于对人力资源的投资所导致的人力资本存量的增加，即人们所拥有的知识和技能的增长。

两者之间的差异主要体现在人力资源强调人的能力，将人力看做创造社会财富的一种宝贵资源，将人的能力与社会财富的创造联系在一起进行研究；而人力资本则主要从人的能力形成的角度和价值创造的角度来看问题，研究人力资源投资对人的后天能力形成的影响，从投入产出的角度研究如何提高人力资源投资效益及人力资源投资所引起的人力资本存量的变化对经济增长的重要作用，研究人力资本的所有者对企业收益的剩余索取权等问题。

1.2 人力资本理论

1.2.1 早期的人力资本思想

人力资本理论的发源可以追溯到18世纪。现代经济学的创始人亚当·斯密在他的代表作《国富论》中给出了资本的定义，并将资本划分为固定资本和流动资本。同时他还指出，固定资本不仅包括机器、工具、建筑物、改良的土地，而且还包括一个国家全体国民的所有后天获得的有用能力。他认为：“学习一种才能，需要受教育，需要进学校，需要做学徒，要支付不菲的费用。这样的支出，好像是固定并已经实现在学习者身上。这些才能是他个人财产的一部分，也是他所属的社会的财产的一部分。工人熟练程度的

① 转引自：吴宝书，谢文哲．人力资本：中外企业争夺下一个焦点．经济日报，2001-08-23，第7版。

提高可以像方便劳动、节省劳动的机器和工具一样，被看做社会的固定资本。学习的时候，虽然要支付一笔费用，但这种费用可以得到偿还，并可以创造利润。”[①]在这里，亚当·斯密将个人通过学习所获得的已成为个人能力一部分的知识和技能也视作社会财富的一部分，视为社会的固定资本的组成部分。虽然将劳动者的知识和技能归入固定资本的范畴这一划分方法只是类比，但他将劳动者的知识和技能看做一种资本的观点却是一个首创，具有非常重要的意义。

在亚当·斯密之后，只有少数经济学家继承了他的这一思想，主要的西方经济学家们都忽视或忘记了他的这一观点。一般来说，他们都把人(或者说劳动、劳动力)与土地、资本并列为生产的要素，但同时又认为作为生产要素的人是“非资本的”，将资本这一概念仍然限制在非人力因素方面。实际上，经典经济学中的劳动力指的是不包含知识和技能的自然形态的劳动力，是简单的劳动人-时数量之总和。19 世纪英国著名经济学家约翰·穆勒(John Stuart Mill)在《政治经济学原理》一书中指出，知识和技能是提高劳动生产率、促进经济发展的重要因素。他认为，无论是一般工人的劳动还是科学家、发明家的劳动，都是体力劳动和脑力劳动二者的结合，社会拥有的技能和知识应包括劳动者和管理者所掌握的知识和技能，因为“工人灵巧的双手、管理者的才智以及自然力和物体性质的知识(这种知识可转而服务于工业)，都极大地提高了工业的效率……知识的进步及其在工业上的应用，会使同样数量和同样强度的劳动生产出更多的产品”[②]。李斯特(Friedrich List)在《政治经济学的国民体系》一书中，将资本分为物质资本和精神资本两个组成部分，认为两者之间存在着相互依存、相互促进的关系，“国家物质资本的增长有赖于国家精神资本的增长，反过来也是这样”[③]；认为国家应该重视对教育的投资，“一国的最大部分消耗，是应该用于后一代的教育，应该用于国家未来生产力的促进和培养的”[④]。新古典经济学派的创始人阿尔弗雷德·马歇尔(Alfred Marshall)在《经济学原理》一书中也指出了劳动者所掌握的知识和技能的重要性，并认为“所有资本中最有价值的是对人本身的投资”[⑤]，认为教育可以开发人的智力，能够使原本一生都可能默默无闻的人获得发挥他们潜在能力所需要的起码的知识，认为“一个伟大的工业天才的经济价值，足以抵偿整个城市的教育费用，因为，像白赛麦的主要发明那样的一种新思想能增加英国的生产力，等于 10 万个人的劳动那样多”[⑤]。但是他们都反对在实际分析中将人力资本看做资本。产生这种情况的原因主要在于：第一，当时工业劳动力的素质相当低下，以体力劳动为主，知识和技能对人的劳动能力和生产力还不具有决定性的影响，所以可以直接将劳动力视作简单的劳动人-时数量之和。第二，将劳动力都视为与资本无关的先天能力，视为同质的(即不包含知识和技能的自然形态的)劳动力，便于简化经济理论结构，简化所进行的经济理论分析。第三，许多著名的学者在传统的伦理观念的束缚下，认为若将人当成一种资本、当做能够通过投资而增加的财富，就是对人

---

① 斯密 A. 国富论. 唐日松，等译. 北京，华夏出版社，2005：207～208。

② 穆勒 J S. 政治经济学原理(中文版). 赵荣潜，桑炳彦，等译. 北京：商务印书馆，1991：127～129。

③ 李斯特 F. 政治经济学的国民体系(中文版). 陈万熙译. 北京：商务印书馆，1961：196。

④ 李斯特 F. 政治经济学的国民体系(中文版). 陈万熙译. 北京：商务印书馆，1961：123。

⑤ 马歇尔 A. 经济学原理(下卷)(中文版)，朱志泰译. 北京：商务印书馆，1981：232。

格的贬低和污辱。他们认为，财富是为人而存在的，但人绝不是财富。这种状况，一直延续到20世纪中叶才得到改变。

1.2.2 卡尔·马克思的人力资本思想

财富的本质以及财富与人的能力的关系，是马克思最关心的根本问题之一。马克思认为，重商主义从流通领域出发，把金银货币看做财富；重农学派从生产领域出发，把土地看做财富；英国古典政治经济学从劳动出发，认为劳动是财富的源泉。马克思则更进一步从劳动的主体——人及其能力出发，把人的能力的充分发挥看做最大、最根本的财富，把物质财富看做人的能力的对象化产物。这反映出马克思对人的能力的高度重视。马克思认为，应该将得到发展的个人也视为社会的固定资本。他提出，个人的发展就意味着固定资本的增加，具有一定知识和技能的劳动者也可以称为固定资本。马克思在其1857～1858年所写的《政治经济学批判大纲(草稿)》中指出："从直接生产过程的观点来考察，充分发展个人就是生产固定资本，这种固定资本就是人类自身。"①马克思的这一思想在舒尔茨的人力资本理论中得到了充分的发挥。

1.2.3 西奥多·舒尔茨的人力资本理论

到20世纪中叶，随着科技的进步和生产力的高度发展，人力资本在经济增长中的作用越来越重要，这一作用也为一些感觉敏锐的经济学家所认识。美国的一些经济学家首先注意到人力资本在经济增长中的作用的变化，并开始对人力资本进行系统的研究。被誉为"研究人力资本理论的先驱者"的舒尔茨则是其中最杰出的代表人物，他因此荣获了1979年的诺贝尔经济学奖。

舒尔茨在其所发表的一系列有关人力资本理论的论文和1960年出任美国经济学会会长时发表的就职演说《论人力资本投资》中，都指出了人力资本在经济增长中的重要作用。他认为，人是国民财富的一个重要组成部分，物质资本已不是使人贫穷的主要因素，人力资本才是决定经济发展和国家贫富的关键。他在探索经济增长和社会富裕的过程中发现，单纯从自然资源、物质资本和劳动力投入数量增长的角度用传统的资本理论不能有效地解释这样一些问题：第一，根据传统理论，国民收入的增长与资源消耗的增长将同步进行，但美国国民收入的增长比国家在自然资源、物质资本和劳动力方面投入的增长快得多；第二，根据传统理论，资本-收入比率将随着经济的增长而提高，但实际上这一比率在不断下降；第三，不能有效地解释在第二次世界大战后像德国、日本这样一些国家的经济在废墟的基础上得到迅速恢复和发展的原因，也不能有效地解释一些资源缺乏的国家(如以色列等)在经济上获得成功的例子。例如，根据美国经济学家柯布和道格拉斯提出的反映物质资本和人力资本这两个最基本的生产要素与经济增长关系的Cobb-Douglas生产函数，在劳动力不变的情况下，资本每增加3%，产出就增长1%。而在1909～1949年，美国经济中私人非农业部门中按人-时计算的资本额增长了31.5%，在这个基础上人均产出大约应增长10%，事实上在这个时期人均产出却增长

① 马克思K. 政治经济学批判大纲(草稿)(第三分册). 刘潇然译. 北京：人民出版社，1963：364。

了 104.6%。也就是说，有 90%的生产率的增加无法用按工人平均的资本额的增加来给出解释。舒尔茨认为，这些现象说明，除了我们所认识的影响经济增长的生产要素以外，一定还有什么重要的生产要素被“遗漏”掉了。舒尔茨指出，这个要素就是人力资本，因为只有从人力资本的角度才能对这些现象做出满意的解释，因为它们都是对人力资源进行投资从而提高了人力资源质量、促进了人力资本增长的结果。

舒尔茨认为，体现在人身上的知识和技能的存量可以称为人力资本，“我们之所以称这种资本为人力资本，是由于它已经成为人的一部分，又因为它可以带来未来的满足或者收入，所以将它称为资本”[①]。

人力资本可以理解为对人力资源的投资而形成的资本。舒尔茨将对人力资源的投资的范围和内容概括为医疗和保健、在职人员培训、学校教育、企业以外的组织为成年人举办的学习项目、个人和家庭为适应就业机会的变化而进行的迁徙活动五个方面。对人力资源的投资促进了人力资本的增长。在美国，从 20 世纪 20 年代开始，拥有较多的知识和技能，即具有较多的人力资本的白领阶层成为增长最快的社会职业集团。到 1956 年，美国白领阶层的数量第一次超过了由体力劳动者所组成的蓝领阶层的数量[②]。人力资本作为一种生产能力，已经远远超过了一切其他形态的资本生产能力的总和。人力资本的增长和物质资本、劳动力数量的增长相比，前者对经济发展的贡献远大于后者。人力资源投资的收益率也大大超过其他形态的资本投资的收益率。舒尔茨测算出，在 1927～1959 年，人力资本的增长对美国经济增长的贡献占比达 43%，其中教育投资对经济增长的贡献最大，达到 33%。同期，教育投资的平均收益率为 17.3%，是收益率最高的投资。他的这一结论为人们所广泛引用，以说明人力资本在经济增长中的重要作用。

舒尔茨在《论人力资本投资》中，针对传统经济学家的看法，指出将人的知识和技能看做资本并不违背人类的价值观，也不是对人格的否定，而是为了更好地为人们创造更多的财富。通过人力资源投资而受到教育、培训从而拥有更多的知识和技能的人，具有更敏锐的观察力和分辨力，更容易发现和利用各种发展机遇，“会有更高的生产力”[③]，所拥有的人力资本存量的增长能使他们在有效率的资源配置中获得的收益增多，使他们通过劳动获得的收益的增加大于因为拥有财产而获得的收益的增加。各种来源、各种方式的人力资源投资，促使人们的人力资本存量增加，也扩大了他们为了充分发挥自身能力而可能选择的活动范围。这是得以增进他们的福利的一种方法。如果没有人力资源投资，没有人力资源质量的提高，即没有人力资本的增长，那么除了那些通过利用物质资本进行投资从而获取收入的人以外，对其他人来说就只能通过付出艰苦的劳动来获取收入并始终处于贫困状态之中。

在同一时期，对人力资本理论的创立做出了贡献的经济学家还有美国的明瑟尔、贝克尔和丹尼森等。

---

① 舒尔茨 T. 论人力资本投资．吴珠华，等译．北京：北京经济学院出版社，1992：92。

② 贝尔 D. 后工业社会的来临．高铦，王宏周，魏章玲译．北京：商务印书馆，1984：150。

③ 舒尔茨 T. 论人力资本投资．吴珠华，等译．北京：北京经济学院出版社，1992：163。

明瑟尔在《论人力资本投资与个人收入分配》一文中，首次建立了个人收入分配与其所接受的培训数量之间的关系的经济模型，指出培训对个人收入有重大影响；在未受过培训或所受培训较少的群体中，个人收入的绝对差距较小，而在所受培训较多的群体中，个人收入的绝对差距则较大①。他的这一结论也为我国的情况所证明。1999 年 11 月，上海市人才市场对 1 万家单位进行了分行业、分性质、分岗位的招聘岗位薪资(均为税后月薪，是指工资和奖金，但不包括其他福利和津贴)调查，其中 2000 年应届毕业生招聘薪资调查结果显示：具有不同文化程度因而有不同的人力资本价值量的毕业生的平均月薪存在较大差异；同时，文化程度较高的毕业生之间月薪的差异大于文化程度较低的毕业生月薪之间的差异(除博士之间的月薪差异与本科、硕士相比出现反弹外)。

明瑟尔在 1962 年发表的另一篇论文《在职培训：成本、收益与某些含义》中，根据对劳动者个体收入差异的分析，估算出美国在在职培训方面的投资总量及这种投资的私人收益率，指出在美国经济中在职培训的总投资在教育投资中占有很大的份额，并且在职培训的投资总额与人均投资一直在不断增加。他还最早用收益函数揭示了劳动者收入差异与其接受教育、获取工作经验的年限之间的关系。他指出，当平均教育年限一定时，较高的职业工资是与更多的在职培训量联系在一起的，而当职业的平均工资一定时，较高的教育程度则意味着较少的在职培训量②。

贝克尔主要在人力资源的微观经济分析方面做出了重要贡献，在人力资本的形成和教育、培训及人力资本投资过程等方面取得的成果也具有开创性的意义。他指出，教育和培训会增加劳动者的人力资本存量，从而提高劳动者的素质、提高劳动生产率，有利于企业的发展和社会的经济增长。他提出，在假设有不需任何人力资源投资和只需初期的人力资源投资两种工作的情况下，令以后各期这两种工作情况下的纯收入的差距的现值之和与初始人力资源投资成本之差为零，就可以计算出人力资源投资的内部收益率，将内部收益率与银行利率相比较，就能为是否进行该项人力资源投资提供决策依据。他的著作《人力资本》(1964 年)被西方学术界认为是“经济思想中人力资本投资革命”的起点。

丹尼森对人力资本理论的主要贡献是，对用传统经济分析方法估算劳动和资本对国民收入增长的贡献时产生的大量未被人们认识的、不能用劳动和资本的投入来加以解释的余数，做出了令人信服的定量分析和解释。丹尼森还通过精确的计算，确定了1929～1957 年美国经济增长中 23%的份额是教育投资做出的贡献。学术界普遍认为，丹尼森的计算方法比舒尔茨的理论更严密、更精确，因而这一结果也比舒尔茨的更准确，是对舒尔茨的结论的重要修正，也是丹尼森的最著名的研究结果。

1.2.4 人力资本理论的发展

在 20 世纪 80 年代出现的以技术内生化为特征的新经济增长理论，将人力资本纳入

---

① Mincer J. Investment in human capital and personal income distribution. The Journal of Political Economic, 1958, LXVI(4): 281～302.

② Mincer J. On-the-job traning: costs, returns, and some implications. The Journal of Political Economic, 1962, 70: 50～73.

理论模型之中，从经济增长模型中阐述人力资本理论，从而促进了舒尔茨等在 20 世纪 60 年代创立的人力资本理论的发展和完善。新经济增长理论的代表人物主要有美国经济学家罗默、卢卡斯和英国经济学家斯科特等。

1986 年，罗默在《收益递增与经济增长》一文中建立了简单的两时期模型和简单的两部门模型这样两个增长模型，罗默模型将知识分解为一般知识和专业化知识。该模型表明，一般知识可以产生外部效应，使所有企业都获得规模经济效益，而特殊的专业化的知识则能产生内部效应，不仅能自身形成递增的收益，而且能使资本和劳动等要素的投入也产生递增收益，这将促使整个经济的规模收益递增并保证产出的长期增长。在罗默模型中，特殊的专业化的知识即专业化的人力资本，是现代经济增长的源泉[①]。

卢卡斯在 1988 年发表的论文《论经济发展的机制》中，建立了两资本模型和两商品模型这样两个经济增长模型。卢卡斯的专业化的人力资本增长模型将资本划分为物质资本和人力资本两种形式，将劳动划分为原始劳动和专业化的人力资本两种形式，认为专业化的人力资本才是促进经济增长的真正动力。卢卡斯还区分了人力资本产生的两种效应：一种是人力资本理论所强调的通过正规的或非正规的教育所形成的人力资本产生的“内在效应”，它表现为人力资本的增加可以使劳动者获取更高的收入，即使劳动力的报酬递增；另一种是不脱产而通过在职培训、“边干边学”所形成的人力资本产生的“外在效应”，它表现为资本和其他生产要素的收益都发生递增。这说明，与其笼统地说一般的人力资本是产出增长的主要因素，不如具体地说生产某种产品所需的专业化的技能，即特殊的、专业化的人力资本才是产出增长的决定性因素。卢卡斯还进一步指出，在开放经济条件下，各国间人力资本禀赋的差异通过国际贸易可能得到强化并形成专业化生产，从而更有助于人力资本禀赋更丰裕的国家的经济增长，这不仅使各国的经济发展必然存在差异，而且可能使这种差异进一步扩大[②]。

斯科特模型是一个只有物质资本投资和素质调整过的劳动力投入两个变量的资本投资决定技术进步的模型。该模型依据对 10 个国家 100 多年经济增长历史资料的研究，强调了技术进步对资本投资的依赖关系。但它并不是资本积累论的重复，因为在模型中同时强调了知识和技术对劳动力素质和劳动效率的影响。作者指出：如果投入的劳动力数量相同，那么在劳动力素质高的条件下的经济增长率要比在劳动力素质低的条件下的经济增长率高 $(z-1)bl$ 倍。其中，z 为劳动力素质系数，是一个大于 1 的数值；b 为产出对劳动力的弹性参数，表示当劳动力投入变化 1%时产出变化的百分数；$l=\mathrm{d}L/L$，表示劳动力投入变化的百分比。

新经济增长理论对人力资本理论的贡献在于：第一，将人力资本纳入经济增长模型，并将它作为经济增长函数的内生变量；而在舒尔茨等的人力资本理论中，研究人力资本对经济增长的作用时，人力资本是作为外生变量，并且没有建立定量模型。第二，经济增长模型将以前对一般的人力资源的强调转变为对生产某种产品所需要的特殊的专业化的知识和技能(即专业化的人力资本)的强调，对人力资本的研究更趋深入、具体。

---

① Romer P M. Increasing returns and long run growth. The Journal of Political Economic, 1986, 94: 1102～1137.

② Lucas R E. On the mechanics of economic development. Journal of Monetary Economic, 1988, 22: 3～42.

第三，区分了人力资本的外在效应和内在效应。新经济增长理论表明，知识可以划分为一般知识和专业化知识，通过正规或非正规的教育所形成的人力资本，即获得的一般知识能够产生规模经济；通过在职培训、“边干边学”的方式形成的人力资本，即获得的特殊的专业化的知识则能促使要素的收益递增。一般知识和专业化知识相结合，则不但使自身形成递增的收益，还将使追加的物质资本、劳动等生产要素的收益递增。因此，特殊的知识即专业化的人力资本是经济增长的主要因素。

1.3 人力资本与经济增长

1.3.1 资本结构的变化

舒尔茨等的人力资本理论和卢卡斯等的新经济增长理论都说明了对人力资本的投资和人力资本的积累所形成的人力资本的增长对一国经济增长的重要推动作用，人力资本是经济增长和发展的关键因素。但在一些发展中国家，对人力资源进行投资以提高人力资源质量的问题，通常会被忽视。这些国家总是将非人力资本的形成和积累放在重要位置，没有认识到能够有效地利用优越的生产技术所必须具备的知识和技能是国家最有价值的资源，没有认识到在劳动者既缺乏知识又缺乏技能的情况下通过增加物质资本的投入对经济增长所产生的作用是极其有限的。因此，要充分重视人力资本，重视人力资本的形成和积累，从而促进资本结构的变化。

知识和才能在不断升值。美国著名的未来学家约翰·奈斯比特认为，知识和才能在不断升值，因此他在《大趋势》一书中提出必须创造“知识价值理论”，以突出知识在创造社会财富过程中的极其重要的地位。这种情况，正如英国经济学家哈比森(F. H. Harbison)在他的著作《作为国民财富的人力资源》中所说的那样：“资本和自然资源是被动的生产要素，人是积极的因素，他积累资本，利用自然资源，建立社会的、政治的和经济的组织，并使经济继续发展。显然，一个不能开发它的人民的技能和知识并在国民经济中有效地利用这种技能和知识的国家，是不能发展任何事物的。”①

引入人力资本概念后，就可以将资本分为物质资本和非物质资本即人力资本两大类。物质资本和人力资本在资本结构中的相对地位不是固定不变的，而是处于动态变化的过程之中。资本结构的变化体现在两个方面：一方面，在总资本存量中，人力资本存量所占比重逐渐上升而非相应下降，这是资本结构的量的变化。有的研究者认为，在新经济出现、21世纪到来的时候，在由人力资本、物力资本和土地资本组成的世界国民财富中，人力资本已占到60%以上②。另一方面，在经济增长和社会财富的创造过程中，伴随着科技的进步和人力资本存量的上升，人力资本所发挥的作用越来越突出，其他物质资本的重要性则有所下降，人力资本已成为比其他物质资本更重要的资本，是首要的生产要素，这体现出资本结构的质的变化。

---

① 转引自：陈宗胜．新经济发展学：回顾与展望．北京：中国发展出版社，1996：252。

② 宋红岗．上海市抢筑人才高地．经济日报，2001-06-19。

在发达国家，知识工人占工人的比例已超过50%——基于对“知识工人”概念的不同理解，这个比例可能更高。美国阿克森彻战略转变研究所所长托马斯·H. 达文波特说：“我认识一位大型比萨饼连锁公司的首席执行官，他认为公司的每一位员工都是知识工人，而且除非他们都利用知识管理成本为顾客提供优良服务并坚持高质量标准，否则公司不会成功。可是，如果连比萨饼制作者都是知识工人，那还有谁不是呢?”达文波特将“知识工人”定义为“创造知识的员工(如产品开发工程师)”或“在工作中大量运用知识的员工(如财务审计员)”。工作中已经发生变化的一个方面就是，知识创造者与知识使用者越来越可能是同一个人。

达文波特说：“工人历来被看做思想见解的使用者而不是创造者。但是，未来最成功的企业将是那些让所有员工都创造性地工作并采纳大大小小各种意见的公司。”

达文波特列出了未来知识经理的八大趋势：从监督劳动转变为亲自参与劳动；从组织等级机构转变为组织社团机构；从强加工作方案和方法转变为理解工人；从雇用和解雇员工转变为吸收和留住员工；从建设劳动技能转变为建设知识技能；从评估有形的岗位成绩转变为评估无形的知识成就；从漠视企业文化转变为建设重视知识的新型企业文化；从维护官僚机制转变为回避官僚机制。他最后得出结论：“尽管上述每一个趋势只是在某个方面代表了20世纪管理模式的演变，但汇合在一起就成为一场管理剧变。”

美国百事可乐公司总裁韦恩·卡洛韦每当谈起成功的经验时，总喜欢谈他的“三字经”，这就是：人，人，人。

卡洛韦每年要花两个月的时间亲自过问他属下的550名管理人员的工作情况，与他们的上司以及人事部门商讨他们的未来。他对550名管理人员中的大多数都了如指掌，把自己40%的时间花在人的问题上。百事可乐公司奉行的是优胜劣汰的体制，老板至少每年一次与他的属下共同评价他们的工作。如果这位属下不合乎要求，老板会给他一段时间以观后效。如果已达到公司要求，老板就会在第二年习惯性地提高要求。该公司还有一个反馈计划，即老板也要接受下属的评议，各级管理人员必须经常反躬自省，否则不会得到好评。经过评议，公司管理人员被分成四类，最低的将被淘汰，最高的理所当然得到晋升，中间的一类是需要在现有岗位上多工作一段时间，或者需要接受专门培训，或者是可以晋升但目前尚难安排工作岗位的人。

在美国的软饮料市场中，可口可乐公司是最老的一家，当年可口可乐曾随着美国参加第二次世界大战的军队传播到世界的各个角落。百事可乐虽然没有可口可乐老，但由于该公司一再强调“人，人，人”的“三字经”，重视和强调人才的价值，竟呈现出后来居上的趋势。到20世纪90年代初，据《幸福》杂志公布的美国最大工业公司排行榜，百事可乐竟名列第15位，而可口可乐却名列第34位。这可以说是管理文化新潮流中实行面向人、重视人、以人为核心而取得成功的典型事例。

在美国，20世纪60年代以后，专业和技术人员的增长率是劳动力平均增长率的两倍，而科学家和工程师的增长率是劳动力平均增长率的三倍[①]。这使美国白领阶层在劳动力总量中所占的比率在1956年第一次超过蓝领阶层后继续上升。这一切，促进了人

---

① 贝尔 D. 后工业社会的来临．高铦，王宏周，魏章玲译．北京：商务印书馆，1984：24。

力资本存量在美国社会总资本存量中所占比率增加。在 20 世纪 70 年代，美国总资本存量为 15.6 万亿美元，其中人力资本存量为 8 万亿美元，占总资本存量的 52%，人均人力资本存量达到 3.9 万美元；美国人力资本对经济增长的贡献率也由以前是物质资本对经济增长的贡献率的 3 倍增加到 4 倍，并且这一作用还在继续增大①。据 2000 年第 1 期《21 世纪》报道，时任中国社会科学院副院长的刘吉在接受记者采访时说，到 21 世纪初，体力劳动者在美国劳动力中所占的比例将降到 5%。

在我国，因为缺乏必要的资料，对人力资本存量及其变化的情况很难开展研究和做出比较准确的判断。我国学者周天勇对我国 20 世纪 50～90 年代的人力资本总量进行了计算，结果见表 1-1。

表 1-1　我国一些年份的人力资本总量

年份	不同知识层次人力资本价值量/元				不同知识层次人口数量/万人				人力资本总量/亿元	实际人力资本总量/亿元	实际物质资本总量/亿元
	大学	高中	初中	小学	小学	初中	高中	大学			
1952	9 660	2 136	585	162	1 283	193	153	24	132	132	510
1955	10 761	2 553	726	222							
1960	10 236	2 304	702	318							
1964	10 025	2 961	855	324	19 582	3 235	912	288	1 470	1 253	1 747
1965	10 068	2 928	840	348							
1970	25 944	2 736	831	378							
1975	12 518	2 850	870	582							
1980	17 380	3 540	1 143	768	35 535	17 820	6 653	604	9 768	7 915	9 783
1982	21 032	4 452	1 575	1 224							
1985	28 911	6 315	2 277	1 596	36 689	22 660	7 367	925	20 973	13 075	15 105
1987	30 270	7 686	2 796	1 920							
1988	34 426	9 678	3 447								
1990					42 010	26 465	9 113	1 613	35 561	15 861	20 118

注：1990 年人力总资本是在 1988 年的基础上考虑物价上涨率折为 1990 年值，可能稍有点低。实际物质资本总量和人力资本总量按 1952 年可比价格计算，据《教育经济学初步》第 117 页有关劳动力学历结构数据计算的 1952 年劳动力人力资本为 88 亿元，1952 年实际人力资本总量 132 亿元是一个估计数。其他年份为总人口人力资本。1970 年大学生的人力资本价值较高是由当年学生数大量减少但教育经费没有相应缩减所致

资料来源：周天勇．劳动与经济增长．上海：上海三联书店，上海人民出版社，1994：158

周天勇的工作分为两步：第一步，确定不同年度、不同知识层次人力资本的价值量。周天勇从人力资本主要是普通教育、职业教育培训、继续教育等支出(直接成本)和受教育者在学习期间放弃的工作收入(间接成本)等价值在人的身上的凝固的观点出发，将国家对每个在校生的基建和事业经费投资、家庭对每个在校生的支出及学生在校学习期间所放弃的收入这三者之和作为不同年度、不同知识层次的人力资本价值量，即以对人力资源的教育投资和人力资本形成过程中所发生的机会成本之和作为所形成的人力资

① 吴文武，牛越生，赖辉．中国人力资源开发系统论．北京：中国建材工业出版社，1996：15。

本的价值量。为了方便，将人力资本按照现值计算，并假定义务教育法得到有效实施，受教育者在初中毕业之前不能参加工作。通过对计算结果的分析，得出的结论是：在具有不同知识层次的人力中，文化程度越高的人力其形成成本也越高，因而人力资本价值量也相差很大，如初中生、高中生和大学生的人力资本价值量分别是小学生的 1.79 倍、5.04 倍和 17.9 倍。第二步，根据各年度各知识层次的人力资本价值量和总人口的学历结构数据计算各年度人力资本总量，并以此作为各年度的人力资本存量。对计算结果的分析表明，我国人力资本存量的年均增长速度为 13.43%。人力资本存量的增长速度最初由于基数较小而比较大，以后随着基数的增大而逐渐放慢。我国人力资本存量在总资本中所占比重也逐年增加，1952 年、1964 年、1982 年、1988 年和 1990 年分别为 20.56%、41.77%、44.72%、46.4%和 44.1%①。

在我国，从整个社会的角度来看，人力资本存量的增长还从下面几个方面表现出来。

第一，专业技术人才文化程度提高。2003 年，我国专业技术人才队伍中，大专以上学历水平的人数约占总数的 58%，比 2002 年提高了约 4 百分点，中专以下学历的人数比例比 2002 年减少了 3 百分点。其中，研究生学历的有 43.2 万人，占总数的 1.5%；大学本科学历的有 578.2 万人，占总数的 20.4%；大学专科的有 1 016.1 万人，占总数的 35.9%。

第二，表 1-2 是 1990 年和 1995 年我国劳动者文化水平的构成情况，从表 1-2 中可以看出，在这段期间，我国劳动者的文化程度提高的幅度与企业经营者相比要小些，但还是有所增长。若再考虑到进入 20 世纪 90 年代以来我国从业人员总数的年均增长率为 1.2%及 1995 年的从业人员数量比 1990 年实际增长了 4 038 万人，可以认为我国人力资本存量还是在稳定增长的。

表 1-2　我国劳动者文化水平构成　　单位：%

项目		全部劳动者		城镇劳动者		农村劳动者	
		1990 年	1995 年	1990 年	1995 年	1990 年	1995 年
占全部劳动者的比例		100	100	34.64	34.22	65.34	65.78
文化水平构成	大专及以上	2.11	2.79	6.07	6.83	0.84	1.17
	高中和中专	13.37	15.01	30.58	31.74	7.79	8.27
	初中	30.97	33.52	43.73	44.10	26.84	29.54

资料来源：姚裕群．中国人力资源问题分析．经济理论与经济管理，1996，2。中国经济年鉴编辑委员会．中国经济年鉴(1997)．中国经济年鉴出版社，1999

第三，从总人口中接受过各种教育的人口比例来看，我国人力资本存量的总量也是在增长的。我国于 1995 年进行的全国 1%人口抽样调查的结果显示，我国每 10 万人口接受过大专及以上教育的有 2 065 人，比 1990 年增长 45.2%；接受过高中教育的有 8 282人，比 1990 年增长 3.0%；接受过初中教育的有 27 283 人，比 1990 年增长 16.9%；只接受过小学教育的有 38 441 人，比 1990 年增长 3.7%。全国文盲、半文盲

① 周天勇．劳动与经济增长．上海：上海三联书店，上海人民出版社，1994：154。

人口占总人口的比例也由 15.88%下降为 12.01%[①]。

第四，一些成功的企业很重视对职工的教育投资，以提高职工素质，促进人力资本的形成和积累。例如，1999 年在江苏春兰集团约 7 000 名成员中，平均每 5 名职工中就有 1 名科研人员。

人类知识正以 5 年翻一番的速度扩增，这远远超过了物质资本增长的速度；知识转化为生产力的速度也越来越快，在 20 世纪初这一过程一般需要 20～30 年，而在 20 世纪末时信息产品的更新换代只需几个月的时间。这一切，意味着在未来时期内资本结构变化的进程也将加快。

1.3.2 资本结构变化产生的影响

1. 对产业结构的影响

科技的进步和人力资本存量的不断增加促使产业结构发生了重大变化。工业经济的一个重要标志是制造业的发展。在 20 世纪 70 年代，制造业在工业化国家国民生产总值(gross national product，GNP)中所占比重为 30%～50%，随后其比重逐步下降，对整个经济的带动力也逐步减弱。例如，美国制造业在 GNP 中的比重从 1980 年的 21%降到 1995 年的 12%，而更多地依托知识和能力(即人力资本)的信息业和服务业所占比重由 1980 年的 59%增加到 1988 年的 85%以上，信息产业已逐渐超过汽车、建筑等传统产业而成为第一产业。在 20 世纪 90 年代，美国信息产业对经济增长的贡献为 25%，在 1995 年更是达到了 42%，远远地超过了传统的支柱产业。信息产业的快速增长带动美国经济实现了在工业社会的经济理论看来是不可能的连续多年的高增长、高就业、低通胀，使美国终于摆脱了连续 29 年的财政赤字，实现了财政盈余。资料显示，美国经济增长的主要源泉是以微软为代表的 5 000 家计算机软件公司，微软的市场价值已经超过美国三大汽车公司市场价值之和。

从全球来看也是如此。全球 GDP 中的 2/3 与信息产业有关。1982 年全球信息产业销售额为 2 370 亿美元，1985 年为 4 000 亿美元，1988 年为 4 700 亿美元，1995 年为 6 400亿美元，2000 年已超过 1 万亿美元，信息产业已成为全球第一大产业。

在我国，信息产业也得到了长足发展。2001 年，我国信息产业名列全球第三位，并继续保持我国国民经济中第一支柱产业的地位。2001 年，我国电子信息产品制造业实现产值 13 500 亿元，实现销售收入 7 500 亿元，分别比 2000 年增长 27%和 24%；电子信息产品出口额为 640 亿美元，比 2000 年增长 16%，占全国外贸出口的 24%；全年通信业务收入 3 669 亿元，投资 2 000 亿元，分别比 2000 年增长 24%和 54%；全国电话用户总数已达 3.24 亿户，其中固定电话为 1.79 亿户，移动电话为 1.45 亿户；互联网注册用户总数为 1 591 万户。

2. 对经济增长的影响

人力资本理论认为，通过对人力资源的投资能提高人力资源的质量，促进人力资本

---

① 中国人事科学研究院，中国人才报告(2005). 北京：人民出版社，2005：67。

的形成和积累，有效地推动经济的增长。而且，对人力资源的投资具有收益的递增性，在人力资源上投资得越多，经过一段特定时期后获得的边际收益也将越多，这将克服其他生产要素的边际收益递减从而保证经济的长期增长。

1998 年年底，世界银行和国际货币基金组织在《世界发展报告(1998)》中就提出应重视知识对经济、社会发展的巨大推动作用，指出发展中国家与发达国家的知识差距尤其是知识创新能力的差距大大超过了财富的差距，因而在一定意义上发展中国家需要知识更甚于需要资本。

舒尔茨的测算表明，在 1927～1959 年，物质资本的增加和就业人数的增加对美国经济增长的贡献率都是 15%，而人力资源质量的提高即人力资本的增长对经济增长的贡献率高达 43%。其中，对人力资本的形成和积累影响最大的教育投资对经济增长的贡献率最大，达 33%。丹尼森的更精确的计算表明，在 1929～1957 年，美国经济增长的 23%应归功于劳动者平均教育水平的提高，如果加上知识进步因素，则这一贡献将达到 35%。在 1972 年，舒尔茨提出，发达国家财富主要来源于人力资本，美国国民收入的 1/5 来自物质资本，4/5 来自人力资本。在 1995 年，美国人力资本最密集的信息产业对国民经济增长的贡献率已达到 42%。

丹尼森对日本的研究也表明，在 1961～1971 年，日本国民经济年均增长率中有 0.35 百分点是教育水平提高做出的贡献。部分发达国家教育对 GDP 增长的贡献见表 1-3。

表 1-3 部分发达国家教育对 GDP 增长的贡献 单位：%

时期 \ 国家	美国	英国	日本	德国	法国	荷兰
1950～1973 年	10.87	6.61	5.54	3.26	7.08	9.17
1973～1984 年	23.41	30.23	11.71	5.90	27.53	34.61

资料来源：Becker W E，Lewis D R. Higher Education and Economic Growth. Norwell：Kluwer Academic Publishers，1993：56～57

周天勇应用舒尔茨的方法来研究我国的人力资本的增长对经济增长的贡献问题，得出的结论是：在 1952～1990 年，我国教育投资所形成的人力资本的增长对国民收入增长的贡献率为 22%①。

现在，在全球软件开发市场中，印度占据了 16.7%的份额。在世界银行对各国软件出口能力的调查中，印度软件的出口规模、质量和成本三项综合指数居世界首位。全球 500 强中有 203 家企业采用印度计算机软件技术。全世界有 91 个国家进口印度计算机软件，其中 28 个国家完全依靠进口印度计算机软件和服务支撑。全世界知名的 23 家电脑公司中有 15 家是印度的公司；卡内基-梅隆大学软件工程学会评价级别最高的计算机软件公司全球有 59 家，其中有 29 家是印度的计算机软件公司。以致比尔·盖茨提醒人们，未来最大的软件开发地既不是美国、日本，也不是欧洲国家，而是印度！

促使印度软件产业成功的因素很多，其中最重要的因素就是人才因素。印度拥有一支 41 万人的合格的软件专业人员队伍(据称全世界的软件人员有 600 万人，其中美国有

① 周天勇．劳动与经济增长．上海：上海三联书店，上海人民出版社，1994：158。

200 万人，日本有 100 万人)，有 320 万名专业人员服务于计算机软件公司，在海外工作的印度计算机软件工程师有 10 万多人，每年培养 6 万多名专业人才投入软件行业；全世界计算机软件开发人才中印度人占 30%。

印度的第一任总理尼赫鲁在培养科技人才方面堪称有识之士。他从 20 世纪 50 年代就开始按照美国麻省理工学院(MIT)的模式，在全国陆续建立起了 6 个“印度理工学院”，现在正是这些学院的毕业生支撑着印度信息技术产业的大厦。印度对计算机教育从小就抓起，印度在中学里基本都开设了电脑课，400 多所大专院校开设了计算机及电脑软件专业。同时，印度还拥有世界上最大的多媒体教育设施，国内每年接受信息技术培训的人员超过 25 万人。印度政府对信息产业所采取的各种支持和发展的实际措施，使软件产业所拥有的人才优势得到了充分的体现。在人类社会从工业经济社会向知识经济时代转变的时期，印度的这一现象受到了世界各国的关注。2000 年，印度政府提出了“2008 年，百万软件人才”的口号，产业界和学术界随即行动起来，朝着目标积极迈进。

在 20 世纪 80 年代，中国和印度两国在软件业上还处于同一起跑线上，但现在两国在软件业上的差距已经非常大了。1999 年，中国的软件出口额为 1.3 亿美元；2001 年，中国软件行业的产值约为 29.7 亿美元，出口额为 5 亿美元，中国软件销售收入只占世界软件销售收入的 1.2%。在 2001 年，中国的软件技术人员只有约 18 万人，而中国的软件企业的数量是印度的 5 倍，这使中国的软件企业平均拥有的软件技术人员的数量只有印度的 1/10。

3. 对竞争的影响

进入 20 世纪 90 年代后，美日两国的竞争格局发生了引人注目的变化。美国经济持续增长，日本经济则持续衰退；日本入围世界 500 强的企业比例连年下降，而美国则连年上升。究其原因，在于美国在知识经济的七大产业(微电子、生物科技、新材料、电信传播、航空、机器人、电脑/软件)的巨额研究和开发投入极大地提升了美国的技术竞争力，在于美国企业以信息化、知识化重新构建公司所进行的管理变革极大地提升了美国企业的竞争力。

在我国，1988 年成立的注册资金为 2.4 万元的深圳华为技术有限公司，在 10 年后实现年销售额 89.3 亿元，进入全国电子十强企业的行列，成为一家专门从事国产通信设备研究开发制造的高新技术企业，它成功的秘诀就在于拥有高素质的员工。1998 年，在华为的 8 000 余名员工中，具有本科及以上学历的就有 7 000 余人，其中有上千名硕士和上百名博士。雄厚的人力资本是华为在竞争中脱颖而出的根本。

1995 年，根据位于瑞士的国际管理开发研究机构(International Management Development，IMD)的调查，芬兰的国际竞争力排名为世界第 18 位，1998 年提升为第 5 位，1999 年再次提升为第 3 位，而芬兰的人力资源则排名第 1 位，这反映了芬兰高等教育的水平及劳动者的素质。到了 2001 年，在联合国开发署发布的 2001 年度《人类发展报告》中，芬兰的人均科技成就指标排名超过美国，居世界第 1 位。在《世界经济论坛》公布的 2000 年度世界各国竞争力排名中，芬兰也是超过美国，居第 1 位。

芬兰只有 514.7 万人口，不到北京人口的一半；芬兰气候寒冷，除森林资源(面积占 69%)外，没有其他重要的自然资源。历史上芬兰长期是瑞典和俄国的殖民地，多次遭受外国入侵。在两次世界大战期间，就有两次和苏联作战，一次和德国作战。第二次世界大战后，芬兰还因为反击苏联入侵初期与德国结盟而成为战败国，承担战争赔款，并成为第二次世界大战后国际上唯一完成所有战争赔款清付的国家。

一个自然资源不足的战败小国，经过半个世纪的努力，以世界第一的竞争力崛起于科技快速发展的时代，绝不是偶然的，而是有着深刻的内因的，那就是芬兰拥有最宝贵的资源——高素质的芬兰人。他们热爱祖国，具有团结一心向现代化进军的坚强意志；他们掌握最新科学知识，崇尚科学，拥有科学精神和高尚道德；他们依靠现代管理，面对国际市场严酷竞争，进行不断创新和超越。创新的教育树立了芬兰人的自信和自尊。芬兰赫尔辛基大学的知名度显然不及美国的哈佛和MIT，但是在微软视窗一统天下的20世纪90年代，芬兰赫尔辛基大学的一名学生却敢于提出挑战，开发出与之抗衡的Linux操作系统。没有这种敢于为天下先的气概，能够出现今天芬兰超过美国成为世界竞争力第一的国家吗？

与此同时，根据瑞士洛桑的国际管理开发研究机构发布的《国际竞争力报告》，中国的科技竞争力在1999年由上年的第13位下降至第25位，在2000年又降至第28位；同时，中国的国际竞争力总体排名也由1999年的第29位降至第31位。近几年来，我国虽然在科技上有长足的进步，但和芬兰一比，就没有任何值得自满的理由了。

4. 对成本结构和销售收入结构的影响

在传统产品中，生产资料的成本占了相当大的比例（如我国企业的采购成本平均占销售成本的70%），而劳动的复杂程度不高、劳动者的工资报酬也不高，这使产品中人力成本的比例也不高。在高技术产业中，情况正好相反：具有很高的人力资本存量的劳动者能够生产出具有很高的价值的产品（虽然它的物质成本并不是很高），同时他们也获得了高额的报酬，这自然增加了产品中人力成本所占的比例。电脑软件就是这类产品的典型代表。在提供信息服务、咨询服务的行业里，发生的成本主要是人力成本，更是自不待言的了。

这种情况的出现是很容易理解的，因为人力资本的增长意味着知识、技能的增加和积累，也意味着更高级的复杂劳动力的形成，所以劳动者将具有更高的价值，这种价值也将体现在他所创造的物质产品或精神产品的价值上。

由于对于企业来说非物质性投入所创造的产品的附加价值在产品的总的附加价值中所占比重越来越大，所以企业的销售收入中非物质性投入所创造的部分的比重也越来越大。知识经济的一个特点是知识型的软产品所占比重越来越大，如微软公司的产品大部分是知识型的软产品。而随着知识经济的发展，很多传统制造业产品的“软件化率”（是指服务、软件等非物质性投入所创造的附加价值在产品总附加价值中的比重）也在上升，如完全可以在计算机上进行汽车、飞机的模拟现实设计、检验。日本的研究者对日本产业的服务化和软件化程度进行定量分析的结果表明，在1965～1980年软件化率低于20%的产品的比重从58.9%降到27.3%，而软件化率在60%～80%的产品的比重由1.5%上升到17%。随着信息产业的快速发展，各行业产品的软件化率还将进一步提高。

5. 对财富分配的影响

在历史上，当工业经济逐渐取代传统农业经济的主导地位时，社会财富向拥有土地、劳动、资本等工业经济基本要素的工业资本家手中转移。现在，在知识经济逐渐在社会经济中占据主导地位的社会中，知识和技能成为生产财富的重要手段，财富又出现了新的转移，逐渐向高新产业及其从业人员中的精英转移。英国《星期日泰晤士报》在2000年公布的全球富豪年度评估报告显示，排名前10位的世界富豪中，有5位是经营软件或电脑业务的(表1-4)。1998年年初，美国微软公司的1.6万名雇员中就有3 000多名百万富翁。

表1-4　2000年世界十大富豪排行榜

排名	姓名	国家	行业	资产/亿英镑
1	比尔·盖茨	美国	软件	531.3
2	沃尔顿家族	美国	零售	528.7
3	阿齐姆·普雷姆吉	印度	软件	350.0
4	保罗·艾伦	美国	软件	250.0
5	沃伦·巴菲特	美国	投资	193.7
6	文莱苏丹	文莱	石油	187.5
7	沙特国王	沙特	石油	175.0
8	史蒂夫·巴尔默	美国	软件	143.7
9	迈克尔·德尔	美国	电脑	125.0
10	阿联酋国王	阿联酋	石油	125.0

资料来源：经济日报，2000-03-25

杨致远在1994年退学创办YAHOO！公司时，YAHOO！的全部内容还只是杨致远一台电脑中的网络资料搜查手册而已，但凭借他与合作者的知识和技能，在风险投资家的帮助之下，在4年的时间里YAHOO！便成为世界知名的品牌之一，同时也创造了公司在创业两年内进入福布斯500强的惊人纪录，杨致远也因此拥有了几十亿美元的身价。

资本结构的变化还会引起人们收入结构的变化。即将来临的知识经济时代的一个显著的特点是，知识型劳动者从后台走向前台，成为决定生产和管理运作的主体，人力资本已成为改变经济系统产出的首要因素。在现代经济中，知识正成为真正的资本与首要财富。在这种情况下，在确认人力资本的基础上，产生了对人力资本权益的确认问题。应运而生的人力资源权益会计强调劳动者将自己拥有的劳动力(包括自然人力和人力资本)投入企业，就形成了与投资者将物质资本投入企业所形成的实收资本类似的资本也应取得企业收益的分配权。人力资源权益理论的确立和为人们接受的结果，将使劳动者不但获得作为付出的体力和脑力的补偿的工资报酬，还将获得因取得剩余索取权而从企业收益中分得的份额。

6. 对人才争夺的影响

人力资本的重要性日益为世界各国及各国的管理界所认识。人力资本存量的积累和增长，促进了经济的持续增长，而经济的增长又反过来需要更多的掌握了知识和技能的人才，即对人力资本提出了更高的要求。这促使世界范围内的人才争夺战方兴未艾。如何吸引、留住有用的人才，成为各国企业面临的重要问题。

我国人才市场上的争夺战也愈演愈烈。从金融业的人才争夺即可略见一斑。南京大学国际商学院院长赵曙明在 2001 年 9 月接受记者采访时介绍说，他不久前在美国讲学期间看见过一份资料，使他产生了很大的震动：美国一家知名的咨询公司列出了我国金融系统如银行、保险、证券业的 7 000 人的大名单，这 7 000 人都是我国改革开放以来花费了巨大代价培养出来的顶尖人才；每家金融机构就进入中国市场的问题向该公司进行咨询时，咨询公司都会将最合适的猎头对象介绍给这些金融机构。由此可见，外国的金融机构在进入中国市场时是如何煞费苦心地琢磨挖去我国的人才。专家们认为，中国加入世界贸易组织(WTO)后最先展开的是人才争夺战，而争夺最为激烈的是企业中的高层人才。2000 年，北京登记在册的网络人才中介公司从 100 家猛增至 500 家，当年北京人才中介机构收入达 8 亿元。而根据预测，入世后我国人才中介市场将有数百亿美元的发展空间。

资料 1-1

全球将面临“人才危机”①

高技术人才最密集的地区——美国硅谷近年来出现人才短缺现象，这预示着全球将面临“人才危机”。高新技术特别是网络技术的发展需要培养更多的人才。

据美国信息技术协会的最新调查，硅谷一带人才短缺比例高达 10%，估计有 34.6 万个职位空缺。硅谷是美国信息产业中心，集中了美国 96%的半导体公司，是知识经济的发源地之一。硅谷出现高新技术特别是网络技术人才缺口引起一些发达国家的警觉。

有专家认为，知识经济的发展一方面使传统产业的劳动力过剩，另一方面又使高新技术人才严重短缺。这一现象在美国尤为显著。尽管美国目前有 100 多万名从事研究开发的科技人员，但随着以网络为基础的知识经济的发展，未来 10 年美国至少需要 100 万名高新技术人才。同时，一些传统行业的人才却供过于求，1997 年美国新毕业的英语博士失业率达 8.8%，政治学博士失业率达 7%。

适应经济发展的人才短缺在其他国家也有所显现。在日本，今后 10 年科技人才将短缺 160 万～445 万人，其中最为短缺的是信息技术人才。在欧洲，到 2002 年仅网络人才就将短缺 60 万人，其中德国、英国和法国将分别短缺 18.8 万人、8.2 万人和 6.7 万人。

德国《经济周刊》在 1999 年 8 月指出，新的经济模式是求人才，而不是求资本。因此，世界许多国家已把培养知识经济所需人才列为刻不容缓的任务。

世纪之交，世界范围的人才争夺战愈演愈烈。为吸引更多的人才，各国政府正“各显其能”。美国参议院 2000 年 10 月 3 日以 96 票对 1 票的表决结果通过了一项旨在吸引外国高科技工人的新签证议案。根据这一新的签证议案，在今后 3 年内，每年的外国高科技工人的工作签证(H-1B)总数将达到 19.5 万张，期限为 6 年。利用这些签证的高科技工人大部分来自印度和中国。2000 年 3 月底，德国政府在企业界的支持下，正式对外公布将招募 2 万名外籍电脑专才的计划。而早在 1998 年 7 月，法国官方就以 2000 年电脑危机为掩护，行文给省政府，要求各地方单位配合给予申请居留权的外来电脑专才

① 根据有关报刊资料整理。

方便。这一政策使在1999年一年内涌入法国的高科技人才就有近千名。近一两年来，欧洲各国要求引进高科技人才的呼声不绝于耳。即使是移民政策相对严苛的瑞典政府，也不得不面对企业主再三的敦促，他们希望能改变现状，让更多的国外的电脑操作人员及工程师加入他们的行列。

1.4 人力资源会计的产生和发展

经济理论界对人力资本理论的不断深入研究，改变了以前忽视人力资本的状况，确立了人力资本在所有生产要素中的首要位置。在人力资本理论研究深入发展的同时，也衍生出大量的分支学科，如教育经济学、卫生经济学、家庭经济学等。而在人力资源研究的方法性、工具性学科领域中，最引人注目的则是人力资源会计学的兴起和发展。

1.4.1 人力资源会计产生的必然性

人力资本理论的建立和发展为人力资源会计的产生奠定了理论基础。人力资本理论使人们认识到，人力资本和物质资本一样也是创造社会财富的资本。随着科技的进步和经济的发展，对于企业来说，更重要的资本不再是单一的物质资本，而是人力资本。人力资本的重要作用是任何其他资本所不能替代的。人力资本理论的这一观念为人力资源会计中人力资产、人力资源权益等一系列重要概念的确立提供了理论依据。

在经济增长过程中，人力资本作用的日益增强乃至成为首要因素的现实，促使人们高度重视对人力资源的投资、高度重视人力资本的形成和积累。人力资本的重要性，促使企业的管理由以“物”为中心转向以“人”为中心。在对人力资源进行管理的过程中，企业的人事管理也从以前仅局限在职工的招聘、录用、评定和计算工资级别、管理人事档案等方面的工作，发展为包括招聘、录用、保持、发展、评价和调整六个职能的人力资源管理系统。企业对人力资源的管理不仅需要核算为取得和使用人力资源所发生的取得成本、开发成本、使用成本和替代成本，核算为提高企业的人力资源质量即增加人力资本所发生的投资，还要核算人力资源的使用效益和人力资源投资的经济效益。在人力资源流动性随着经济增长而日益增大的情况下，为了吸引和维持开展生产经营活动所需要的一定的人力资源，提高企业的开发能力和创新能力，增强企业的竞争能力，企业必须设计、开发和实施各种吸引和稳定人力资源的措施，以满足企业成员的物质需求和精神需求。为了优化配置企业所拥有的人力资源，使之能发挥更大的效用，企业必须制定恰当的标准对人力资源进行评价，确认人力资源的价值。为了实现企业的发展目标，还需进行人力资源需求预测和投资预测并对投资效果进行评价，将人力资源的发展计划列入企业计划之内。在作为人力资源载体的劳动者应该拥有剩余索取权这一观点日益为人们所接受的情况下，企业还必须考虑人力资源权益的确认和计量，考虑如何在物质资本投资者和人力资本投资者之间进行收益的分配。这一切都要求企业的管理部门必须掌握企业的人力资源的成本、价值等各方面的详细有关信息。

企业外部的利害关系各方在对企业进行评价、做出决策时，也要考虑企业的人力资源情况。因为企业人力资源的质量(主要体现为人力资本的存量和可预期的变化)对企业的竞争力有极大的影响，关系到企业的生存和发展，也影响到利害关系各方的利益。因此，企业外部的利害关系各方也要求企业提供有关的人力资源信息。

企业内外各方面对企业人力资源信息的需求，是传统会计所不能满足的。在传统会计的财务报表中，没有反映人力资源成本、人力资源价值和人力资源投资方面的信息。传统会计将人力资源的取得成本和开发成本都作为当期费用处理，不但导致提供的会计信息失真，而且也可能诱发企业管理者的短期行为。因为人力资源投资效益具有长期性和滞后性，管理者可能为了提高短期业绩而牺牲企业的长远利益，减少对人力资源的投资或避免、推迟对人力资源的投资。在传统会计中，也缺乏进行人力资源需求预测、投资预测和投资效果分析所必需的信息，使企业管理者不能利用这些信息做出正确的人力资源管理决策，也不利于其他利害关系各方进行分析决策。在传统会计中，也没有考虑企业的劳动者作为人力资源的载体从而成为企业的人力资本投资者应参与利益分配的问题。人力资本所有者的权益没有受到应有的重视，在人才争夺日益激烈的环境下，这极不利于企业吸引、留住人才，不利于发挥企业成员的主动性、积极性和创造性。

企业和其他方面对人力资源信息的需求及传统会计不能满足这类需求的情况，促进了人力资源会计的产生。人力资本理论着重从资本的角度来研究人力，人力资源会计则是着重从生产要素的角度来研究人力，研究对人力的确认、计量、记录和核算。在 20 世纪 50 年代形成的行为科学理论对人力资源会计的产生也起到了促进作用。行为科学利用现代科学的研究成果，对人类行为的规律性进行研究，分析人们行为产生的原因、影响因素，研究如何激励人的主动性、积极性和创造性，探讨对人们的行为进行预测、控制和评价的问题，以期实现企业的目标并使个人的需要得到满足，而这些也是人力资源会计所要达到的目的。因此，行为科学在企业管理和会计领域中的应用，对人力资源会计的产生也具有重要意义。

1.4.2　人力资源会计的产生和发展过程

美国会计学会人力资源会计委员会为人力资源会计所下的定义是：“人力资源会计是鉴别和计量人力资源数据的一种会计程序和方法，其目标是将企业人力资源变化的信息提供给企业内外界有关人士使用。”[①]这里所说的数据和信息，虽然没有明确的说明，但以前一般是指人力资源成本、价值方面的数据和信息。美国会计学家埃里克·弗兰霍尔茨(Eric G. Flamholtz)认为：“人力资源会计可以定义为把人的成本和价值作为组织的资源而进行的计量和报告。它包含用于计量人力上的投资及其重置成本的会计，也包含用于计量人对一个组织的经济价值的会计。”[②]考虑到在人力资源会计不断发展的进程中人力资源会计体系也在不断地丰富和完善，人力资源会计的定义中所说的数据和信息的外延现在也有所扩展。考虑到人力资源权益的确立及相应产生的人力资源权益会计，

---

① 陈今池．现代会计理论概论．上海：立信会计出版社，1993：307。

② 弗兰霍尔茨 E G. 人力资源管理会计．陈仁栋译．上海：上海翻译出版公司，1986：1。

那么，在人力资源会计的定义中所说的数据和信息应表示为包括人力资源的成本、投资、价值和权益方面的数据和信息。因此，在这种意义下，可以将人力资源会计的定义表示为：为了提供企业人力资源在成本、投资、价值和权益等方面变化情况的信息以满足企业内外界有关人士对这些信息的使用要求，而对企业人力资源的有关数据进行鉴别和计量的一种会计程序和方法。

弗兰霍尔茨在《人力资源管理会计》一书中，将 20 世纪 60 年代以来人力资源会计产生和发展的历史分为五个阶段：基本概念产生阶段、人力资源成本和价值计量模型的学术研究阶段、人力资源会计迅速发展阶段、理论界和实务界对人力资源会计兴趣下降阶段和人力资源会计恢复活力阶段。

1. 基本概念产生阶段：1960～1966 年

舒尔茨在 1960 年提出的人力资本理论及其他相关理论激发了人们对人力资源会计的研究兴趣，并在研究中促成了一系列人力资源会计的基本概念的产生。

美国密歇根大学企业研究所的赫曼森(R. H. Hermanson)发表的《人力资产会计》(1964 年)一文，被认为是人力资源会计理论研究的起点。他最先提出人力资源会计的概念，这一概念后来被引入会计学的研究之中。赫曼森认为，人力资源在大多数企业的生产经营活动中是最有效的一种资产，因此，要使企业的财务报表更加完善，更好地满足有关各方的要求，就必须在报表中反映有关人力资源的情况。

1965～1966 年，美国会计学会对人力资源会计理论进行了系统研究，认为需要对人力资源费用成本及人力资源效益进行衡量和评价，并将这一工作交给密歇根大学社会研究所进行试验。

在这一阶段的研究中，产生了人力资源会计、人力资产、人力资源成本、人力资源价值等概念和将人力资产视作企业商誉的一部分的观点。这一阶段的研究工作为人力资源会计的进一步发展奠定了基础。

2. 人力资源成本和价值计量模型的学术研究阶段：1966～1971 年

在这一阶段，研究者们开发了一些人力资源成本计量模型(历史成本和重置成本)和人力资源价值计量模型(货币和非货币)并对其有效性进行了评价，研究了将人力资源会计应用于会计实务中的现实可能性和人力资源会计的潜在用途。人力资源会计的基本理论和基本处理方法已逐渐形成并在实践中得到了一些尝试性的运用。

1967 年，美国密歇根大学成立了一个包括利克特(Rensis Likert)、布诺默特(R. L. Brummert)、弗兰霍尔茨和派尔(William C. Pyle)等在内的研究小组，进行了一系列有关人力资源会计的理论概念和方法的研究设计工作。其中，派尔还在俄亥俄州的巴里公司进行了人力资源历史成本的计量研究。同年年底，巴里公司在年终结算中首次披露了公司的人力资源方面的会计信息，这一事件在人力资源会计的发展史上被视为具有里程碑意义的重大事件，因为它是人力资源会计理论在会计实务工作中的首次运用。在这以后，一些小型工业企业也应用了人力资源会计的程序和方法。

利克特在《人力组织——它的管理和价值》(1967 年)一书中，用一章的篇幅专门论述人力资源会计。他强调了人力资源在企业经营活动中的重要性，认为企业的资产负债表中如果不包含人力资源项目，那么提供的会计信息就如同在传统会计报表中资产的账面价值与市场价值之间存在着巨大差异一样会严重失真，这可能导致企业管理人员决策失误。20 世纪 60 年代末至 70 年代初，布诺默特和其他人先后在《会计评论》、《管理会计》等刊物上发表了一些有关在会计实务中具体实施人力资源会计的文章。在这些文章中，他们介绍了人力资源价值评估的方法，提出了将人力资源会计纳入传统会计体系的意见。布诺默特在文章中还首次在人力资源会计的研究中引入了人力资本的概念。列夫(Baruck Lev)和施瓦茨(Aba Schwartz)在《会计评论》上发表的《论人力资本的经济概念在财务报表上的运用》(1971 年)一文中，详细地阐述了人力资源会计的理论并针对当时所存在的对人力资源会计的一些误解进行了解释。

3. 人力资源会计迅速发展阶段：1971～1976 年

在这一阶段，学术界对人力资源会计的关注继续加大，研究继续深入，不但美国的学者，其他国家和地区如西欧、日本等的学者也进入了这一研究领域。研究者们在学术刊物上发表了大量论述如何进行人力资源成本和价值的计量及如何将人力资源会计纳入传统会计体系的文章。同时，一些企业管理者和会计实务工作者也对人力资源会计产生了极大的兴趣，这使人力资源会计实务操作的尝试得以在一些企业中进行。这一切，促使人力资源会计在这一时期得到了迅速、全面的发展，并逐步走向成熟。当然，在这一时期，如同人力资本理论发端时的情形一样，一些人不赞同将人力资源信息列入资产负债表，不赞同将人力资源视为一种资本和一种可以通过投资得到增加的财富，并就此发表了一些不同的意见，但这并没有影响人力资源会计研究工作的正常进行。

美国会计学会在 1971～1973 年成立人力资源会计委员会和弗兰霍尔茨的《人力资源管理会计》一书的出版，是这一时期所发生的在人力资源会计的发展史上具有重大意义的两个事件。在这一时期，美国会计学会组织了一些人力资源会计项目的开发工作并提供了必要的支持，且陆续发表了一些对人力资源会计给予肯定评价的研究报告，从而推动了人力资源会计的发展。《人力资源管理会计》是第一部系统地研究人力资源会计的著作，弗兰霍尔茨在该书中阐述了建立和发展人力资源会计学的必要性，提出了人力资源会计管理的一系列具体方法。这一著作是人力资源会计学领域的权威著作，它奠定了弗兰霍尔茨在人力资源会计发展史上的创立者和学术权威的地位。

4. 理论界和实务界对人力资源会计兴趣下降阶段：1976～1980 年

在 20 世纪 70 年代后期，对人力资源会计的相对简单的初步研究已经完成，需要进行的是人力资源会计的更加深入的研究工作，并需要结合人力资源会计在企业的实际应用进行研究以解决人力资源会计进一步发展所面临的需要克服的问题。但是，因为深入研究的成本高、效益难以测量，所以企业缺乏积极性，研究工作难以得到企业的配合，致使人力资源会计的研究工作进入一个停滞不前的阶段。

5. 人力资源会计恢复活力阶段：1980 年至今

进入 20 世纪 80 年代后，由于现实的需要，人力资源会计在学术研究和实践工作中都进入一个新的发展阶段。在美国，促使人力资源会计的研究得以恢复和发展的原因主要有三个方面：第一是美国政府的推动。美国政府要求对增加劳动力的手段进行研究，而人力资源会计的研究与此要求不谋而合，自然受到了积极的影响，得到了有力的推动。第二是日本对人力资源会计的重视和研究也促使美国的管理者为了增强国际竞争力，转而恢复和加强对人力资源会计的研究工作。第三是美国服务业的迅速增长。与制造业相比，服务业是人力资本更加密集的行业。在服务业，工资成本可能达到总成本的70%甚至更高。这样，服务业增加1%的工资，便会导致总成本增加7%。因此，如何提高劳动生产率、降低人力资源成本便成为引起企业管理者高度重视的问题，这使企业管理者不得不重视人力资源会计的研究和应用。在这一阶段，美国、加拿大和欧洲的许多企业都开始应用人力资源会计。例如，拥有18 000名员工和150亿美元资金的美国梅特罗银行应用人力资源会计信息于人力资源管理决策，美国海军研究署应用人力资源会计信息于海军人力资源管理，加拿大格林菲尔德航空公司应用人力资源会计信息评价临时解雇职员的成本和效益，等等。人力资源会计的研究和实践活动都进入了一个崭新的时期。

弗兰霍尔茨的《人力资源管理会计》一书也于1985年修订后再版，该书不但全面地介绍了人力资源会计这一领域的理论和方法，而且还增加了相当的篇幅来介绍所列举的30个人力资源会计的应用案例，说明企业管理者应当将人力资源会计的信息运用于经营决策和人力资源管理决策之中。

在国外，人力资源会计在产生后的四十多年间经历了这样几个短暂的而且也有点曲折的发展阶段。由于人力资本的增长及其在经济增长中的作用增加，以及人力资源会计的应用范围越来越大，研究者们认为人力资源会计将进入新的持续、快速发展的时期，人力资源会计理论的研究工作及人力资源会计在会计实务中的运用将使传统会计发生重大的变革。

1.4.3 人力资源会计在我国的发展和现状

在我国，自20世纪80年代开始介绍人力资源会计问题以来，人力资源会计的研究工作也得到了很大的发展。

在20世纪80年代，国内的研究者开始将人力资源会计引入我国。1980年，我国著名会计学家潘序伦在上海《文汇报》上发表文章，提出我国应重视开展人才会计的研究，既要计量人才成本也要注重效益。潘序伦的文章率先在国内提出了重视人力资源研究的问题，随后一段时间内，会计学界陆续发表了多篇关于人力资源会计的文章，就人力资源会计的一些理论和方法问题进行了广泛的研究。1986年，我国出版了陈仁栋翻译的弗兰霍尔茨的《人力资源管理会计》，该书在国内首次系统地介绍了人力资源会计的内容。其后，报刊上出现了许多介绍人力资源会计的理论文章。张俊瑞的《关于人力资源会计的几个问题》一文在《会计研究》1987年第2期上发表后，人力资源会计的研究成为中国会计学会“七五科研规划”和“会计研究”的主要课题之一，在会计词典中也开始出现有关人力资源会计的词条。

进入20世纪90年代后，我国学者从以引进、介绍人力资源会计为主转为以研究为主。在这段时期，我国先后出版了不少研究人力资源会计的专著。例如，陈仁栋的《人力资源会计》(1991年)一书率先问世；“人力资源会计准则”列入了阎达五主编的《会计准则全书》(1993年)之中；徐国君的《行为会计学》(1994年)从行为科学的角度研究如何对人力资源进行价值核算和管理，他的《劳动者权益会计》(1997 年)则进行了人力资源会计新模式的研究，提出了劳动者权益会计的理论与方法体系；刘仲文的《人力资源会计》(1997 年)介绍了人力资源会计的基本内容，阐明了在我国研究和实施人力资源会计的必要性和可能性，构建了人力资源成本会计和人力资源价值会计的基本理论框架和计量方法，还对人力资源供给与需求预测、人力资源投资与收益分析等方面的问题进行了讨论；张文贤的《人力资源会计制度设计》(1999 年)对人力资源会计的基本理论和行业会计制度的设计进行了研究，在人力资源会计的实施方面提出了新的思路；王志忠的《人力资源会计》(1999 年)也展示了不少新的研究成果。这段时期，学者们在学术刊物上也发表了许多有关人力资源会计的研究论文。经检索，仅 1999 年，在《会计研究》和《上海会计》等 20 余种国内刊物上发表的有关人力资源会计的论文就有 60 余篇，内容涉及人力资源会计的理论体系、会计假设、会计模式、核算方法、信息披露、应用发展、制度设计、理论创新及问题探讨等许多方面。而到 2002 年 2 月底，在 YAHOO! 进行搜索时，与人力资本理论和人力资源会计有关的网页就有 800 多个。

1999 年 5 月 8 日～9 日，中国会计学会会计新领域专题研究组在北京举办了首届人力资源会计理论与方法专题研讨会。来自全国高等院校、政府部门、企业界和会计师事务所的代表们就人力资源会计基本理论、成本与管理会计、计量与披露、实际应用四个专题进行了讨论。这次会议是以人力资源会计作为研究课题的会计新领域专题研究组成立以来的第一次会议，也是我国会计史上关于人力资源会计的第一次研讨会。这次会议对推动我国人力资源理论研究的深入开展、促进人力资源会计在实务中的应用、充分发挥人力资源会计的重要作用，都具有重大的意义。

毋庸置疑的是，目前我国在人力资源会计的研究和应用等方面还存在许多亟待解决的问题。这些问题影响了人力资源会计理论系统的完善和人力资源会计在实务中的运用。例如，在人力资源会计的运用中存在着人力资源的计量及其资本化、人力资源的折旧及其分期、人力资源的权益分派、人力资源在报表上的列示四大难题[①]。这些问题的存在使人力资源会计信息不能满足公认会计原则对会计信息的质量要求，影响了企业管理者应用人力资源会计信息的积极性。对这些问题，虽然见仁见智，但它也说明在人力资源会计的进一步的研究和推广工作中，确实还存在许多必须引起人们重视的问题。研究人力资源会计，不能不了解这些问题。这些问题应该成为人力资源会计今后研究工作的重点。可以相信，随着这些问题的最终解决，人力资源会计的理论研究和实践工作将得到进一步的深入开展。

案例分享

“茅台现象”与资本结构[②]

自 2001 年上市到 2011 年年报发布，贵州茅台股份连续保持了 11 年零银行借款[③]的

① 张文贤．人力资源会计的四大难题．会计研究，1995，(12)：20。

② 刘峰，叶凡，张仲山．“茅台现象”与资本结构理论．当代会计评论，2013，5(2)：1～17。

③ 包括短期借款、应付票据、交易性金融负债、长期借款、应付债券、长期应付款，即下文所述银行债务。

记录，资本结构低于行业平均水平，呈现低负债、高盈利、高现金持有量的现象。对于资本结构的影响或决定因素，自MM定理①起，已形成多种相关的理论解释(假设)，包括权衡理论、优序融资理论、代理成本理论等。依照我们对这些理论的理解，它们都难以解释茅台股份长期零借款这样一个特殊的案例。另外，目前关于我国国有企业资本结构的研究，多从国有企业特殊身份、身兼就业等社会职能出发，讨论国有企业的债务软约束，即供给的问题。但是，国有企业普遍存在的资金饥渴、债务软约束现象在茅台股份也不存在。换言之，“茅台现象”——高利润、高现金、低银行债务——缺少有效的理论解释。

在中国资本市场上，“茅台”一族并不是一种孤立的现象。以2010年年报为例，零银行借款的企业多达241家，占当年年末全部上市公司总数的11.44%；高现金持有量、高盈利能力的公司数量也不少。

为什么“茅台现象”普遍存在？我们在对主流理论进行评价、讨论的基础上，尝试提出一个合适的理论来解释这种现象。我们的解释是：激励与风险不匹配，使以茅台为代表的国有企业管理层具有“不求有功，但求无过”的行为取向，导致财务政策的“无为”和极度保守。

1. 关于茅台集团与茅台股份

按照茅台公司招股说明书的介绍，茅台集团的前身可以追溯到1862年的成裕酒房。1951年，仁怀县人民政府通过没收、接管、赎买等方式成立茅台酒厂，此后经过多次名称、隶属关系变更，2000年，茅台酒厂更名为中国贵州茅台酒厂有限责任公司(以下简称茅台酒厂)，其股权由贵州省财政厅持有。

1999年11月，由茅台酒厂作为主发起人，发起设立贵州茅台酒股份有限公司(以下简称茅台股份)。茅台酒厂发起设立所投入的资产，主要就是现在茅台股份的经营性资产，包括与茅台酒生产直接相关的制酒车间、制曲车间、酒库、包装车间等，辅助性部门如动力、机电维修车间，以及研究所、检验中心、贸易公司、进出口公司等，占上市前股份比例超过90%。

2001年8月，茅台股份增量发行6 500万股，同时，按照中央政府的规定，国有股减持650万股。发行后，茅台酒厂持有茅台股份的股权稀释为64.68%。到2011年年底，茅台酒厂的持股比例为61.76%，主要是2006年股权分置改革中控股股东茅台酒厂向流通股股权转增股份以及随后的少量减持所致。

2011年年报显示，茅台股份仍然是贵州省国有资产管理委员会直接控制的省属国有企业。按照目前国有企业高管人员的任免程序，茅台股份高管层的任免由贵州省委组织部(对总经理和党委书记、董事长)和贵州省国有资产管理委员会(对副总经理一级)直接负责，公司董事会只是履行事后的确认程序。

2. 茅台股份的资本结构

在具体讨论茅台股份的资本结构之前，让我们先对资本结构指标的经济含义与具体构成略作介绍。

① 即Modigliani和Miller提出的资本结构无关论——引者注。

按照财务管理教科书的定义，资本结构是企业总资产中来自债务资本的比例，指标上就是用资产负债表上的总负债除以总资产。我们知道，资产负债表上的负债项目包括的内容比较多，既有来自银行等金融机构的借款，也有商业往来如应付票据、应付账款、预收账款等，还有一部分是按照借贷记账法规则所形成的贷方余额，如预计负债、专项应付款等。尽管这些项目都列为负债，但它们对企业的意义是不同的。具体而言，来自银行等金融机构的借款具有明确的到期日和相应的使用成本(利息)，且受到相应法律的保护，企业到期还本付息的压力大；商业往来通常不付息，到期偿还压力小于银行债务，包括预计负债等在内的一些负债项目，企业实际上并没有确定的还款压力。

以茅台股份2011年年报为例。资产总额349亿元，负债合计95亿元，按照通常的资产负债率衡量，资产负债率为27%。全部95亿元负债中，具体负债项目只有6项，它们分别是应付账款(1.72亿元)、预收款项(70.27亿元)、应付职工薪酬(5.78亿元)、应交税费(7.88亿元)、其他应付款(9.16亿元)、专项应付款(0.17亿元)。这些负债项目从偿债的约束力来看，对茅台股份的约束力都不大，例如，预收款项超过70亿元，占全部负债95亿元的74%。

我国上市公司中存在一类低负债、高利润、高现金的企业，其中以茅台股份最为典型。茅台股份维持了11年零银行借款的资本结构，且持有总资产近50%的现金，具备突出的盈利能力和创现能力，这种现象与教科书上所讨论的资本结构理论相去甚远。如何解释这样特殊的“茅台想象”？

➢本章小结

人力资源是指一定时期、一定社会区域内在适龄劳动人口和超过劳动年龄的人口中具有劳动能力的人口所拥有的创造社会财富的能力(包括已经投入和尚未投入社会财富创造活动的能力)的总和。人力资源就是以人力形式存在的一种经济资源。

人力资源的本质是人的能力。人力可以分为自然人力和人力资本两个部分。自然人力是指没有经过任何教育、培训而投入经济活动的劳动者所拥有的能力；人力资本是需要通过投资才能获得的能力，它主要体现为通过接受教育、培训等方式所获得的知识和技能，体现为人力资源质量的提高。

人力资源和人力资本是两个既有联系又有区别的概念。人力资源这一概念的外延大于人力资本的外延，人力资源质量的提高依赖于对人力资源的投资所导致的人力资本存量的增加，即人们所拥有的知识和技能的增长。人力资源是强调人的能力，将人力看做创造社会财富的一种宝贵资源，将人的能力与社会财富的创造联系在一起进行研究的；而人力资本则主要从人的能力形成的角度和资本的角度来看问题，研究人力资源投资对人的后天能力形成的影响，从投入产出的角度研究如何提高人力资源投资效益及人力资源投资所引起的人力资本存量的变化对经济增长的重要作用，研究人力资本的所有者对企业收益的剩余索取权等问题。

人力资本理论认为，人力资本是促进经济增长的强大推动力。在知识经济时代即将来临之际，人力资本在社会总资本结构中所占的比例越来越大。资本结构的变化，对产业结构、经济增长、竞争、成本结构和销售收入结构、财富分配、人才争夺等都产生了巨大的影响。对于企业来说，最重要的不再是单一的物质资本，而是人力资本，人力资本的重要作用是任何其他资本所不能替代的。

人力资本理论的创立为人力资源会计的产生和发展奠定了理论基础。人力资源会计是为了提供企业人力资源在成本、投资、价值和权益等方面变化情况的信息以满足企业内外界有关人士对这些信息的使用要求，而对企业人力资源的有关数据进行鉴别和计量的一种会计程序和方法。人力资源会计在四十多年的发展历程中，经过了几个短暂而曲折的发展阶段。在我国，人力资源会计的研究工作已经取得了许多丰富的成果，但要开展进一步的研究和推广工作，还有许多问题亟待解决。

第2章 人力资源会计的基本理论

学习目标

通过本章的学习，掌握人力资产这一新的会计要素的内涵，认识人力资源产权的基本特征；了解人力资源会计主体的构成，认识人力资源会计的目的；掌握人力资源会计的对象和假设；认识人力资源会计的作用。

人力资源会计的基本概念、会计目的、会计对象、会计假设等构成了人力资源会计的基本理论。与其他会计学相比，人力资源会计的基本理论存在自身的特点。研究人力资源会计的基本理论，认识它的一些特点，对于进行人力资源会计理论研究并将理论应用于会计实务工作是非常必要的。

2.1 人力资源会计的基本概念

2.1.1 人力资产的确认

人力资源会计的基本概念主要有人力资源、人力资产和人力资本。人力资源和人力资本的概念在第1章中已进行了讨论，在人力资源权益会计部分还将对人力资本这一概念进行更加具体的讨论，因此，本节将主要讨论人力资产这一概念。

人力资源会计的建立，依赖于一个最基本的前提条件——人力资源即人的能力能够作为会计资产进行核算。这一问题在会计学界曾引起许多争议，这是因为人力资源具有与物质资源明显不同的一些特性。首先，人力资源潜存于作为载体的劳动者体内，只有通过生产活动才能体现出它的价值。其次，人力资源的价值即人的能力的价值是可变的，它不仅受企业管理水平、组织结构、生产条件、社会待遇等客观条件的影响，还受到劳动者个人的能力、性格、欲望、对群体的适应性、对新技术的掌握能力等主观条件的影响。因此，虽然人力资源成本的核算已经取得了很大的进展并形成了一套为人们所公认的较为成熟的程序和方法，但对人力资源价值的计量特别是货币形式的计量还存在着许多不能尽如人意之处，这也是许多持不同意见者的依据所在。因此，长期以来人力资源还没有被确认为会计资产。

能否将人力资源纳入资产的范围进行核算，是必须明确的一个非常重要的问题。从宏观上来看，这意味着一个社会所拥有或控制的人力资源能否作为整个社会的资产来进行确认、计量、记录和报告；从微观上来看，这意味着一个具体的社会组织(如一个企业或一所学校等)所拥有或控制的人力资源能否作为它的资产来进行确认、计量、记录和报告。为了确定起见，这里只从微观的角度而且主要是从企业的角度来进行讨论。

虽然人力资源和物质资源之间存在着一些不同的特性，但应该看到的是，人力资源和物质资源也存在着一些共性，即资产的属性。美国财务会计准则委员会在《第 3 号财务会计概念说明：企业财务报表的要素》中指出，资产是“某一主体由于过去的交易或事项而获得或控制的可预期的未来的经济利益”。国际会计准则委员会在 1989 年公布的《财务报表的编制与列示框架》认为：“资产是因过去事项的结果而由企业所控制的并且通过该事项可望向企业流入未来经济利益的一种资源(An asset is a resource controlled by the enterprise as a result of past event and from which future economic benefits are expected to flow to the enterprise)。”我国《企业会计准则》给资产所下的定义是：“资产是企业所拥有或者控制的能以货币计量的经济资源，包括各种财产、债权和其他权利。”从这些定义可以看出，在传统会计中，资产必须具备以下四个条件：第一，它是以前的交易所形成的；第二，它必须为企业所拥有或控制；第三，它能够以货币进行计量；第四，它能够为企业带来未来的经济利益。

在进一步讨论之前，有必要认识人力资源产权的几个基本特征(对人力资源产权的更详细的讨论将在人力资源权益会计部分进行)。人力资源产权的基本特征表现在这样几个方面：第一，排他性，即一旦确立人力资源载体拥有人力资源产权后，除非载体让渡其产权，其他人很难再实施对人力资源的产权。第二，可分解性，即人力资源产权可以分解并分属于不同的主体。第三，可交易性，即人力资源产权可在不同的主体之间进行让渡。

根据对人力资源产权的特征的认识，可以认定人力资源自然具备了确认资产的前两个条件。首先，作为人力资源载体的劳动者进入企业就是人力资源产权的分解和交易的结果。在市场经济条件下，在劳动力市场上，人力资源载体和企业是两个平等的利益主体和产权主体，它们签订契约后人力资源产权便发生了分解和让渡。人力资源产权分解为所有权、使用权、处分权和收益权，人力资源所有权仍然归人力资源载体所有，而人力资源的使用权、处分权则让渡给企业。其次，由于人力资源产权交易的结果，企业在契约期内拥有人力资源的使用权和处分权，因此可以说在契约期内企业拥有或控制了该人力资源。再次，人力资源也是可以通过货币来进行计量的，如足球运动员的转会费可以看做转会球员的人力资源价值的体现，也是接收转会球员的俱乐部发生的人力资源的取得成本。如前所述，在人力资源会计发展史上人力资源成本和价值计量模型的学术研究阶段，研究者开发设计了不少人力资源成本计量模型和人力资源价值计量模型，在以后的研究工作中，不少研究者对这些计量模型又进行了许多改进工作。利用这些模型可以对人力资源的取得成本、开发成本、使用成本、替代成本和人力资源价值进行计量，虽然在可操作性、可靠性等方面存在着一些问题，但这并不意味着对人力资源不能进行货币计量，而只是说明这些计量模型还需要进一步的改进和完善。最后，在正常的情况下，企业所拥有或控制的人力资源在企业的生产经营活动中能够发挥其能力，体现其价值，为企业带来未来的经济利益，这是不言自明的事实。

因此，我们可以认为企业所拥有或控制的人力资源具备了资产的四个条件，可以将它视为企业的一种特殊的资产——人力资产来进行核算。对于企业来说，人力资产就是企业通过和人力资源产权主体的产权交易所拥有或控制的、能以货币计量的、能为企业带来未来经济利益的人力资源。

2.1.2 人力资产的“主动性”

在确认人力资产时，还有一点需要引起人们的注意，就是人力资产是一种“主动资产”，天然属于个人，并且只能由其天然的所有人控制这种资产的启动、开发和利用。也就是说，人力资源是一种具有主观能动性的与载体不能分离的特殊的资源。这是人力资产和物质资产之间的一个重要的不同特性。物质资源的所有者在向企业让渡使用权后，物质资源可以独立于所有者之外，企业取得了对所拥有或控制的物质资源的完全自主的使用权、支配权。但人力资源产权在交易过程中发生分解和让渡后，虽然企业通过人力资源产权的交易取得了人力资源的使用权、处分权，但人力资源即人的能力是不能和它的载体即人相分离的，人力资源的载体的主观意愿对人力资源的运用和发挥还会产生重大的影响。当企业使用所拥有或控制的人力资源时，如果人力资源载体认为这种使用不符合其主观意愿，使人力资源产权的一部分或全部受到限制或被删除，出现“产权残缺”现象时，人力资源的载体就会将人力资产部分或全部“封闭”起来，使企业在使用这一资产时受到一定的抑制，从而降低了人力资源的使用效率。在这种情况下，人力资产对企业来说会迅速地大幅度贬值甚至没有任何价值。在我国计划经济时期，企业吃“大锅饭”时，不少人“出工不出力”，就是因为他们的收益权受到了损害，因此在一定程度上“封闭”了人力资产，使企业不能有效地利用他们所拥有的人力资源即他们的能力。因此，拥有人力资源使用权和处分权的企业在运用这些产权时会始终受到人力资源载体的影响。这一特性使企业的人力资产和物质资产相比，在确定其使企业受益的期限和未来为企业带来的经济利益时产生了更大的不确定性，也使人力资产的核算更为困难。

2.2 人力资源会计的主体、目的和对象

2.2.1 人力资源会计的主体

人力资源会计是对人力资源数据进行确认、计量、记录和报告的会计程序和方法。因此，凡是需要进行人力资源核算工作的组织都是人力资源会计的主体。人力资源会计的主体可以是国家(社会)、企事业单位和家庭。

社会人力资源会计是将人力资源作为社会的经济资源，从社会的角度出发，以社会为主体对人力资源数据进行会计处理，预测社会人力资源需求，核算社会人力资源投资成本和投资效益，计量社会人力资源的价值，分析评价人力资源决策方案，参与人力资源投资决策。也就是从全社会的角度出发，核算社会人力资源的总投入和总产出，进行

人力资源的宏观管理。

企事业单位人力资源会计则是以企业或事业单位为主体，对其拥有或控制的人力资源的数据进行会计处理。例如，企业人力资源会计就是根据对企业的人力资源需求做出的预测，对企业的人力资源取得方案和投资方案进行决策分析，核算人力资源取得成本、开发成本、使用成本和替代成本，计量企业人力资源的价值，分析评价人力资源投资效益，进行人力资源权益分配的核算。也就是从企业的角度出发，核算企业在人力资源方面的总投入、总产出，明确人力资源权益，进行人力资源的微观管理。

家庭人力资源会计是以家庭为主体，对家庭的人力资源投资活动、投资效益等进行确认、计量、记录、报告和分析评价。

由此可知，人力资源会计主体的范畴和传统会计主体的范畴是不一致的。需要注意的是，拥有或控制人力资源的组织不一定会成为人力资源会计主体，不一定要进行人力资源的核算。例如，事实上很少有家庭进行人力资源会计核算。又如，没有雇佣劳动者而由几个合伙人共同经营的合伙企业，一般也不会进行人力资源会计核算。如果在一个组织中确立了人力资源权益，这个组织就必然成为一个人力资源会计的主体；如果在一个组织中并没有确立人力资源权益，但当组织是一个人力资本密集型的组织(这时人力资本对组织的业绩具有重大影响)，或组织成员所拥有的人力资本差异较大(这时对人力资源价值进行评估并优化配置人力资源对企业来说是很重要的)时，这样的组织也应进行人力资源的核算，这时组织也成了人力资源会计的主体。一个组织是否应进行人力资源的核算并因而成为人力资源会计的主体，应该根据组织的人力资源的情况来确定，不应得出凡是拥有或控制人力资源的组织都是人力资源会计主体的结论。

这里有必要对上面提到的组织的人力资源价值这一概念加以说明。人力资源价值有个体价值和组织(或集体、群体)价值之分。个体的人力资源价值是指作为人力资源载体的人创造出新的价值的潜在的劳动能力。组织的人力资源价值是指组织所拥有或控制的人力资源为组织创造出新的价值的潜在能力。个体的人力资源价值的形成，是多方面投资的结果。组织的人力资源价值，是组织与人力资源产权主体进行产权交易和对所拥有或控制的人力资源进行投资的结果。当组织通过产权交易拥有了该个体的人力资源的使用权后，就能利用该个体的人力资源即该个体的能力(不管这种能力是如何形成的、是什么时候形成的)来为组织创造出新的价值，该个体的人力资源价值就成了组织的人力资源价值的组成部分。因此，组织的人力资源价值由两个部分构成：一部分是组织与人力资源产权主体的产权交易导致组织中作为人力资源载体的人的数量增加，这些个体的人力资源价值成为组织的人力资源价值的新的组成部分。它可以理解为组织中人力资源数量增加的结果。当然，作为组织中的个体的人力资源价值与组织的人力资源价值之间的关系并不是简单的代数和的关系。另一部分是由于组织中个体的人力资源价值的增加而相应地引起组织的人力资源价值的增加。它可以理解为组织中人力资源质量提高的结果。组织中的个体的人力资源价值的增加可能是组织对其进行投资(如组织对其成员进行教育培训)的结果，也可能是该个体自己投资(如该个体自费接受业余教育)的结果，也可能是其他方面投资的结果。

2.2.2　人力资源会计的目的

人力资源会计的一般目的，是提供人力资源变化的信息以满足人力资源会计信息使用者的需求。

1. 社会人力资源会计的目的

对于社会人力资源会计来说，它的具体目的是通过提供社会人力资源需求的信息，使国家有关部门做出正确的人力资源投资决策，以实现整个社会对人力资源的总需求和人力资源的总供给之间的平衡；通过提供社会人力资源投资成本、该投资所形成的人力资源价值和人力资源投资效益等方面的信息，帮助国家有关部门掌握人力资源的投入产出情况，以利于改进人力资源投资决策，提高人力资源投资的效益。20 世纪 90 年代以来，我国高等院校所开设的许多专业和社会需求严重脱节的情况，就是缺少社会人力资源需求预测的正确信息而导致人力资源投资决策失误的例子。它不但使社会不能得到急需的人才，而且降低了人力资源投资的效益。

2. 企业人力资源会计的目的

对于企业人力资源会计来说，它的具体目的主要有以下几个方面。

第一，满足企业管理部门对人力资源信息的需求，帮助管理部门做出正确的决策。

企业的管理是以人为中心的管理。企业所拥有或控制的人力资源能否得到优化配置和有效运用，对企业的经营业绩有很大的影响。而要优化配置和有效运用人力资源，企业管理者就必须掌握企业人力资源的信息，将作为人力资源载体的劳动者安排在最能发挥其才能的工作岗位上。

人力资源是一种具有时效性的资源。自然人力资源会因载体的原因(如劳动者体力的衰退、疾病等)而减少，人力资本资源会因知识的老化而大幅度贬值，因此企业管理者要重视人力资源的取得和开发工作，要吸引企业所需要的人力资源和有效地开发企业已有的人力资源，促进企业内人力资本资源的增长，优化人力资源的结构。而要做出有效的人力资源决策，提高人力资源的使用效益和投资效益，就必须依靠企业人力资源会计所提供的人力资源需求、人力资源成本和人力资源价值等方面的信息。

人力资源是组织的一种最有价值的资源。而人力资源的价值与人力资本的存量及增长密切相关。现在，人力资本已经成为影响企业竞争能力的首要因素。企业之间的竞争将更多地体现在人才的竞争上。拥有专门的知识和技能的员工，对企业来说是比物质资本更宝贵的财富。各国和各国企业都千方百计地吸引和留住发展经济所必需的各类人才，人才争夺战愈演愈烈。知识更新速度的加快，使企业必须重视对员工的培训工作。企业的人力资本存量的快速上升，使得在人力资本密集的行业里，人力资本存量在总资本中所占的比率甚至远远超过物质资本的存量。这一切，使人力资源的取得成本、开发成本和使用成本在企业总成本中所占的比重上升。因此，为了提高企业的经济效益，管理者必须进行人力资源投资效益分析，以便做出正确的决策，不致因人力资源成本较高而不能引进和留住能为企业带来巨大效益的人才，也不致因不考虑企业实际情况而盲目地追求人才的高素质，造成人力资源的积压、闲置和浪费，并造成人力资源使用成本的增加。

第二，满足企业外部各方对人力资源信息的需求。国家有关部门为了进行人力资源宏观管理，需要企业所拥有或控制的人力资源、对所拥有或控制的人力资源进行的开发利用、未来对人力资源的需求、对人力资源的投资等各方面的信息。而企业外部利害关系各方，如投资者、债权人等，也需要企业的人力资源信息，以便做出正确的投资决策。因为他们投入的资金的运用效果与企业的人力资源素质密切相关。

第三，调动企业劳动者的积极性。人力资源权益会计通过确立人力资源权益和进行人力资源权益分配的核算，使企业劳动者因将自身所拥有的人力资源的使用权、处分权投入企业而成为企业的投资者，并因拥有人力资源的所有权而成为企业的所有者，因此和物质资本投资者一样拥有剩余索取权，参与企业盈余价值的分配。这能密切劳动者和企业的联系，有助于人力资源的能动作用的充分发挥。

资料 2-1

足球俱乐部的球员转会费与财务报表

在 20 世纪 60 年代末，著名经济学家布诺默特曾指出：“在公司年度报告的总经理致股东的信函中，通常有这样一句老生常谈的话：‘我们的全体职工是公司最重要和最宝贵的资产。’但是，翻过这一页信函之后，人们会问：作为公司最重要和最宝贵的人力资源，为什么没有反映在报表之中，它们究竟是增加了还是减少了？”

确实，对公司员工的这类评价时时见之于一些商业组织的报告中。如果有人怀疑“人”是任何公司中最重要的资源，那将是令人不解的。员工的价值来源于他们对公司的奉献，但不太清楚的是，员工是否应该很明确地在会计的框架内被看做资产。

认同并看重人力资产的价值的观念在今天仍然受到人们的关注。对于像职业足球俱乐部这样的组织来说，这种观念受到关注的程度更大。与场地及设备相比，俱乐部的球员常被看做其唯一的资产。

俱乐部球员的会计处理以及相关的转会费，对于外行人而言无疑是令人吃惊的。传统的做法是把球员的价值从资产负债表中排除出去，不管他们是通过转会买来的球员还是俱乐部自己培养的球员。目前，转会费的支付与收取的处理方法是直截了当的：收到的转会收入将在两个俱乐部转会登记之日起就记入损益账户中；同样，支付的转会费也立即被记入损益账户的借方。如果转会费是以分期付款的形式支付，支付或收取的任何数量的转会费都是以通常的方式将之作为借方或贷方来进行处理的。球员注册转会那一年的转会费的支付与收取在会计年度结束之前将被从损益账户中勾销。

这种处理方式可能会完全歪曲财务报表。例如，在俱乐部的会计年度结束之前，通过购买或出售球员就有可能严重歪曲俱乐部公布的收益。用这种特别的转会收入的方式就有可能掩盖俱乐部可怜的财务表现，或者这也可能被用来掩饰会计的结果。

足球俱乐部 Rangers 在 1984 年 5 月 31 日公布的财务报表显示，在该会计年度中，该足球俱乐部的损失为 98 398 英镑。然而，把一些特别的项目包括在内以后，该足球俱乐部平常活动的税前损失为 932 588 英镑，特别项目费为 833 656 英镑(包括付出转会费 770 650 英镑、办公损失补偿 63 000 英镑)。由此可见，将转会费或这样那样的费用包括在内，Rangers 足球俱乐部的税前损失就上升了 848%。由此可见，在足球俱乐部的会计核算中，是否将球员作为俱乐部的资产来进行核算，会使俱乐部的财务报表产生很大的差异。

2.2.3 人力资源会计的对象

人力资源会计的对象是人力资源会计主体中人力资源的价值运动。

对于企业来说，人力资源的价值运动包括作为价值运动起点的对人力资源的投入和作为价值运动终点的与该投入相对应的人力资源的产出两个方面。

企业对人力资源的投入主要包括：为了取得人力资源所发生的支出(取得成本)，如招聘费、选拔考试费、安置费等；为了使企业的劳动者能掌握与其工作岗位相适应的技能和提高企业员工的人力资源素质所发生的支出(开发成本)，如教育培训费等；企业运用人力资源的使用权时所发生的补偿费用(使用成本)，如工资、奖金等；企业取得或开发替代者来替代在既定职位上的人员或所雇佣的人员时所发生的替代成本。

在人力资源的产出过程中，人力资源的价值运动主要表现为：企业通过人力资源的投入所形成的人力资源价值的增量；企业的人力资源在使用过程中所新创造的价值；企业劳动者按其所拥有的人力资本参与企业盈余价值的分配等。

2.3 人力资源会计的假设

会计假设是组织会计工作必须具备的前提条件，离开了这些前提条件，就不能有效地开展会计工作。传统会计的假设是从会计实践中抽象出来的，其最终目的是保证会计核算资料的有用性、合理性和可靠性。由于缺乏人力资源会计的实践活动，以及人力资源会计的研究工作还缺乏有组织地协调开展，所以现在还谈不上能有效地从人力资源会计的实践活动中抽象出组织人力资源会计工作开展的前提条件即会计假设。目前，在人力资源会计研究工作中许多研究者提出的人力资源会计假设，也都没有得到较普遍的认同。人力资源会计的研究工作是一项带有超前性的工作，因而研究者们所提出的人力资源会计假设也带有一定的超前性，但这些工作对人力资源会计假设的最终确立都是有所裨益的。

2.3.1 完全脱离传统会计假设的人力资源会计假设

完全脱离传统会计假设而提出的人力资源会计假设，主要有“一假设论”、“三假设论”、“四假设论”、“五假设论”和“六假设论”等多种观点。“一假设论”的内容是：人力资源可以和实物资产一样计量，其成本和价值也可以和实物资产一样在不同的会计期间内进行分摊[①]。“三假设论”的内容是：人是有价值的组织的资源；作为组织的资源的人的价值是其管理方式的函数；用计量人力资源成本和价值的形式所提供的信息对卓有成

① 陈今池．现代会计理论概论．上海：立信会计出版社，1993：325。

效地管理人力资源是必不可少的①。"四假设论"中的主体资源假设、可以计量假设、管理影响假设和信息重要假设包含了"三假设论"提出的假设内容，但在可以计量假设中提出了人力资源价值的非货币性计量模式问题，这是两者的不同之处②。"五假设论"是在"四假设论"的基础上增加一个人力资源为会计主体服务的期限是相对稳定的假设③。"六假设论"的内容是：人力资源向组织提供利益的方式，与有形资产或其他实际资产向组织提供利益的方式相同；由传统资产和人力资源所产生的利益对组织来说是有价值的，因为它有助于组织目标的实现；人力资源的获得基本上包含了经济成本及可以合理预期的利益，这项利益的性质具有经济性，并且能以财务会计的方式予以计量；传统会计的资产定义中包含了一项对未来经济利益的拥有权或控制权的要义，就此要义而言，人力资源也可被认定为会计上的资产；从理论上来说，可以对一个组织的人力资源的成本和价值进行确认与计量；有关人力资源成本和价值的信息，有助于组织在活动中进行规划、控制和评估④。

2.3.2 将传统会计假设与新的假设结合提出的人力资源会计假设

有些研究者将传统会计假设和一些新的假设结合起来作为人力资源会计的假设。例如，有的学者认为，人力资源会计除应遵循传统会计的四项假设外，还应遵循一些特殊的假设，如主体资源假设、服务期限相对稳定假设、可以计量假设、管理影响假设、信息重要假设等⑤。也有人认为，除此之外，还应加上将人力资源投资成本资本化比费用化更合理的假设⑥。

2.3.3 对传统会计假设重新认识或予以扩充后得到的人力资源会计假设

也有许多研究者认为，人力资源会计作为会计学的一个分支，就隐含着与传统会计的四大假设之间存在着密切的联系。但人力资源会计的核算对象有其特殊性，因此人力资源会计不能简单地完全继承传统会计的四大假设，而应结合人力资源会计的特点对传统会计的四大假设加以重新认识或适当扩充后将其作为人力资源会计的假设⑦。

相对而言，在缺乏人力资源会计实践的现阶段，结合人力资源会计的特点，在对传统会计的四大假设加以必要的补充和重新认识的基础上，将其作为人力资源会计的假设是易于理解和可以接受的。

1. 会计主体假设

会计主体规定了会计工作特定的空间范围。会计工作总是在某一特定单位里进行，这个单位单独进行生产经营或业务活动，在经济上独立或相对独立。会计处理的数据和

---

① 弗兰霍尔茨 E G. 人力资源管理会计 . 陈仁栋译 . 上海：上海翻译出版公司，1986：1。
② 乔彦军 . 论人力资源会计的基本假定 . 财会通讯，1990，(11)：10～11。
③ 李定安，郭会丹 . 人力资源会计应用问题研究 . 人力资源会计理论与方法专题研讨会，1999。
④ Caplan E H，Linderkich C S. Human Resource Accounting：Past，Present and Future. New York：NAA，1974：2.
⑤ 刘懿 . 人力资源会计理论体系初探 . 财会通讯，1999，(3)：11～12。
⑥ 李鸿雁 . 浅谈人力资源会计的理论结构 . 山东财政学院学报，1999，(3)。
⑦ 郭收库 . 建立人力资源会计假设的几点认识 . 上海会计，1999，(5)：16～17。

提供的信息，都严格地限制在这一特定的空间范围内，而不是漫无边际的。同时，围绕会计主体的经济活动开展会计工作，不仅要求将特定主体的经济业务与其他特定主体的经济业务严格区分开来，而且要把特定主体的经济业务和所有者的经济活动区分开来。

劳动者作为人力资源的载体，是人力资源产权的最终拥有者，但与企业签订合同进入企业成为企业的员工后，通过人力资源产权的交易，企业就拥有或控制了人力资源的使用权、处分权，在合同规定的期限和规定的工作时间内企业能够运用使用权和处分权，为企业创造出新的价值。在这种情况下，企业所拥有或控制的人力资源已经成为企业的一种资产。如果企业内外界有关人士需要企业所拥有或控制的人力资产变化的信息，那么企业就应当对人力资产进行核算和监督，提供有关人力资产的取得、开发、使用信息，提供这一资产的所有者参与收益分配的信息。也就是说，企业应当进行人力资源会计核算，从而也成为人力资源会计的主体。人力资源会计核算和监督的是该会计主体所拥有或控制的人力资源，向企业内外界有关人士提供所需的各种人力资源变化的信息。人力资源会计的主体假设同样也为会计核算工作规定了空间范围，这一工作也是围绕着为之服务的特定单位开展的，同样也应将这一特定主体的人力资源信息与其他特定主体的人力资源信息区分开来。

2. 对持续经营假设的重新认识

持续经营假设是指会计主体的经营活动在可以预见的未来不会面临破产清算，它所拥有的资产将按既定目的在正常经营过程中被消耗、出售或转让，它所承担的债务也将按期偿还。在持续经营假设的前提下，才可以建立起会计计量和确认的原则，使企业在会计信息搜集和处理中所应用的会计程序、会计方法保持稳定，才能正确地记录和报告会计信息。

持续经营这一前提条件，也使人力资源会计的计量和确认原则的建立成为可能。例如，将在开发人力资源时所发生的支出划分为收益性支出和资本性支出及对资本性支出的摊销期限的确定、以工资报酬为基础的人力资源价值的货币计量方法及该法中计算年限的确定、人力资产的计量和人力资源权益的确立等，都是以持续经营的假设为前提的。

人力资产是企业所拥有或控制的一种特殊的资产。人力资产的主动性，使企业在运用这一资产的过程中可能获得的效益有赖于作为人力资源载体的劳动者的能动性的发挥。劳动者的体力随着年龄的增长而逐渐衰退，劳动者原来所拥有的知识和技能等由于知识更新而过时、贬值等情况的出现，会影响到企业的持续经营。同时，也应注意到，人力资产在使用过程中具有持久性(或耐用性)，企业的劳动者在工作过程中所发生的体力和精力的消耗，在获得工资报酬作为补偿、购买物质生活用品和进行精神生活用品消费之后就能得到恢复；而在健康方面的投入，在一定时期内还能增强劳动者的体质从而提高人力资源的质量；对劳动者在教育、培训方面的投资(不管投资主体是谁)，对于提高企业所拥有的人力资源的质量从而有效地改善人力资产的结构，更加具有不可低估的效果。因此，对于人力资源会计来说，在理解和认识持续经营假设时，还应考虑到如何使企业所拥有或控制的人力资源能够适应企业长期经营的需要，因为企业如果缺乏进行持续经营所需的人力资源，它的物质资源再多也是无济于事的。在这个意义上，持续经营假设要求企业不断地获取所需的人力资源并不断地提高人力资源的素质，要重视采取各种必要措施满足作为人力资源载体的企业员工的精神需要和物质需要，以激励员工充分发挥其能动性，从而为企业创造更多的效益。企业和员工都要认识到，他们的共同利益都是建立在劳动者这一人力资源产权主体持续发挥其作用的基础之上的。在合同期内，员工为会计主体提供优质服务不但能为企业带来更佳的效益，同时也能为自己增加收益；而企业则通过员工能动性的充分发挥不但弥补了在人力资源取得、开发、使用上发生的成本，收回在人力资源上的投资，而且还使企业的物质资源得到了有效应用，增加了企业的经济效益。

3. 会计分期假设

企业的生产经营活动大多是连续进行的，但为了充分发挥会计在企业管理工作中的重要作用，不可能等到企业所有经济活动都结束、各项资产都转化为货币资金、各项债务都清偿完毕后才进行结算工作和编制会计报表。因此，在会计核算中，人为地将企业的持续经营期间划分为一个个首尾相接、间距相等的会计期间，确定每一个会计期间的收入、费用和利润，确定每一个会计期间的期初、期末的资产、负债和所有者权益的数量，进行会计结算和编制会计报表。

对于人力资源会计来说，同样也要进行会计分期，也要对在每一个会计期间的人力资源成本、投资进行核算，将开发人力资源所发生的资本性支出在受益内摊销，要对每一个会计期间的期初、期末的人力资产、人力资源权益的数量进行核算，确定在该会计期间人力资产和人力资源权益的变化等。会计分期，使得企业能够将所发生的人力资源成本划分为收益性支出和资本性支出，为资本性支出摊销期限的确定提供了依据，并使人力资源会计核算建立在权责发生制的基础之上。它还为编制人力资源会计报告提供了较为恰当的时期范围，也使人力资源会计信息的使用者能合理地评价组织的人力资源会计信息。

4. 货币计量和非货计量假设

货币计量假设要求企业在会计核算工作中要采用货币作为统一的尺度进行计量，并将企业经营活动和财务状况数据转化为按统一货币单位反映的会计信息。传统会计中，无法用货币计量的经济活动不在会计中予以反映。

在人力资源会计中，应将传统会计中的货币计量假设扩充为货币性计量和非货币性计量假设。因为在人力资源会计核算中，既需要货币性的定量的会计信息，如人力资产、人力资源成本、人力资源权益等方面的信息。同时，也需要非货币性的定性方面的信息。例如，对人力资源价值进行计量时，有些与人力资源价值有关的特殊因素，如企业员工的进取心、责任感、与各方面的关系、影响力、接受新知识和新技术的能力等，是无法用货币性方法来进行计量的，而只能用非货币性的计量方法来进行计量和给出说明。在人力资源会计核算中，货币性计量所提供的定量的会计信息和非货币性计量所提供的定性的会计信息，对于组织内外的信息使用者来说都是重要的。

人力资源会计假设的多种观点的并存，正是人力资源会计还没有形成为一个完整的学科体系的表现之一。这一问题只有在人力资源会计的进一步深入研究并在会计实务中得到广泛运用后，才有可能得到最终解决。

2.4　人力资源会计的作用

人力资源会计除了能为企业管理者、外部投资者、债权人、政府有关部门和公众提供有关企业人力资源变化的信息，满足各方面对这类信息的需要外，还有以下几个方面的作用。

(1)正确反映各项收益。在企业会计核算中，如果忽视了人力资产，忽视了人力资源投资的变动，会导致企业财务报表中的收益数据失真。在传统会计模式中，人力资源投资在短期内的迅速增加，可能使会计信息使用者低估当期收益。而人力资源投资在短期内的迅速减少，则可能使会计信息使用者高估当期收益。这两种情况都可能会影响会计信息使用者的决策的科学性。人力资源会计确立了人力资产这一概念，区分了人力资源成本中的收益性支出和资本性支出，使人力资源会计核算也遵循权责发生制原则，从而使企业的收益更加符合配比原则。

(2)抑制管理者的短期行为。由于所有权和经营权分离，企业所有者需要依靠会计部门提供的相应信息来监督、控制经营者。经营者在任期内为了达到提高业绩的目的，除了可能采用少提甚至不提折旧等方式来减少支出、虚增利润外，还可能采取减少对员工进行教育、培训方面的开支或低价雇佣非熟练员工来代替熟练员工以减少工资支出等损害企业长远利益的短期行为来达到减少支出、增加利润的目的。进行人力资源会计核算，能够通过企业在人力资源投资方面的信息了解管理者是否重视企业最重要的资源——人力资源的素质的提高，从而判断企业未来是否具有强有力的发展后劲；能够通过企业在人力资源取得成本方面的信息对企业员工的稳定性或流动率进行分析，并对不利于企业正常经营的过高的流动率加以控制。

(3)有利于增进企业管理者经营决策的科学性。进行人力资源会计核算，有助于抑制管理者的短期行为，促使他们能够从有利于企业长远发展的角度来考虑问题，重视对人力资源的投资以提高人力资源的素质；能够结合企业人力资产存量的信息和企业经营业务方面的经济信息(如收入、利润等)进行对比分析，确定企业是否面临缺乏必要的人力资源特别是缺少急需的人才的困境，或是否存在人浮于事的低效率现象，以便及时采取应对措施；能够利用企业人力资源价值会计核算提供的信息，实现人力资源的优化配置，将企业的每个员工配置在最能有效地发挥其才能的工作岗位上，而对人力资源群体价值的计量则有利于企业优化员工的组合以发挥人力资源的群体效应。

(4)有利于国家有关部门进行宏观调控。企业人力资源会计提供的人力资源信息，是社会人力资源会计核算所需要的信息的重要组成部分。社会人力资源会计提供的信息，使政府有关部门能够了解全社会的人力资源的维护与开发运用情况，从而制定有效措施加强对人力资源开发的管理工作，以提高全社会的人力资源的素质，促进人力资源存量的增长，并进而有效地促进社会的经济增长。例如，教育部门可以根据全社会对人力资源的需求信息制订人力资源培养的短期和长期计划。

(5)有利于合理地分配利润。人力资源权益的确立，使企业的员工能因其所拥有的人力资源的所有权而享有与物质资本投资者一样的剩余索取权，从而改变了以前由物质资本投资者完全独占剩余索取权的不合理现象。劳动者在价值创造过程中的重要作用得到了肯定，他们不但因付出体力和消耗精力而得到了工资的补偿，还因自己成为企业的所有者而得以与物质资本的投资者共同分享利润，这不但有利于劳动者积极性的发挥，也是按劳分配原则的真正体现。

资料 2-2

华为对人力资源会计的实践

人力资源会计理论的研究具有探索性或超前性，在国际上尚未形成定论，在国内更是因为触及了经济改革尤其是国企改革的症结——个人产权问题，而在实践上步履维艰。对此，民企华为做了一些有益的尝试。它的经验是把人力资源定为知识资本，简称为知本。确定人力资本增值的目标优先于财务资本增值的目标，认为知识只有资本化才能形成公司发展的原始动力。据此设计的分配原则是，对知识劳动既给予记入成本费用的工资、奖金、福利形式的报酬，又给予股权形式的报酬，使职工能参与企业税后利润的分配。考虑到共同奋斗者的利益，对股权实行动态地调节，解决了公司可持续发展的动力源泉问题。在人力资源会计的具体核算上，公司采用“双轨制”编制知识资本汇总表和购股权动态表，并使用货币与非货币两种尺度进行计量。货币计量采用收益模型和成本模型，非货币计量采用对工作态度、工作能力和工作绩效的综合评价。在会计科目上，设置“知识资本”账户，分人力资本、购股权等进行明细核算。

案例分享

乔布斯的苹果[①]

1974 年 2 月，在里德学院晃荡了 18 个月之后，乔布斯决定搬回父母在洛斯阿尔托斯的住处，然后找一份工作。这并不是什么难事。20 世纪 70 年代，《圣何塞水星报》(*San Jose Mercury*)的分类广告版面上，科技类的招工广告最多时曾达到 60 页。其中的一则广告吸引了乔布斯的目光。“在享乐中赚钱”，广告语是这么说的。那一天，乔布斯走进了游戏制造商雅达利公司(Atari)的大厅，对着被他不修边幅的发型和装扮吓了一跳的人事主管说，得不到一份工作他是不会离开的。

雅达利当时是非常热门的公司。它的创始人是高大健壮的企业家诺兰·布什内尔(Nolan Bushnell)，此人是个充满魅力、能说会道的梦想家——换句话说，又一个时代偶像。成名之后，他喜欢开着劳斯莱斯四处转悠，吸食毒品，在浴缸里开员工会议。他有一项能力——是弗里德兰也具有的、乔布斯日后也学会了的——将个人魅力转化为说服力，通过个性的力量进行劝诱、胁迫以及扭曲事实。他手下的首席工程师叫做阿尔·奥尔康(Al Alcom)，一个健壮、快乐又很理性的人。他就像个家长一样，一方面要帮助布什内尔实现他的梦想，另一方面又要控制住他的狂热。

① 艾萨克森 W. 史蒂夫·乔布斯传. 管延圻，等译. 北京：中信出版社，2011。

1972 年，布什内尔指派奥尔康研发一款视频游戏《乒乓》(Pong)的街机版。游戏中两名玩家分别操纵屏幕上两根移动的光标充当球拍，拦截充当乒乓球的小光点(如果你不到 40 岁，问问你的父母)。利用 500 美元的投资，奥尔康做出了一台游戏主机，然后将它安装在了森尼韦尔国王大道的一家酒吧里。几天之后，布什内尔接到电话说机器坏了。他派奥尔康去查看，发现问题出在游戏机被硬币塞满了，再也塞不进去了。他们靠这个狠赚了一笔。

当乔布斯穿着凉鞋来到雅达利公司要求工作时，有人通知了奥尔康。"我被告知：'有个嬉皮士小子在大厅里，他说我们不雇他他就不走。我们该打电话报警还是让他进来?'我说，快带他进来!"

乔布斯由此成了雅达利公司第一批 50 名员工之一，职位是技术员，薪水每小时 5 美元。"现在想想，雇用一名里德学院的辍学学生真有点儿不可思议，"奥尔康说，"但我在他身上看到了一些东西。他非常聪明，富有激情，对技术狂热。"奥尔康让乔布斯与一个叫唐·朗(Don Lang)的工程师一起工作，此人的思想极其保守。第二天朗就开始抱怨了："这家伙是个该死的有体臭的嬉皮士。你为什么要这么对我? 还有，我根本没法儿跟他相处。"乔布斯坚信，他以水果为主的素食习惯不仅会消除黏液，也会去除他的体味，就算他不用香体剂，也不常常洗澡。这是个错误的理论。

朗和其他人想赶走乔布斯，但布什内尔想出了一个解决方案。"他的体味和行为举止对我来说并不是问题，"他说，"史蒂夫是很麻烦，但我挺喜欢他。所以我让他上夜班。这样就可以把他留下了。"乔布斯会在朗和其他人下班之后过来上班，工作一整晚。即便已经隔绝到如此地步，他还是因为自己的鲁莽无礼出了名。在一些碰巧跟人交流的场合，他会肆无忌惮地称别人为"蠢货"。现在回想起来，他依然坚持自己的评判。"我那么耀眼的唯一原因就是，其他人都太糟糕了。"乔布斯回忆说。

尽管他很傲慢——或者正是因为他的傲慢——他获得了雅达利公司老板的青睐。"他比其他与我共事过的人更加有哲学气质，"布什内尔回忆道，"我们曾经讨论过自由意志和宿命论的比较。我倾向于认为事情都是命中注定的，我们的人生都是被规划好的。如果有足够的信息的话，我们可以预知一个人的行动。史蒂夫的观点与我正相反。"这一观点与他"意志的力量可以改变现实"的信念是一致的。

乔布斯在雅达利学到了很多。他通过改进芯片，做出了更有趣的设计和更人性化的人机交互，进而完善了公司的一些游戏。布什内尔夸大事实的本事以及按自己规则办事的意愿影响了乔布斯。除此之外，乔布斯还很欣赏雅达利开发的游戏的简单性。游戏没有使用手册，简单到即便是一个喝醉酒的初学者也能很快上手。雅达利的《星际迷航》游戏仅有的说明就是："1. 投入硬币；2. 躲开克林贡人。"

并不是所有同事都讨厌乔布斯。他与一个叫做罗恩·韦恩(Rem Wayne)的绘图员成了朋友，此人之前经营着自己的公司，生产老虎机，但之后生意失败了。然而乔布斯觉得开一家自己的公司这主意很吸引人。"罗恩是个很了不起的人，"乔布斯说，"他开过公司。我从没有遇到过他这样的人。"乔布斯向韦恩提议两人一起做生意；他说自己可以借来 50 000 美元，然后他们可以设计并销售老虎机。但是韦恩曾经在生意场上吃过苦头，所以拒绝了。"我说那是损失 50 000 美元最快的方法，"韦恩回忆说，"但我很佩服他，他有很迫切的欲望去开始自己的事业。”

一个周末，乔布斯到韦恩的公寓拜访，像往常一样讨论哲学问题。这时韦恩说有些事情要告诉乔布斯。“我想我知道你要说什么，”乔布斯回答，“我觉得你喜欢男人。”韦恩承认了。“那是我第一次遇到熟人中有同性恋，”乔布斯回忆，“他给我灌输了关于同性恋的正确观点。”乔布斯追问他：“你看到一个漂亮的女人会有什么感觉?”韦恩答道：“就好像你看到一匹漂亮的马，你欣赏它，但你不想和它上床。你只是纯粹欣赏它的美。”韦恩说自己就是想把这个告诉乔布斯。“雅达利公司没人知道，在我的一生中知道这件事的人也屈指可数，”韦恩说，“但我觉得告诉他没有任何问题，他会理解的，而且这也不会影响到我们的关系。”

1977 年 1 月，马库拉加入了乔布斯和沃兹尼亚克的生意，将这两个新手创立的事业转变成了苹果计算机公司(Apple Computer Co.)，当时他们对公司的估价是 5 309 美元。过了不到 4 年，他们认为公司上市的时机到了。苹果公司造就了自 1956 年福特汽车之后，超额认购最为火爆的首次公开募股(initial public offerings，IPO)。到 1980 年 12 月底，苹果的估值已高达 17.9 亿美元。没错，是“亿”，它也让 300 个人变成了百万富翁。

丹尼尔·科特基却不在其中。他一直都是乔布斯的挚友，两人一起读大学，一起去印度，一起待在团结农场，一起经历了克里斯安·布伦南的怀孕风波。苹果公司还在乔布斯的车库时他就加入了公司，到公司上市时，他仍然以时薪员工的身份在那里工作。但是他的级别不够高，无法获得 IPO 之前奖励给员工的股票期权。“我完全相信史蒂夫，我想，他会像我以前照顾他那样地照顾我，所以我没有催促他。”科特基说。官方对此给出的理由是：科特基是一名领时薪的技术人员，不是领固定薪水的工程师，而只有全职的工程师才可以得到期权奖励。然而即便如此，他也完全有资格获赠一些“发起人股”，但乔布斯对这些一直陪伴在自己身边的人十分冷漠。“史蒂夫就是忠诚的反义词，”苹果公司早期的工程师、一直与乔布斯保持着朋友关系的安迪·赫茨菲尔德说，“他完全处在忠诚的对立面，他总会抛弃那些和自己亲近的人。”

科特基决定守在乔布斯的办公室外，当面请他解决这个问题。但每次碰面，乔布斯都对他置之不理。“最让我难过的是，史蒂夫从没跟我说过我没有资格得到期权，”科特基说，“作为朋友，他有义务告诉我。我问到关于股票的事情，他就让我去跟我的经理谈。”IPO 之后过了大约 6 个月，科特基终于鼓起勇气，冲进乔布斯的办公室，想要解决这个问题。但当他走进办公室后，乔布斯的冷漠让他呆住了。“我气疯了，大哭了起来，再也说不出话来。”科特基回忆，“我们的友谊在那一刻彻底破裂了，太伤心了。”

设计出电源的工程师罗德·霍尔特分到了很多股票期权，他试图让乔布斯改变主意。“我们必须为你的朋友丹尼尔做点儿什么。”他说，并且建议他们两人从自己的期权中拿出一部分送给科特基。霍尔特说：“你给他多少，我就给他多少。”乔布斯说：“好的。我什么都不给他。”

沃兹尼亚克在处理此事的态度上，自然是与乔布斯截然不同的。在苹果的股票公开上市之前，他就把自己期权中的 2 000 份以极低的价格卖给了 40 名中层员工。大多数受益人都赚到了足够买一套房子的钱。沃兹尼亚为自己和新婚妻子买下了一幢梦幻般的屋子，但她很快与他离婚并得到了房子。后来，他又把自己的股份赠予了那些在他看来受到了不公正待遇的员工，包括科特基、费尔南德斯、威金顿和埃斯皮诺萨。所有人都喜欢沃兹尼亚克，在他的慷慨捐赠之后更加如此，但很多人也同意乔布斯对他的评价，认为他“极其天真幼稚”。几个月后，公司的公告板上出现了一张联合慈善总会(United Way)的海报，画面上是一个穷困潦倒的人。有人在海报上涂鸦道：“1990 年的沃兹。”

乔布斯可不天真。在 IPO 之前，他已经签好了和克里斯安·布伦南之间的协议。

乔布斯是此次 IPO 的公众形象，他也帮助挑选了负责 IPO 的两家投资银行：一家是传统的华尔街公司摩根士丹利；另一家是旧金山的汉布里克特-奎斯特(Hambredit&Quist)，这并不是一家传统的投行，当时的服务只针对部分领域。“摩根士丹利当时是极端保守的公司，史蒂夫对他们公司的人十分无礼。”比尔·汉布里克特(Bill Hambrecht)回忆说。尽管苹果的股票必然会迅速暴涨，但摩根士丹利计划将股价定为每股 18 美元。“我们把这只股票定价为 18 美元，接下来会怎么样?”他问那些银行家，“你们难道不会把这只股票卖给你们的优质客户吗? 如果卖的话，那你怎么可以收取我 7%的佣金?”汉布里克特意识到，体系中存在着基本的不公平，他提出了自己的想法：在 IPO 之前，通过反向竞拍来为股票定价。

苹果公司在 1980 年 12 月 12 日的早晨上市了。银行家们最终定下的股价是 22 美元一股。当天收盘时，股价已经涨到了 29 美元。乔布斯赶到汉布里克特-奎斯特的办公室，观看了开市。在 25 岁这一年，他的身家达到了 2.56 亿美元。

在天文学中，当两颗星体轨道交织，由于引力相互作用，就会出现双星系统。在人类历史上也有类似情形，同领域两位超级巨星之间的关系与竞争谱写出他们所属的时代之音。例如，20 世纪物理学界的两位巨匠阿尔伯特·爱因斯坦和尼尔斯·玻尔(Niels Bohr)，以及美国建国初期的政治家托马斯·杰斐逊(Thomas Jefferson)和亚历山大·汉密尔顿(Alexander Hamilton)。20 世纪 70 年代末，人类步入了个人电脑时代。在其发展的头 30 年中，出现了两位重量级人物，他们都生于 1955 年，都中途辍学，精力充沛，他们演绎了个人电脑领域的“双星系统”。

这就是比尔·盖茨与史蒂夫·乔布斯。尽管两人对技术和商业的融合都抱有相似的雄心，但是他们背景不同，个性迥异。盖茨的父亲是西雅图一位杰出的律师，母亲是一名民众领袖，并担任众多著名机构的董事。他就读于当地最好的私立学校湖滨中学(Lakeside High)，并从此走上技术极客的道路。但盖茨绝称不上反叛者、嬉皮士和灵性追寻者，也不是反主流文化人士。他没有做过“蓝盒子”去盗用电话线路，而是为学校编写排课程序，在这个程序的帮助下，他得以和自己心仪的女孩上同样的课程；他还为当地交通管理部门编写了一个车辆计数程序。进入哈佛大学之后不久，盖茨决定辍学，但并非因为要跟随印度灵性导师寻求启蒙，而是为了创立自己的软件公司。

与乔布斯不同，盖茨懂计算机编程，他更务实、更有原则，且拥有很强的分析处理能力。乔布斯则更相信直觉，更浪漫，并且在技术实用化、设计愉悦感和界面友好方面有着更高的天分。乔布斯狂热地追求完美，以致他为人非常苛刻，他的管理主要依靠自身的领袖魅力和四溢的激情。盖茨更有条理，他会频繁召开产品评估会议，并在会上精准地切入问题核心。乔布斯和盖茨都可能做出粗鲁无礼的举动，但是盖茨的无礼刻薄通常并不针对个人，更多的是出于对技术的深刻理解，而非情感上的麻木不仁。在职业生涯的早期，盖茨似乎就和那些典型的极客一样，有些阿斯伯格综合征的倾向。乔布斯会用能灼伤人的眼神盯着对方，而盖茨有时会无法与人进行眼神接触，但他很富有人情味儿。

➢本章小结

能否将企业的人力资源即人的能力作为资产来进行会计核算，是人力资源会计建立的一个最基本的前提条件。人力资源产权具有排他性、可分解性和可交易性三个特征。人力资源产权的最终拥有者——劳动者自身与企业签订合同成为企业员工的过程，就是一个产权的分解和交易的过程。通过产权的交易，企业拥有了人力资源的使用权和处分权，企业中的人力资源在合同规定的期限内和在规定的时间内为企业所拥有和控制，能为企业所运用并在运用过程中为企业带来经济利益。在人力资源会计的发展过程中所创立的人力资源成本计量模型、人力资源价值计量模型等，提供了对人力资源进行货币计量的方法。因此，企业中的人力资源完全具有资产的四个特征，即以前的交易所形成、为企业所拥有或控制、能用货币计量并能为企业带来未来的经济利益，企业的人力资源可以作为一种资产进行会计核算，这种资产称为人力资产。

人力资产是一种主动资产，这一资产的运用效果与作为载体的劳动者的能动性的发挥有密切的联系。这也使人力资产与物质资产相比，为企业带来经济利益的期限及所带来的经济利益的数量都是很难准确地确定的。

人力资源会计的主体是需要对人力资源变化的信息进行核算的各类组织，它可以是国家(社会)、企事业单位或家庭。人力资源会计的一般目的是提供人力资源变化的信息以满足人力资源会计信息使用者的需要。对于企业人力资源会计来说，它的具体目的是：满足企业管理部门对人力资源信息的需要，帮助管理部门做出正确的决策；满足企业外部各方对人力资源信息的需要；调动企业劳动者的积极性。人力资源会计的对象是人力资源会计主体中人力资源的价值运动。

人力资源会计的假设有三大类：完全脱离传统会计假设而提出的人力资源会计假设；将传统会计假设与新的假设结合提出的人力资源会计假设；对传统会计假设重新认识或予以扩充后得到的人力资源会计假设。在人力资源会计还没有形成完整的理论体系和人力资源会计在会计实务中还没有得到普遍应用之前，将对传统会计的假设予以重新认识或扩充后得到的假设作为人力资源会计的假设是可以接受的，也是比较恰当的。

人力资源会计的主要作用有：满足企业内外界有关人士对人力资源信息的需要；正确反映各项收益；抑制管理者的短期行为；有利于增进企业管理者经营决策的科学性；有利于国家有关部门进行宏观调控；有利于合理地分配利润。

第二篇

主体篇

第3章 人力资源成本会计

学习目标

通过本章的学习，理解人力资源成本会计的含义，掌握人力资源成本会计的特点，认识将人力资源成本中属于资本性支出部分进行资产化处理的必要性，了解人力资源成本会计的历史计量模型及修订的人力资源成本计量模型；掌握人力资源成本的构成，掌握人力资源取得成本、开发成本、使用成本、替代成本的含义及其包含的内容；理解人力资源成本会计核算的历史成本法、重置成本法和机会成本法，了解人力资源成本会计账户的设置和各账户的用途、结构，掌握人力资源会计的账务处理方法。

人力资源成本会计提出较早，各国研究者对它也进行了许多改进工作，因此人们认为人力资源成本会计是比较成熟的一种人力资源会计模式。本章将对人力资源会计模式进行一些必要探讨，并在此基础上对人力资源成本的构成、核算方法等问题进行研究。

3.1 人力资源成本会计概述

3.1.1 人力资源成本会计的含义及其特点

弗兰霍尔茨认为，人力资源成本会计是“为取得、开发和重置作为组织的资源的人所引起的成本的计量和报告”①。

按照弗兰霍尔茨的定义，人力资源成本会计是从企业对人力资源投入的角度出发，对企业人力资源的取得、开发和替代成本进行核算，它是按历史成本进行的事后核算。之后的研究者们突破了弗兰霍尔茨建立的人力资源成本结构的框架，将人力资源的工资部分作为使用成本也纳入了人力资源成本的核算范围。

人力资源成本会计的特点是单独计量人力资源的取得成本、开发成本、使用成本和替代成本。企业取得的人力资源的使用权，其运用期限在一年或超过一年的一个营业周

---

① 弗兰霍尔茨 E G. 人力资源管理会计．陈仁栋译．上海：上海翻译出版公司，1986：3。

期以上的，所发生的人力资源的取得成本和开发成本应该视作资本性支出，在资产化处理后确定的分摊期限内摊销。企业聘用使用期限不超过一年的季节工、临时工等所发生的取得成本和开发成本(这里的开发成本主要是组织进行必要的上岗前操作培训、学习所发生的支出)，其受益期为这些聘用的季节工、临时工的使用期，因此这部分取得成本和开发成本可在季节工、临时工的使用期限内分期摊销；如果金额较小，也可以在发生时直接计入当期费用。企业运用人力资源的使用权时所发生的工资、奖金等支出，则属于收益性支出，应计入当期费用。

3.1.2 对人力资源成本中属于资本性支出部分进行资产化处理的必要性

在传统会计中，人力资源成本都是作为收益性支出，直接计入当期费用。人力资源成本会计则将人力资源成本中属于资本性支出部分进行资产化处理，在受益期内分期摊销，这对企业来说是很有必要的。

(1)它有助于正确地反映企业的实际情况和对企业管理者的人力资源取得决策、开发决策进行评价。在信息经济时代，一些人力资本密集的高新技术型企业与传统行业的大企业相比，从资产、销售收入来看，只能算是一些“小”公司。但是，从盈利率及盈利的增长情况、市场价值及市场价值的增长情况来看，它们则处于绝对的优势地位，又堪称世界级“大”公司。这是这些企业具有人力资源优势、其人力资源具有很大的价值的体现。而企业人力资源优势的形成，是企业重视吸引和获得所需要的人力资源并对所拥有或控制的人力资源进行投资的结果。如果不对企业的人力资源的取得成本和开发成本进行单独核算，在企业的会计报表中予以反映，就不能体现出企业在人力资源的取得和开发上的投入，也不能对企业管理者做出的人力资源的取得决策和开发决策的正确性进行评价。

(2)它更符合权责发生制原则和配比原则。将企业所发生的人力资源成本全部作为当期费用处理，显然不符合权责发生制原则和配比原则。因为人力资源的取得成本，是企业为了获得人力资源的使用权、处分权而发生的支出(使用成本是因实际运用人力资源的使用权而给予作为人力资源载体的劳动者的补偿)，而在合同规定的时间内，企业始终拥有这一使用权、处分权，并在支付使用成本后能运用这一使用权、处分权为企业创造效益。人力资源的开发成本是为了使所聘用的员工掌握必要的知识、技能以便能承担起所在岗位的职责而发生的支出，这部分支出在员工所掌握的知识、技能没有过时、仍然能有效运用的期间内能够为企业带来效益。因此，将人力资源的取得成本和开发成本与受益期相配合，在受益期内分期摊销，更符合权责发生制原则和配比原则。

(3)人力资源取得成本和开发成本的增长更强化了资产化处理的必要性。人才需求的增长造成的人才短缺，使人力资源中最有价值的人才的取得成本呈上升趋势。例如，荷兰的飞利浦公司为了挖走美国硅谷一位研制 1 024K 超大规模集成电路的专家，在开出年薪 200 万美元未能成功后，索性出巨资将该公司买下，从而获得了所需的人才①。现在，不少企业通过猎头公司来获取所需要的高层次的管理人才，为此，企业不但要为

---

① 何博传．山坳上的中国(第二版)．贵阳：贵州人民出版社，1989：497。

所需要的人才提供有吸引力的高薪，还要向猎头公司支付价格不菲的服务费，这笔费用一般是所获取人才的年薪的 1/6。据报道，在上海、广州、北京等地，尽管对高级管理人员开出几十万元年薪的价码，但优秀的人才还是难于寻找；即使是世界 500 强的企业，招聘一个高级人才的成本也要达到数万元①。不仅企业的人力资源取得成本在快速上升，像学校这样的单位为了吸引高层次的人才也不惜巨额投资。例如，扬州大学宣布，对引进的两院院士，学校一次性发给安家费 100 万元人民币，另提供不低于 200 平方米的住房一套②。还有其他不少学校也做出过类似的承诺。而足球运动员的转会费则更使人力资源取得成本达到了令人咋舌的地步。在这些情况下，将人力资源的取得成本全部计入当期费用，显然是不恰当的。

当前，知识更新速度越来越快。据估算，目前人类社会的科技知识，90%以上是第二次世界大战后获得的。人类知识现在正以每 5 年翻一番的速度扩增。知识更新速度的加快和伴随而来的知识总量的迅猛扩张，使一个大学本科毕业生在校期间所学的知识仅占一生中所需知识的 10%左右，而其余 90%的知识都要在工作中不断学习和获取。据北京航空航天大学人才交流中心对本校 1958～1960 年的 3 届毕业生进行的调查显示，目前约 70%的人不在原专业的岗位上工作。这一切说明，在知识经济时代，学习将成为人们的终生需要。人们只有不断学习、更新知识、掌握新的技能，才能跟上时代的步伐。一次性地在学校学习，然后终生受用的情况将一去不复返了。现在，不但企业管理者要不断地“充电”，企业也要不断地对职工进行培训。例如，属于世界著名的五大国际会计师事务所之一的上海某会计师事务所，在 2000 年 5～11 月计划的对各类员工分别进行的培训共达 61 次之多。在这种情况下，企业用于员工学习和培训的费用将不断增长。

在人力资源的取得成本和开发成本快速增长的情况下，将人力资源的取得成本和开发成本进行资产化处理更有必要。因为，如果将人力资源的取得成本和开发成本全部计入当期费用，会造成会计信息失真，而且可能使企业当年产生巨额亏损，使企业前后各期的盈利情况产生巨大的波动。对人力资源成本中属于资本性支出部分进行资产化处理并分期摊销，能够避免这些情况的出现，也更符合会计核算的权责发生制原则和配比原则。

当然，从表面上看来，人力资源成本会计只是将传统会计中作为当期费用处理的与人力资源取得、开发、使用、替代等有关的支出单独设立会计账户进行核算，同时将其中的资本性支出进行资产化处理，似乎没有什么新意，但这实际上是一种观念的改变。正因为它似乎太简单了，所以人们不相信它们应被视作一种人力资源会计的新模式。当年，哥伦布发现美洲后，有些人认为这没有什么了不起。哥伦布拿出一个鸡蛋，请这些人将鸡蛋竖在桌子上，没有一个人能做到。哥伦布拿起鸡蛋，把一头敲破，就稳稳当当地将鸡蛋竖在了桌子上。这说明，不转变观念，事后看来是再简单的事情，在这之前也是很难做到的。

---

① 李程骅．跨国公司“敛才”渐难．扬子晚报，2002-02-09。

② 吴健，戴世勇．百万元招聘院士．扬子晚报，2001-11-30。

有些人认为，按照人力资源成本会计的模式进行核算，将人力资源的取得成本和开发成本资产化，可能会掩盖、助长无益于企业的支出的发生，从而导致当期盈利的虚增，并使报表使用者可能做出错误的决策。在企业中，一些无益于企业的支出的发生，与采用什么样的会计核算模式没有必然的联系，而是和人有直接的关系。即使没有无益于企业的支出发生，人力资源会计和传统会计两者的核算结果相比，在将人力资源的取得成本和开发成本资产化处理的当期，前者的盈利会大于后者，这是否就是造成了盈利的虚增的原因？是否是人力资源会计存在的一个不足之处？实际上，如前所说，这也是个观念的问题。如果站在传统会计的角度上，会认为人力资源会计的核算模式造成当期盈利虚增；但如果站在人力资源会计的角度上，则会认为传统会计多计支出而造成了当期盈利的减少。这是一个问题的两个方面，就看哪种做法更合理了。

为了体现会计核算的重要性原则，在人力资源的取得成本和开发成本的核算工作中，对于一些数额较小的支出，虽然属于资本性支出，但也可以将它们费用化处理而直接计入当期费用，以简化会计核算工作。

3.1.3　人力资源成本会计计量模型及修订

弗兰霍尔茨在所提出的人力资源成本会计计量模型中，分别论述了人力资源历史成本的计量和人力资源替代成本的计量问题。他设计的人力资源历史成本计量模型如图3-1所示[①]。

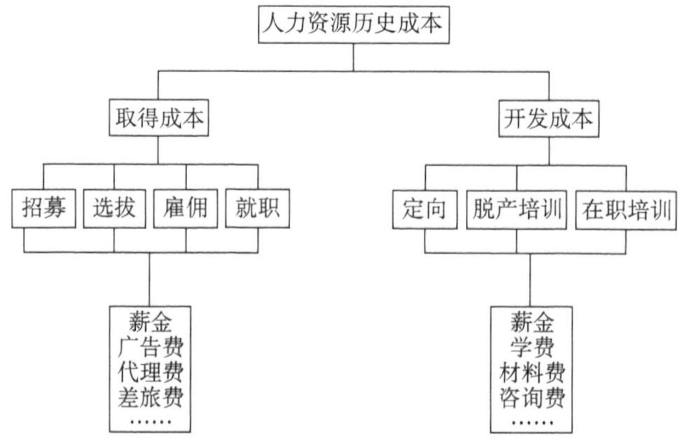

图 3-1　人力资源历史成本计量模型

在应用这一历史成本计量模型时，要设立“一般和管理费用”总分类账户，在此总分类账户下开设明细账户或辅助分类账户核算按自然费用分类的各种人力资源成本，并总括为“取得成本”和“开发成本”两个人力资源管理成本账户，再将取得成本和开发成本分配到不同类别人员的历史成本账户中去。

弗兰霍尔茨在这里只是应用会计账户的方法将人力资源成本调整出来，并不涉及对原有财务会计程序的改变。他列举的远东城银行人力资源历史成本账户的修订图式如图

① 弗兰霍尔茨 E G. 人力资源管理会计. 陈仁栋译. 上海：上海翻译出版公司，1986：23。

3-2 所示[①]。

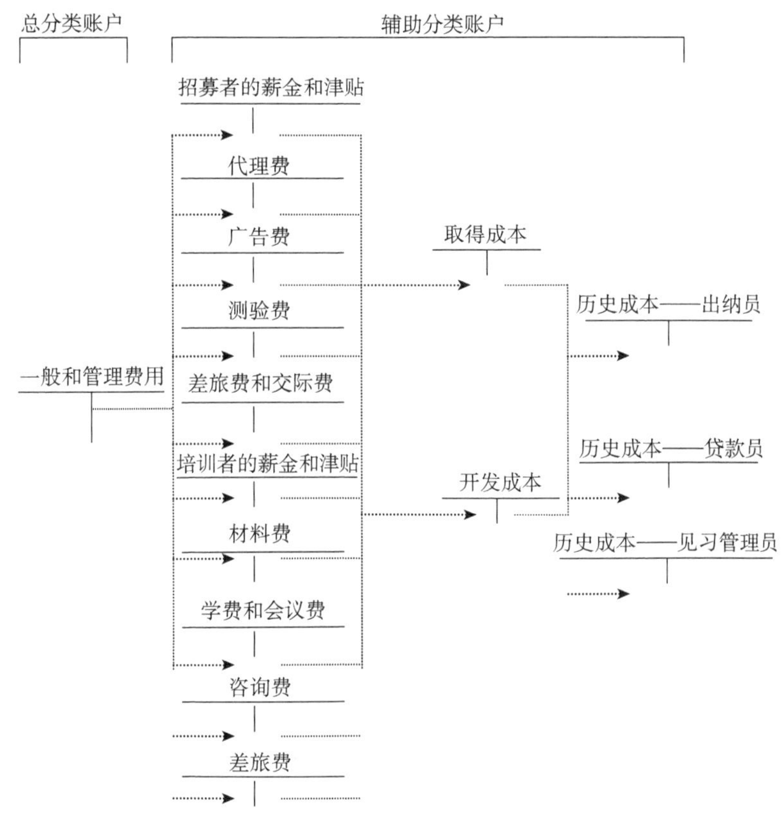

图 3-2　远东城银行人力资源历史成本账户的修订图式

之后，一些研究者对弗兰霍尔茨的这一计量模型进行了改进，提出了修正的人力资源历史成本会计的计量模型。在这一计量模型中，增设了一些会计科目，并经过账务处理来完成人力资源成本的调整工作。日本横滨国立大学教授若杉明所提出的人力资源资产化及费用化模型如图 3-3 所示。

从若杉明的模型中可以看出其与弗兰霍尔茨的计量模型的不同之处，以及对人力资源成本进行会计核算时设置的账户及账务处理方法。

(1)将员工的工资支出(含奖金、津贴等，下同)作为使用成本计入人力资源成本。与人力资源的取得、开发工作有关的员工的工资支出不包括在使用成本内，因为它们已分别计入取得成本或开发成本。

(2)设立“人力资产”总分类账户核算所发生的人力资源成本。

(3)人力资源使用成本可以直接计入当期费用，也可和取得成本、开发成本一起先记入“人力资产”账户。在后一种处理方法下，每期计入当期费用的人力资源成本包括当期应分摊的取得成本、开发成本及当期发生的使用成本。

① 弗兰霍尔茨 E G. 人力资源管理会计．陈仁栋译．上海：上海翻译出版公司，1986：19。

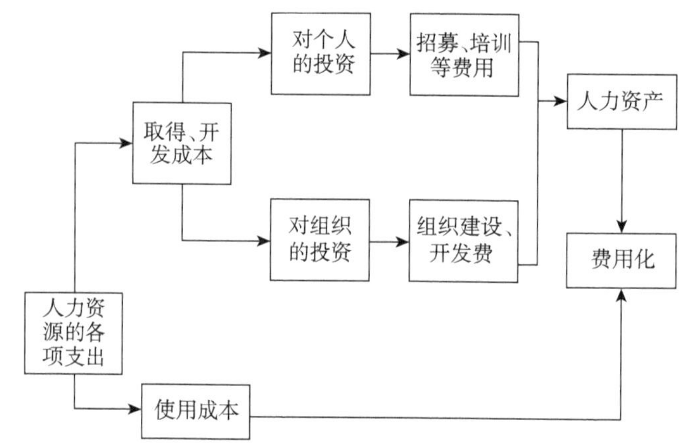

图 3-3 人力资源资产化及费用化模型

(4)人力资源成本的摊销，可以直接借记有关费用类账户，贷记“人力资产”账户；也可以通过“人力资产摊销”账户来进行，摊销时，借记“人力资产摊销”账户，贷记“人力资产”账户。

(5)当员工离开企业或因死亡、丧失劳动力等原因不能再为企业服务时，通过“人力资产损益 ”账户核算所产生的损益。

我国一些学者提出的人力资源历史成本的处理模型与此类似①。

修订的人力资源成本会计计量模型中，有一个问题值得商榷。这个问题就是：将人力资源取得成本和开发成本称为“人力资产”，并将核算人力资源取得成本和开发成本的增加、减少及余额的账户命名为“人力资产”账户有些不妥。相应的，将人力资源成本的摊销和人力资源变动时所造成的损益分别称为“人力资产摊销”和“人力资产损益 ”也是不妥当的。如前所述，人力资产是指企业通过人力资源的产权交易所拥有或控制的、能以货币进行计量的、能为企业带来未来经济利益的人力资源。人的能力是人力资源的本质，为企业所创造的新的价值则是这种能力的外在体现。人力资源成本是企业在取得和开发人力资源时所发生的支出，这些支出的结果或者获得了人力资源的使用权，或者提高了所拥有或控制的人力资源的素质。但将对人力资源的这些支出与人力资产的价值联系起来，称其为人力资产的账面价值是不妥当的。因为正如一些批评者所指出的那样，将人力资源成本资产化形成的人力资产与人力资源的使用价值(即其为企业提供经济利益的能力)是不对等的，也就是说，此人力资产(虽被称为“人力资产”而实际是人力资源的部分历史成本)非彼人力资产(真正意义的人力资产即人力资源为企业创造新的价值的能力)。这个问题的产生，就是由在修订的人力资源成本会计计量模型中将人力资源成本称为“人力资产”，将两个具有不同内涵的概念混同起来而造成的。有的研究者也认识到了这一问题，但并没有对此进行调整。

更需要引起注意的是，在随着人力资源权益的确立而建立的人力资源权益会计中，人们设置“人力资产”账户来核算劳动者将其所拥有的人力资源的使用权让渡给企业从而

① 刘仲文．人力资源会计．北京：首都经济贸易大学出版社，1997：63，74。

形成的为企业所拥有或控制的一种特殊的资产的价值。这样，在人力资源成本会计和人力资源权益会计中就出现了名称相同但核算内容完全不同的账户，这更加容易使人产生混淆。人力资源会计应该是由人力资源成本会计、价值会计、投资会计和权益会计等构成的一个完整的会计体系，因此，在会计账户的设置时也应该考虑到这一点，不应使同一账户在不同的人力资源会计模式中有完全不同的用途和结构。

因此，在进行人力资源的取得成本和开发成本的核算时，不应使用“人力资产”这一账户名称，核算人力资源成本摊销和人力资源变动时所造成的损益的账户的名称也应作相应的调整。

3.2 人力资源成本的构成

人力资源成本项目主要包括取得成本、开发成本、使用成本和替代成本。

3.2.1 人力资源的取得成本

人力资源的取得成本是指企业在招募录用职工的过程中所发生的各种支出。它主要包括招募成本、选拔成本、录用成本和安置成本。

1)招募成本

招募成本是为确定企业所需的人力资源的内外来源、发布企业对人力资源需求的信息、吸引所需的内外人力资源所发生的费用。这些费用主要有：招募人员的工资，招募过程中发生的洽谈会议费、差旅费、招待费，介绍人的佣金，广告费、宣传材料费，人力交流机构的管理费、场地费、手续费，以及其他与招募活动相关的管理费用等。企业为吸引高校的在校学生毕业后进入企业工作，与学生签订用人合同后为其支付的培养费用或向其发放的奖学金等，也应在学生进入企业时计入招募成本。

2)选拔成本

选拔成本是企业对应聘人员进行挑选、评价、考核等活动所发生的成本。它包括：通过初步面谈或处理应聘人的申请材料进行初选的费用，对初选合格者进行深入面谈、测试的费用，对合格者组织答辩、进行调查的费用，体检费用，等等。

企业的选拔成本与所需人员的类型和所使用的招募方法等有关。企业要招聘的人员在企业中所处的地位越高，或其工作越重要，或所需知识、技能越多，企业对应聘人员的要求就越严格，选拔过程也越长，选拔成本也越大。通过媒介发布需求信息来招募人员，发生的审查成本就比较大；如果通过代理机构如职业介绍所来招募人员，审查成本会降低，但招募成本(代理成本)会增加。如前所说，企业通过猎头公司招聘人员时，在成功地招聘到所需人员后应支付给猎头公司的服务费就相当于企业付给聘用人员的月薪的两倍。企业从内部选拔人员的成本比从外部选择人员的成本低。

3)录用成本

录用成本是企业从应聘人员中选拔出合格者后，将其正式录用为企业的成员的过程中所发生的费用，如录用手续费，可能还有支付给外部被录用人员所在单位的补偿费(如被录用人员与原单位签有服务合同，企业在服务期内将其录用，对方同意调出时企业可能要为录用人员支付由于违约而必须承担的赔偿金)等。

4)安置成本

安置成本是企业将所录用的人员安排到确定的工作岗位上时所发生的各种费用。它包括企业为安置录用人员发生的相关的行政管理费用、临时生活费用、报到交通费用、向某些特殊人才支付的一次性补贴等。录用成本和安置成本也因被录用、安置人员的职务、重要性及来源的不同(来自内部或外部)而有所不同。

企业吸引特殊人才时，往往要向他们提供较大数额的一次性补贴。因此，在获得这类特殊人才时所发生的取得成本中，安置成本往往占有相当大的比重。这也是应该将人力资源取得成本资本化处理的一个重要原因。

3.2.2　人力资源的开发成本

人力资源的开发成本是企业为了使新聘用的人员熟悉企业、达到具体的工作岗位所要求的业务水平，或为了提高在岗人员的素质而开展教育、培训工作时所发生的支出。人力资源的开发，有助于增加职工的知识和技能，因此，从本质上来看，人力资源的开发成本是企业对人力资源进行的投资。人力资源的开发成本主要包括定向成本、在职培训成本和脱产培训成本。

1)定向成本

定向成本也称岗前培训成本，是企业对上岗前的职工进行有关企业历史、企业文化、规章制度、业务知识、业务技能等方面的教育时所发生的支出。它包括教育和受教育者的工资、教育管理费、学习资料费、教育设备的折旧费等。

2)在职培训成本

在职培训成本是在不脱离工作岗位的情况下对在职人员进行培训所发生的费用。它包括培训人员的工资、培训工作中所消耗的材料费和在职人员参加业余学习的图书资料费、学费等。

3)脱产培训成本

脱产培训成本是企业根据生产和工作的需要对在职职工进行脱产培训时所发生的支出。脱产培训可以根据实际情况，采取委托其他单位培训、委托有关教育部门培训和企业自己组织培训的形式进行。根据所采取的培训方式，脱产培训成本可分为企业内部脱产培训成本和企业外部脱产培训成本。企业外部脱产培训成本包括培训机构收取的培训费和被培训人员的工资、差旅费、补贴、住宿费、资料费等。企业内部脱产培训成本包括培训者和被培训者的工资、培训资料费、专设培训机构的管理费等。

培训成本与参与培训的人员在企业中所担任的职务、所接受的培训的层次、培训单位等有密切的关系。例如，近年来一些高等院校开办的企业高层管理人员的培训班的培训费用已达到了相当高的水平。这种培训成本如果不进行资产化处理而直接计入当期费用，显然是很不合理的。

3.2.3　人力资源的使用成本

人力资源的使用成本是指企业为补偿或恢复作为人力资源载体的企业员工在从事劳

动的过程中体力、脑力的消耗而直接或间接地向劳动者支付的费用。使用成本不包括企业向与取得和开发人力资源有关的人员支付的费用，因为它们都已被分别计入取得成本和开发成本。从本质上看，人力资源的使用成本是人力资源的产权主体因企业运用人力资源的使用权而从企业获得的补偿，它是人力资源的交换价值的体现。从企业来说，人力资源使用成本属于收益性支出，应在发生的当期直接费用化。人力资源的使用成本主要包括维持成本、奖励成本和调剂成本。

1)维持成本

维持成本是为保证人力资源维持其劳动力生产和再生产所需的费用，包括职工的计时或计件工资、各种劳动津贴和各种福利费用。

2)奖励成本

奖励成本是企业为激励职工使其更好地发挥主动性、积极性和创造性而对员工做出的特别贡献所支付的奖金。它是对人力资源主体所拥有的能力的超常发挥做出的补偿。

3)调剂成本

调剂成本是企业为了调剂职工的生活和工作、满足职工在精神生活上的需求、稳定职工队伍，并进而影响和吸引外部人员进入所发生的费用支出。调剂成本包括职工疗养费用、职工娱乐及文体活动费用、职工业余社团开支、职工定期休假费用等。

3.2.4　人力资源的替代成本

人力资源的替代成本是指“目前重置人力资源应该做出的牺牲”①。它包括为取得或开发替代者而发生的成本，也包括由于企业的员工离开企业而发生的成本。

替代成本有个人替代成本和职务替代成本双重概念。个人替代成本是“用一个能够提供一组同等服务的人来替代目前雇佣的人而现在必须招致的牺牲”，它是用另一个人提供同等的服务来代替某个人的服务的替代成本①。而职务替代成本则是“用一个能够在既定的职务上提供一组同等服务的人来替代该职务上的人员而现在必须招致的牺牲。它指的是替代既定职务的任何任职者所能提供的一组服务的成本”①。一般来说，个人替代成本比职务替代成本更高。替代成本由取得成本、开发成本和遣散成本构成，其中取得成本、开发成本的内容与企业新聘人员时所发生的取得成本、开发成本相同。遣散成本是指因职工离开企业而产生的成本，它主要包括遣散补偿成本、遣散前业绩差别成本和空职成本。

(1)遣散补偿成本，是指企业向离职者支付的解雇金之类的补偿费用。

(2)遣散前业绩差别成本，是指离职者离开企业前因各种原因造成工作效率降低而给企业带来的损失。

(3)空职成本，是指职工离职后因为该职位空缺而给企业造成的损失。它不但包括因该职位空缺所造成的直接损失，而且包括因该职位空缺对相关职位工作造成不利影响而导致的间接损失。

替代成本中的取得成本和开发成本应作为用来取代或替换原有的人力资源的新的人

---

① 弗兰霍尔茨 E G. 人力资源管理会计. 陈仁栋译. 上海：上海翻译出版公司，1986：18。

力资源的取得成本和开发成本，而在替代过程中所发生的遣散成本则应作为因人力资源变动产生的人力资源损益处理。遣散前业绩差别成本和空职成本都属于机会成本的范围，在采用历史成本法进行人力资源成本核算时不登记入账。

3.3 人力资源成本会计核算

3.3.1 人力资源成本核算的方法

人力资源成本的核算方法主要有历史成本法、重置成本法和机会成本法。

1. 历史成本法

历史成本法也称为原始成本法、实际成本法，它是以企业取得、开发和使用人力资源时实际发生的支出来计量人力资源成本的一种核算方法。它反映的是企业人力资源的实际成本。这种方法符合传统会计的核算原则和核算方法，提供的会计信息具有客观性且易于验证。它是一种为人们所广泛接受并易于理解的人力资源成本的核算方法。

2. 重置成本法

重置成本是指"重置现在拥有的或使用的某一项资源所必须招致的牺牲"[①]；人力资源的重置成本是指企业为重置目前所拥有或控制的人力资源所必须做出的牺牲。人力资源成本核算的重置成本法，就是以在现实的物价条件下企业要重新得到目前所拥有或控制的已达到一定水平的某一员工或部分员工或全体员工所必须发生的所有支出作为企业目前的人力资源成本的一种核算方法。它反映的是企业为取得和开发目前所拥有或控制的部分或全部人力资源而发生的实际成本的现时价值。采用这种方法进行核算，存在明显的不足之处，即：增加了会计核算的工作量；核算时，要按重置成本调整人力资源成本的账面余额，将重置成本与原账面余额的差额作为人力资源损益计入当期利润总额，同时对以后会计期间分摊的人力资源成本也要进行相应的调整，这些都会导致提供的会计信息失真；重置成本的确定带有很大的主观性；脱离了实际成本原则，使人们难以接受。但是，重置成本法提供的信息可以作为企业管理者在现时做出人力资源取得决策和开发决策时的参考。

由此可知，人力资源的重置成本是假设意义上的现时重置成本的概念，其意义在于人力资源成本的价值保全，与传统会计在物价上涨时对实物资产按现时成本计价是类似的。而替代成本是由于人力资源变动而导致的支出，是用新的人力资源去取代或替换原有的人力资源而导致的取得成本、开发成本和遣散成本之和。这两者显然是存在明显的差异的，在运用这两个概念时应该注意到这一点。

3. 机会成本法

人力资源的机会成本是指企业职工脱产学习期间不能为企业进行生产经营活动所带来的经济损失和遣散人员在离职前因工作业绩下降和离职后该职位空缺而给企业造成的

---

① 弗兰霍尔茨 E G. 人力资源管理会计. 陈仁栋译. 上海：上海翻译出版公司，1986：16。

经济损失等。机会成本法就是以企业员工脱产学习或离职时使企业遭受的经济损失为依据进行人力资源成本计量的一种核算方法。机会成本不是实际的支出，而是企业可能要为所做出的人力资源决策承担的牺牲。如果将机会成本作为企业人力资源损益计入当期损益，显然也是不恰当的，也会造成会计信息的失真。机会成本法提供的信息也可以作为企业管理者做出人力资源决策时的参考。

3.3.2　人力资源成本会计账户的设置

人力资源成本会计是将传统会计中作为当期费用处理的与人力资源有关的支出单独进行核算，并将其中的资本性支出进行资产化处理。而有关的人力资源成本的数据都是以原始记录为依据，都可以根据发生的结果直接获得，因此将人力资源成本纳入传统会计账内进行核算是简便可行的。如果要将人力资源成本在传统会计账外单独核算，则除了必须设置核算人力资源成本的有关账户外，还要设置人力资产类账户进行人力资源价值的核算，设置人力资源权益类账户进行人力资源权益的核算。只有在这种情况下，才有可能进行全面的人力资源会计核算。在尚未讨论人力资源价值和人力资源权益问题之前，在这里采用将人力资源成本纳入传统会计账内进行核算的模式。

人力资源成本会计应在传统会计账户设置的基础上，增设“人力资源取得成本”、“人力资源开发成本”、“人力资源使用成本”、“待摊人力资源费用”、“人力资源取得成本摊销”、“人力资源开发成本摊销”和“人力资源损益”等账户进行人力资源成本核算。

(1)“人力资源取得成本”账户核算企业属于资本性支出的人力资源取得成本的增加、减少及其余额。账户的借方登记企业为获取人力资源所发生的属于资本性支出的人力资源取得成本的增加额，贷方登记员工退出企业时所冲减的与该员工有关的属于资本性支出的人力资源取得成本的数额。期末账户借方余额为企业为获取目前所拥有或控制的人力资源所发生的属于资本性支出的人力资源取得成本总额。该账户按人员设置明细账进行明细核算，明细账采用多栏式的格式，在借方栏目下设置“招募成本”、“选拔成本”、“录用成本”和“安置成本”专栏进行明细核算。因为人力资源取得成本业务大多在借方，所以设置的专栏只反映借方金额，结转时登记的人力资源取得成本的贷方金额可用红字在借方栏内登记。“人力资源取得成本”明细账的格式如表 3-1 所示。

表 3-1　××企业

人力资源取得成本明细账

人员姓名：

年		凭证号	摘要	借方					借方余额
月	日			招募成本	选拔成本	录用成本	安置成本	合计	

(2)“人力资源开发成本”账户核算企业属于资本性支出的人力资源开发成本的增加、减少及其余额。账户的借方登记企业所发生的属于资本性支出的人力资源开发成本的增加额，贷方登记员工退出企业时所冲减的与该员工有关的属于资本性支出的人力资源开发成本的数额。期末账户借方余额为企业所发生的与目前所拥有或控制的人力资源有关的属于资本性支出的人力资源开发成本总额。该账户按人员设置明细账进行明细核算，

明细账采用多栏式的格式，在借方栏目下设置“定向成本”、“在职培训成本”和“脱产培训成本”专栏进行明细核算。因为人力资源开发成本业务大多在借方，所以设置的专栏只反映借方金额，结转时登记的人力资源开发成本的贷方金额可用红字在借方栏内登记。“人力资源开发成本”明细账的格式如表 3-2 所示。

表 3-2　××企业

人力资源开发成本明细账

人员姓名：

年		凭证号	摘要	借方				借方余额
月	日			定向成本	在职培训成本	脱产培训成本	合计	

(3)“人力资源使用成本”账户核算企业人力资源使用成本的增加、减少及其余额。账户的借方登记企业的人力资源使用成本的增加额，贷方登记作为费用计入当期损益而转出的人力资源使用成本。期末结转后该账户无余额。该账户按人员或部门类别设置明细账进行明细核算，明细账采用多栏式的格式，在借方栏目下设置“维持成本”、“奖励成本”和“调剂成本”专栏进行明细核算。因为人力资源使用成本业务大多在借方，所以设置的专栏只反映借方金额，期末结转时登记的贷方金额可用红字在借方栏内登记。“人力资源使用成本”明细账的格式如表 3-3 所示。

表 3-3　××企业

人力资源使用成本明细账

部门名称或人员姓名：

年		凭证号	摘要	借方				借方余额
月	日			维持成本	奖励成本	调剂成本	合计	

(4)“待摊人力资源费用”账户核算企业属于收益性支出的人力资源取得成本和开发成本的增加、减少及其余额。借方登记属于收益性支出的人力资源取得成本和开发成本的增加额，贷方登记属于收益性支出的人力资源取得成本和开发成本应由当期分摊而计入当期费用的数额及冲减离开企业的人员的这部分成本尚未转销完的数额。期末借方余额为目前属于收益性支出的人力资源取得成本和开发成本尚未摊销的数额。该账户按人员设置明细账进行明细核算。“待摊人力资源费用”明细账的格式如表 3-4 所示。

表 3-4　××企业

待摊人力资源费用明细账

人员姓名：

年		凭证号	摘要	借方			贷方			借方余额
月	日			取得成本	开发成本	合计	取得成本	开发成本	合计	

(5)“人力资源取得成本摊销”账户核算属于资本性支出的人力资源取得成本的累计摊销额。账户贷方登记企业当期应分摊计入费用的属于资本性支出的人力资源取得成本的数

额；借方登记员工退出企业时与该员工有关的属于资本性支出的人力资源取得成本的累计摊销额。期末账户贷方余额为与企业目前所拥有或控制的员工有关的属于资本性支出的人力资源取得成本的累计摊销额。该账户应该按“人力资源取得成本”明细账户的人员来设置明细账进行明细核算。明细账采用多栏式的格式，在贷方栏目下设置“招募成本”、“选拔成本”、“录用成本”和“安置成本”专栏进行明细核算。因为人力资源取得成本摊销业务大多在贷方，所以设置的专栏只反映贷方金额，当人力资源退出企业时登记的借方金额可用红字在贷方栏内登记。“人力资源取得成本摊销”明细账的格式如表 3-5 所示。

表 3-5　××企业

人力资源取得成本摊销明细账

人员姓名：

年		凭证号	摘要	贷方					贷方余额
月	日			招募成本	选拔成本	录用成本	安置成本	合计	

(6)“人力资源开发成本摊销”账户核算属于资本性支出的人力资源开发成本的累计摊销额。账户贷方登记企业当期应分摊计入费用的属于资本性支出的人力资源开发成本的数额；借方登记员工退出企业时与该员工有关的属于资本性支出的人力资源开发成本的累计摊销额。期末账户贷方余额为与企业目前所拥有或控制的员工有关的属于资本性支出的人力资源开发成本的累计摊销额。该账户应该按“人力资源开发成本”明细账户的人员来设置明细账进行明细核算。明细账采用多栏式的格式，在贷方栏目下设置“定向成本”、“在职培训成本”和“脱产培训成本”专栏进行明细核算。因为人力资源开发成本摊销业务大多在贷方，所以设置的专栏只反映贷方金额，当人力资源退出企业时登记的借方金额可用红字在贷方栏内登记。“人力资源开发成本摊销”明细账的格式如表 3-6 所示。

表 3-6　××企业

人力资源开发成本摊销明细账

人员姓名：

年		凭证号	摘要	贷方				贷方余额
月	日			定向成本	在职培训成本	脱产培训成本	合计	

(7)“人力资源损益”账户核算因企业员工变动而产生的损益。账户借方登记员工退出企业时与该员工有关的人力资源取得成本和开发成本尚未摊销的数额、企业辞退员工时所发放的遣散费，贷方登记员工退出企业时向企业交纳的赔偿金(例如，该员工在合同期内违约离开企业，按合同约定应向企业交纳的赔偿金)。期末时，如果借方发生额大于贷方发生额，则将其差额从该账户的贷方转入“本年利润”账户借方，冲减本年利润；如果借方发生额小于贷方发生额，则将其差额从该账户的借方转入“本年利润”账户贷方，增加本年利润；期末结转后“人力资源损益”账户无余额。

对于那些员工招聘、培训工作通常是集体进行的企业，也可以设置“待转人力资源取得成本”和“待转人力资源开发成本”这样的过渡性账户，归集所发生的属于资本性支出的人力资源取得成本和开发成本，并在期末结转记入“人力资源取得成本”账户和“人力资源开发成本”账户。这些过渡性账户按进行核算的群体设置明细账进行明细核算，并在期末结转时将有关明细账归集的人力资源取得成本和开发成本分配结转记入各有关人员的“人力资源取得成本”明细账和“人力资源开发成本”明细账。

在这里，对属于资本性支出的人力资源取得成本和开发成本没有设置“人力资产”账户来进行核算，其理由如前所述。将属于资本性支出的人力资源取得成本和开发成本进行资产化处理，除了应该想办法找一个“资产”的名字来表示这种支出外(如在传统会计中，开办费和固定资产改良支出等就归入“递延资产”)，其本质应体现在这类支出不是直接计入当期损益，而是在与其对应的一年以上或超过一年的一个营业周期的受益期内分期摊销。但是，目前研究者们还没有找到一个很恰当的与“资产”有关的账户名称并通过这一账户来将属于资本性支出的人力资源取得成本和开发成本进行资产化处理。因此，在还没有能够找到一个更妥当的账户名称之前，不妨还是使用“人力资源取得成本”和“人力资源开发成本”这两个账户名称，并通过这两个账户来进行有关的成本资产化处理的会计核算，而没有必要非用一个会使人们产生误解的“人力资产”这一名称、设置一个“人力资产”账户来进行核算。

3.3.3 人力资源取得成本和开发成本的摊销期限和每期摊销金额的确定

人力资源取得成本和开发成本的摊销期限和每期摊销金额的确定是一个必须解决的问题。属于收益性支出的人力资源取得成本和开发成本，因为受益期在一年或超过一年的一个营业周期内，金额也相对较小，所以摊销期限和每期摊销金额的确定相对比较简单，在此不进行讨论。以下主要讨论属于资本性支出的人力资源取得成本和开发成本的摊销期限和每期摊销金额的确定问题。

1. 人力资源取得成本摊销期限和每期摊销金额的确定

如果员工和企业之间签订的合同中规定有服务期限，那么人力资源取得成本的摊销期限可以确定为合同所规定的服务年限；如果合同上没有规定服务期限，那么摊销期限可以根据同类人员在企业的平均服务年限来确定。每期摊销金额，可以采取在摊销期内平均摊销的方法来确定。例如，企业与那些毕业后愿意前来企业工作的在校大学生签订用人合同后，为其支付培训费用、发放奖学金等，合同则规定大学生毕业后必须为企业提供若干年的服务，那么，企业所支付的这些支出及其他相关的取得成本，都应在有关学生进入企业开始工作时起在合同期内分期平均摊销。

当员工离开企业时，结转该员工的人力资源取得成本和人力资源取得成本的累计摊销额，两者的差额计入人力资源损益。

企业员工的人力资源取得成本的累计摊销额以与该员工有关的人力资源的实际取得成本为限额，在累计摊销额与实际取得成本相等时，不再对该员工的人力资源取得成本继续进行摊销。

2. 人力资源开发成本摊销期限和每期摊销金额的确定

与新员工有关的人力资源开发成本的摊销期限的确定，应结合对有关人员进行培训使其掌握的知识、技能的有效应用期限和有关人员可能为企业提供服务的年限来共同决定。当员工所掌握的知识、技能的有效应用期限大于或等于其可能为企业提供服务的年限时，摊销期限按后者来确定；当其所掌握的知识、技能的有效应用期限小于其可能为企业提供的服务年限时，摊销期限按前者来确定。摊销方法一般可采用平均年限法。对于企业中那些知识、技能更新快的部门的人员，开发成本的摊销也可以采用与固定资产的加速折旧法类似的加速摊销法。

当员工以前参加培训所掌握的某些知识、技能已经过时，即不能再有效地应用时，若相关的人力资源开发成本尚未摊销完，则可以不再继续摊销下去，而将有关的人力资源开发成本及人力资源开发成本的累计摊销额分别从相关账户中转出，其差额计入人力资源损益。在实际操作中，如果这种情况很难确定的话，也可以对此不予考虑。

员工进入企业以后，企业在适当的时候还会对员工进行培训，还将继续发生新的人力资源开发成本。对于这部分新的人力资源开发成本的摊销期限，可结合新的培训使员工所掌握的知识、技能的有效应用期限与预期该员工能为企业继续提供服务的年限来共同确定，每期摊销金额也可采用平均年限法或加速摊销法。即在这种情况下，对新发生的人力资源开发成本的摊销期限和每期摊销金额的确定与前述的新员工的情形类似。如果与企业员工有关的新的人力资源开发成本发生之时，与该员工有关的以前发生的人力资源开发成本尚未摊销完，则以前所发生的人力资源开发成本尚未摊销完的部分继续按以前所确定的期限和每期摊销金额在剩余的摊销期内进行摊销。即在以后的一定时期内，所摊销的人力资源开发成本由两部分组成，一部分是以前的培训所产生的人力资源开发成本的摊销额，另一部分是新发生的人力资源开发成本的摊销额。

当企业员工离开企业时，应结转与该员工有关的人力资源开发成本和人力资源开发成本的累计摊销额，两者的差额计入人力资源损益。

企业员工的人力资源开发成本的累计摊销额以与该员工有关的人力资源的实际开发成本为限额，在累计摊销额与实际开发成本相等时，不再对该员工的人力资源开发成本继续进行摊销。

3. 对人力资源取得成本和开发成本按部门类别进行核算的思考

有的研究者提出，属于资本性支出的人力资源取得成本、开发成本及其摊销，可以按部门类别设置明细账进行明细核算，但这在实际操作中存在很大困难。

在按部门类别设置明细账进行人力资源取得成本和开发成本核算时，该集体的人力资源取得成本的摊销期限的确定可根据该集体的员工为企业提供服务的平均年限来确定，每期的人力资源取得成本的摊销金额可根据与该集体有关的人力资源取得成本的总额在摊销期限内采用平均年限法来确定；该集体的人力资源开发成本的摊销期限也可以结合该集体的员工预期的为企业提供服务的平均年限和对这些员工进行培训使之掌握的知识、技能的有效应用期限来确定，每期的人力资源开发成本的摊销金额可以根据与该集体员工有关的人力资源开发成本的总额在摊销期限内采用平均年限法或加速摊销法来确定。在该集体中的某员工离开企业时，按该集体的人均人力资源取得成本、开发成本和人均人力资源取得成本、开发成本的累计摊销额进行结转，差额计入人力资源损益；若该员工是从该集体转入企业的其他部门工作，则将所确定的与该员工有关的成本和摊销额转入新的部门进行核算，或为该员工单独设立明细账进行核算，有关差额不进行处理。

按部门类别进行人力资源取得成本、开发成本及其摊销的核算，在该部门新增加人员后会出现困难。此时，需要回答的问题有：是否将与新增加人员有关的人力资源取得成本和开发成本并入该集体的人力资源取得成本和开发成本进行核算？如果要合并核算，那么是否要对该集体的有关成本的摊销期限进行调整？摊销期限的调整是否要考虑新人员进入的时期及该集体的人力资源取得成本、开发成本的剩余摊销期？各期的摊销金额又如何确定？在这些问题没有得到明确地、科学地解决之前，按部门类别进行人力资源取得成本、开发成本及其摊销的核算，不但缺乏可操作性，而且也没有实际意义。

3.3.4 待摊人力资源费用、人力资源取得成本和开发成本的净额在资产负债表中的列示

期末，待摊人力资源费用的净额为“待摊人力资源费用”账户的借方余额；人力资源取得成本的净额为“人力资源取得成本”账户的借方余额与“人力资源取得成本摊销”账户的贷方余额的差额；人力资源开发成本的净额为“人力资源开发成本”账户的借方余额与“人力资源开发成本摊销”账户的贷方余额的差额。待摊人力资源费用的净额是属于收益性支出的人力资源取得成本、开发成本尚未摊销的数额；人力资源取得成本、开发成本的净额之和是属于资本性支出的人力资源取得成本、开发成本在期末尚未摊销的数额。它们在支出后尚未摊销前仍属于企业的资产的范畴，在资产负债表中应在资产项目中反映出来。为此，可在资产负债表的资产中增设“待摊人力资源费用净额”、“人力资源取得成本、开发成本净额”项目，列示期末尚未摊销的属于收益性支出和属于资本性支出的人力资源取得成本和开发成本。这一项目，可置于流动资产合计之后、长期投资项目之前。

3.3.5 人力资源成本核算对应纳税所得额的影响

如果人力资源会计已经准则化、制度化，那么所谓人力资源成本会计核算对企业应纳税所得额的影响就不会成为妨碍企业在会计实务中进行人力资源成本核算的因素。但是，现在这一问题确实存在。将人力资源取得成本、开发成本不直接计入当期损益，而在受益期内分期摊销，意味着与传统会计相比，企业当期利润有所增加，即人们所说的利润虚增，而这还意味着企业当期要多交所得税从而自动放弃延缓纳税的好处。

为了解决进行人力资源成本核算对企业应纳税所得额的影响问题，在人力资源会计尚未准则化、制度化之前，可以采取变通的方式来处理。即一方面企业应该对有关的人力资源成本进行会计核算，以满足内外界有关人士对企业人力资源成本变动的信息的需求；另一方面，在确定应纳税所得额时，首先将人力资源成本纳入传统会计账内进行核算确定的会计利润总额调整为按传统会计核算确定的会计利润总额。其计算方法为：按传统会计核算确定的会计利润总额 ＝ 人力资源成本纳入传统会计账内进行核算确定的会计利润总额－“待摊人力资源费用”账户期末借方余额净增额 －(“人力资源取得成本”账户期末借方余额净增额 ＋ “人力资源开发成本”账户期末借方余额净增额) ＋ (“人力资源取得成本摊销”账户期末贷方余额净增额 ＋ “人力资源开发成本摊销”账户期末贷方余额净增额)。然后再按现行税法规定将会计利润总额调整为应纳税所得额，从而在

实际纳税时消除进行人力资源成本核算所产生的影响。对“待摊人力资源费用”账户、“人力资源取得成本”账户、“人力资源开发成本”账户期末借方余额的净减额，用负数表示；对“人力资源取得成本摊销”账户、“人力资源开发成本摊销”账户期末贷方余额的净减额，也用负数表示。

3.3.6　人力资源成本会计的账务处理

①企业在招聘、培训员工时发生属于收益性支出的人力资源取得成本和开发成本，应编制如下会计分录。

借：待摊人力资源费用

　贷：银行存款或现金

　　　存货(原材料、其他材料等)

　　　管理费用

　　　应付工资等

②企业招聘员工时发生属于资本性支出的人力资源取得成本，应编制如下会计分录。

借：人力资源取得成本

　贷：银行存款或现金

　　　存货(原材料、其他材料等)

　　　管理费用

　　　应付工资等

③企业为使所招聘的员工获得在确定的岗位上任职时所必需的技能或知识，为提高企业人力资源素质而发生资本性支出，应编制如下会计分录。

借：人力资源开发成本

　贷：银行存款或现金

　　　存货(原材料、其他材料等)

　　　管理费用

　　　应付工资等

④每月计发工资、福利费等支出时(与招聘和培训员工有关的，应分别记入“待摊人力资源费用”账户、“人力资源取得成本”账户、“人力资源开发成本”账户)，应编制如下会计分录。

借：人力资源使用成本

　贷：应付工资

　　　应付福利费等

⑤期末结转人力资源使用成本时，将其分别计入有关的成本费用，编制如下会计分录。

借：基本生产

　　辅助生产

　　制造费用

管理费用等

贷：人力资源使用成本

⑥期末摊销应分摊计入当期成本费用的属于收益性支出的人力资源取得成本和开发成本时，编制如下会计分录。

借：基本生产

辅助生产

制造费用

管理费用等

贷：待摊人力资源费用

期末摊销应分摊计入当期成本费用的属于资本性支出的人力资源取得成本和开发成本时，编制如下会计分录。

借：基本生产

辅助生产

制造费用

管理费用等

贷：人力资源取得成本摊销

人力资源开发成本摊销

⑦企业的员工退出企业时，编制如下会计分录。

借：人力资源损益

贷：待摊人力资源费用(与该员工有关的属于收益性支出的人力资源取得成本和开发成本尚未摊销的数额)

借：人力资源取得成本摊销(与该员工有关的属于资本性支出的人力资源取得成本的累计摊销额)

人力资源开发成本摊销(与该员工有关的属于资本性支出的人力资源开发成本的累计摊销额)

人力资源损益(与该员工有关的属于资本性支出的人力资源取得成本和开发成本尚未摊销的数额)

贷：人力资源取得成本(与该员工有关的属于资本性支出的人力资源取得成本)

人力资源开发成本(与该员工有关的属于资本性支出的人力资源开发成本)

⑧企业向辞退的员工支付遣散金时，编制如下会计分录。

借：人力资源损益

贷：银行存款或现金

⑨企业员工退出企业、企业收到该人力资源支付的赔偿金时，编制如下会计分录。

借：银行存款或现金

贷：人力资源损益

⑩期末，结转人力资源损益时，如果借方发生额大于贷方发生额，编制如下会计分录。

借：本年利润

　贷：人力资源损益

如果借方发生额小于贷方发生额，编制如下会计分录。

借：人力资源损益

　贷：本年利润

3.3.7　企业人力资源成本会计账务处理的关系图

企业人力资源成本会计账务处理的关系图如图 3-4 所示。

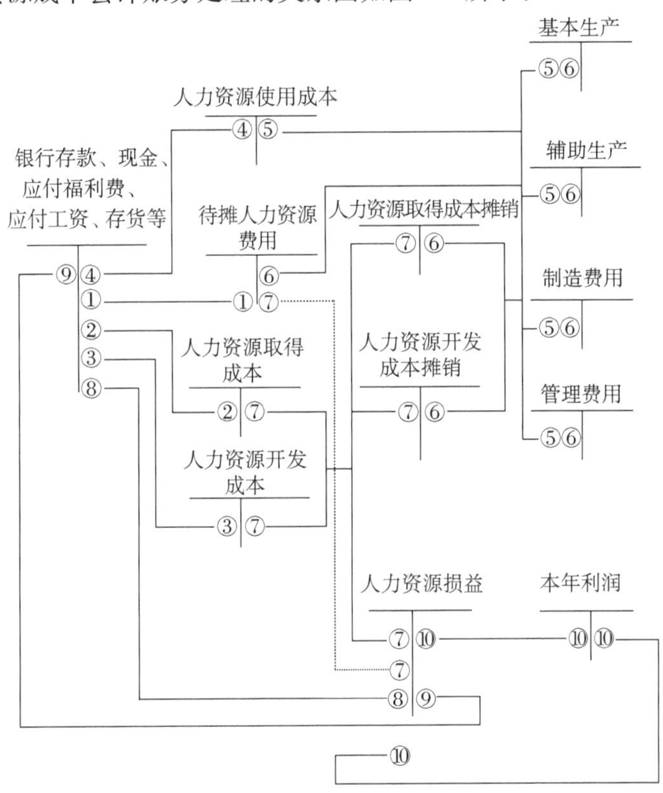

图 3-4　企业人力资源成本会计账务处理的关系图

注：图中①～⑩对应上文会计分录

案例分享

杜拉拉升职记：离开的成本[①]

上海 2005 年，夏未尽而秋欲来。

大客户部销售总监王伟离开了 DB，同时受累离开的还有大客户部南区的大区经理邱杰克。

王伟外形英俊，举止做派颇有教养，加上话不多，不管他本人情愿不情愿，离开

① 李可．杜拉拉升职记 2：华年似水．西安：陕西师范大学出版社，2009。

前，在DB的人气排行榜上他一直是大热门。

杜拉拉则是DB人气排行榜上最新爆出的一个大冷门。因为人们知道了她居然和王伟有一腿，而且，关于市场部总监约翰常的离开，她在其中的作用也很可疑。

有点生活常识的都知道，特冷的和特热的一结合，制造出来的动静就特别大。

这太令人兴奋了。志愿者们热心地奔走相告。

当群众兴奋的时候，场面就难免有那么点混乱的意思，而一个人假如不幸处于兴奋漩涡的中央，你要么选择跑，要么选择熬。

杜拉拉选择了熬，因为她在心中反复地计算过王伟离开的成本，没有足够的产出，就对不起王伟，她已经不单是为自己的前程考虑了。

王伟走的时候不要DB任何赔偿，条件是公司停止调查以免再影响到更多的人。DB接受了他的主张，但一定要补助他五十万聊表心意，说是作为对他服务数年来出色业绩的回报，实情是假如他一个子儿也不肯拿的话，公司也放心不下。

但这五十万离正常的赔偿标准，其实差距还挺远。一般来说，大公司炒一个总监，都不会撕破脸皮的(除非不幸是由不够专业的或者性格不够理想的人物主持这样的事情)，因为他知道的事情太多了——赔偿固然得按服务年份给足，保密费也要谈谈，通常，还会给足半年至一年的时间让当事人从容地离开。

除了面子上的考虑，也是因为总监属于比较高的职位，市场上的同等职位堪称稀少，要给人家足够的时间去寻找一个新的总监职位——而一年的缓冲是行业默认的江湖规矩。

在这一年里，有的公司会干脆让你挂个顾问的闲职白养着你，上班你愿来就来、不愿来就不来，反正永远不会有人真找你顾问；有的公司比较能体恤人，则会在表面上给你保留着总监头衔，以方便你找下家，但实际上，后手已经暗中接过所有重要的工作了。

现实是，并非所有的当事人都在一年后当真离开，因为有的时候主张他离开的那人，自己倒先于他离开了，新老板千头万绪忙得大半年顾不上他，他就继续挨着，或者他运气好干脆咸鱼翻身了，还露出一口白灿灿的牙微笑，闹得先前欺负过他的人直犯怵也难讲，要不说世上还有“三十年河东，三十年河西”这样的说法儿呢，这“一年”由此就更加宝贵了。

王伟认为自己理应尽到对拉拉最后的保护，再者他的心理也不是特别坚强的那类，脸皮不厚，他没有要求宝贵的“一年”，这对他本人的伤害很大。他不仅明摆着是一个被炒的总监，而且是一个未按江湖规矩来炒的总监，这给他的职业生涯打上了可疑的记号，找下家陷入了极大的困难。

拉拉级别不够，尚不知晓炒总监这活里的机关。在DB这样的大公司，炒人时，宽限个把月再离开的事情倒是常有，但那都是发生在经理以下的级别，拉拉万想不到炒个总监，这一宽限，能给到一年。

直到李斯特退休离开上海回美国前委婉地暗示拉拉，她方明白过来：王伟走得和别人不一样。她心里更加难过了。

拉拉去过两次王伟的住处，都吃了闭门羹，后来再去倒是有人了，却已经物易其主。至于王伟原先使用的手机号码，自打他离开DB后就再没开过机。但王伟没有去移动销号，甚至没有暂时停机。当固定资产被处置后，这一直有效的手机号码，成了杜拉拉失去着落的情感的唯一依据了，而这个依据是如此的不可控不可靠。这一切发生得太快，让人有时候似乎难以相信它曾真实发生，其实是难以接受。

“熬”是一种难受的状态，很容易令人联想到“煎”。你的精神总之得在通红灼烫的铁板上滋啦啦地冒着青烟，而群众的好奇和兴奋，正是那块灼烫的铁板。

这不好怪大家，如此重磅的八卦不是年年都能遇上的，都市生活压力大，八卦好歹能给人们平淡而不得不日复一日重复着的生活增添一点意外的愉悦或者兴奋，至少是消遣。至于传播这样的八卦带给当事人的苦恼，就不是大部分人首要关心的了，因为他们既不是那么好的人也不是那么坏的人，他们只不过想看看热闹罢了。

西方谚语说：“不问是美德。”

然而，世上总有些人不太关注美德，他们喜欢做出很熟络的样子，拉长了声调慢条斯理地当面来问：“拉拉，你知道王伟哪里高就去了？据说公司里有个和王伟要好的，不知道是谁？是你吧？”董青就是其中一个。

董青是大客户部东区的一个小区经理，也就是说，岱西离开DB前，她曾是岱西的下属。

说起这董青，是DB的老员工了，勤勤恳恳地干了十年，前途却一直有限，到33岁上才勉勉强强地升了个助理小区经理。

董青只有一纸不入流的专升本的文凭，这一号，人家不管你叫“本科”，管你叫“专升本”——在“纯种本科”遍地的DB，揣着这么一纸“专升本”的文凭跟别人拼职业发展就忒吃力了。有一回，董青参加公司在上海举办的一个活动，结束后忽然有多事的嚷了一嗓子“复旦毕业的一起合个影”，结果推推攘攘的一大帮子人，差点照不全进镜头里去，跟遍地的白菜一样又多又普通。自此，董青就越发地不愿意提母校的名字，免得招来别人疑惑的眼光：这是哪儿的学校呀？

董青的文凭不理想并非因为学习不努力或者家庭条件不好什么的，她天生畏惧理论性的东西，任何文字或者逻辑之类的都让她头大，越努力头越大。

董青有个长处，非常善于赢取客户的信任，属于典型的客情类销售(指主要依靠和客户建立良好关系来获取生意的类型)，她拿单子全凭了和客户关系好，“勤快而缺乏策略，熟练而缺乏逻辑”，是主管给她打的标记，在王伟和岱西之前的东大区经理那里，董青都不讨喜，被看做“潜力到头”了，因此她干了一年助理经理还没有被扶正，一直负责着上海周边一些相对次要的区域。

直到岱西接了东大区经理的位置，见董青老实听话，一门心思扑在生意上，才把她扶正。岱西对董青，可说是有知遇之恩。追昔抚今，董青有理由不喜欢杜拉拉作为岱西情敌的角色。

说起来杜拉拉好歹是个“人事行政经理”，一般人但凡聪明点的，没事儿犯不着去主动招惹沾着“人事”二字的，但董青脑子里没那根弦——作为一个一线销售经理，除了顶头上司外，她很重视建立并维护和市场部、财务部的同志们的长期关系，前者手里有她垂涎的市场资源，后者负责审核一般销售人员都难免的报销疑点，而她在DB的失意或者快乐，向来似乎和HR的没有什么关联，她只是本能地有些害怕王伟，等确定王伟走了，永远不会再回DB了，感念岱西知遇之恩的董青，就找个机会当面来向杜拉拉采访“王杜秘史”了。

在这么个一千来号人的公司里，杜拉拉和董青的关系，向来也就限于有些面熟罢了，她甚至连把“董青”二字和真人对上号也要花点力气，平日见面就算狭路相逢不打招呼实在说不过去了，两人最多含混地点个头算数。

今见董青动问，拉拉马上想到这人曾是岱西手下的一个小区经理，她本能地有些忐忑起来，暗自揣测着今番这董青只是“大嘴”出于八卦的天职，抑或“天使”为着复仇的使命找上门来了。

拉拉还是第一次认真观察董青，她是个中等个子，腰、腿、臀，无不适用“中庸”二字，一身铁灰色的西服套裙显得职业而标准，成功地从造型上掩护了她思想高度上的短板。

董青皮肤还算细腻，五官虽然缺乏摆得上台面的动人之处，但也没有什么说不过去的遗憾，何况局部的缺点和普通之处总使一个人显得更真实。她的瓜子脸轮廓低调而柔顺，和骄傲的胸部正形成了一种迷人的反差味儿——董青本人对这个特点并不糊涂。

拉拉不好开罪暗含引而待发之意的董青，只得赔着假笑道：“我要有那等好身手搞定王伟，何必还在这里自己干得苦哈哈，早跟着他过好日子去了，你说是不是?”

然而，不论是一个“大嘴”抑或是一个“天使”，绝对不是这样空洞无力的托词能打发了的，董青当下再接再厉道：“就是呀，拉拉，我也不相信——可是你猜怎么着？他们都在怀疑，那个和王伟一起的女的，明明就是你！他们说你现在是一味地在假装，死不承认罢了!”

虽然眉眼生得细长，并不妨碍董青说话的时候拿锥子一样锐利的眼神端详着拉拉的眼睛，她一面想起老电影里正义者义正词严地对撒谎者说“看着我的眼睛”，一面期待着杜拉拉明知无望却仍要垂死挣扎辩解、然后当场被戳穿地出丑。

拉拉耐着性子说：“哎，实在是高看我了。这事儿不是早有人找我DOUBLECHECK(再三核实)过了嘛，我真没这好身手，至少还得再练两年。”

董青在业务上专业度并不高，但客户关系一直是她的强项，这主要基于她对人物心态把握得十分到位，眼下董青早看出对方不耐烦，她估计到杜拉拉虽然暗藏凶意，还是不愿意轻易翻脸的，就进一步挑战杜拉拉的底线道：“早有人来问过了啊？那你可得调整好自己的情绪，不要让这些人影响你。”

杜拉拉在EQ上果然不是客情类销售的对手，她气恼得牙根痒痒，稳了稳血气，才回道：“不好意思，我得开会去了，先走一步。”

董青笑微微地说：“好的呀，下次再找你聊!”

听董青这话竟含着预约的意思，拉拉心说有完没完，下次还来怎么的？她到底年轻，一个没忍住，这时候也咧嘴坏笑道：“哎，董青，是不是做销售压力太大，想改行做娱记啦？我跟你说，一个八卦娱记要成为一个名记，首先要明白一点，新闻本来无所谓对错，它不是用来维护真理和良知的，重点在于及时曝料、不断传播，只要不超出政府容忍的范围——丑闻若不为人所知，如何算得上丑闻？又如何达到娱乐人民的目的呢？所以，在这样的工作中，娱记不需要善良，也不必以为这种传播是多么的不善良，这只是一种职业的态度，要从技术的角度去理解。”

文字和思想是董青永远的痛脚，这个她玩不过杜拉拉，加上杜拉拉说得飞快，她更加理解不过来这段有点书面化的文字到底啥意思，不过她明白杜拉拉是在骂她。

董青嘴角一翘，笑了：做销售的人，听得明白的骂人话哪天不听一箩筐呀，还怕这种似是而非的骂人话吗？

她听来听去只记住了杜拉拉似乎重复地提到“善良”这个词儿，做销售的最不当回事儿的就是“善良”，老板们在台上讲话，总说要把竞争对手打倒在地，再“碾碎”他们，一面说还一面来回碾着上万元一双的鞋子的皮底。

翻遍各大公司的行为准则也罢，公司核心文化也罢，你会发现跨国公司们总自命不凡地宣称他们的MISSION(使命)是让他们的产品对人类的生存具有独一无二的深远意义，他们崇尚正直，维护股东的利益，并且保证合作伙伴获得公平的利益分享，但是，你绝对找不到“善良”二字。

假如销售讲“善良”，各支持部门，包括HR，指望什么发年终奖？

董青越想越要发笑，杜拉拉看来气得不轻，要么就是她并不像传说中的那么有才。

➢本章小结

人力资源成本会计是从企业对人力资源投入的角度出发，对企业人力资源的取得成本、开发成本、使用成本和替代成本进行核算。

人力资源成本会计的特点，是单独计量人力资源的取得成本、开发成本、使用成本和替代成本。属于资本性支出的人力资源取得成本和开发成本予以资产化处理并在受益期内分摊转化为费用，属于收益性支出的人力资源取得成本和开发成本也在受益期内分期摊销，人力资源的使用成本(与企业招聘、培训员工有关的应计入相应的人力资源取得成本和开发成本进行核算)直接计入当期费用。

将属于资本性支出的人力资源取得成本和开发成本予以资产化处理，有助于正确地反映企业的实际情况和对企业管理者的人力资源取得、开发决策进行评价，更符合会计核算的权责发生制原则和配比原则，也更适应在当前人力资源取得成本、开发成本日益上升的情况企业需要加强对人力资源取得成本、开发成本管理的要求。

人力资源成本项目主要包括取得成本、开发成本、使用成本和替代成本。人力资源的取得成本是指企业在招募录用员工的过程中所发生的各种支出，它主要包括招募成本、选拔成本、录用成本和安置成本；人力资源开发成本是企业为了使新聘用的员工熟悉企业、达到具体的工作岗位所要求的业务水平，或为了提高在岗人员的素质而开展教育、培训工作时所发生的支出，它主要包括定向成本、在职培训成本和脱产培训成本；人力资源使用成本是指企业为补偿或恢复作为人力资源载体的企业员工在从事劳动的过程中体力、脑力的消耗而直接或间接地向劳动者支付的费用，它主要包括维持成本、奖励成本和调剂成本；人力资源的替代成本是指“目前重置人力资源应该做出的牺牲”，它包括为取得或开发替代者而发生的成本，也包括由于企业的员工离开企业而发生的成本。

人力资源成本核算的方法主要有：历史成本法，即以企业取得、开发和使用人力资源时实际发生的支出来计量人力资源成本的一种核算方法；重置成本法，即以在现实的物价条件下企业要重新得到目前所拥有或控制的已达到一定水平的某一员工或部分员工或全体员工所必须发生的所有支出作为企业目前的人力资源成本的一种核算方法；机会成本法，即以企业员工脱产学习或离职时使企业遭受的经济损失为依据进行人力资源成本计量的一种核算方法。

采用将人力资源成本纳入传统会计账内进行核算的模式时，人力资源成本会计应在传统会计账户设置的基础上，增设“人力资源取得成本”、“人力资源开发成本”、“人力资源使用成本”、“待摊人力资源费用”、“人力资源取得成本摊销”、“人力资源开发成本摊销”和“人力资源损益”等账户进行人力资源成本核算。

期末，待摊人力资源费用净额、人力资源取得成本净额和人力资源开发成本净额应在资产负债表的资产项目中列示。为此，可在资产负债表的资产方中增设“待摊人力资源费用净额”、“人力资源取得成本、开发成本净额”项目，列示期末尚未摊销的属于收益性支出和属于资本性支出的人力资源取得成本和开发成本。这一项目，可置于流动资产合计之后、长期投资项目之前。

为了解决进行人力资源成本核算对企业应纳税所得额的影响问题，在人力资源会计尚未准则化、制度化之前，可以采取变通的方式来处理。即一方面企业应该对有关的人力资源成本进行会计核算，以满足内外界有关人士对企业人力资源成本变动的信息的需求；另一方面，在确定应纳税所得额时，首先将人力资源成本纳入传统会计账内进行核算所确定的利润总额调整为按传统会计核算确定的利润总额，然后再按现行税法规定将会计利润总额调整为应纳税所得额，从而在实际纳税时消除进行人力资源成本核算所产生的影响。

第4章

人力资源投资会计

学习目标

通过本章的学习，掌握人力资源投资的含义和特点，认识人力资源投资的重要性，掌握人力资源投资会计的主体和目的，认识在我国加强人力资源投资管理的必要性和迫切性；了解人力资源教育投资的构成；掌握高等院校人力资源投资会计核算中高教培养成本的构成、会计账户的设置及有关账户的用途和结构、有关业务的账务处理；熟悉人力资源投资效益的核算方法。

4.1 人力资源投资会计概述

4.1.1 人力资源投资的含义和特点

人力资源投资是指为了使作为人力资源载体的现实的和潜在的劳动者掌握必要的知识、技能从而提高人力资源素质所进行的投资，也包括劳动者为了追求更好地体现自身所拥有的人力资源的价值或获取更满意的收益等目的而在不同地域、不同单位之间流动时所进行的投资。人力资源投资的最终目的是提高人力资源的利用效益。

人力资源投资和其他类型的投资相比有一些独特之处，它的特点主要表现在以下几个方面。

1. 投资者和受益者的非完全一致性

对于物质资源来说，投资者和受益者是基本一致的。而对于人力资源投资来说，投资者和受益者之间却不存在谁投资谁受益的明确的对应关系。人力资源投资的主体可以是国家、社会、企业、家庭和个人。对人力资源的投资，可以是这五者的共同投入，也可以是由其中的几个方面甚至在一段时期内由一个方面来承担。但不论投资者是谁，一般来说各方都能从这种投资中受益。例如，国家对义务教育的投入，使受教育者获得了必要的知识和技能，他们进入社会、参加工作后能够为国家和社会做出贡献，同时也为企业创造了利润，为家庭和个人增加了收入。

2. 投资收益的长期性和滞后性

对人力资源的某些投资不像物质资本的投入一样能够在短时期内便收到明显的效益。对人力资源最初的投资，要经过较长时间才能见到效益。例如，在小学期间的教育投资，可能需要经过一二十年才能体现出效益来。这就是人力资源投资收益的滞后性。但是，人力资源投资在见效后就能体现出收益的长期性，这与人力资源能够长期使用有关。德国在19世纪走上强盛之路和在第二次世界大战后从废墟中崛起，创造出世界经济发展史上的奇迹，都与德国长期重视国民教育密切相关。

资料4-1

德国最大的本钱在智力[①]

普法战争，是法国首先挑起的，本想一展帝国雄风，让德国俯首称臣，结果却是搬起石头砸了自己的脚，法国人不仅吃了败仗，而且还割让土地赔了款，弄得是颜面丢尽、威风扫地。原先欧洲大陆的霸主，怎么会如此不堪一击，败给一个曾任人宰割的附属国？他们弄不懂，思前想后，终于明白：德国人受的教育多，士兵们有勇有谋，所以打了胜仗。

很早以前，德国人就意识到教育的重要性，在这方面投资很大。“铁血宰相”俾斯麦，喜欢用武力解决争端，属好战派，老天爷似乎很给面子，他总能以弱胜强，将胜利之旗插到他国领地。屡战屡胜，能归功于运气吗？当凯歌高奏，人们为俾斯麦大摆庆功宴时，他却将胜利的勋章“送给”教育界。他认为，部队的作战水平高，得益于士兵的高素质，而士兵的高素质又源于学校教育。所以，1885年，他七十大寿时，从250万马克的贺礼中，拿出120万作为学位津贴，以鼓励学者。首相尚且如此，政府自然不会怠慢，在教育上决不吝啬，肯花“血本”，1900年，其教育经费达15亿美元，占国民生产总值的1.9%，而英法在这方面的投入，则比它低许多。

重教和尊师相辅相成，一流的老师，才教得出一流的学生。千里马常有，而伯乐不常有，教师正是这慧眼识才、因材施教、培养千里马的“伯乐”。在德国，教师可不是“臭老九”，他们社会地位高、收入不菲、很受尊重，真正成了“太阳底下最光辉的职业”。德国小孩一入学，就立志要当大学教授。由于想干这行的人多，竞争激烈，它的“门槛”自然不低，就拿小学教师来说，光凭高学历还不够，还得与众多对手一争高低，只有出类拔萃者，才会被学校聘用。

尊师重教，光靠花钱还不够，德国人认真地琢磨其门道，不断改革，以求日臻完善。19世纪初，普鲁士的教育部长洪堡，对学校制度进行改革，建立了较完善的教育体系，并创办柏林大学。教育要从娃娃抓起，19世纪70年代，德国进行了近代教育革命，规定接受教育和服兵役一样，都是公民的基本义务，用强制手段，“迫使”家长们送孩子们上学。政府使出这一招，旨在扫盲，打好了德国人的素质根基。1895年，德国的文盲率仅为0.33%，是法国的1/20，其教育普及程度，让其他国家自叹不如，望尘莫及。

除普及教育外，德国当时的职教体系也很发达。教育的载体是学校，建筑、机器制

① 王东京，孙浩，林赟. 德国最大的本钱在智力. 中国青年报，2002-01-20。

造、采矿等部门，都建了技术学校，培养专业员工。1900 年，仅普鲁士地区就有 1 070 所工业实习学校；1910 年，德国中等技术学校的在校生就达 135.6 万人。正是这些学校，输送出大量懂专业、会技术的人才，他们基础好、肯动脑子，很快就能触类旁通、操作娴熟，为德国日后经济的飞跃奠定了殷实的基础。

如果说，普及教育是打基础，职业教育是培养员工，那么，高等教育则是造就顶尖人才。19 世纪末到 20 世纪初，世界一流的科学家云集德国，无论是基础科学还是应用科学都是独占鳌头，这样一来，德国理所当然成了全球的科技中心。20 世纪初，德国有 5 000 多名化学家，当时化学界的发现和发明，几乎全被他们垄断；物理学家爱因斯坦，提出的相对论，奠定了现代物理学的基础；数学王国里，希尔伯特 1899 年出版了《几何原理》，消除了人们对几何公理的疑虑，第二年，他又提出了 23 个悬而未决的数学难题，对数学家们极富吸引力，使他们对德国心驰神往，“打起你的背包，到哥廷根去”(哥廷根是当时德国的一个科技中心)，成了数学界的一句时髦口号。同样，在生物学、地理学、天文学领域，德国也是人才辈出、群英荟萃。从 1901 年到 1914 年，德国就有 13 人获诺贝尔奖，甚至 20 年后，在诺贝尔奖牌榜上，德国依然高居榜首。

教育投资，就像是涓涓细流，虽不会立竿见影，但它会逐步渗透到方方面面，时间一长，定能灌溉出一片片绿洲。1871 年，德意志帝国刚成立时，百废待兴，虽说有一定的工业基础，但尚不能与列强们相提并论。可 30 年间，它工业总产值提高了 4.7 倍，外贸总额增加了 3 倍。第一次世界大战前夕，其技术基础雄厚，工业体系完整，实力远远超过了英法，仅次于美国，居世界第二位。美国人在参观考察后，对这一成就大发感慨：“德国最大的本钱在智力。”

3. 不同方式的人力资源投资存在效益的差异性

人力资源投资主要有医疗和保健、在职人员培训、学校教育、企业以外的组织为成年人举办的学习项目、个人和家庭为适应就业机会的变化而进行的迁徙活动五种方式。不同的投资方式，其投资效益存在明显的差异。这种投资效益的差异不但表现在所获取的收益的量的方面，而且表现在开始获取收益的时间的早晚和获取收益的持续期的长短方面。例如，人力资源流动投资的收益见效就相当快，而卫生保健、教育、培训投资的收益则见效较慢。

4. 人力资源投资具有高效益性

人力资源投资能够促进人力资源载体的知识和技能增长、提高人力资源素质、增加人力资本的存量，而人力资本在经济增长中具有关键性的作用，因此和物质资源的投资相比，对人力资源进行的投资具有更高的效益。舒尔茨通过对美国 1900～1957 年的物质资源的投资收益和人力资源的投资收益进行详细的调查和计算，发现在这段时期的人力资源投资收益率是物质资源投资收益率的 5 倍。

5. 人力资源投资收益具有递增性

舒尔茨等在 20 世纪 60 年代提出的人力资本理论将资本分为人力资本和非人力资本

两类，认为通过对人力资源的投资能提高人力资源的素质，促进人力资本的增加，能够有效地推动经济的增长。而且，对人力资源的投资具有收益的递增性，即在人力资源上投资得越多，经过一段特定时期后获得的边际收益也将越多，这将克服其他生产要素的边际收益递减，从而保证经济的长期增长。

20世纪80年代，新经济增长理论的创立者之一、美国经济学家罗默提出了一个收益递增的产出模式。这一模式认为，一般知识可以产生规模经济效益，特殊的知识和专业化的人力资本不仅能自身形成递增的收益，而且能使资本和劳动等要素的投入也产生递增收益，从而促使整个经济的规模收益递增并保证产出的长期增长。在罗默模式中，特殊的知识和专业化的人力资本是经济增长的主要因素①。

6. 人力资源投资效益具有多样性

对人力资源的投资所产生的效益是多样的，不仅能产生巨大的经济效益，也能带来巨大的社会效益。对人力资源的投资能够增长人力资源载体的知识和技能、增强劳动者的体质、优化人力资源的配置，对于促进经济的发展和人类社会的进步，都具有重要的作用。

4.1.2 人力资源投资的重要性

1. 教育投资的重要性

教育投资是人力资源投资的最主要的方式，对人力资本的形成和积累起着非常重要的作用。

教育有广义和狭义之分。广义的教育是指终身教育，包括学校教育和非学校教育两种形式。狭义的教育是指学校教育，包括正规的和非正规的学校教育两种形式②。在没有特别说明的情况下，这里所说的教育主要是指狭义教育即学校教育。各类正规和非正规教育的主要目的在于增加人力资源载体的知识积累、提高人力资源的素质。

教育投资的重要性主要体现在它能极大地促进经济的增长。根据舒尔茨的测算，在1929～1957年物质资本的增加对美国经济增长的贡献占15%，而人力资源投资导致的人力资源质量提高即人力资本增长对美国经济做出的贡献却高达43%，其中教育投资对经济增长的贡献最大，为33%。舒尔茨在1972年提出，发达国家的财富主要来源于人力资本，美国国民收入的1/5来自物质资本，4/5来自人力资本。以色列这样一个国土条件极其恶劣、自然资源极其贫乏的仅有500多万人口的小国，在1996年的高技术产品出口额却达到50多亿美元，占到全国出口总额的1/4，其原因就在于以色列坚持推行教育立国、科技立国的方针，使该国受过高等教育的人数占总人口的比例位居世界之首，平均每1 000个劳动力中就有77名大学生，而每1万人中就有140名科学家和技术人员，这一比例则大大高于同期美国的80人和日本的75人。世界银行专家的研究表明，如果让一个国家所有的劳动力受教育的年限平均提高一年，那么GNP受此影响将在原来预期的水平上提高9%；如果教育水平提高的进程持续下去，那么在第二年、第

① 薛进军．经济增长理论发展的新趋势．中国社会科学，1993，3：40。

② 赵秋成．人力资源开发研究．大连：东北财经大学出版社，2001：95。

三年，教育水平的提高对GNP的增长仍将保持同样的影响，只是在第四年到第六年的三年间，这一影响的作用才有所下降，将逐渐降到4%。

教育投资提高了人力资源的素质，从而使劳动生产率得到提高。强调教育立国的日本和德国，其劳动生产率的很高的增长速度来源于劳动力素质的快速大幅度提高。据国外经济学家估计，与文盲相比，一个具有小学文化程度的劳动者能使劳动生产率提高43%，具有中学文化程度的劳动者则能提高108%，而具有大学文化程度的劳动者可将劳动生产率提高300%。

教育投资能使劳动者的创新能力得到提高，从而能够在投入的劳动量不变的条件下增加产出量。前苏联的研究结果表明，职工受教育程度每提高一年，合理化建议者在职工中所占的比重平均增加6%，提出的合理化建议逐年增加60%；而受过完全中等教育的工人与没有受过完全中等教育的工龄相同的工人相比，前者提出的合理化建议的数量是后者的5倍。

教育投资导致的劳动者素质的提高，还能提高劳动者的独立工作的能力、自学能力、动手能力和解决问题的能力，从而使劳动者能更快地接受新工艺、新技术，掌握新设备，将先进技术尽快地转化为生产力，能及时解决生产中出现的问题，使生产能够正常地进行。

教育投资无论是对整个社会还是对受教育者个人来说，投资收益都是很可观的。教育的社会投资收益问题在前面已经有所论述，本章在后面还将进行进一步的研究。对个人来说，个人收入、就业状况等与受教育程度密切相关已是不争的事实。美国国情普查局在1994年发表的《美国教育成就》报告表明，在1992年，拥有博士、硕士等高等学位的人年均收入为48 653美元，具有学士学位的人年均收入为32 629美元，而只受过中等教育的人年均收入只有18 737美元，前两类人的年均收入分别是只受过中等教育的人的2.60倍和1.74倍；在20世纪70年代，美国的高中毕业生都能很容易地找到工资优厚的稳定的工作，但在20世纪90年代，许多服务性行业都要求就业者有大学文凭或受过专业培训。1996年，经济合作与发展组织(Organization for Economic Cooperation and Development，OECD)科技工业部在《以知识为基础的经济》报告中也指出，OECD成员国的GDP的50%以上是以知识为基础的；在这些国家，教育程度低的人平均失业率为10.5%，而受过高等教育的人的失业率只有3.8%。我国目前的情况也是这样，1999年国家统计局城市社会经济调查队对15万户城镇居民家庭基本情况进行调查的资料表明，就业者受教育程度与家庭的收入水平密切相关。1999年8月人均收入在100元以下的贫困家庭，73.2%的户主是初中以下文化程度，而人均收入在1 000元以上的富裕家庭，52.4%的户主受教育程度在中专以上，其中大专以上文化程度的户主占40.2%；1999年8月，男、女就业者的平均收入分别为761元、588元，只有小学文化程度的男、女就业者的平均收入分别为604元、438元，而具有大学文化程度的男、女就业者的平均收入分别为1 021元、891元。更能说明问题的是，2000年北京大学国际MBA班首届毕业生不但在毕业前就被企业一抢而空，而且收入惊人：平均年薪23万元，最高者达83万元。

2. 职业培训的重要性

职业培训主要有两种类型：一种是对社会失业人员进行的职业培训，其目的是使他们掌握重新就业所需要的知识和技能。知识更新速度的加快促进了产业结构的调整，产业结构调整的结果之一是使一些人离开了原来的工作岗位而进入社会的失业队伍。对于这些人来说，原来所掌握的知识和技能已经不能适应当前的需要，要想重新就业，就必须重新学习，掌握走上新的工作岗位所需要的知识和技能。例如，纺织厂的女工下岗后，她所掌握的纺织操作技能在社会上就没有应用之处，要重新就业就必须学习新的知识和技能。这种职业培训，是针对社会当前和未来发展的需要开展的，能很好地满足企业招聘工作的需要，对于提高失业人口的重新就业率、减轻失业人口的增加给社会带来的压力也产生了非常积极的效果。这种职业培训，有的是由国家投资进行的，如政府的劳动就业部门组织进行的培训；有的是劳动者自己投资进行的，如自费参加某些社会机构组织的培训。

另一种是企业对员工进行的培训，它包括对新招聘人员进行的岗前培训和对在职人员进行的在职培训(或称为岗上培训)。这类培训活动对于企业来说是应该根据需要经常进行的，其目的是使有关人员能够掌握为胜任从事的工作所需要的知识和技能，提高劳动者的素质，改善企业人力资源的质量。企业对员工的在职培训可分为一般培训和特殊培训两类。一般培训的内容具有比较广泛的适用性，即通过一般培训所掌握的知识和技能不仅适用于本企业，也适用于其他许多企业。因此，当接受了一般培训的员工对继续在该企业工作感到不满意时，就可能会离开企业而到其他企业去求得发展，并利用他在原有企业掌握的知识和技能为新进入的企业提供服务，这对于原有的企业来说是一个损失。特殊培训的内容在适用性方面范围比较狭窄，接受了特殊培训的员工利用所掌握的知识和技能为其他企业提供服务的可能性也较小。对于不少企业管理者来说，基于一般培训和特殊培训的特点，他们比较愿意在员工的特殊培训上投资，而对于一般培训方面的投资则不大热心(除了最基本的为适应工作需要而开展的一般培训外)。当然，有些管理者对进行员工的在职培训不够重视，不愿意在这方面加大投入，这与他们在管理活动中的短期行为有关，因为对员工的在职培训的支出在现行会计制度下是计入当期费用支出的，它会造成当期利润的减少，从而影响了管理者的业绩。

企业对员工进行的在职培训是非常必要的。因为只有通过对员工的不断培训，才会促进员工素质的不断提高；而高素质的员工将极大地提升企业的竞争力，从而提升国家竞争力。对于企业来说，人力资源投资可以说是一项风险投资，它可能会给企业带来超值的回报，但也可能血本无归。但企业必须进行这项风险投资，否则企业在未来竞争中将没有立足之地，必死无疑。发达国家企业和我国的外企都非常重视对员工培训的投入，而我国不少国有企业的管理者却不重视这方面的投入，这已经造成了我国低层次、低素质劳动者严重过剩，高层次、高素质劳动者严重短缺的局面，严重地制约了我国企业乃至国家的竞争力的提高。

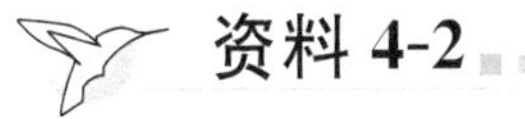

资料 4-2

发达国家企业和我国外企重视员工在职培训[①]

发达国家企业非常重视对员工培训的投入。

OECD 成员国的企业仅 1993 年在职培训方面的投入就占各国 GDP 的 2.5%左右。

美国宣称“世界上有多少职业、技术培训就有多少门课程”。美国企业的业务培训投资年均 400 亿～600 亿美元。

在美国的大型企业中，有 85%以上开设了研究生至博士后课程；有 74%以上的中型企业开办了大学或高等技能院校相应课程；有 94%的中小企业开办了以培养技能为主的中等专业课程。例如，美国电话电报公司办有全美规模最大的专业培训中心，分别有从中等到博士后继续教育的各层次培训班，供本公司员工培训；西部电力公司建在新泽西州的科教中心，被誉为美国最大的“企业学院”，但它不进行学历教育，而专门进行各层次的学后教育，使得在美国对在职的科技人员提供学后教育已经形成一种惯例。

雇员人数在 100 人以上的美国公司用于员工培训的经费总额已从 1995 年的 500 亿美元增加到 2001 年的 568 亿美元。伊利诺伊州从事人力资源及利益咨询的休伊特同仁公司的报告说，在该公司 2002 年调查的 945 家大公司中，有 79%的公司为员工支付了全部或部分高等教育费用。

日本早在 20 世纪 60 年代就制订有《职业训练长期基本计划》，企业专业技术人员和职工业务技术培训普及率达 95%以上。著名的松下电器公司员工都说：“这里是培养人才的公司，兼顾电器制品。”

在我国的外企也非常重视员工的培训工作。

2002 年，江苏省对 200 家外资企业进行的一项调查显示，接受公司提供培训的管理人员和非管理人员的比例分别为 42%和 43%，管理人员和非管理人员近 3 年来每年接受培训的平均时间分别为 65 小时和 63 小时。其中，公司管理人员和非管理人员近 3 年来接受培训的平均时间最高的分别达到 720 小时和 800 小时。

资料 4-3

从技工“断档”看企业员工培训[②]

根据《中国统计年鉴》(2000 年版)的资料，1999 年我国从业人员中大专文化程度所占比例如表 4-1 所示(不包括港、澳、台)。

表 4-1　1999 年我国从业人员中大专文化程度所占比例　单位：%

地区	所占比例	地区	所占比例	地区	所占比例	地区	所占比例
全国	3.8	黑龙江	4.9	河南	2.3	贵州	2.7

① 根据有关报刊资料整理。

② 根据有关报刊资料整理。

续表

地区	所占比例	地区	所占比例	地区	所占比例	地区	所占比例
北京	23.0	上海	15.1	湖北	4.0	云南	1.4
天津	11.1	江苏	5.0	湖南	3.4	西藏	—
河北	3.9	浙江	3.0	广东	5.0	陕西	4.2
山西	5.1	安徽	2.0	广西	0.9	甘肃	3.2
内蒙古	5.1	福建	3.2	海南	5.1	青海	5.3
辽宁	7.0	江西	3.3	重庆	2.7	宁夏	4.4
吉林	5.9	山东	2.2	四川	2.2	新疆	0.5

从表 4-1 中可以看出，我国从业人员受教育程度并不是很高。因此，加强对从业人员的培训对于我国企业来说是一件必须重视的大事。

我国不少企业不重视员工培训，已经造成了一些严重的“后遗症”，仅从当前出现的技工“断档”现象即可见一斑。

2001 年 9 月，青岛一企业在招聘会上开出年薪 16 万元的“天价”招聘一名高级模具工；2001 年，深圳第三次向社会公布当年劳动力市场指导价位，其中硕士研究生月薪高、中、低位分别为 5 900 元、3 500 元、2 400 元，而高级钳工的价位分别为 6 600 元、4 300 元、3 200 元，钳工身价超过硕士；2002 年，浙江十多家企业在杭州及其周边城市的十多场招聘会上，招聘数控技术工人的月薪最高达到 6 000 元……

即使开出如此优厚的条件，这些企业也难以觅得所需技术工人，因为在我国已经出现了技工“断档”的现象。

以有代表性的机械行业为例。中国工业机械联合会对我国 1 104 家机械企业、113 万名职工进行的一项调查表明：机械行业现有高级技工以上的高技能人才 122 499 人，占技术工人的 22.8%。其中，高级技师 1 495 人，占 0.3%；技师 18 141 人，占 3.4%；高级技工 102 863 人，占 19.1%。从年龄结构上看，平均年龄为 42.1 岁，其中，高级技师平均年龄 48.9 岁，50 岁以上的占近一半；技师平均年龄 45.6 岁，50 岁以上的占三分之一；高级技工平均年龄 41.3 岁，其中 40 岁以下，即改革开放以后进入企业的仅占 42.5%。

资料显示，发达国家技术工人中高级技工占 35%以上，中级技工占 50%以上，初级技工占 15%，而我国上述三项数字分别约为 5%、35%、60%。

一位权威人士说，人们抱怨国产汽车造型、性能跟不上世界潮流，这不是我们的工程师设计不出来，而是工人生产不出来，因为我们缺乏高级技术工人。在澳大利亚举办的一次展览会上，美国卡特皮勒公司生产的柴油机放在铺有红地毯的台子上，开动起来声音柔和，什么问题也没有；而我国生产的柴油机放在地上，周围还要铺上木屑，因为会漏油。同样马力的柴油机，我国的卖价不到人家的 10%！美国人、德国人生产出来的设备很精良，核心问题就是把职业教育和职业培训提到了很高的位置，培养出了一批非常优秀的技工；而我国几百万名机械工人绝大多数没有接受职业教育和职业培训，怎么能生产出优良产品来呢？

目前，对在岗工人培训欠缺，工人学技术的热情不高，值得企业领导者关注。产业结构、产品结构调整，产品技术含量提高，对技工的素质提出新的要求，不仅本行的操作要熟练，还要掌握一定的计算机知识和现代科学方法。对此，企业领导者千万不可短视，对职工在职培训要舍得投入。须知，高技能人才队伍才是企业最宝贵的财富。

向员工提供在职培训，也是企业吸引和留住员工特别是所需人才的重要手段。不少企业管理者越来越多地把增加培训经费、提供培训机会作为一种奖励机制，以便留住那些对企业来说最有价值的员工。

资料 4-4

鲁尔制胜的秘诀①

跻身世界 500 强的德国鲁尔集团给每个员工都提供在职接受继续教育和培训的机会。继续教育成了吸引员工的一个卖点，也成了企业挽留人才的法宝。

鲁尔集团在 20 世纪 60 年代是以煤矿为主的大集团，职工有 15 万人。随着世界技术革命迅猛发展，原来大批矿工忽然成了“多余的人”，好几万人面临转岗。然而这个巨大的“阵痛”却通过继续教育和培训奇迹般地解除了。在大规模的员工转岗前，鲁尔集团提前对每个要转岗的员工除了现在干的工作外还能干什么进行了调查，然后给要转岗的员工提供接受继续教育和培训的选择，费用不管多高都由企业承担，直到学会为止。90%以上的转岗员工经过二次学习后，进入集团新的工作岗位。员工水平提高了，企业也前进了，而且经过学习和培训再转岗的员工对企业的忠诚度非常高，退休时也待在集团不肯走。

一般员工除了转岗时由企业提供跨专业的继续教育和培训外，在本岗位本专业的继续教育和培训每个月都有。集团的中上层领导也要不断“充电”。在鲁尔集团，不管是员工还是领导，也不管干的什么工作，接受继续教育和培训成了人人都有的福利。

鲁尔集团培训中心中国代表接触过我国国内很多企业。他认为，国内的很多企业对人的使用不是使用提高型，而是使用磨损型。对员工，只使用不提高，员工工作没有积极性和创造性，缺乏继续教育和培训，企业最终也失去了活力。

3. 卫生保健投资的重要性

卫生保健投资主要是指国家、部门、企业、家庭和个人用于增强人的体质、保障人的健康的投资。

卫生保健投资能够延长作为人力资源载体的人的平均寿命，从而可以增加人的劳动年限，相当于廉价生产出人力资源；它能保持和增强人的体质，对人的后天智力的形成和提高智力水平起到有益的影响作用，从而提高劳动者的劳动生产率；它能提高人体的健康水平，减少患病率，从而减少由劳动者患病导致的生产上的经济损失和医疗费用的支出。因此，卫生保健投资将直接影响到人力资源的质量和数量的存量，对社会经济的发展具有重要的作用。

① 扬子晚报，2001-11-09。

4. 流动投资的重要性

人力资源流动投资是指人力资源载体在不同地域和不同单位之间流动时所需要支付的一些成本费用。这些费用可能由流动的人力资源载体所支付，也可能由吸引人力资源流入的企业、单位所支付，或是由两者分摊。

人力资源载体的流动，其本质就是该载体所拥有的人力的流动，即人力资源的流动。人力资源总是向能更好地体现自身价值、能获取更大的收益的地方流动，这是人力资源流动的一个基本规律。从家庭或个人的角度出发，流动是一种投资决策，需要考虑投资收益。流动的净收益的大小主要取决于新工作与原工作的收益的差额，也取决于流动的直接成本和机会成本的高低。人力资源载体从新的工作中可能获取的效用越大、流动的直接成本和机会成本越低，那么原来的工作岗位的效用就越低，人力资源载体从流动中获得的相对利益就越大，流动的可能性也越大。人力资源载体为进行流动所发生的支出，是为了获取更大的收益而进行的投资。如前所述，在许多情况下，人力资源流动投资的支出是较小的，而可能取得的收益却是相当大的。我国出现的人才从经济欠发达的中西部地区向经济发达的东南沿海地区流动，国内的许多人才向国外的流动，都是人力资源流动投资活动的体现。

人力资源流动投资，不但会影响人力资源载体的收益，也会对其他方面产生影响。在国内的不同地域和不同单位间的人力资源流动，对流出的地域和单位而言可能会造成一定的经济损失，而对流入的地域和单位来说，因为得到了所需要的人力资源，会收获更多的效益。一般说来，人力资源的流动过程是这一特殊资源的优化配置过程，因此流入地域和单位增加的效益会大于流出地域和单位的损失，从而在一定时期内对总体效益有利。

在国内，人力资源流动中值得注意的一种情况是，国有企业的人才大量流向外资企业。外资企业提供的高薪是国有企业所不能比的，这吸引了许多人才向外资企业流动。例如，在中国运载火箭技术研究院，一些青年科技人员来院几年后，科研水平、工作能力都有了很大的提高，正当他们快要出成果时，却被外资企业以高薪挖走了。据统计，该院一个很重要的研究所在一年之内所进的人才将近流失了40%。北京第一机床厂为采用计算机集成制造系统(computer integrated manufacturing systems，CIMS)所培养的技术人才在很短的时期内被外资企业挖走30余人。在人才密集的中关村，平均每个企业每年外流的高技术人才在300人以上，其中绝大部分流向外资企业。这种情况，对在人才培养上付出大量投资的国家和企业来说都是重大的损失，影响了流出单位的人力资本的形成和积累，影响了流出企业的竞争能力。

资料 4-5

人才流动隐藏流失之痛[①]

2002年2月22日，中国人民保险总公司(以下简称中国人保)人力资源部总经理助理董秀清向《中国青年报》记者讲述了高级人才的流失情况。他列举了11位已经跳槽到

① 根据《中国青年报》报道整理。

其他保险公司任董事长、正副总经理和外国保险机构驻华首席代表的人员名单，而这些人以前都是中国人保的省级分公司和部门老总以及核心业务骨干。例如，王真是总公司两位具有英国皇家保险协会高级会员资格的高级管理者和经营人才之一，原是负责海外业务的国际部总经理，现在却成了国际著名的慕尼黑再保险公司驻华首席代表。

董秀清说，自20世纪90年代初以来，我国相继成立了40余家保险公司、200多家海外保险公司驻华机构。这些公司和机构的高薪以及灵活的人事制度，吸引了中国人保大量的高级管理人才和经营人才。据不完全统计，它们的高级管理者和骨干力量有60%以上来自中国人保。随着中国加入WTO后国内保险市场的开放，外国保险公司对中国保险市场由以前的虎视眈眈变为现实进军。为了开拓市场，它们的第一步就是挖人。要培养一个熟悉中国保险市场和业务的中高级人才，至少需要10年，外企挖走这些人才，就等于节省了10年的竞争时间。而高级人才被挖走所造成的损失是无法估量的，人才流失对工作造成的持续性的负面影响也是长期的。

不仅中国人保，中国人民银行和四大国有商业银行也感受到了人才流失之痛。入世后，国有银行中掌握政府间资源和客户资源的人，特别是位于重要岗位、有一定职务者，成为境外资本挖掘的重点对象，其中一些人已被挖走。

这些掌握重要资源的高级人才的流动，一方面体现出人才流动速度日益加快，不可阻挡；另一方面，也反映出人才流失可能造成资源特别是那些关系到国家利益的重要资源的流失。因此，人才流失和人才安全正日益成为我国入世后在人才竞争中面临的一个突出的问题。

人力资源流动投资还会导致“外在式智力外流”，即专门人才在国内完成学业或奠定学业基础后迁移到其他国家的跨国性的人才流动。我国的“外在式智力外流”现象非常严重。有关资料显示，1978～1997年的20年间，中国大陆年均出国留学2万人，累计达40余万人。学成归国者10万人，在校学习者10万人，回归率为33%。国际研究数据表明，发展中国家在经济起飞阶段，2/3的留学生归国效劳，1/3的留学生在国外工作学习，使回归率与滞留率保持在2∶1的“最佳回归比数”。而我国的回归率和滞留率却出现1∶2的倒比。另一份统计资料显示，1978～1996年自费出国留学的13.9万人中，回国者仅有3 000人，所占比例不到3%。北京世纪蓝图市场调查有限公司于1998年在北京大学、清华大学、北京航空航天大学、北京交通大学和北京师范大学这五所高等院校随机选取301名大学生就出国留学意向和看法进行调查，结果其中有211名有出国意向，比例超过70%；而这211人中最想去美国者达166人，占3/4以上。中国科学院院士朱清时教授在2000年5月21日接受记者采访时指出，在世界范围的人才争夺战中，中国的人才始终处在被争夺的一方，每年“(中国)科学技术大学举行毕业典礼时，四分之一的人就已经办好了出国手续”。

关于“外在式智力外流”，学界存在着不同的看法。一些发展经济学家认为，这种国际间的人才流动主要是从发展中国家流向发达国家，而流动的人才都是发展中国家花费大量的基础教育投资才培养出来的，因此这种流动使发展中国家教育投资的效益受到严重影响，是发达国家对发展中国家人才资源的掠夺。这种“外在式智力外流”，使流入国家获得了大量国外的高层次人才，节省了人才的培养费用，并且有力地提高了流入国家的科技水平，促进了该国的经济发展。持不同观点者认为，人才外流虽然可能造成发展中国家在一定时期内出现人才短缺的现象，影响国内的经济增长，但外流人才回流时可能带回新技术、新思想和新的管理方法，促进国内的经济增长。这些人还认为，在人才流出国经济发展缓慢、无法吸收全部人才而出现人才闲置时，人才的部分外流可以避免知识老化和人才浪费；而当发展中国家经济起飞、人才供不应求时，大批外流人才可能回流。2002 年年初，OECD 发表的《高技术人才国际流动》报告在对若干不同发展水平的国家进行统计分析后提出，多年来发展中国家人才大批流向发达国家，对流出国具有正反两方面的影响。例如，报告分析了中国人才流失的状况后认为，从负面影响来看，近几十年来，“中国失去了 20 万名科技人才，这相当于损失了 400 多亿元人民币的教育投资”，这一数字还不包括青年人赴国外学习深造的 160 亿美元费用，同时人才流失也削弱了中国的国际竞争力；而从正面来看，当留学人员学成创业进行对外投资时，中国将成为他们优先选择的投资地。报告得出的结论是，从短期来看，发展中国家的人才流向发达国家是弊大于利；但从长期来看，则是利大于弊。

在发展中国家，还存在着智力外流的另一种形式，即“内在式智力外流”，它是指发展中国家的一些专门人才热衷于发达国家的研究课题，期望获得国际同行的认可和赞赏，并以此作为衡量研究成就的标准。这就使一些国内亟待研究解决的问题无人问津，也极大地影响了人力资源投资效益。在某种意义上，“内在式智力外流”所产生的负面影响甚至可能超过“外在式智力外流”。

人力资源流动投资所产生的直接结果，就是导致人力资源流动。因此，重视对人力资源流动投资的研究，引导人力资源有序流动，减轻人力资源流动所产生的负面影响，当前在我国具有非常重要的意义。

4.1.3 人力资源投资会计

人力资源投资会计是对为了开发人力资源、提高人力资源使用效益而引起的各种人力资源投资的计量和报告。

1. 人力资源投资会计的主体

人力资源投资的主体是国家、社会、企业、家庭和个人，因此从理论上说，它们都可以成为人力资源投资会计的主体。因为企业为吸引所需人才而为之支付的成本费用(即企业的人力资源流动投资)、为使员工掌握必要的知识和技能或为提高员工素质所发生的在职培训和脱产培训的支出、在员工保健方面的支出，都作为人力资源成本的组成项目在人力资源成本会计中进行了核算，而对家庭和个人来说流动投资不是经常发生的，在健康投资方面的支出一般也没有单独地进行核算，所以在下面研究人力资源投资的会计核算问题时，主要是进行教育投资的会计核算的研究。以下所讨论的人力资源投资除有特别说明以外，主要是指教育投资。

企业、家庭和个人进行人力资源教育投资的数据是可以搜集到的，并且可以根据这种投入和相应的产出来计算它们的投资收益率。国家、社会进行人力资源教育投资的数据也是可以搜集到的，但它们进行的教育投资是和其他方面进行的教育投资一起共同对人力资本的形成产生作用的，很难单独确定它们的投资收益。因此，要计算总的人力资源教育投资的收益率，就必须将各方面的教育投资数据归总。

学校是利用各方面的人力资源教育投资来促成人力资本形成和积累的主体，它是介于学生个人、家庭和企业、社会之间的桥梁，最容易获得来自各方的人力资源教育投资的综合数据。同时，学校财务会计部门都具备了较完备的会计核算体制，拥有合格的会计工作人员，便于进行人力资源教育投资的核算，能够提供比较可靠的人力资源教育投资的信息。因此，在进行人力资源教育投资会计核算时，将学校作为会计核算的主体，无论从可行性还是从经济性上来说都是一个较好的选择。

各级学校都应进行人力资源投资会计核算，一方面向有关各方(包括国家主管部门、监督部门、学校管理部门、学生个人和家庭、学生毕业后的工作单位或继续接受教育的单位等)提供关于教育投资水平现状和教育投资运用情况的会计信息，满足有关各方的需要；另一方面也为本单位进行教育投资效益分析提供必需的资料。

2. 人力资源投资会计的目的

在学校里进行人力资源教育投资会计核算的目的是提供教育投资的信息，以便加强对教育投资的管理，提高教育投资的效率。

1999 年，我国国家财政性教育经费占 GNP 的比例由 1997 年的 2.49%提高到 2.79%，从而扭转了长期在 2.5%附近徘徊不前的状况，但这与中国教育改革和发展纲要中提出的到 20 世纪末国家财政性教育经费支出占 GNP 的比例达到 4%的目标还有很大距离。教育投入不足，一方面会影响人力资本的形成和积累；另一方面也要求加强教育投资的管理，提高教育投资的效率。

我国存在严重的教育投资效率低下的现象。各级学校特别是许多高等院校存在着行政机构庞大、工勤人员过多、超编严重、人浮于事的情况，有相当多的高等院校的人头费已占了国家拨给的教育事业费的 90%。社会对某些方面的人才需求的增加造成该类人才供应不足和收益水平提高，使这些专业成为热门专业，促使供给这些人才的专业在规模上和数量上进行扩张，但由于缺乏对人才需求的正确的预测，不久之后又出现供过于求的现象，使积累了这些方面的专业知识的人员的能力不能得到有效利用，造成了知识的沉淀和浪费。一些用人单位盲目地追求聘用人员的高学历，使用文化程度更高的人从事以前由较低文化程度的人就能胜任的工作，这使凝固在这些人才身上的教育投资所形成的人力资本不能得到有效的运用，使人力资源教育投资的效益受到严重影响。高等教育的快速发展和当前就业的困难，大学毕业生择业时以个人收益为导向的做法，都造成了大学毕业生转行率上升。据统计，大学毕业生的转行率已由 1989 年的不到 2%达到 1994 年的 17%～20%。大学课程的设置与实际需要脱节、所用的教材落后于实际、传授的知识老化等情况，也影响了学生通过在校学习积累人力资本的活动的效益。

在我国，中等教育片面追求大学升学率，导致国家、家庭和个人用于人力资源教育的投资过多地投向一般性的中等教育，而用于中等专业教育的投资则较少，即人力资源教育投资更多地投向一般性的中等人力资本形成而较少流向专业性的中等人力资本的形成，但高中毕业生在进入社会时的人力资本积累明显少于中等专业学校的毕业生，这种教育投资的结构和所形成的人力资本的结构是不够合理的，在一定程度上也造成了教育投资的浪费。

如前所述，对我国的企业来说，存在的严重问题是不重视人力资源教育投资。这与管理者的短期行为有关，因为人力资源教育投资在短期内会影响企业的利润，而教育投资的收益又存在滞后性。据统计，在我国的国有企业中，有 30%的企业的年人均教育培训费在 10 元以下，20%的企业在 10～30 元，仅有 5%的企业加大了人力资源教育投资。忽视人力资源教育投资造成我国职工技术水平低下，由此导致工业产品不合格所造成的损失每年都在 2 000 亿元以上。

以上事例表明，在我国，加强对人力资源教育投资的核算，是一个极其重要的问题。只有通过人力资源教育投资的核算，才能够掌握人力资源教育投资的信息和进行人力资源教育投资效益的分析，从而有助于促进各方面认识到加强对人力资源教育投资管理的重要性，以改善和促进对人力资源教育的投资，促进人力资本的形成和积累，提高人力资源教育投资的效率。

学校是人力资源教育投资会计核算主体，下面本书将着重讨论高等院校的人力资源教育投资核算问题，其他类型学校的人力资源教育投资的核算可以类比进行。选择高等院校作为研究的对象，是因为自 1997 年我国高等院校实行并轨收费制度以后，大学生本人或家庭应承担多少教育成本及高等教育成本分担的标准是什么成为人们关注和加以研究的一个问题。高等教育成本分担的标准，概括起来有四种形式：依据教育成本的一定比例收费分担；依据居民收入的一定比例收费分担；依据高等院校收益率收费分担；依据受教育者个人收益率收费分担。也有的研究者认为应该综合考虑经济发展水平、居民收入水平和经济承受能力、学校培养成本、学校差别、个人收益程度等因素来确定。据世界银行对 33 个国家的统计，学费占公立高等教育机构经常费的比例情况是：20 个国家在 10%左右，10 个国家在 20%左右，最高的是韩国为 40%。1997 年，英国国家高等教育委员会的一份政策报告提出，“高教成本应在受益者中间分摊，一般毕业生应支付约 25%的培养成本”。从目前世界的水平来看，大学毕业生所支付的高教培养成本为 13%～15%。由此可知，要合理地确定个人或家庭应该分担的高等教育成本，就必须确定合理的高等教育成本的分担标准和高教培养成本。而要确定高教培养成本，就必须进行高等院校人力资源投资会计核算。这使高等院校人力资源投资会计在完善高等院校的并轨收费制度方面能够发挥重要作用。

4.2 人力资源教育投资的构成

如前所说，在这里我们主要讨论人力资源教育投资。人力资源教育投资主要由国家投资、社会投资、企业投资、家庭投资和个人投资五个方面组成。

1. 国家投资

国家投资是指国家用于教育的财政支出和国家、地方财政分配给各产业、行政部门经费中用于教育的开支。迄今为止，没有一所学校真正地确定过国家投资具体分摊到每一个学生身上的数额，这是因为没有建立人力资源教育投资核算体系，也没有按学生个人设立明细分类账进行明细核算。因此，学校要进行人力资源教育投资核算，就应将每个学生作为投资核算的对象，将国家的教育投资按受益情况分摊到每个学生头上，从而确定由于国家的教育投资而凝固在每个学生身上的那部分高教培养成本。

例如，某大学生李明的明细账上反映出，在大学学习的四年里，在学校教育事业经费的支出中他的受益额分别为 4 000 元、4 500 元、5 000 元和 5 500 元，则可以确定李明在大学学习期间国家对他的教育投资共计为

$$4\,000+4\,500+5\,000+5\,500=19\,000(\text{元})$$

2. 社会投资

社会投资是指热心教育事业的个人或社会组织对教育事业的资助。对于学校来说，收到的这种资助也应直接或间接地记到受益者的明细账上。

假定李明在大学学习期间曾获得某校友会设立的奖学金 1 000 元，获得某社会组织设立的奖学金 1 500 元，在四年学习期间因分享某社会组织向学校提供的公共设施应分摊 500 元，则李明在大学学习期间社会对他的教育投资共计为

$$1\,000+1\,500+500=3\,000(\text{元})$$

3. 企业投资

企业的教育投资包括：为使企业员工掌握必要的知识与技能或提高企业的人力资源素质而进行的教育投资，这种教育投资已纳入人力资源开发成本进行核算；企业为了吸引人才、储备人才而在学校设立的奖学金；企业出于赞助公益事业或出于商业目的而资助教育事业所进行的教育投资。在学校进行人力资源教育投资会计核算时，后两类企业的教育投资都应分摊计入受益者的明细账。

假定李明在大学二年级时获得某公司设立的奖学金 1 200 元，在大学四年学习生活中因分享某公司提供的计算机设备应分摊 400 元，则李明在大学学习期间企业对他的教育投资共计为

$$1\,200+400=1\,600(\text{元})$$

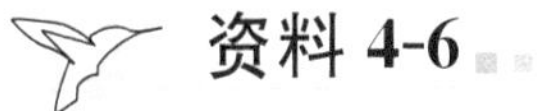

资料 4-6

IBM 在中国的教育投资①

20 世纪 60 年代初，当美国大学开设计算机课程时，IBM 公司全球大学合作部随之成立，其目标是建立和发展与高等院校的合作关系，并致力于合作研究开发。

1995 年 3 月 30 日，IBM 中国高校合作项目计划正式启动。IBM 首次与中国 23 所大学签署了一份捐赠价值 3 220 万美元设备的谅解备忘录。与此同时，中国教育部与 IBM 公司共同成立了高校合作项目指导委员会，确定了这一长期全面合作关系的基本宗旨，即致力于加强中国高校在信息科学技术领域的学科建设和人才培养。1995 年 5 月，分布在全国 16 个城市 23 所大学的 IBM 计算机技术中心全部落成。

目前，IBM 与中国高校在原定各个领域的具体合作计划均已提前实现。截至 2001

① IBM 在中国的教育投资．经济日报，2001-04-13，2002-04-15。

年年底，IBM 已经向近 30 所重点大学提供了超过 1 亿美元的设备、软件及师资、教学培训，建立了 9 个电子商务学院与实验室、3 个联合研究中心，与 15 所大学开展了合作研究开发项目，共有近 100 000 名学生参加了 IBM 相关产品和技术的教学课程，有 1 200 多名教师接受了专业培训。

2002 年 4 月，IBM 全球大学合作部阿西达总裁来到中国西部城市成都。当她将 36 个红色的箱子分别交到中国高校代表手中时，IBM 大中华区董事长兼首席执行总裁宣布，这是 IBM 在 2002 年向中国教育部首批示范性软件学院无偿提供的总价值约 6 000 万元人民币的软件平台和解决方案，目的是要帮助中国创办国际一流的软件学院。

IBM 投资教育的出发点是公益事业还是有商业目的？企业与高校如何平衡这中间的“惠”与“利”？阿西达总裁认为，企业与高校合作是互惠互利的，这中间的“惠”与“利”就是双方对社会的贡献。她指出：“我们是百分之百的盈利公司，我们要对股东负责。投资教育就像商业上任何投资一样，每一项工作都是经过深思熟虑后才做出决定的。在过去几年中，IBM 通过合作调动资源优势，每年获得近 3 000 项专利，其中有很多项目都是在与大学合作中开发出来的。仅 2000 年一年，IBM 就从专利转让费中获得了 20 亿美元的收益。”她还坦言：“IBM 总部设有一个社区关系部门，专门从事与教育有关的非营利合作项目。近 10 年来，已开展了许多教育方面的合作项目。这种合作在 20 多年前是一种公益事业，但是目前已成为一种社会发展趋势，也是一种长远的商业投资行为。如果把公司全球战略比作下棋时的一种招数，那么竞争过程中，每走一步棋都要看市场、看对手，以此来决定我们的战略战术。……大学合作这颗棋子担任的是培育创新人才源泉的使命，在公司，每个部门的人都与大学合作有关，只要我们提出需要帮助的请求，各个部门都会全力支持。因为，大家都很清楚，今日校园的学生，就是 IBM 明日的潜在客户。”

IBM 的教育投资，使它在吸引人才方面取得了极大的成功。盖洛普公司在 2001 年上半年对即将毕业的大学生进行的一项就业选择调查显示，IBM 公司名列第一位，有 29％的大学毕业生希望毕业后进入 IBM 公司工作。

4．家庭投资

家庭投资是指家庭在子女受教育期间所发生的与教育有关的费用支出。这种支出能促进人力资本的形成和积累，使受教育者在未来获取更高水平的收益。

在西方国家，一些大学生在校学习期间或通过向银行贷款、或通过打工、或通过获得学校提供的奖学金等方式来为自己挣取所需学费、生活费等，他们将继续依靠父母的资助视为耻辱，对父母提供的必要的资助，在许多情况下也作为一种“借款”处理，在毕业后予以偿还。在这种情况下，家庭在子女上大学期间的教育投资是很容易确定的。在我国，大学生对家庭的依赖性还很强。在子女考取大学时，父母节衣缩食也要提供子女在大学学习期间所需费用。而且，家庭的这些支出一般都不会记账。除了学校向学生统一收取的一些费用外，由于不同家庭在经济条件方面存在的差异及学生个人的原因，不同家庭在子女大学学习期间发生在子女身上的支出存在很大差异。例如，一些贫困学生只能从家庭得到很少的资助甚至不能从家庭得到资助，而有的富裕家庭的学生却一掷千金，每月仅使用手机的通话费用就可能达到数百元，每月生活费支出可能达到上千元。更有甚者，有的大学生在校学习期间还拥有家庭为他购买的轿车，在北京的一些大学就有大学生驾车上学的情形。由于家庭在子女的大学学习期间所发生的相关支出对子女的人力资本的形成和积累所产生的作用有所不同，所以对是否将所有的相关支出都认定为家庭的教育投资，或在将这些相关支出认定为家庭的教育投资时如何进行适当的变通处理，应该确定一定的标准，关于这一问题本书将在后面予以讨论。现在假定对家庭在子女的大学学习期间的相关支出都进行了核算，从而确定出在四年大学学习期间，家庭用于李明的教育支出共计为 25 000 元。

5. 个人投资

这里所说的个人投资，是指作为人力资源载体的个人对自身进行的有利于人力资本的形成和积累的教育投资。作为社会上的一员而以个人身份对教育事业进行的资助(如李嘉诚、包玉刚、邵逸夫等对教育事业的赞助)，应归入社会投资里进行核算。

企业中的劳动者在教育上的个人投资，是指他在接受教育时所花费由个人负担的学习费用，也包括在接受教育期间收入减少(如请假参加学习而被扣除的工资等)所产生的机会成本。

对于已达到劳动年龄的学生来说，机会成本是指因继续接受教育而放弃的在原有知识水平、能力经验基础上所能获取的货币收入。当学生在受教育期间因提供有偿服务(如参加勤工俭学活动等)而获得收入时，则该学生实际放弃的收入是他未直接参加工作所放弃的收入与他在校学习期间获得的兼职收入之差。为了明确起见，我们将不存在兼职收入时学生所放弃的收入称为全机会收入，这时机会成本等于全机会收入；当学生存在兼职收入时，全机会收入与兼职收入之差称为实际放弃的收入，这时机会成本等于实际放弃的收入。

如果学生在校学习期间从商业银行获得了贷学金，那么这部分贷学金也应计入个人投资。因为他所取得的贷学金必须用参加工作后的收入来偿还，因此贷学金是他用未来的收入进行的现实的教育投资。

假定李明不上大学而直接参加工作，在四年间平均每月可获得收入 800 元，则在四年大学学习期间所放弃的收入共计为 38 400 元。李明在大学学习期间勤工俭学共获得收入 6 000 元，全部用做自己的教育投入。这样，李明在四年大学学习期间的全机会收入为 38 400 元，机会成本为 32 400 元，个人投资为 38 400 元。

根据以上资料可以确定，当李明大学毕业时，四年大学学习期间他身上所发生的教育投资共计为

$$19\,000+3\,000+1\,600+25\,000+38\,400=87\,000(\text{元})$$

如果再加上李明进入大学学习前所发生的教育投资，就可以确定在他身上的教育投资的总额。

在确定对某个学生的教育投资总额的时候，要注意两个问题：第一个问题是，各种类型的教育投资之间存在一定的交叉关系，因此要避免出现教育投资的重复计算。例如，家庭为学生交纳的学费是作为家庭的教育投资而交纳给学校的，但学校所收取的学生交纳的学费又成为学校教育经费的一部分而用于对学生的教育投入。因此，在这种情

况下，计算教育投资总额时应避免将学费支出既作为家庭的投资又作为教育经费的支出而重复计算，而只能将它作为家庭的教育投资进行计算，并将转为学校教育经费而用于对学生的教育投入的那部分从学生所分摊的国家教育投资中扣除出来。第二个问题是，学生所获取的助学金、奖学金，按其来源可分别归入国家投资、社会投资和企业投资。虽然来源归属不同，但都是可以直接归属于特定的某位学生的，因而不存在通过某种分摊程序来进行核算的问题，只需直接计入某位特定学生的教育投资总额即可。

4.3 人力资源投资会计核算

企业的人力资源投资，如前所说，是为使取得的人力资源掌握必要的知识、技能或提高企业的人力资源的素质而进行的投资，这类投资在人力资源会计中由于习惯的原因一直被称为人力资源开发成本，对其本书已在人力资源成本会计中进行过讨论，因此在这里不再研究企业的人力资源投资的核算问题。同时，企业的人力资源投资核算不反映企业中的劳动者对自身所进行的教育投资。企业中的劳动者对自身所进行的教育投资，可以通过家庭或个人人力资源投资会计进行核算。

以下主要对高等院校人力资源教育投资的会计核算问题进行讨论。高等院校人力资源教育投资的对象是在校的学生，高等院校人力资源投资会计就是要提供通过高等院校对在校学生的教育投资所引起的有关人力资源变化的信息，也就是提供高等院校教育投资的投入和产出的信息。但由于学校只是一个培养人的机构，培养出的学生的价值必须在社会实践中经过检验才能得到体现和认可，所以学校要提供产出的信息就必须依靠社会各用人单位反馈信息，并根据这些信息对人力资源投资活动进行分析评价。但是，要评价整个社会的教育投资的效益，也离不开学校提供的对学生的教育投资的信息。在这一部分，本书所讨论的高等院校人力资源投资会计问题主要是如何归集和分配各方面通过高等院校对在校学生进行的教育投资，从而确定每个学生的高教培养成本。将大学生的高教培养成本与各方面对大学的教育投资进行比较分析，就可以确定对高等院校的教育投资在人力资本的形成和积累方面所发挥的作用，判断对高等院校的教育投资的利用效率。

4.3.1 在高等院校进行人力资源投资会计核算的前提条件

要在高等院校进行人力资源投资会计核算，必须具备以下一些基本的前提条件：第一，实现了校园银行卡的设置和使用；第二，学校教育经费支出的不同类的项目可以区分，其受益人群的资料可以获得；第三，全收入机会的统计数据可以获得；第四，学校财务处的会计核算工作已经实现电算化。

4.3.2 高教培养成本的构成

1. 直接成本

1)直接成本的构成

高教培养的直接成本是指学生在接受高等教育期间实际发生的有助于人力资本的形成和积累并可直接归属于特定的某位学生的有关费用支出。它包括正规教育支出(学生每年交付的学费、住宿费、教材及资料费)、自主性教育支出及非教育性支出三部分。

(1)正规教育支出。这部分支出，是每年定期一次性支付或按学期支付的，但它对人力资本的形成和积累所产生的作用却在该学年或该学期的学习期间内逐渐产生，因此应将这笔支出在该学年或该学期的学习期间内平均分摊，按月计入人力资源培养成本中去。

(2)自主性教育支出。它是指学生为提高自身素质而接受各种课外辅导、参加各种培训及各种资格考试时所发生的费用支出。这部分支出也应与正规教育支出一样，在它促进人力资本形成和积累的期间内分期计入学生的人力资源培养成本。

(3)非教育性支出。它也称为维持性支出，可具体分为生产性支出和消费性支出两部分。生产性支出是为维持人的正常生理机能而发生的支出；消费性支出是对人力资本的形成和积累影响不大的那部分支出，如用于娱乐、旅游的支出。消费性支出虽然对人力资本的形成和积累影响不大，但它的发生有时在一定程度上也能对人力资本的形成和积累起到间接性的促进作用，如在音乐厅欣赏音乐能陶冶人的情操、消除疲劳，从而提高学习的积极性和效率。因此，对消费性支出应采取一定的方式(如累退计算率)来确定应计入人力资源培养成本的数额。如前所说，由于不同学生家庭经济情况存在差异，学生的消费观念也存在差异，在非教育性支出方面，不同学生之间出现了很大的差异。而有些学生在这方面的支出是根本不能计入人力资源培养成本的，如吸烟、酗酒、泡网吧等类的支出都属于不应计入人力资源培养成本的支出。为了使计入人力资源培养成本的非教育性支出确实是起到了促进人力资本的形成和积累的作用，从而合理地反映与学生有关的人力资源培养成本，在考虑如何将非教育性支出转换为人力资源培养成本时，可以按照以下原则来处理：对维持人的正常生理机能而发生的生产性支出，可以根据当地大学生的一般支出情况确定一个标准，支出没有达到标准的按实际支出核算，超过部分不予考虑，也就是将这一标准作为生产性支出的上限。同样，对消费性支出也确定一个上限，在这个范围内采取累退计算率确定应计入人力资源培养成本的数额，超出部分也不予以考虑。不同类型的消费性支出，对人力资本的形成和积累所产生的隐性作用也存在差异，从理论上来说应分别制定不同的累退计算率来进行核算，但这样做在实际中很难进行操作，因此可以考虑设立一个统一的累退计算率对在支出范围内的消费性支出进行核算。假设确定的消费性支出的累退计算率如表 4-2 所示。

表 4-2　消费性支出的累退计算率

月支出额/元	计入人力资源培养成本的比例/%
300 以下部分(含 300)	100
300～400 部分(含 400)	70
400～500 部分(含 500)	40
500～600 部分(含 600)	20
600 以上部分	0

按此计算标准，每月能计入人力资源培养成本的消费性支出的最高数额为 430 元。如果某位学生某月的消费性支出为 520 元，则应计入人力资源培养成本部分的数额为

$$300+100\times70\%+100\times40\%+20\times20\%=414(\text{元})$$

当然，所确定的生产性支出和消费性支出的核算标准也不是一成不变的。一般来说，应该在每学年开始时根据上一年度人们收支变化的情况考虑是否应对这些标准进行调整。

2)直接成本资料的获取

为了达到客观、便捷地获取原始数据的目的，有必要通过学校、金融机构和商业机构各方面的合作和努力来在校园内推出一种银行卡代替现金的流通使用。这是对人力资源培养的直接成本进行核算的一个基本前提。设置银行卡的基本构想是：首先，在选定的银行为每个学生开立一个活期储蓄账户，并相应地发放一张银行卡，学生从家庭或其他渠道取得的款项(包括奖学金、助学金、贷学金等)都应转入该账户。其次，学生在校内、校外的消费网点及商业机构进行消费时，一律采用刷卡消费的方式(当然，这要求相应的消费网点、商业机构应配备刷卡机)，有关的消费信息能够通过计算机系统归集到学校财务部门来。当学生从银行或自动取款机支取现金时，可以要求取款人填写所支取的现金的使用性质。很显然，不可能要求获取学生的非常详细的消费信息资料，因为这在一定程度上牵涉到个人的秘密。因此，在搜集信息时，应采取“宜粗不宜细”的原则，即只需要了解到这笔消费支出的性质就可以了，这样做也能够得到学生的积极配合。如果要求获取学生的过细的消费支出信息，很可能会引起学生的反感从而促使他们采取不合作的态度。当获取了各种支出的性质及有关支出数额的资料后，就可以对这些数据进行处理，确定出相应的人力资源培养的直接成本。

3)寒暑假期间发生的直接成本的处理

在寒暑假期间，学生所发生的人力资源培养的直接成本只有自主性教育支出和非教育性支出两类。对这段时期的这些支出，可以按照两种方式来进行处理：第一种方式是不进行反映，因为这段时期的这些支出的有关数据很难获得。第二种方式是按照学生在上一学期的自主性教育支出和非教育性支出(计入人力资源培养成本部分)的月均发生额和假期的持续时间来核算该学生在假期内的这两类支出的发生额。例如，学生在某学年的第二学期内的自主性教育支出和非教育性支出(计入人力资源培养成本部分)的月均发生额为450元，暑假的持续时间为7周共49天，则暑假期间发生的人力资源培养的直接成本为

$$450\times49/30=735(元)$$

2. 间接成本

高教培养的间接成本是指在学生接受高等教育期间，以学校教育事业经费支出的方式所支付的、需确定受益者然后在受益者之间按受益情况进行分摊才可归属于特定的某位学生的费用支出。在计算和分摊间接成本时，应注意以下几个方面的问题。

(1)学校教育经费的来源中有一部分是以学生所交学费和住宿费的方式获得的事业收入，这部分收入所形成的教育支出已通过学生个人的培养成本账户计入了他的人力资源培养成本之中，因此在计算间接成本时必须扣除相应数额后才能避免出现重复计算的情况。

(2)教育事业费支出的助学金、奖学金已通过学生个人的直接成本账户而计入该生的人力资源培养成本之中，因此也不需再次在间接成本中加以反映。

(3)教育事业费支出中的离退休人员费用属社会保障费用，与学生人力资本的形成和积累无关，因此也不应列入间接成本进行核算。

(4)教育事业费的各项支出类别不同，不能采取统一的分摊标准来进行核算，将费用分摊到所有学生身上。而是应首先确定有关支出的受益者群体，然后按一定的分摊标准(如某生本学期所修学分数占受益者群体本学期所修学分总数的比例)将该项支出在受益者之间进行分摊，或在受益者群体中进行均摊。

3. 机会成本

机会成本作为人力资源教育投资中的个人投资的组成部分，在前面已经进行过讨论。在这里，只需对月全收入机会成本的确定做一个说明。对于一个大学一年级学生来说，他的月全收入机会成本就是当年刚参加工作的高中毕业生的月平均收入；而大学二年级学生的月全收入机会成本，则是工龄为两年的高中毕业生的月平均收入。一年级硕士研究生的月全收入机会成本，就是当年刚参加工作的大学毕业生的月平均收入。

4.3.3　高等院校人力资源投资会计的核算周期

目前高等院校会计年度实行公历年度，与国家预算拨款周期一致。但是，高等院校培养学生是按学年进行的，用公历年度在进行人力资源投资会计核算时没有任何经济意义。因此，高等院校进行人力资源投资会计核算时应按培养周期进行，即从每届学生入校之日起至该届学生毕业之时止为一个核算周期。显然，不能因为要进行人力资源投资会计核算就要求对会计年度进行调整，因为这与国家预算计划的制订等情况有关，牵涉到许多方面。

高等院校的会计年度和人力资源投资会计的核算周期不一致是很正常的，因为它们的确定都是与所进行的会计核算工作的要求相适应的。

4.3.4　人力资源投资会计的账户设置

企业的人力资源成本会计和人力资源投资会计进行核算时所需要的成本和投资的资料，在传统会计中是作为费用计入当期损益的，只要将这些资料从中分离出来，便可设置必要的账户纳入传统会计的范畴进行核算。但如前所说，在高等院校中，会计年度和人力资源投资会计的核算周期不一致，因此不能将高等院校人力资源投资会计纳入传统会计进行核算。对于高等院校财务会计部门来说，既要利用各方面对学生的教育投资的资料继续进行原来的传统会计的核算，同时也要利用这些资料设置一些账户单独进行人力资源投资会计核算。

1. 进行全面核算时人力资源投资会计的账户设置

人力资源投资会计核算可以在对学校的经济业务进行全面核算的基础上进行。这时，除将与大学生的人力资本的形成和积累有关的费用支出分离出来单独设立账户核算外，其余的收支的核算工作与传统会计相同。因为学校在发生各种业务时所取得的原始凭证都已作为传统会计的记账依据，所以还需解决作为人力资源投资会计的记账依据的原始凭证的问题。学校的自制凭证，可以都增加一联，作为进行人力资源投资会计核算的有关的原始凭证；在人力资源会计尚未为全社会所接受的情况下，如何取得进行人力资源投资会计核算所必需的外来凭证，还是一个需要认真加以考虑以求得合理解决的问题，如是否可将有关的外来凭证复印后作为进行人力资源投资会计核算的外来凭证。

高等院校财务会计部门在进行全面核算的基础上开展人力资源投资会计核算工作，需在传统会计账户设置的基础上增设“教育投资”账户、“人力资源费用”账户、“人力资源成本”账户和“人力资源投资”账户。

“教育投资”账户用来核算学校收到的各方教育投资的增加、减少及其余额。贷方登记增加数，借方登记减少数，期末贷方余额为期末时尚未使用的教育投资的余额。该账户按投资主体设置“国家投资”、“社会投资”、“企业投资”、“家庭投资”和“个人投资”等明细账户进行明细核算。

“人力资源费用”账户是一个过渡性质的账户，用来归集和分配学校运用国家投资、家庭投资和个人投资以促进学生的人力资本形成和积累的有关的费用支出，学生因分享社会投资和企业投资所形成的固定资产而应分摊的培养费用也在这个账户内进行核算。借方登记人力资源费用的增加数，贷方登记分配转入“人力资源成本”账户的数额，每学期期末结转后一般没有余额。学校发生的与学生的人力资本的形成和积累有关的费用支出主要由高等院校的教育事业经费支出构成，因为教育事业经费支出用于开展教学、科研及其他辅助活动，即用于培养人才。因此，“人力资源费用”账户可根据需要设置多栏式明细账户分类记录有关教育事业经费支出的金额，进行明细核算。例如，可以设置“教学支出”(核算高等院校培养各类能获得国家承认学历的学生所发生的除设备购置费外的各类费用开支)、“科研支出”(核算与参与科研项目的学生有关的各类费用开支)、“业务辅助支出”(核算高等院校图书馆、计算中心、测试中心、电教中心等教学、科研辅助部门的各类费用开支中与教学有关的支出)、“行政管理支出”(核算高等院校行政部门为完成所承担的各类学校行政管理任务而发生的各类支出)、“学生事务支出”(核算高等院校在教学业务以外直接用于学生事务的各类费用开支)、“折旧费用”(核算应计入培养成本的固定资产的折旧费)等专栏进行明细核算。因为人力资源费用的业务大多发生在借方，所以设置的专栏只反映借方金额，期末结转时登记的贷方金额可用红字在借方栏内登记。“人力资源费用”明细账户的格式如表 4-3 所示。学校的商誉(即学校的声誉)不宜计入人力资源费用，因为，一方面知名的高等院校的收费标准已高于其他院校，这已在一定程度上体现出了人力资源培养成本的差异；另一方面商誉只在摊销期内计入有关学生的人力资源成本，这可能会使不同时期学生的人力资源成本因是否分摊了学校的商誉而缺乏可比性。

表 4-3 ××学校

人力资源费用明细账

学号：

××年		凭证号	摘要	借方						借方余额
月	日			教学支出	科研支出	……	学生事务支出	折旧费用	合计	

“人力资源成本”账户用来核算学生的高等教育培养成本的增加、减少及其余额。账户的借方登记高等教育培养成本的增加数，贷方登记学生毕业(或因其他原因离校)时转销的发生在这些学生身上的高等教育培养成本的累计数额。期末借方余额为期末时在校学生的累计高等教育培养成本。该账户应按学生的学号设置明细账户进行明细核算，因

为学生的学号可以反映出该学生所属的院系，按学号设置明细账也容易归集有关院系的学生的高等教育培养成本的资料。“人力资源成本”明细账采用多栏式的格式，按培养成本支出的来源（即投资主体）设置“国家投资”、“社会投资”、“企业投资”、“家庭投资”和“个人投资”等专栏进行明细核算。因为人力资源成本的业务大多发生在借方，所以设置的专栏只反映借方金额，学生毕业（或因其他原因离校）时登记的贷方金额可用红字在借方栏内登记。“人力资源成本”明细账的格式如表 4-4 所示。

表 4-4　××学校

人力资源成本明细账

学号：

××年		凭证号	摘要	借方						借方余额
月	日			国家投资	社会投资	企业投资	家庭投资	个人投资	合计	

“人力资源投资”账户用来核算人力资源投资的增加、减少及其余额。这里所说的人力资源投资是指学校在使用各方的教育投资时所发生的与学生的人力资本的形成与积累有关的支出。账户的贷方登记人力资源投资的增加额，借方登记学生毕业离校（或因其他原因离校）时转销的发生在这些学生身上的人力资源投资的累计数额。账户的期末贷方余额为期末时各方对学校的教育投资中用于在校学生的累计人力资源投资额。该账户应按学生的学号设置明细账户进行明细核算，明细账中按投资主体设置“国家投资”、“社会投资”、“企业投资”、“家庭投资”和“个人投资”等专栏进行明细核算。因为人力资源投资业务大多发生在贷方，所以在明细账中设置的专栏只反映贷方金额，学生毕业（或因其他原因离校）时登记的借方金额可用红字在贷方栏里进行登记。“人力资源投资”明细账的格式如表 4-5 所示。

表 4-5　××学校

人力资源投资明细账

学号：

××年		凭证号	摘要	贷方						贷方余额
月	日			国家投资	社会投资	企业投资	家庭投资	个人投资	合计	

在家庭投资和个人投资的数据难以较准确地区分的情况下，可将两者合并在一起进行核算，在“教育投资”账户中设置“家庭与个人投资”明细账，在“人力资源成本”和“人力资源投资”明细账中设置“家庭与个人投资”专栏进行明细核算。

这种全面核算的方式在进行与学生人力资本的形成和积累无关的业务的核算时与传统会计重复，增加了会计核算的工作量。它的优点是能够全面地反映在核算期内教育投资的运用情况，提供全面的信息。

2. 不进行全面核算时人力资源投资会计的账户设置

如果只需要核算高等教育的培养成本，那么可以只设置“人力资源投资”、“人力资源费用”和“人力资源成本”三个账户来进行核算。在这种情况下，要想了解在核算期内教育投资的应用情况，则需结合核算期内传统会计的核算资料来进行分析。

“人力资源费用”账户、“人力资源成本”账户和“人力资源投资”账户的用途、结构及明细账的设置与进行全面核算时的情况相同。

4.3.5　人力资源投资会计的账务处理

1. 进行全面核算时高校人力资源投资会计的账务处理

在这里本书只列出与大学生的人力资本形成和积累有关的部分业务的账务处理情况，与人力资源投资无关的其余业务的账务处理与传统会计的情形类似。

①学校收到有关各方的教育投资或教育投资增值(如社会组织、企业或个人在学校设立的奖教基金发生增值)时，编制如下会计分录。

借：银行存款
　　现金
　　固定资产等
　贷：教育投资——国家投资
　　　　　　——社会投资
　　　　　　——企业投资
　　　　　　——家庭投资
　　　　　　——个人投资

②学校财务部门发生与国家投资、家庭投资和个人投资有关的高等教育培养成本费用支出时，编制如下会计分录。

借：人力资源费用——某项目
　贷：现金
　　　银行存款
　　　应付工资
　　　应付福利费
　　　累计折旧等

③学生获得由国家、社会组织、企业或个人提供的奖学金或助学金时，若数额不大，为了简化核算工作可以在该学生获得奖学金或助学金时直接计入当期的人力资源成本，根据奖学金或助学金的来源，编制如下会计分录。

借：人力资源成本——学号——国家投资
　　　　　　　　　　　——社会投资
　　　　　　　　　　　——企业投资
　贷：银行存款或现金

如果学生获得的奖学金或助学金数额较大，那么全部计入当期的人力资源成本就不大妥当，这时应将该学生获得的奖学金在评奖的间隔期内平均分配计入各月的人力资源成本(例如，某奖学金一个学年评一次且数额较大，那么学生获得的该项奖学金就应在一个学年里平均分配计入该学生每个月的人力资源成本)，所获得的助学金则应在享受该助学金的期间内平均计入该学生的人力资源成本。为此，应增设“待结转人力资源成本”账户来进行核算。账户借方登记获取的奖学金或助学金的增加数，贷方登记每期分摊计入人力资源成本的奖学金或助学金的数额，期末余额为尚未分摊完的奖学金或助学金的数额。获得奖学金或助学金时，编制如下会计分录。

借：待结转人力资源成本——学号——国家投资
——社会投资
——企业投资

贷：银行存款或现金

每期摊销时，编制如下会计分录。

借：人力资源成本——学号——国家投资
——社会投资
——企业投资

贷：待结转人力资源成本——学号——国家投资
——社会投资
——企业投资

学生获得贷学金时，因为贷学金由银行向获得贷款的学生提供，所以学校财务部门不需通过资产账户对此进行核算。此时，可增设“待结转人力资源成本”账户和“待结转人力资源投资”账户进行核算。在学生获得贷学金时，编制如下会计分录。

借：待结转人力资源成本——学号——个人投资

贷：待结转人力资源投资——个人投资

期末将应由本期分摊的贷学金计入人力资源成本时，编制如下会计分录。

借：人力资源成本——学号——个人投资

贷：待结转人力资源成本——学号——个人投资

借：待结转人力资源投资——个人投资

贷：人力资源投资——个人投资

④根据本期应由受益学生分摊的由社会投资或企业投资形成的固定资产的折旧费，编制如下会计分录。

借：人力资源费用——折旧费用

贷：累计折旧

⑤期末，分配由受益学生负担的由社会投资或企业投资形成的固定资产的折旧费，编制如下会计分录。

借：人力资源成本——学号——社会投资
——企业投资

贷：人力资源费用——折旧费用

⑥期末，分配结转应由国家投资、家庭投资或个人投资负担的人力资源费用时，按学校向学生家庭或个人实际收取的学费、住宿费应由当期分担的金额计入人力资源成本中的家庭投资或个人投资部分，其余的计入人力资源成本中的国家投资部分，编制如下会计分录。

借：人力资源成本——学号——家庭投资

——个人投资

——国家投资

贷：人力资源费用——某项目

⑦期末，学校财务部门根据掌握的未通过财务部门发生的各学生的自主性教育支出、非教育性支出(应计入高等教育培养的直接成本的部分)的金额，编制如下会计分录。

借：人力资源成本——学号——家庭投资

——个人投资

贷：人力资源投资——学号——家庭投资

——个人投资

学生在寒暑假期间发生的这两类支出，也通过编制同样的会计分录进行核算。

⑧期末，结转学生当期因接受高等教育而发生的机会成本，编制如下会计分录。

借：人力资源成本——学号——个人投资

贷：人力资源投资——个人投资

⑨期末，结转当期教育投资中已用于与大学生的人力资本形成和积累有关的支出部分(这部分支出在金额上等于在编制此结转分录前当期“人力资源成本”账户的借方发生额与“人力资源投资”账户的贷方发生额的差额)，编制如下会计分录。

借：教育投资——国家投资

——社会投资

——企业投资

——家庭投资

——个人投资

贷：人力资源投资——国家投资

——社会投资

——企业投资

——家庭投资

——个人投资

⑩学生毕业，根据“人力资源成本”账户资料编制该届毕业生的“人力资源成本明细表”，并结清毕业生的“人力资源成本”明细账户和“人力资源投资”明细账户，编制如下会计分录。

借：人力资源投资——国家投资

——社会投资

——企业投资

——家庭投资

——个人投资

贷：人力资源成本——学号——国家投资

——社会投资

——企业投资

——家庭投资
——个人投资

当个别学生因其他原因离校时，结清该生的“人力资源成本”明细账和“人力资源投资”明细账，进行类似的核算。

在全面核算时，高等院校人力资源投资会计账务处理(部分)关系图如图 4-1 所示。

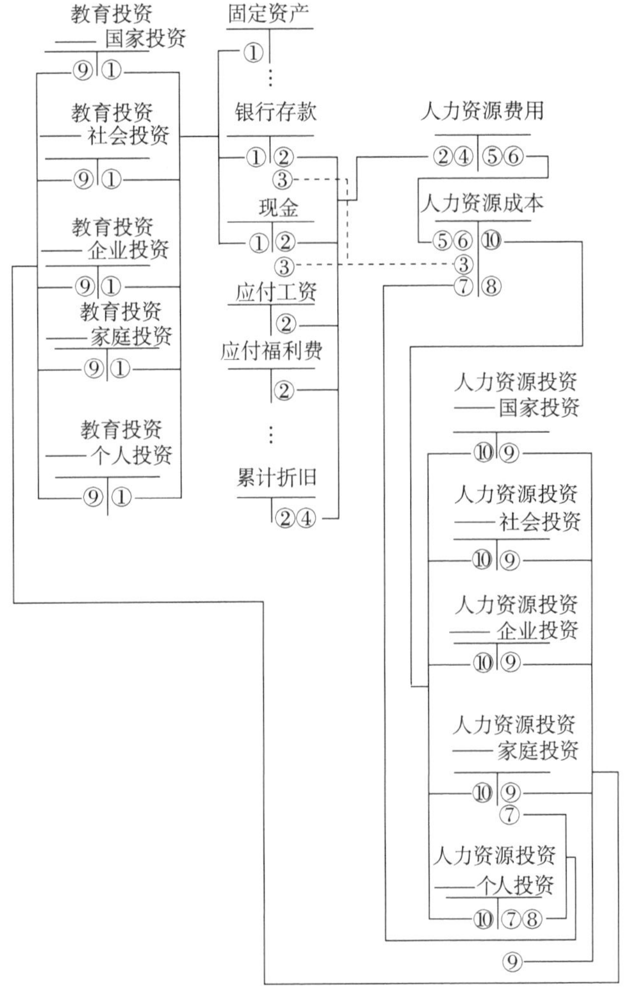

图 4-1　高等院校人力资源投资会计账务处理关系图(全面核算)

注：图中①～⑩对应上文会计分录

2. 不进行全面核算时高校人力资源投资会计的账务处理

如果不进行全面核算，而只核算高等教育的培养成本，则只需设置“人力资源投资”账户、“人力资源费用”账户和“人力资源成本”账户，这三个账户的用途、结构及明细账户的设置与进行全面核算时类似，但进行账务处理时所编制的会计分录有所不同。

①发生与国家投资、家庭投资和个人投资有关的人力资源费用支出时，编制如下会计分录。

借：人力资源费用——某项目

　贷：人力资源投资——国家投资

因为在这种核算方法下没有设置有关的资产账户，所以发生的有关支出不贷记有关资产账户，而直接贷记“人力资源投资”账户。为了便于核算，先将这些费用支出全部作为国家投资的支出，在期末结转人力资源费用时再将属于家庭投资和个人投资的那部分离出来。

②学生获得由国家、社会组织、企业或个人设立的奖学金或助学金时，编制如下会计分录。

借：人力资源成本——学号——国家投资
　　　　　　　　　　　　——社会投资
　　　　　　　　　　　　——企业投资
　贷：人力资源投资——国家投资
　　　　　　　　　——社会投资
　　　　　　　　　——企业投资

如果要将学生所获得的奖学金或助学金在所确定的受益期内分期摊销，则可增设“待结转人力资源成本”账户和“待结转人力资源投资”账户进行核算。学生获得奖学金或助学金时，按奖学金或助学金的金额，编制如下会计分录。

借：待结转人力资源成本——学号——国家投资
　　　　　　　　　　　　　　　——社会投资
　　　　　　　　　　　　　　　——企业投资
　贷：待结转人力资源投资——国家投资
　　　　　　　　　　　　——社会投资
　　　　　　　　　　　　——企业投资

在每期期末结转时，按应计入当期人力资源成本的数额，编制如下会计分录。

借：人力资源成本——学号——国家投资
　　　　　　　　　　　　——社会投资
　　　　　　　　　　　　——企业投资
　贷：待结转人力资源成本——学号——国家投资
　　　　　　　　　　　　　　　　——社会投资
　　　　　　　　　　　　　　　　——企业投资
借：待结转人力资源投资——国家投资
　　　　　　　　　　　——社会投资
　　　　　　　　　　　——企业投资
　贷：人力资源投资——国家投资
　　　　　　　　　——社会投资
　　　　　　　　　——企业投资

在学生获得贷学金时，编制如下会计分录。

借：待结转人力资源成本——学号——个人投资

贷：待结转人力资源投资——个人投资

期末将应由本期分摊的贷学金计入人力资源成本时，编制如下会计分录。

借：人力资源成本——学号——个人投资

贷：待结转人力资源成本——学号——个人投资

借：待结转人力资源投资——个人投资

贷：人力资源投资——个人投资

③根据应由受益学生负担的由社会投资和企业投资形成的固定资产的折旧费用，编制如下会计分录。

借：人力资源费用——折旧费用

贷：人力资源投资——社会投资

——企业投资

④期末，由受益学生分摊由社会投资和企业投资所形成的固定资产的折旧费用时，编制如下会计分录。

借：人力资源成本——学号——社会投资

——企业投资

贷：人力资源费用——折旧费用

⑤期末，按学校向学生家庭或个人实际收取的学费、住宿费核算家庭或个人的人力资源投资(即将①中在“人力资源投资”账户的“国家投资”明细账户中核算的家庭或个人投资从该明细账户中转出)，编制如下会计分录。

借：人力资源投资——国家投资

贷：人力资源投资——家庭投资

——个人投资

⑥期末，分配结转当期发生的由国家投资、家庭投资和个人投资支出的人力资源费用，编制如下会计分录。

借：人力资源成本——学号——国家投资

——家庭投资

——个人投资

贷：人力资源费用——某项目

⑦期末，学校财务部门根据掌握的未通过财务部门发生的各学生的自主性教育支出、非教育性支出(应计入高等教育培养的直接成本的部分)的金额，编制如下会计分录。

借：人力资源成本——学号——家庭投资

——个人投资

贷：人力资源投资——学号——家庭投资

——个人投资

学生在寒暑假期间发生的这两类支出，也通过编制同样的会计分录进行核算。

⑧期末，结转学生当期因接受高等教育而发生的机会成本，编制如下会计分录。

借：人力资源成本——学号——个人投资

贷：人力资源投资——个人投资

⑨学生毕业，根据“人力资源成本”账户资料编制该届毕业生的“人力资源成本明细表”，并结清毕业生的“人力资源成本”明细账户和“人力资源投资”明细账户，编制如下会计分录。

借：人力资源投资——国家投资
——社会投资
——企业投资
——家庭投资
——个人投资

贷：人力资源成本——学号——国家投资
——社会投资
——家庭或个人投资

在这种情况下，高等院校人力资源投资会计账务处理(部分)关系图如图 4-2 所示。

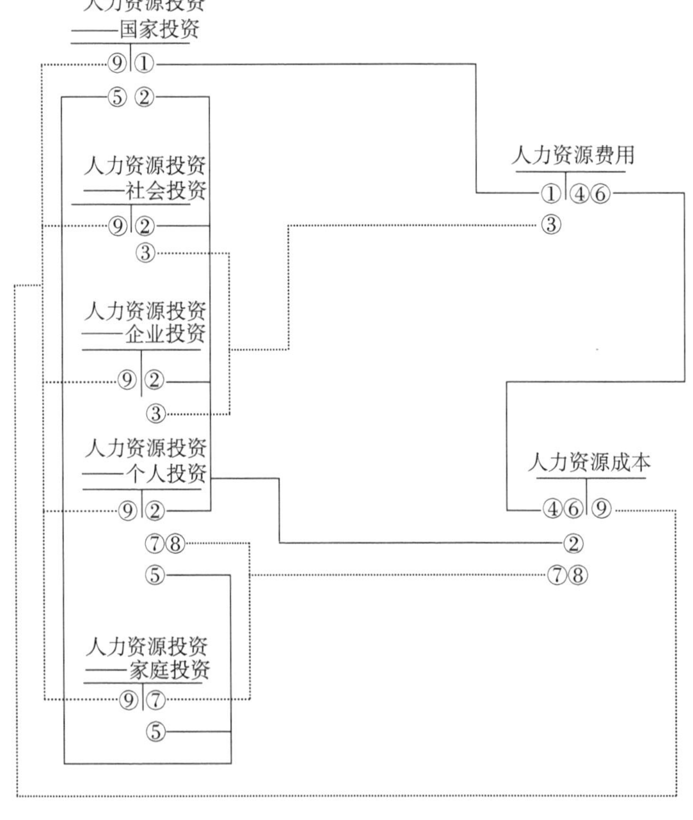

图 4-2　高等院校人力资源投资会计账务处理关系图

注：图中①～⑩对应上文会计分录

4.4　人力资源投资效益的核算

本节主要讨论教育投资效益的问题。

4.4.1　教育投资效益的计算公式

教育投资效益在理论上的计算公式为

$$\text{教育投资效益}=\text{教育投资带来的产出量}/\text{教育总投资} \quad (4\text{-}1)$$

当用这个公式来计算全社会的总的教育投资的效益即教育投资的社会收益率时，其中的教育总投资包括各种教育投资，有时可以用一个社会中人口平均受教育的年限来反映；教育投资带来的产出量是指将其他因素固定后增加教育投资所带来的产出增量，也可用不同的教育投资的产出量的差额来表示。

式(4-1)得出的是相对指标，如果要计算教育投资效益的绝对指标，可以使用下面的式(4-2)。

$$\Delta U=T\times N\times \mathrm{d}t\times \mathrm{SD_y}-N\times C \quad (4\text{-}2)$$

其中，ΔU 为教育投资的收益；T 为教育投资获取收益的持续时间(年)；N 为接受教育投资者的人数；$\mathrm{d}t$ 为已接受教育投资者的实际工作绩效和未接受教育投资者的实际工作绩效之间的平均差值，即效用尺度；$\mathrm{SD_y}$ 为未接受教育投资者的工作绩效的变化度；C 为人均培训成本。

假设接受教育投资者在接受教育前和未接受教育者之间没有工作绩效的差别，则可用 $\mathrm{d}t$ 这个效用尺度来判别已接受教育投资者和未接受教育投资者这两者之间是否存在差别及这种差别有多大。$\mathrm{d}t$ 可由式(4-3)来确定。

$$\mathrm{d}t=(X_e^*-X_c^*)/\mathrm{SD}\,(R_{yy})^{1/2} \quad (4\text{-}3)$$

其中，X_e^* 为已接受教育投资者的平均工作绩效；X_c^* 为未接受教育投资者的平均工作绩效；SD 为未接受教育投资者的工作绩效的标准差；R_{yy} 为工作绩效评价过程的可靠性。

如果要计算教育投资个人收益率，式(4-3)中的投入和产出的数据都应换为相应的与该计算有关的数据。

4.4.2　舒尔茨和丹尼森对教育投资收益的计算

西方经济学家们用各种方法进行了教育投资收益的计算工作，得出了许多结果，其中舒尔茨和丹尼森的计算方法和计算结果最引人注目。

1. 舒尔茨对美国教育投资与经济增长的关系的研究

舒尔茨对 1900～1957 年美国经济增长情况的研究表明，在这段时期内物质资本的投资增加了 4.5 倍，而物质资本的投资收益只增加了 3.5 倍；同期，人力资本的投资增加了 3.5 倍，而人力资本的投资收益却增加了 17.5 倍。也就是说，在这段时期，人力资本的投资收益是物质资本投资收益的 5 倍。

舒尔茨还对 1929～1957 年美国教育与经济增长之间的关系进行了研究，表 4-6 是他的计算结果。

表 4-6 1929～1957 年美国教育与经济增长的关系

项目	1929 年实际数 (1)	按 1929 年水平计算的 1957 年数 (2)	1957 年实际数 (3)	(4) =(3)－(1)	(5) =(3)－(2)
国民收入/10 亿美元	150		302	152	
劳动收入/10 亿美元	112.5	155.5	226.5	114	71
劳动力人数/百万人	49.2		68	18.8	
教育总投资/10 亿美元	180	249	535	355	286

资料来源：吴文武，牛越生，赖辉．中国人力资源开发系统论．北京：中国建材工业出版社，1996：100

1928 年，美国经济学家柯布和道格拉斯提出了反映美国 1899～1922 年劳动力和资本这两种最基本的生产要素对经济增长的影响的 Cobb-Douglas 生产函数。

$$Y = AK^{\alpha}L^{1-\alpha}$$

其中，α 表示产出对资本的弹性，即当资本投入增长 1%时产出增长的百分数；$1-\alpha$ 表示产出对劳动力的弹性，即当劳动力投入增长 1%时产出增长的百分数。他们得出，$\alpha=0.25$，$1-\alpha=0.75$。因此，舒尔茨在计算劳动收入时按国民收入的 75%来确定，如 112.5 ＝ 150×75%。舒尔茨的具体计算过程如下。

(1)按 1929 年平均教育程度计算，1957 年应有的教育投资为 2 490 亿美元，即

$$180/49.2\times68\approx249$$

(2)据美国国家人口调查局提供的数据，各级教育投资的平均收益率为 17.3%，因此 1957 年因教育投资增长所带来的收益为 495 亿美元，即

$$(535-249)\times17.3\%\approx49.5$$

(3)按 1929 年水平计算，1957 年劳动收入应为 1 555 亿美元，即

$$112.5/49.2\times68\approx155.5$$

(4)在 1957 年因教育投资增长所带来的收益在劳动收入增长中所占的比率为

$$49.5/(226.5-155.5)\times100\%\approx70\%$$

即在劳动收入增长中有 70%来源于教育投资的增长。

(5)在 1957 年因教育投资增长所带来的收益在国民收入增长中所占的比例为

$$49.5/152\times100\%\approx33\%$$

即经济增长中有 33%应归功于教育投资的增长。

2. 丹尼森对美国教育投资与经济增长的关系的研究

丹尼森测量了劳动力素质的提高对经济增长的影响，他使用的计算方法如下。

首先，把教育与收入差异联系起来，并以参数 0.6 对收入差异进行调整，以调整后的收入差额代表教育效果。因为收入的差异只有一部分可以归结为所受正规教育的不

同，劳动者素质的提高、知识和技能的积累并不完全来自于正规教育，有的还来自于劳动者的“边干边学”等。

其次，利用调整后得出的各级教育的收入系数分别乘以基期和报告期的各级受教育的劳动者人数(或各级受教育的劳动者在全体劳动者中所占的比例)，得出差额后，用计算复利的公式(即用求几何平均值的方法)求出从基期到报告期这段时期的收入的年均增长率，以此作为教育投资的年均增长率。

再次，用求出的教育投资的年均增长率乘以产出对劳动的弹性，得出教育对经济增长的贡献率。

最后，用求出的教育对经济增长的贡献率除以从基期到报告期这段时期的经济增长率，即得出教育在经济增长率中的贡献份额。

丹尼森的计算结果表明，1929～1957 年美国经济增长的 23%应归功于教育投资的增长，15%归功于物质资本投入的增长，只有 16%归功于劳动力数量的增加。

3. 丹尼森对教育投资与个人收益的关系的研究

丹尼森曾对教育与收入之间的关系进行过调查，他以受过 8 年学校教育的男性白人的收入为基础(计为 100)，计算出受教育年限不同的男性在收入方面的差异，如表 4-7 所示。

表 4-7　收入与受教育年限的关系

受教育程度	年限/年	平均收入相当于 8 年级毕业生的倍数/%	代表教育效果的平均收入差额(相当于 8 年级毕业生收入的差额)
未受教育	0	50	49
初等教育	1～4	65	70
	5～7	80	89
	8	100	100
高等教育	1～3	115	109
	4	140	124
学院教育	1～3	165	139
	4	235	181

资料来源：吴文武，牛越生，赖辉．中国人力资源开发系统论．北京：中国建材工业出版社，1996：101

丹尼森得出的结论是：①在接受高级教育之前，每接受 3 年教育，其平均收入约增长 15%；接受更高的教育时其增长速度更快。②接受大学教育，其平均收入增长更快。③每一阶段的教育，都是毕业前最后一年的教育最为重要。因此，每接受一个层次的教育，务求毕业。④以横轴表示受教育年限，纵轴表示平均收入，则教育与收入的关系是一条从左下方向右上方倾斜的曲线。

4.4.3　利用丹尼森的方法计算我国 1982～1990 年的教育投资对经济增长的贡献率

下面本书用丹尼森的方法来计算 1982～1990 年我国教育投资对经济增长的贡献率。

第一步，计算调整后的各级教育的收入系数。根据 1982～1990 年的有关资料，将受过初等教育的从业人员的年均收入定为1，则受过中等教育、高等教育的从业人员的年均收入分别为仅受过初等教育的从业人员的1.4倍、2倍。用参数0.6对收入差异部分进行调整，调整公式为

收入差别系数=基准收入系数+(调整前收入系数－基准收入系数)×0.6

由此得到受过中等教育的从业人员的收入系数为

$$1+0.4\times0.6=1.24$$

受过高等教育的从业人员的收入系数为

$$1+1\times0.6=1.6$$

第二步，计算1982～1990年收入的年均增长率，并以此作为教育投资的年均增长率。

我国1982年和1990年两次人口普查的资料中，有关从业人员的文化程度情况如表4-8所示。

表4-8 1982年和1990年从业人员的文化程度情况 单位：%

年份	大专及以上	高中和中专	初中	小学	文盲或半文盲
1982	0.87	10.54	26.01	34.38	28.20
1990	1.87	11.07	32.34	37.83	16.92

注：由于四舍五入，1990年数据加和不为100%

资料来源：中国人口统计年鉴．北京：中国统计出版社，1994

以各种文化层次的劳动者占全体劳动者的比例作为权数，计算各级受教育者收入的综合系数。

1982年的综合系数为

$$34.38\%\times1+(26.01\%+10.54\%)\times1.24+0.87\%\times1.6=0.81094$$

1990年的综合系数为

$$37.83\%\times1+(32.34\%+11.07\%)\times1.24+1.87\%\times1.6\approx0.94650$$

用求几何平均值的方法计算1982～1990年教育投资的年均增长率为

$$e=(0.94650/0.81094)^{1/8}-1\approx1.95\%$$

第三步，计算教育对经济增长的贡献率。1982～1990年，我国GNP的年均增长率为9.58%。采用麦迪逊的劳动投入产出弹性值$\beta=0.7$，即认为劳动投入增加1%，产出将增加0.7%，可计算出在1982～1990年我国教育对经济增长的贡献为

$$R_e=0.7\times1.95\%=1.365\%$$

第四步，计算教育在经济增长率中的贡献份额。

$$1.365\%/9.58\%\times100\%\approx14.25\%$$

据此结果可以认为，在1982～1990年GNP年均增长率9.58百分点中，有1.365百分点是由教育产生的，所占的份额为14.25%。

用这种方法计算出来的教育对经济增长的贡献率相对准确一些。由此也可以做出结论：在我国，人力资本对经济增长的作用与发达国家相比还有较大的差距。

当然，在我国经济发展程度不同的地区，人力资本对经济增长的贡献存在较大差异。例如，广州教育学院吴映群等对广州改革开放15年教育对国民经济增长的贡献做

的定量分析认为，广州市1993年教育因素对GDP增长的贡献率为26.53%[①]。此结果和舒尔茨、丹尼森关于物质资本与人力资本对经济增长的贡献的理论相一致：在经济发展的前期，物质资本的增长对经济增长的贡献较大；而从中期开始，人力资本的增长将成为推动经济增长的首要因素。

国内有许多学者就我国教育对经济增长的贡献率、教育投资的社会收益率和个人收益率等问题进行了研究。由于各自所采用的方法不同，得出的结论存在很大差异。例如，关于我国教育对经济增长的贡献率的估算，高的达35.31%，低的在5%左右。但总体研究结果都表明：我国教育投资在社会效益、个人效益、对经济增长的贡献等各方面与发达国家水平及世界平均水平相比都存在较大差距[②]。这些事实充分说明了在我国加强人力资源教育投资的会计核算以提高人力资源教育投资效率的迫切性和重要性。

案例分享

况志勇：成长为安全座设计专家[③]

况志勇，从普通设计师做起，9年后成功蝶变，成为好孩子公司安全座设计部经理。在9年的设计生涯中，他共获发明专利4个、实用新型专利31个、外观专利14个。一个个数字背后，是好孩子逐年增大创新投入比重的现实，也是作为设计师努力钻研的成果。

优势助赢机会

2003年，况志勇加入好孩子公司。因之前从事模具设计工作，对精度要求很高，刚加入后，对好孩子产品精度要求上不怎么严格很不习惯，再加上之前的工作都是画成品图，别人给什么画什么，而到了好孩子则完全颠倒，没有任何实物，只能凭空设想，“无中生有”，这种工作性质的转变，让他感到很不适应。但他有自己的优势——对画图软件的应用非常熟练，而当时好孩子设计人员都是刚接触这一新事物，还处在学习阶段，在这样的情况下，他自然得到了比别人更多的机会。

原来，早在2003年，公司就意识到安全座要做世界第一，仅靠定点生产(original equipment manufacture，OEM)是达不到的，目标能否实现，将取决于设计能力。就此，公司开始涉足安全座设计领域，并正式进入产品自主研发阶段。因安全座产品的曲面比推车复杂很多，画图相对较难。所以，拥有明显优势的况志勇得到了负责安全座设计的重任。从优势凸显的那一刻，他便开始了不寻常的安全座设计之路。

实践中积累经验

没有经验、没有专门的团队，况志勇刚开始主要是在客户的引导下自行设计，慢慢接触各种测试标准和产品法规。对于那段经历，他直言不讳：“那个时候可以说是一窍不通，都是看着别人的东西，一点点学来的。”

随着业务发展的需要，2004年公司单独成立了安全座设计部，况志勇当之无愧成

① 吴映群，鲍镇邦，孙立．广州市改革开放15年教育对国民经济增长贡献的定量分析．教育与经济，1996，(1)：46～50。

② 赵秋成．人力资源开发研究．大连：东北财经大学出版社，2001：206～226，233～243。

③ 石金花．况志勇：成长为安全座设计专家．今日好孩子，(125)。

为部门领头人，踏上了公司第一款自主安全座产品的研发之路。他回忆，那是给美国客户设计的产品 GB22。第一次接手这样的工作，谈不上任何创新的概念，为了设计好GB22，他和研发中心副总经理高翔亲自跑了几次美国，主动请教客户，学习别人的经验。虽然 GB22 相对于现在的产品而言相当普通，但当时公司非常重视，这让他深感压力。时至今日，他已对设计过程中多次修改、试验的情景记不清楚，只是说那是一个非常艰辛的历程。可喜的是，历经艰难的产品得到了客户的高度认可。这让他对未来的安全座设计充满信心。

短短几年，他不断从实践中总结体会，上升到理论认识，再回到实践中去证实，并在这个过程中，始终保持"变"数，绝不孤立、静止地对待设计中出现的任何问题。刚开始没有经验时，遇到问题都是很多方案一起上，虽然要花很多时间与精力，但积累了大量的经验，在多次与客户交流的过程中也积累了不少知识和技能。很快，素以安全座闻名的 Maxi-Cosi 公司也由衷肯定好孩子在这类产品上的设计和研发能力，它们的很多产品开始交由好孩子担纲。

在好孩子安全座事业的发展过程中，况志勇发挥了不可替代的作用，研发中心副总经理高翔对他评价相当高："在好孩子，小况是名副其实的安全座专家。现如今，团队已发展到 13 人，他能够切实地带领大家前行。到目前，好孩子在安全座产品类别上共创造发明专利 17 个，实用新型专利 112 个，外观专利 67 个。这足以证明我们的创新力，同时，也让世界看到了我们的安全座发展速度。"

好孩子安全座要做世界第一，有了像况志勇这样的一群创新主力军，新的传奇正被书写。

以设备之利器助设计之进步

碰撞试验是汽车安全座测试中必不可少的环节。因为安全座外表看似简单，但内部结构非常复杂，唯有通过撞击试验才能发现问题。例如，几年前有一款安全座拿到美国测试时，其中有个翻转问题一直通不过，再回头检查，才知道有个很小的设计细节被忽视了。在公司未引入撞击设备前，所有的安全座都要拿到国外去测试，时间、成本都很难控制。为适应新的战略规划，公司在硬件设施配置上不遗余力，2010 年建立了自己的安全座撞击实验室，当年 11 月正式投入使用。这为缩短安全座的研发周期和提高品质，提供了有力的技术支持。

况志勇对此深有感触，公司没有测试设备，凭自己的力量做大做强，真的很难。公司引进设备后，通过这样的试验，可以验证产品设计的合理性和质量的可靠性，及早发现并整改潜在的安全威胁。对设计师而言，知道问题在哪儿，再进行修改就相对简单。而且设备引进后，产品在手工样时就可以拿去测试，而之前只有等模具样出来后才能进行。一个安全座的开模费要三四百万元，如此高的费用，必然给设计师带来很大压力，因此他们在没有足够把握的情况下都不敢轻易决定开模。如今，手工样测试没有太大问题后，就会考虑开模，另外，有些产品改动不大的，可直接将之前的产品稍加改进后拿去测试。因此，建立撞击实验室对况志勇他们在产品设计的经验积累以及工作改进上有着深远的意义。

创新无惧暂时受挫

过去，大部分儿童座椅使用斜挎肩带固定在车内座椅上，但是汽车车型不同，座椅形状、安全带长短和锚固点位置不同，安全座的固定方式也不同，因而会导致儿童座椅安放的位置更靠前或更靠后。为统一标准，避免隐患，行业规定了国际标准化组织儿童安全座椅(international standards organization fix，ISOFIX)结构装置，在儿童座椅和汽车之间建立刚性连接以使其更加稳固，使用时，只需简单地将它插入儿童座椅接口就可以。这使安全座的安装变得快速而简单。

ISOFIX的制定是行业发展的重要里程碑。好孩子立志成为行业最大最强，对于这种可以建立技术壁垒的机会，当然不会错过。为在无情的竞争中占据有利地位，在全球市场中取得佳绩，况志勇投入了带有ISOFIX装置的安全座设计工作，2010年，第一款此类产品CS820成功开模。回忆起这款产品的设计过程，他感慨万千。

因为ISOFIX结构在强度上要求更高，这对况志勇是一次新的挑战，加之在设计时还需避开成熟国家安全座产品的保护专利，对他来说更是难上加难。鉴于当时市场上ISOFIX装置的安全座都是整体滑动，为了能分开打包，缩小包装体积，他将CS820做成伸缩式滑动，即安全座“肚内”的一根支架可以伸缩。设计完成后，大家都认为，结构上来看，都是铁制的，应该没有问题。但测试结果出来后，大家发现，问题不仅有，而且就出在这根支架上——强度不够。“CS820开模后，公司撞击设备也已到位，第一次撞击测试后，简直是惨不忍睹，设计上存在很大问题。”至今说起那次备受打击的情况，况志勇还连连紧皱眉头。

而当时PLAY客户看中了CS820，且订了3 000个产品，并要求今年5月必须出货。当第一次撞击试验发现存在问题很大时，况志勇内心非常着急。当时的安全座事业部总经理建议停掉CS820这个项目，为此他列出长长的原因清单，还特别指出，如果继续做下去，需要再投入几百万元，且不一定有成功的把握。这意味着CS820几乎被判了死刑。

面对这样的判定，况志勇很不甘心。他觉得作为该产品的设计者，应该把产品做好，而不是半途而废，因为毕竟花了很多时间与精力，一遇到问题就停掉，一点进步的意义都没有。因此，他坚持要做下去，顶着压力，他提出了自己的修改方案——修改后，第一可以减重，第二结构简单。他在制作组同事的配合下，把新设计的样品做了出来。这个举动让大家看到了他为之付出的努力和把这个产品做成的决心。专家组成员商量后决定，拿他新设计的产品去做撞击试验，如果测试通过就改，通不过就此为止。虽然况志勇对自己设计的产品很有信心，但测试之前，他的内心还是一直非常忐忑。最终的结果出来了，测试顺利通过，他的坚持有了回报。

就这样，被判死刑的CS820复活了。说起那段时间的心路历程，况志勇说他从来没有想过要放弃。作为设计师，产品诞生的过程中可能会有各种各样的难题，遇到困难，一定不能轻易放弃，多一些想法，多一些尝试，问题总能解决。

成功无捷径

测试通过后，况志勇决定将CS820“肚内”结构全部换掉，采用新的方案。因改动范围大，时间又紧，一心要将产品做到完美的况志勇，直到2011年除夕的前一天，还在办公室修改方案，甚至连春节也没有回家过。功夫不负有心人，今年，CS820 重新开模，并且，原先的设计结构下，生产部门一天只能装配 40 套，而现在的结构一天装配 400 套都没问题，大大提高了生产效率。除此，产品轻便，比之前足足减轻 1 千克多，能够一拎即走。

但好事从来多磨。CS820 因设计改动大，整个项目工期较长，导致模具厂很难配合，工程师为此多次跑到模具厂协调，实在没办法，最后况志勇也亲自跑了一趟。他那一趟还真起了作用。因他来好孩子前跟模具打过很长时间的交道，对模具非常熟悉，加上 CS820 是他设计的，所有的结构都很清楚，看到模具后，他告诉对方模具可以修改，并亲自指导修改工作，模具厂按照他的要求很快做好了修改。

尽管 CS820 的模具出来了，但产品还是有问题——虽然测试结果表明架子没有问题，安全带的固定方式却一直不过关。而安全座上架销售，必须通过各种权威认证才行。产品有很多配备，即使整个测试都没问题，也要撞击 50 多次，如果其中有一次不通过，就要补测。为了找到安全带出问题的地方，况志勇和测试人员花了整整两周的时间，他白天和认证人员一起做测试，晚上改方案，连续十几个晚上都熬到深夜甚至凌晨，早上依然正常上班。一共试了十几套方案后，才找到问题点——安全带固定方式不稳定。找到问题后，上午定方案，下午做样品，晚上测试，时间安排得滴水不漏，就在认证将要结束时，他们的测试通过了。真可谓一款 CS820，几乎耗尽大家的心血。而在大家的齐心协力下，一个异常艰难的任务高效地完成了。

“架子”不如价值

第一个吃螃蟹的人总是要付出比常人更大的勇气。况志勇在自己坚定的决心下，利用自己的智慧，带领安全座设计团队在磕磕绊绊中走了过来。在 2011 年香港展上，好孩子一口气展出可折叠式、电子智能化控制、气囊保护装置等一系列开创汽车安全座功能先河的新品，引来客户的竞相追捧。2011 年好孩子安全座增长了 56%，如此快速地增长，离不开新品的支撑。最近，他们仅用一个多月的时间，又完成了一个装箱 1 600 箱的安全座。而一般类型的安全座，一个集装箱只能装 700 多箱。装箱数翻一番，大大减少了运输成本，给公司带来了更多的利润空间。而能将找到的降价空间直接反映在产品上，从来都是衡量设计师是否优秀的标准之一。

如今，面对好孩子安全座设计这份工作，况志勇不再像初来时那样没有“方向感”了。他的经验积累经历了一个量变到质变的过程。他一直坚信，好孩子人是最团结、执行力最强的一个团队，所以无论处在哪一个岗位，都要尽可能体现自己的重要性，不要认为自己是一个小小的螺丝钉，就轻视自我存在的价值。他的团队就像一家人，有问题大家一起讨论研究。而他对待下属的方式也可能是整个研发团队里最宽松的一个——不给队友强制规定目标，因为在他看来，给下属定目标、定标准反而会限制个人能力的发挥。而他这样的“放任自流”，反倒激发了大家的创新热情和产品设计效益。

日常工作中，况志勇一直把自己当成一名普通设计师，团队里的每个项目都会参与进去，并随时分享自己的经验。作为资深设计人员，他认为，产品设计过程中，突然产生灵感的几率很小，也不太现实，大多还是要靠平时的积累。多数情况下，市场的号召、客户的需求才是创新的真正原动力。正是由于长期努力探索，不断吸取竞争产品的先进经验，好孩子的安全座设计才慢慢形成了今天的规模与地位。

谈到个人收获，他微笑着说："与其说收获，不如说是一个自我实现的过程。好孩子给了我平台，让我用足够的热情施展无限的空间，这是我最大的财富。好孩子就像一个大熔炉，虽然身在其中，灼热和挣扎的感觉时时相伴，但如果你自认为是一块真金，就应该坦然面对。"他希望大家能充分相信自己的能力，不断深入，在实现公司价值的同时，也真正实现自己的价值——好孩子充满机遇，只要你有进取心、肯付出努力，公司就会提供巨大的舞台，让你充分施展自己的才华。当你的付出得到认可时，所有压力恐怕早已转化为动力。这是况志勇的肺腑之言。

➢本章小结

人力资源投资是指为了使作为人力资源载体的现实的和潜在的劳动者掌握必要的知识、技能从而提高人力资源素质所进行的投资，也包括人力资源流动投资。人力资源投资的最终目的是提高人力资源的利用效益。

人力资源投资的主要特点是：投资者和受益者的非完全一致性；投资收益的长期性和滞后性；不同方式的人力资源投资存在收益的差异性；人力资源投资具有高效益性；人力资源投资收益具有递增性；人力资源投资效益具有多样性。

人力资源投资主要有医疗和保健、在职人员培训、学校教育、企业以外的组织为成年人举办的学习项目、个人和家庭为适应就业机会的变化而进行的迁徙活动五种方式。教育投资(包括各种正规和非正规教育、在职培训等)是人力资源投资的最主要的方式，对人力资本的形成和积累有着非常重要的作用。

人力资源投资的主体有国家、社会、企业、家庭和个人。由于学校是利用各方面对人力资源的教育投资来促进人力资本形成和积累的主体，是介于学生个人、家庭和企业、社会之间的桥梁，最容易获得来自各方的人力资源教育投资的综合数据。同时，学校财务会计部门都具备了较完备的会计核算体制，拥有合格的会计工作人员，便于进行人力资源教育投资的核算，能够提供比较可靠的人力资源教育投资的信息。所以，选择学校作为人力资源教育投资会计核算的主体，开展人力资源投资会计核算，从可行性和经济性上来说都是很恰当的。

开展人力资源投资会计核算的目的是提供人力资源投资的信息，加强对人力资源投资的管理，提高人力资源投资的效率。

高等教育的培养成本由直接成本、间接成本和机会成本三部分构成。直接成本是指学生在接受高等教育期间实际发生的有助于人力资本的形成和积累并可直接归属于特定的某位学生的有关费用支出。它包括正规教育支出、自主性教育支出和非教育性支出三个部分。间接成本是指在学生接受高等教育期间，以学校教育事业经费支出的方式所支付的、需确定受益者然后在受益者之间按受益情况进行分摊才可归属于特定的某位学生的费用支出。机会成本是指已达到劳动年龄的学生因继续接受教育而放弃的在原有知识水平、能力经验基础上所能获取的货币收入。

在对高等院校的经济业务进行全面核算的基础上进行人力资源投资会计的核算，应在传统会计账户设置的基础上增设"教育投资"、"人力资源费用"、"人力资源成本"和

“人力资源投资”账户开展核算工作。如果只需要确定高等教育培养成本，那么可以只通过“人力资源费用”、“人力资源成本”和“人力资源投资”账户来进行核算工作。

利用舒尔茨和丹尼森的方法，可以进行教育投资收益的计算工作。利用他们的方法对我国经济增长中教育投资做出的贡献进行计算，其结果反映出我国的教育投资对经济增长所产生的作用与发达国家相比还存在较大的差距。

第5章 人力资源价值会计

学习目标

通过本章的学习，认识人力资源价值的重要性，了解人力资源价值的内涵和影响人力资源价值的主要因素，掌握人力资源价值会计的定义；掌握人力资源价值的货币性计量方法和非货币性计量方法，通过实例的剖析熟悉和掌握人力资源价值的货币计量方法和非货币性计量方法在实践中的运用；掌握管理贡献明细账的基本原理和方法以及操作流程，使经营者和劳动者的贡献价值得到科学计量。

5.1 人力资源价值会计概述

5.1.1 圣西门的《寓言》

法国思想家圣西门曾在《寓言》一文中提出两个有趣的假设。一个假设是：假如法国突然损失了自己的50名优秀物理学家、50名优秀化学家、50名优秀数学家、50名优秀诗人、50名优秀作家、50名优秀军事和民用工程师……那么法国马上就会变成一具没有灵魂的僵尸，因为这些人“对祖国最有用处”，而要重新培养这样一批人，则“至少需要整整一代人的时间”。另一个假设是：假如法国只是失去国王的兄弟和那些王公大臣、参事、议员、主教、元帅、省长和上万名养尊处优的最大财主，则不会因此“给国家带来政治上的不幸”，因为这些人并没有用自己的劳动直接促进科学、艺术和手工业的进步。列宁很欣赏圣西门的这篇精彩的政治寓言，曾在笔记本上摘抄这段话，并标上“圣西门的名言”。圣西门在这里所作的非常有震撼力、有说服力的对比，实际上进行的就是人力资源价值的对比，它充分体现出了人力资源价值对于一个国家的重要性。

现代各国在经济发展进程中特别是在知识经济时代即将来临时均已认识到，世界上最宝贵的财富就是学者的头脑。知识和才能正在不断升值。美国著名未来学家约翰·奈斯比在《大趋势》中所提出的必须创造“知识价值论”的观点，已为人们所广为接受。

对于一个企业来说，员工所拥有的知识和才能即人力资本的状况，对企业的盈利乃至生存和发展有着至关重要的作用。一些从资产或销售收入来看算得上是很“小”的公司，其盈利水平和市场价值却远远超过许多世界500强中的“大”公司。1993年，日本企业中，税前利润居于第一位和第二位的分别是丰田公司和电话电报公司，前者是拥有7万多名职工，有近3万家企业与之配套的“产业群”，后者的职工总数达23万人，这是两家典型的大公司。以设计开发游戏软件为最核心业务的日本任天堂公司，当年员工只有950人，其中1/3为软件开发设计人员，与丰田公司和日本电话电报公司相比，任天堂只能算是一家“小”企业。但就是这家“小”企业，当年的税前利润达1 648亿日元，居日本企业第三位，人均纯利润高达9 000多万日元，按当年汇率计算达80万美元。这是当时世界上任何一家企业都无法与之相比的①。现在，传统产业和高新技术产业在企业盈利和市场价值方面的差距也越来越大。1999年，微软公司和电子数据系统公司在全球500强中排名分别为第216位和第235位，但这两家公司的盈利高达82亿美元，而同年全球500强中10家金属行业的企业却亏损2.45亿美元。在全球500强中，微软的市场价值和盈利率都居于第一位②。1984年由两个人创办的思科公司，到1999年已发展成为在全球拥有员工3.4万人、营业额为121.5亿美元、跻身世界500强的世界最大的互联网设备制造商。思科公司只用十几年的时间就铸造了传统企业要用几十年乃至上百年才有可能成就的奇迹③。2000年3月24日，思科公司股票的市场价值达到5 792亿美元，一度超过微软公司而居第一位④。

国内企业中，这方面的例子也不在少数。南京的斯威特集团在江苏民营高科技企业中居第一位。2001年，斯威特集团实现销售收入8.5亿元，完成税收6 000万元。斯威特集团在与三星、摩托罗拉、LG、瑞士人寿基金等国际一流大公司合作的过程中反观自身，找到了自己在人才与市场的整合上的优势。一旦涉足某一行业，该集团就将这个行业内的技术、市场高手最大限度地聚集起来为己备用。例如，在与摩托罗拉合作后，该集团就将中国科学技术大学、东南大学、上海交通大学等院校的集成电路(intergrated circuit，IC)设计力量牢牢控制住，整合成国内规模最大、技术最强的IC设计基础。2001年，该集团还用2 700万股的股权，将摩托罗拉等大公司的多名高层人士招募到旗下。对于不愿离开原来的研究环境的人才，斯威特则采取控股该研究机构的方式，既安定了所需要人才，也能使人才为我所用。现在，斯威特仅在IC行业就拥有包括1位院士、13位博士生导师、21位教授、56位副教授和一批硕士在内的技术队伍。斯威特集团人才济济，成为江苏民营高科技企业的龙头自不待言。

深究这一切现象产生的原因，可以知道其根本之处在于这些“小”企业拥有掌握了当代高新技术的员工，他们是新的生产力的代表，他们具有无可比拟的创新能力，他们具有极高的人力资源价值。这一切清晰地向人们展示，在当前从工业经济时代向知识经济时代过渡的阶段，员工的知识、技能和智慧才是企业的最宝贵的财富，才是推动企业持续发展的根本动力。

因此，对于一个企业来说，正确地评估企业员工的价值，吸引和留住有价值的员

---

① 王昭栋，姜波．“企业怪物”任天堂．经济日报，1994-03-23。

② 梁丽英．高新企业风头正健，传统行业增长潜力有限．经济日报，2000-07-19，第13版。

③ 陈颐．员工——企业生存的关键．经济日报，2000-09-28，第13版。

④ 李正信．股价超过微软，思科公司身价最高．经济日报，2000-03-30，第14版。

工，淘汰那些对企业来说是最差的员工，将员工安排到能使他的价值得到最充分体现的位置上去，从而不断地优化企业的人力资源结构、优化企业的人力资源配置，是企业管理者的最根本的任务。只有这样，企业才有活力，才能在竞争中不断地得到发展。

资料 5-1

GE 公司的活力曲线①

GE 公司是一个拥有 300 000 名员工和 4 000 名高级经理的大企业。公司总是致力于发现和造就了不起的人，尤其注重把人作为公司的核心竞争能力。GE 公司造就了了不起的员工，这些员工造就了了不起的产品和服务。

GE 公司是怎样造就了不起的员工呢?

多年来，GE 公司使用了各种各样的钟形曲线和框图来区分人们的才能，这都是些用来给人们的成绩和潜力划分等级(高、中、低)的图表。GE 公司还引导使用“360 度评估”，也就是把同级和下级员工的意见都考虑进来。但时间一长，“360 度评估”方法就开始走过场了：人们开始互相说好话，因而每个人都能得到很好的评级，大家相安无事。

最终，GE 公司的首席执行官(chief executive officer，CEO)杰克·韦尔奇发明了一种称为“活力曲线”的方法。应用这一方法，要求下属的每一家公司的领导每年都要对他们领导的团队进行区分。他们必须区分出：在他们的组织中，他们认为哪些人是属于最好的 20%，哪些人是属于中间大头的 70%，哪些人是属于最差的 10%。如果他们管理的团队有 20 个人，那么他们应该让 GE 公司的领导知道，20%最好的四个人和 10%最差的两个都是谁——包括姓名、职位和薪金待遇。表现最差的员工通常都必须走人。

做出这样的判断并不容易，而且也并不总是准确无误的。公司可能会错失几个明星或者出现几次大的失策，但是公司造就一支全明星团队的可能性会大大提高。这就是如何建立一个伟大组织的全部秘密。一年又一年，“区分”使得门槛越来越高并提升了整个组织的层次。这是一个动态的过程，没有人敢确信自己能永远留在最好的一群人当中，他们必须时时向别人表明：自己留在这个位置上的确是当之无愧。

区分要求管理者把员工分为 A、B、C 三类。

A 类是指这样一些人，他们激情满怀、勇于任事、思想开阔、富有远见。他们不仅自身充满活力，而且有能力带动自己周围的人。他们能提高企业的生产效率，同时还使企业经营充满情趣。他们拥有 GE 领导能力的四个 E：有很强的精力(energy)；能够激励(energize)别人实现共同的目标；有决断力(edge)，能够对是与非的问题做出果断的回答和处理；最后，能坚持不懈地实施(execute)并实现他们的承诺。这四个 E 是和一个 P(激情，passion)相联系的。

这种激情是比任何其他因素都更为重要的因素，它将 A 类员工和 B 类员工区分开来。B 类员工是公司的主体，也是业务经营成败的关键。企业投入了大量的精力来提高

---

① 根据《杰克·韦尔奇自传》有关内容整理。

B类员工的水平，希望他们每天都能思考一下为什么他们没有成为A类，经理的工作就是帮助他们进入A类。

C类员工是指那些不能胜任自己工作的人。他们更多的是打击别人，而不是激励；是使目标落空，而不是使目标实现。公司不能在他们身上浪费时间，尽管公司要花费资源把他们安置到其他地方去。

活力曲线是GE公司区分A类、B类和C类员工的动态方法，将员工按照20∶70∶10的比例区分出来的规定逼迫着管理者不得不做出严厉的决定。经理们如果不能对员工进行区分，那么很快他们就会发现自己被划进了C类。

失去A类员工是一种罪过，一定不要失去他们！每一次失去A类员工之后，GE公司都要做事后检讨，并一定要找出这些损失的管理责任。这种做法很有效，GE公司每年失去的A类员工不到1%。

但处理底部的10%却要艰难得多。新上任的经理第一次确定最差的员工，没什么太大的麻烦；第二年，事情变得困难多了；第三年，则成了一场战争。到了那时，那些明显最差的员工已经离开了这个团队，很多经理就不愿把任何人放到C类里去。他们已经喜欢上了团队里的每一个人。到第三年，假如说他们的团队有30人的话，对于底部的10%，他们经常是连一个也确定不出来，更别说三个人了。经理们会想出各种各样的花招来避免确定这底部最差的10%。有时候，他们把那些当年就要退休或者其他已经被告知要离开公司的人放进来；有些经理甚至干脆把那些已经辞职的人列在最差员工的名单里。

这是一项很艰难的工作，没有哪个领导人愿意做出这种痛苦的决定。这种做法一直面临着激烈的反对，甚至是来自公司里最优秀员工的反对。杰克·韦尔奇亲自努力来解决这个问题，并因为自己在这方面不够严厉而经常感到内疚。如果GE下属企业的领导上交给杰克·韦尔奇的分红或股票期权分配方案的推荐意见中没有区分出底部最差的10%，杰克·韦尔奇总是将这些意见退回去，直到下属真正做出了区分。

有些人认为，把公司员工中底部的10%清除出去是残酷或者野蛮的行径，但杰克·韦尔奇认为事情并非如此，而是恰恰相反。杰克·韦尔奇认为，让一个人待在一个他不能成长和进步的环境里才是真正的野蛮行径或者“假慈悲”。先让一个人等着，什么也不说，直到最后出了事，实在不行了，不得不说了，这时候才告诉人家：“你走吧，这地方不适合你。”而此时他的工作选择机会已经很有限了，而且还要供养孩子上学，还要支付大笔的住房按揭贷款，这才是真正的残酷。

国内一些企业的管理者也像杰克·韦尔奇一样，认识到了建立测评体系和淘汰机制，对企业员工的价值进行评估并根据评估结果保持一定的淘汰率的重要性。

如果一个组织的管理者对人力资源价值问题漠不关心，那么这个组织不但难以吸引所需要的人才，就连原有的人才也可能会流失。毕业于北京林业大学的丛日春，在内蒙古包头市园林科技研究所工作的10年间，主持了多个部、区级科研项目，取得了多项成果。1995年，32岁的丛日春被列入国家“百千万人才工程”人选。但在1999年内蒙古包头市园林科技研究所 3%的调资排名中，丛日春在全所 130 多人中被排在倒数第三名。丛日春认为，这是对他的“价值的否定”，这一事件的直接后果就是他主动调离[①]。

5.1.2　人力资源价值的内涵

人力资源价值可分为社会价值和企业价值。因为人力资源会计是为了向企业和外界有关人士提供有关企业人力资源变化的信息，所以在人力资源价值会计研究中提到人力资源价值时都是从企业的角度出发来进行考虑的。

1. 人力资源价值的定义

人力资源价值的定义主要可以分为两大类。一类是将人力资源价值定义为人的能力。例如，“所谓人力资源价值，就是作为组织主要资源的个人或群体为组织提供有效的未来服务的能力。……从一个组织范围来说，人力资源价值就是指人力资源为组织创造的价值，亦即人力资源的产出值。人力资源的产出值应当包括为企业创造的盈利和劳动力价值两部分(即 $v+m$)”[②]。“在人力资源会计中运用的人力资源价值，是内在地蕴涵于人体内的能带来经济利益的潜在劳动能力，外在地表现为人在劳动中新创造出的价值”[③]。

另一类是将人力资源价值定义为作为人力资源载体的劳动者为企业创造的价值。例如，“人力资源的必要劳动价值，也就是人力资源的交换价值，可称为狭义的人力资源价值。”“人力资源的使用价值应该是劳动力的必要劳动价值和剩余劳动价值之和，或称为广义的人力资源价值。”“人力资源价值是指作为商品的劳动力的价值，包括其交换价值和使用价值。”[④]人力资源的价值包括三个部分：第一部分是人力资源消耗的价值，这是用于补偿人力资源消耗的“补偿价值”；第二部分是有些人力资源投资资本化的价值，通过分摊逐步转移的“转移价值”；第三部分是人力资源的使用所创造出来的“创新价值”，也就是转移到劳动成果中物化的那一部分价值，其中包括经营管理者的管理贡献、决策贡献、科技人员的科技贡献，以及所有劳动者的劳动贡献[⑤]。

人力资源价值即人的能力的价值在于人能够运用这种能力来创造价值。人们以不同的活动方式运用自身的能力创造价值，又互相交换价值，这不仅使每个人创造的不同价值得到充分利用，也使每个人的能力的价值得到了确认[⑥]。对于企业来说，企业的员工通过自己的积极活动，充分发挥自身的能力，生产和创造价值。他们能为企业提供和创造新的价值，这正是员工自身价值的体现。因此，从企业的角度出发，人力资源价值的定义应该使用第二类更为恰当，即应将人力资源价值定义为企业所拥有或控制的人力资源的载体——劳动者运用自身的能力在未来特定时期内为企业创造的价值。需要指出的是，在这里及后面所说的企业员工在未来特定时期为企业创造的价值，是指全部新创造的价值，即 $v+m$。

---

① http://www.docin.com/p-482980638.html。
② 陈仁栋．人力资源会计．厦门：厦门大学出版社，1991：91。
③ 徐国君．劳动者权益会计．北京：中国财政经济出版社，1997：111。
④ 刘仲文．人力资源会计．北京：首都经济贸易大学出版社，1997：131，132。
⑤ 张文贤．人力资源会计制度设计．上海：立信会计出版社，1999：115。
⑥ 夏甄陶．人的价值在于创造价值．湖湘论坛，2001，(1)：7～9。

2. 人力资源价值的内涵

1)人力资源的补偿价值和人力资源的剩余价值

按人力资源载体运用自身的能力为企业所创造的价值的外在表现，可以将人力资源价值分为补偿价值(或交换价值)和剩余价值两部分。补偿价值体现为支付给人力资源载体即劳动者的工资报酬(包括工资、津贴、奖金、福利费等)，它是对劳动者参与组织活动过程中所消耗的脑力和体力的补偿。如马克思所说，这部分价值是“由生产、发展、维持和延续劳动力所必需的生活资料的价值来决定的”。它是劳动者的必要劳动的价值，也是人力资源的交换价值。它包括三个部分：维持劳动者自身生存所必需的生活资料的价值；养活劳动者家属和子女所必需的生活资料的价值；一定的教育或培训费用。剩余价值是劳动者的剩余劳动所创造的那部分价值。人力资源的补偿价值和人力资源的剩余价值共同构成了人力资源的使用价值。

2)人力资源的基本价值和人力资源的变动价值

人力资源的价值还可分为基本价值(静态价值)部分和变动价值(动态价值)部分。任何能从事简单劳动的劳动者所拥有的自然人力都具有基本价值。纯粹的自然人力创造价值的能力是很低下的，对经济增长的贡献也是很小的，因此，在劳动力素质很低的国家，经济的增长主要依赖于资本投入的增长。通过人力资源投资，劳动者在体力、技能、智力等方面都得到了提高，拥有了更强健的体魄、更多的知识和技能，从而劳动者的价值也得到增值，这个增值部分就构成了人力资源的变动价值。一般来说，变动价值的大小与人力资源投资的数量多少有关。实质上，我们这里所说的人力资源的变动价值部分就是人力资本，它极大地影响着人力资源价值的形成和积累。这正如舒尔茨所说：“事实证明，人力资本是社会组织和个人投资的产物，其质量高低完全取决于投资的多少。”①

3)人力资源的个体价值和群体价值

人力资源的价值还可分为个体价值和群体价值。人力资源个体价值是指作为人力资源载体的劳动者个人在未来特定时期内为企业创造的价值；人力资源群体价值是指企业中的群体在未来特定时期内为企业创造的价值。这里所说的群体可以是整个组织，或是组织的某个常设的机构、部门，也可以是为执行某一特定任务从组织内抽调出人员所组成的小组，这种小组在特定任务完成后就会解散，小组中的人员又回到原来的部门。要提高人力资源的个体价值，必须注重对其进行投资，并创造能使个体价值得到充分体现的环境。要提高群体价值，不但需要提高每一个体的人力资源价值，还要注意发挥组织整体的协同效应，因为人力资源群体价值不是群体中每个个体的人力资源价值的简单相加，而是所有个体的人力资源价值间相互联系、相互影响、相互作用的结果。

4)人力资源的货币性价值和非货币性价值

企业员工为企业创造的价值是他所拥有的人力资源的价值的体现。企业对人力资源价值的计量，也是从对人力资源载体在未来特定时期内为企业创造的价值的计量着手进

---

① 舒尔茨 T. 论人力资本投资. 吴珠华，等译. 北京：北京经济学院出版社，1992：3。

行的。企业员工为企业创造的价值有些是可以用货币计量的，如生产的产品和提供的服务的价值等；但也有一些是无法用货币来进行计量的，如员工为顾客提供优质服务所创造出的顾客忠诚以及由此所产生的对扩大企业知名度和提高企业美誉度的贡献等，这时就需要采用非货币计量的方法来评估员工的活动为企业创造的价值。因此，人力资源价值的评估应该包括货币性计量方式和非货币性计量方式两种，因而人力资源价值也应根据所采用的计量方式区分为人力资源的货币性价值和人力资源的非货币性价值两部分。

5.1.3　影响人力资源价值的因素

企业人力资源的价值，即企业员工运用其所拥有的能力为企业创造的价值是变动的，它会因员工个人因素和外部因素的影响而异。

从员工个人来说，人力资源价值与员工自身的体力、技能和知识的水平有关，自不待言。但需要注意到的是，员工的人力资源价值也与员工的活力水平(包括精神状态、主观愿望、努力程度、协作精神等)有关。如果企业员工缺乏主人翁精神和责任感、缺乏进取精神、缺乏协作精神、士气低落、萎靡不振，那么员工的能力也不能得到充分的发挥，人力资源价值也不能得到有效体现。在我国计划经济时期，企业里“吃大锅饭”现象的广泛存在，使员工感到“干好干坏一个样、干多干少一个样”，从而缺乏工作的积极性、主动性和创造性，“出工不出力”，劳动生产率低下。在这种情况下，员工的能力和这种能力的外在体现即员工的人力资源价值之间出现极大的反差。

从外在因素方面来说，企业员工的人力资源价值与企业管理水平、企业的环境、企业的特性等有关。如前所述，GE 公司的管理者具有超群的管理水平，设计了一整套行之有效的人力资源开发、运用、评估、淘汰的管理机制，在企业员工队伍的整体素质不断提高的同时，员工的人力资源价值也得到了充分体现。如果在一个企业里，没有确立尊重知识、尊重人才的观念，那么一个人的能力再强也可能得不到重用，也不能发挥自身的聪明才智。在这样的企业环境里，正如在我国民间普遍流传的一句话所说的那样，“1/3 的人在认真干，1/3 的人在旁边看，还有 1/3 的人在捣蛋”，这怎么能有利于员工展现自身的能力呢？同时，还要注意到，一般的知识和技能在许多企业里都可以得到应用，而特殊的具有专用性的知识和技能则对应用的条件有特别的要求。这体现在掌握了特殊的具有专用性的知识和技能的劳动者的人力资源价值在不同的企业中会有大相径庭的表现。两个不同行业的专业人士或两个同一行业但不同专业的人士，在同一企业中所体现出的人力资源价值的差异能达到令人吃惊的地步。例如，著名数学家陈景润从厦门大学毕业后，进入某中学教书时就遭遇了“滑铁卢”，而他在中国科学院数学研究所却得到了施展才能的机会，创造出了令世人瞩目的业绩。又如，一位具有丰富的航海经验的老船长对于航运集团来说具有极大的人力资源价值，但如果将他安排在一家汽车运输公司或一家钢铁厂，那么对于这两类企业来说，他的人力资源价值就将大打折扣。

从对人力资源价值的影响作用来说，外部因素是次要的，是使人力资源价值得以有效体现的条件，不具备良好的有利于人才成长和发挥其能力的外部环境，人力资源价值的实现只是一句空话；内部因素是主要的，是根本条件，自身素质低下，又不愿意接受教育、培训以提高自己的能力，缺乏活力，那么再好的外部环境也不可能使他体现出应有的价值。高素质的求上进的员工与良好的企业外部环境相结合，就能使企业员工的素质得以不断提高，从而使企业员工的人力资源价值也得以不断提升。

5.1.4 人力资源价值计量的依据

对于企业来说，人力资源价值是企业的员工运用他们所拥有的能力在未来特定时期内为企业创造的价值。因此，企业的人力资源价值会计就是将企业员工的能力(即企业所拥有或控制的人力资源)作为一种有价值的组织资源，通过对员工运用其所拥有的能力在未来特定时期内为企业创造出的价值的计量和报告，确定企业员工的人力资源价值的一种会计程序和方法，其目的在于向企业和外界有关人士提供企业的人力资源价值变化信息。

对人力资源价值能否进行计量？回答是肯定的。

有人认为，从来只有对物质资源价值进行计量，而人力资源价值是无法进行计量的。这种看法是不妥当的，因为，只要有根据，就有办法进行价值评估。物质资源价值的评估，主要是依据其内在的劳动量，按照社会必要劳动时间决定其价值量的原理，计量其价值。人力资源价值与物质资源价值的根本区别在于，人力资源载体能够发挥其所拥有的能力创造出价值来。因此，对人力资源价值的计量就可以着眼于劳动者创造的价值，因为新创造的价值有的已经物化，成为物质资源，而物质资源的价值是完全可以计量的；对于劳动者创造出来的那些没有物化的新的价值，则可以采用非货币性计量的方式进行测定。在劳动者创造的价值的基础上，可以对劳动者在特定时期内为企业创造的价值进行测定和计量，从而确定劳动者的人力资源价值。

结合前面所述人力资源价值的丰富内涵，在理解人力资源价值会计这一概念时，应该注意以下几个方面。

(1)在计量企业员工的人力资源价值时，应以员工在未来特定时期内为企业创造的价值为依据而不是以过去创造的价值为依据。

在我国，有的研究者提出，人力资源价值会计“所反映的人力资源价值既可以是人力资源过去创造的价值，也可以是人力资源将来能够创造的价值”。这种提法是不够妥当的。如果拿一位进入工厂后一直干到快退休的老工人和一位刚进厂的年轻工人作比较，怎样判定他们所拥有的人力资源的价值呢？如果以过去为企业创造的价值作为计量标准，显然前者拥有更大的人力资源价值；如果以将来能够为企业创造的价值作为计量标准，则后者所拥有的人力资源价值更大。这个问题该怎样解决呢？事实上，企业和外部利害关系各方更多关心的是企业员工在未来特定时期内能够创造的价值，而不是他们已经创造出的价值。上市公司股票价值的变化，与投资者对公司的盈利前景也就是对公司员工在未来特定时期内为公司创造的价值的预期是密切相关的，这一事实也证明了这点。因此，在计量人力资源价值时就应该用企业员工将来能够创造的新的价值来对这种能力进行计量，而不是应用已经创造出的价值来进行计量。因此，在提到人力资源价值会计的时候，必须明确所计量的人力资源价值是人力资源载体在未来特定时期内创造的价值。当然，这种计量也不是完全不考虑企业员工以前所创造出的价值，两者不能割裂开来。企业员工已经为企业创造出的价值是他们的能力的体现，对过去创造的价值的确认有助于计量未来特定时期内所创造的价值。在过去创造价值过程中能力的体现所产生的作用(如由于做出优秀业绩得到提升、加薪等)，在对他们的人力资源价值进行计量时也会产生影响，也是需要予以考虑的。

(2)在计量企业员工的人力资源价值时，应注意所提供的人力资源价值信息的完整性。

向企业管理者和其他信息使用者提供企业的完整的客观的人力资源价值信息，以便他们作为进行分析决策的依据，是人力资源价值会计的目的。在这里，“完整”是指人力资源价值信息的范围。那么，什么样的人力资源价值信息才算得上是完整的信息呢?

第一，人力资源价值会计要反映包括补偿价值和剩余价值在内的整个人力资源价值。只反映补偿价值或只反映剩余价值，都会造成人力资源价值的低估，使人力资源价值的计量的真实性和客观性受到影响，还会影响人力资源价值信息使用者决策活动的有效进行。

在我国，有的研究者给人力资源价值会计下的有代表性的定义是：人力资源会计是“把人作为有价值的组织资源，而对它的价值进行计量和报告的程序。它的目的在于用人力资源的创利能力来反映组织现有人力资源的质量状况，为企业管理当局和外部利害关系集团提供完整的决策信息”[①]。企业员工的创利能力越强，他们为企业创造的利润也就越多，他们的人力资源价值也就越大。因此，可以用企业员工的创利能力来反映企业的人力资源的质量，反映企业人力资源的价值。但是，如果将企业员工为企业创造的利润作为他们的人力资源价值的计量依据，用企业员工创造的利润来表示他们的人力资源价值，显然是不妥当的。这样做，显然是对人力资源价值的低估。因为，企业员工为企业创造的利润只是他们所创造的剩余价值的一部分。

第二，人力资源价值会计应当反映包括基本价值部分和变动价值部分在内的人力资源价值。在这里，需要指出的是，不应忽视自然人力的价值的计量。对人力资源价值的确认和计量是对人力资源价值的评价，是对人力资源价值的反映。应该认识到，是人力资源价值的客观存在决定了对人力资源价值的评价，而不是对人力资源价值的评价决定人力资源的价值。既然任何能从事简单劳动的劳动者都具有其基本价值，那么作为提供企业人力资源价值信息的人力资源价值会计就应该尽力如实地给予评价和反映，而不能漠视这种基本价值。单纯的自然人力所具有的基本价值对经济增长的作用很小，但这不能成为不予反映的理由，这不符合会计核算的客观性和真实性的要求。相反，正因为如此，更需要反映并且需要的话还应作为重要事项单独反映，以引起企业管理者对这部分劳动力素质低下的人员的注意，尽早对他们进行教育培训，提高他们的人力资源素质，有效地增加企业的人力资本存量。如果人力资源价值会计只反映人力资源价值的变动部分，那么人力资源价值会计对企业人力资源价值的反映就会缺少企业中的自然人力的价值，使所提供的信息在一定程度上出现失真，而且也会使所提供的信息的客观性在一定程度上受到影响。

第三，人力资源价值会计应当处理好人力资源个体价值和人力资源群体价值的计量

① 张新民，彭玉书，张建平．当代会计与财务管理最新大辞典．北京：对外贸易教育出版社，1993：268。

问题。人力资源价值会计在对企业的人力资源价值进行计量时，可以以个体作为核算对象，也可以以群体作为核算对象而不需对该群体中的每个个体的人力资源价值分别进行计量。但在某些情况下，人力资源价值会计既要反映企业的某个群体的人力资源价值，也要计量该群体中的每个个体的人力资源价值，并通过对计量结果进行分析做出正确的人力资源组织决策。一般来说，在不存在内耗或内耗影响很小的情况下，人力资源群体价值应当大于该群体的所有个体的人力资源价值之和，这一差额越大，说明组织结构的协同效应越显著。反之，如果人力资源群体价值小于该群体的所有个体的人力资源价值之和，那么说明在该群体内部存在内耗，这一差额越大，说明内耗问题越严重。“一个中国人是条龙，三个中国人变成虫”，就是说一些中国人的人力资源个体价值较大，但协同精神差，内耗使人力资源的群体价值打了极大的折扣。

在一个国家，或在一个企业中，有一些个体的人力资源价值是相当高的。以至有的研究者认为，有时“一位学者在五分钟内回答一个问题的价值，往往超过社会在其一生中所付给他的东西的价值”①。普法战争后，德国为了削弱法国的经济地位，向法国索要50亿法郎的战争赔款。但微生物学的奠基者、法国科学家巴斯德的研究成果给法国带来了经济繁荣，使法国一次就付清了赔款。赫胥黎高度评价巴斯德，称他的发现“足以抵偿德国50亿法郎的战争赔款”。在第二次世界大战时，美国一位将军对德国的科学家海森堡做出过这样的评价：“得到海森堡这样的科学家，足以比得上德国10个师的军队。”在20世纪50年代初期，美国千方百计地阻挠著名科学家钱学森回国就是因为他具有很高的价值，美国军方的评价是钱学森一个人能顶美国五个师。在国内，被誉为“杂交水稻之父”的袁隆平的研究成果，创造了水稻增产累计达3.5亿吨的人间奇迹，为解决世界上存在的饥饿问题做出了卓越的贡献。1999年，我国某知识产权评估机构的评估结果认定，袁隆平的无形资产价值高达1 000多亿元。对于企业所拥有的具有很高的人力资源价值的个体，企业应当特别重视对其人力资源价值的计量和反映。最近，我国不少专家指出，我国在人才结构中存在的“两个5%”现象值得警惕：第一个是，人才在劳动者总量中约占5.7%；第二个是，高层次人才在人才总量中约占5.5%。高层次人才紧缺已经成为制约我国人才战略实施、制约我国经济发展的关键因素之一。而在我国加入WTO之后，高层次人才包括国际化人才短缺的问题更加突出。企业应当清醒地认识到这一点，正确地对所拥有的高层次人才的人力资源价值进行评估，并以此作为制定和实施企业的人才战略的依据。

第四，企业的人力资源价值会计应当将人力资源价值的货币性计量方法和非货币性计量方法恰当地结合起来加以运用。在进行人力资源价值计量时，以货币性计量方式为主要使用方式，但这并不意味着拒绝非货币性的计量方式。对于那些不能用货币量表现出来的人力资源价值，就必须采用适当的非货币性的计量方法来予以反映。将这两种计量方法有机地结合在一起加以运用，有助于完整地反映企业的人力资源价值。

---

① 何博传．山坳上的中国(第二版)．贵阳：贵州人民出版社，1989：495。

5.1.5 人力资源价值的计量方法

在对人力资源价值会计进行研究的过程中，人力资源价值的计量一直是重头戏。因为人力资源价值会计不是以投入价值而是以产出价值作为人力资源价值的计量基础，这就使人力资源价值的计量结果不可能绝对准确，而只是对人力资源在未来特定时期创造新的价值的能力的一个推测或估计。要想提供准确的人力资源价值的信息也是不实际的，因为在人力资源价值的计量过程中存在着许多不确定的因素。人力资源价值计量所带有的一定程度上的不确定性和计量方法的可操作性问题，是传统会计所没有遇到过的难题。如何减少不确定性、增加可操作性、提高人力资源价值计量结果的可靠性，是研究者们一直致力于解决的问题之一，为此产生了多种人力资源价值的计量方法。但是，有些方法越来越复杂，含有越来越多的不确定因素，这也是在研究工作中值得注意的一个问题。

人力资源价值的计量方法主要分为货币性计量方法和非货币性计量方法两类。人力资源价值的货币性计量方法是用货币单位来计量人力资源价值的一类方法。人力资源价值的非货币性计量方法是对不能直接用货币单位进行计量的人力资源价值的某些方面用非货币单位给予反映的一类方法。

5.2 人力资源价值的货币性计量方法

这里首先介绍一些主要的人力资源价值的货币性计量方法。现时的人力资源价值的货币性计量方法，按其开展计量工作的基础可分为以下四种：以工资报酬为基础的计量方法，以收益为基础的计量方法，以投入为基础的计量方法和以完全价值为基础的计量方法。

5.2.1 以工资报酬为基础的人力资源价值的货币性计量方法

这种计量方法是建立在以下认识的基础之上的：工资是劳动力价格的货币表现，是劳动力的必要劳动的价值，是与劳动力的价值密不可分的。

1. 未来工资报酬折现法

这种计量方法的创立者列夫和施瓦茨认为，人力资源价值应该等于劳动者在未来特定时期提供服务将得到的工资总额，那么劳动者目前的人力资源价值就是他在未来特定时期提供服务将得到的工资总额的现值。计算期按该人力资源未来提供服务的期限来确定，即从计量年度开始到该人力资源因某种原因离开企业为止的整个时期。在这一方法下，人力资源价值的计算公式为

$$V=\sum_{t=1}^{T}\frac{Y_t}{(1+r)^t}$$

其中，V 表示人力资源的价值；Y_t 为第 t 年的工资报酬；T 为人力资源价值的计算年限（当计算人力资源个体价值时，T 为某员工从现实年度到因离职、退休或死亡等原因离开企业止的为企业服务的期望年限）；r 为折现率。

这种方法计算简便，只要知道未来工资报酬数额、计算年限和选定折现率，便可计算出来。这种方法用于群体价值的计量比较适宜。作为整个企业或企业中的群体，虽然存在着人员的流动，但企业和企业中的群体在人员流动中通过招聘等方式总是保持了工作正常进行所需的人员数量，因此其未来工资报酬总额受人员流动的影响不大。对未来工资报酬总额影响较大的因素是加薪、增员或裁员，因此在确定未来时期工资报酬总额时应当把这几个因素考虑进去，即应结合对加薪幅度的预测、企业未来的发展计划对员工规模的需求预测来确定未来各年度工资报酬总额。计算年限不同，所得出的人力资源价值存在很大差异。虽然企业持续存在的时期可能很长，但计算期过长会缺乏实际意义，同时也增加了不确定性，因此确定适当的计算期是很有必要的。

这种方法如果用于个体价值的确定，计算年限的确定应根据具体情况分别处理：如果企业采用终生雇佣制，计算年限可以从现实年度起算到职工退休之时为止；如果签订有劳动合同，那么计算年限可以按合同剩余期限确定。但在这两种情形下，都存在过高估计职工为企业服务的期望年限的问题，因为存在着职工因病提前退休、提前离开组织或死亡等可能，而这是无法做出预测的。同时，存在职工通过学习、培训使工作能力得到提高或职工因工作出色得到提升从而工资报酬得到增加的可能，而在这种计算方法中并没有考虑到这些情况。因此，用这种方法计算人力资源个体价值时不确定性较大。

2. 调整后的未来工资报酬折现模式

这一模式认为，在同一行业的不同企业之间，即使技术水平相近，在效益方面也可能存在很大差异，这种效益差异主要是由人力资源素质的差异引起的，而未来工资报酬折现法不能反映出这种差异。为了反映人力资源素质的差异，在计算出工资报酬折现值后，应使用效率系数进行调整，从而确定企业的人力资源价值，这就是调整后的未来工资报酬折现模式的计算方法。所谓效率系数是对所选取的此前若干年度全行业的资产平均收益率与该企业在相应年度的资产收益率的比值进行加权平均所得到的数值。离现实年度越近，所赋予的权数越大；离现实年度越远，所赋予的权数越小。当企业收益率变化幅度较大时，应该多选几年；如果变化幅度较小，则可少选。这一计算模式的提出者是美国的赫曼森，他认为取五年较为适宜。赫曼森的公式为

$$E=\left(\frac{5\times \mathrm{RF}_0}{\mathrm{RE}_0}+\frac{4\times \mathrm{RF}_1}{\mathrm{RE}_1}+\frac{3\times \mathrm{RF}_2}{\mathrm{RE}_2}+\frac{2\times \mathrm{RF}_3}{\mathrm{RE}_3}+\frac{1\times \mathrm{RF}_4}{\mathrm{RE}_4}\right)\div 15$$

其中，E 表示效率系数；RF_0 为现实年度该企业的资产收益率；RE_0 为现实年度全行业的平均资产收益率；$\mathrm{RF}_t(t=1,2,3,4)$表示从现实年度往前推的第 t 年度该企业的资产收益率；$\mathrm{RE}_t(t=1,2,3,4)$表示从现实年度往前推的第 t 年度全行业的平均资产收益率。

这种方法比未来工资报酬折现法的科学性更强，因为它适当地考虑了由人力资源素质差异造成的不同企业间的效益差异，而不只是依据工资报酬来计算人力资源价值。这种方法也主要适用于计算人力资源的群体价值。应用这一方法计量出的企业人力资源的价值，在同一行业的不同企业之间更具可比性，更能满足外部利害关系者对人力资源价值的信息的需求。但因为权数的确定带有人为的因素，同时人力资源素质差异虽然是引起效益差异的主要因素但不是唯一因素，所以用这种方法计算人力资源价值也有一定的

局限性。用这种方法计算人力资源的个体价值，除存在上述不足之处外，其他不足之处与未来工资报酬折现法类似。

3. 未来工资报酬资本化法

这种计量方法在计算企业职工未来的工资报酬的现值时，考虑了职工提前离职、提升等情况发生的概率，引入了敏感分析的方法。它的计算公式为

$$E(C_n^*)=\sum_{t=n}^{T}P_n(t+1)\cdot\sum_{i=n}^{t}\frac{S_i}{(1+r)^{i-n}}$$

其中，$E(C_n^*)$为按此法计量的一个年龄为 n 的职工的人力资源价值；T 为该职工离开企业时的年龄；$P_n(t+1)$为该职工在第 t 年时离开企业的概率；S_i 为该职工第 i 年的工资报酬；r 为折现率。

这种方法也是在对未来工资报酬折现法进行改进的基础上得到的一种人力资源价值的货币性计量方法。

4. 对以工资报酬为基础的人力资源价值的货币性计量方法的思考

因为以工资报酬为基础的人力资源价值的货币性计量方法是直接根据未来工资报酬的现值或采取各种调整方式进行调整后确定的未来工资报酬的现值来确定人力资源的价值，所以对这类计量方法中的其他方法就不再介绍了。

以工资报酬为基础的人力资源价值的货币性计量方法反映的只是人力资源的部分价值(补偿价值或对补偿价值进行适当调整后确定的价值)，它是一种人力资源的不完全价值的计量方法，没有反映出劳动者创造的剩余价值，因而也没有完整地反映出人力资源使用价值。而根据马克思的政治经济学理论，人力资源使用价值远远大于其交换价值，因此，对于营利企业来说，这种方法一般都低估了企业的人力资源价值。

使用这种方法进行人力资源价值计量，在企业内平均主义现象仍比较严重的情况下，计量的结果显然不能正确地反映企业员工的人力资源价值。在我国，虽然行业之间的收入差距加大，但在行业、企业内部仍存在平均主义，因此在我国企业特别是在国有企业中用这种方法来进行人力资源价值计量具有很大的局限性。

对于亏损企业来说，采用以工资报酬为基础的人力资源价值的货币性计量方法进行人力资源价值计量时，会出现高估人力资源价值的情况，得出的结果与这些企业的人力资源价值的实际情况严重不符，而且还会令人啼笑皆非。例如，我国的邮政行业长期亏损，但邮政行业的职工却拿着远远高于全国平均水平的工资报酬，如果按工资报酬为基础来进行计量，得出的结果是邮政行业职工的人力资源价值将远大于其他许多行业的职工，而这显然是不真实的。同样，一些亏损企业存在着“穷庙富方丈”现象，如果对这些企业的管理者采用以工资报酬为基础的货币性计量方法来计量他们的人力资源价值，那么具有讽刺意味的是，得到的结果将表明他们具有很高的人力资源价值；而实际上，对于企业来说，这些管理者已没有任何价值，因为在他们的管理之下企业不能创造出任何新的价值来。

工资报酬差异的影响因素，除了人力资源因素外，还有非人力资源因素。在使用以工资报酬为基础的人力资源价值的货币计量方法时，必须考虑到这些因素的作用。例

如，在国有企业、私营企业、外资企业，从事同样工作的人员其工资报酬就存在着很大的差异。某些行业或某些工作(如航海、地质勘探、石油开采、井下采掘等)的工作条件较艰苦，工作环境较差，对于从业者一般都要支付较高的工资报酬(表5-1)。由于受传统观念影响人们不愿进入某些行业或从事某些工作(如殡葬业等)，这时也必须以较高的工资报酬来吸引人们进入。例如，广州殡仪馆2000年1月在报纸上刊登招聘启事，招聘40余名电脑、机械、自动化、工程热物理等方面的人才，引来近千人报名，当然，不能排除人们观念上的改变所产生的影响，但高额的工资报酬不能不说是一种重要的吸引因素。工资报酬还存在着地区差别，同一个劳动者在不同地区从事同样工作、付出同样的劳动，得到的工资报酬也有所不同。因此，在使用以工资报酬为基础的人力资源价值的货币性计量方法时，如果要考虑到企业所提供的人力资源价值信息的可比性问题，就必须采取恰当的处理方法，排除这些非人力资源因素对计量结果的影响。另外，垄断行业[①]依托垄断地位获取超额的垄断利润，职工也获得了高额的工资报酬。1978年，我国不同行业最高收入和最低收入的差距绝对数为458元，而1999年扩大为7 214元(表5-2)。对于行政垄断行业的职工的工资报酬中与行政垄断因素有关而与劳动者的必要劳动无关的部分，在计量人力资源价值时应该剔除，否则将缺乏客观性和可比性。因此，行政垄断行业内的企业在进行人力资源价值计量时，应设计行业工资报酬调整系数(用于因行政垄断因素而产生的工资报酬差异部分的调整)，并结合调整后的效率系数(排除因行政垄断因素而产生的效益差异后所确定的效率系数)来对未来工资报酬的现值予以调整。各行业内部不同文化程度分组的职工工资情况比较如表5-3所示。

表5-1 2000年国内16个行业职工年均工资总额 单位：万元

行业	工资	行业	工资
金融保险业	2.85	地质勘探和水利管理业	1.86
电力煤气及水的生产供应业	2.43	制造业	1.27
交通仓储邮电业	2.37	建筑业	1.64
机关和社会团体	2.23	采掘业	1.60
房地产业	2.12	社会服务业	1.55
卫生体育和社会福利业	2.07	批发和零售贸易餐饮业	1.54
科研和综合技术服务业	2.05	农林牧渔业	1.33
教育文化和广播电影业	1.99	其他行业	2.15

资料来源：解放日报，2001-07-04

表5-2 职工行业工资差异情况比较

项目	年份						
	1978	1980	1985	1990	1995	1998	1999
收入最高行业职工平均工资/元	850	1 035	1 406	2 718	7 843	10 633	12 046
收入最低行业职工平均工资/元	392	475	777	1 541	3 522	4 528	4 832

① 这里是指实行行政垄断的行业，如我国的卷烟生产、电力、电信等行业，而不是指通过自由竞争在行业中取得垄断地位的企业，如格兰仕等。

续表

项目	年份						
	1978	1980	1985	1990	1995	1998	1999
高低之比/倍	2.17	2.18	1.81	1.76	2.23	2.35	2.49
最高行业与最低行业的绝对差/元	458	560	629	1 177	4 321	6 105	7 214
高低行业绝对差比 1978 年增长/%	—	22.3	37.3	157.0	843.4	1 233.0	1 475.1

资料来源：中国信息报，2000-06-14

表 5-3　各行业内部不同文化程度分组的职工工资情况比较

行业	平均工资/元			平均工资的倍数		
	大学本科	初中	小学	大学∶中专	大学∶高中	大学∶小学
农林牧渔业	8 406	6 820	6 332	1.15	1.21	1.33
采掘业	8 313	7 067	6 482	1.13	1.12	1.28
制造业	10 748	6 794	6 271	1.33	1.52	1.71
电力煤气及水生产和供应业	12 362	9 609	9 662	1.12	1.35	1.28
建筑业	12 111	7 144	6 426	1.44	1.63	1.88
地质勘探水利管理业	10 497	6 747	5 917	1.45	1.40	1.77
交通运输仓储邮电通信业	11 376	8 787	7 807	1.16	1.24	1.46
批发零售贸易餐饮业	9 869	6 895	6 118	1.28	1.40	1.61
金融保险业	11 192	9 570	7 100	1.01	1.27	1.58
房地产业	12 543	9 809	7 245	1.35	1.21	1.73
社会服务业	10 533	6 132	6 363	1.44	1.43	1.66
卫生体育社会福利业	11 495	8 388	7 554	1.31	1.36	1.52
教育文化艺术广播电影电视业	10 669	8 001	7 684	1.32	1.31	1.39
科研综合技术服务业	11 939	8 622	8 073	1.37	1.37	1.48

资料来源：中国信息报，2000-06-14

5.2.2　以收益为基础的人力资源价值的货币性计量方法

1. 经济价值法

经济价值法是将企业或企业中的某一群体在未来特定时期内所实现的收益的预测值中，按人力资源投资率(即该企业或企业中的某一群体的人力资源投资占全部资产投资的比重)计算出的属于人力资源投资实现的部分的现值，作为该企业或企业中的某一群体的人力资源的价值。要注意到，这里所说的人力资源投资和第 4 章里所说的人力资源投资有所不同，它是相对于对企业的物质资源投入而言的，它不但包括在未来特定时期内为了提高企业人力资源素质所发生的投资(开发成本)，也包括企业在运用人力资源使用权时所发生的费用支出(使用成本等)。采用这种计量方法时，首先要将企业在未来特定时期内生产经营活动中的投入分为两大类，一类是物力的投入，一类是人力的投入。然后，在采用传统会计方法确定物力投入的价值时，也采用恰当的方法确定人力投入的价值，从而确定出人力投入(即在经济价值法中所说的人力资源投资)在企业总投入中所占的比率，即人力资源投资率。最后，预测在未来特定时期内企业或企业中的某一群体所实现的收益，并假定物力投入和人力投入在价值创造过程中所发挥的作用与它们在企业的总投入(由这两类投入构成)中所占的比率是一致的，据此确定人力资源投资在企业或企业中某一群体未来实现的收益中所占的份额，并将人力资源投资所实现的收益折现，以此作为企业或企业中某一群体的人力资源价值。例如，假设企业在未来某一特定时期内的收益的现值为8 000万元，企业的人力资源投资和物质资源投资在两者所构成的企业总投资中所占的比率分别为40%和60%，则可以认定该企业员工的人力资源的价值为

$$8\,000\times 40\%=3\,200(\text{万元})$$

经济价值法的一般计算公式为

$$V=\sum_{t=1}^{T}\frac{R_t \cdot h_t}{(1+r)^t}$$

其中，V 表示人力资源价值；R_t 表示第 t 年的收益；r 表示折现率；h_t 表示第 t 年的人力资源投资率；T 为人力资源价值的计算年限。

这种方法也是一种人力资源群体价值的计量方法。当未来收益中属于人力资源投资实现部分的现值大于零时，经济价值法认为该现值为计量对象的人力资源价值。但这种方法所确定的人力资源价值只反映了人力资源的部分价值，即反映的是人力资源剩余价值中转化为企业收益的那部分里面按人力资源投资率确定的价值。经济价值法的计量结果没有反映出人力资源所创造的全部剩余价值，也没有反映人力资源的补偿价值，因而将这种计量结果作为对人力资源价值的量度，显然低估了人力资源的价值。

应用经济价值法进行人力资源价值计量，主要有以下几个步骤。

第一步，对企业运用人力资源的历史绩效进行分析。企业的人力资源价值是管理的函数，它的体现也会受到人力资源载体自身因素的影响。对员工的管理，包括有形的管理和无形的管理两个方面。有形的管理是指对员工的实际投入，包括在员工身上发生的招聘、开发、培训支出和工资报酬等货币投入；无形的管理是指人事安排、激励、企业文化的灌输宣传等。管理方式影响员工的知识、技能和活力。通过对企业在人力资源管理上的货币投入的历史数据的分析，结合企业历年的利润增长率、净资产增长率等财务指标的分析，就能够得出企业在人力资源管理方面的报告，确定企业过去使用人力资源的历史绩效。分析企业使用人力资源的历史绩效时，所使用的历史数据不宜追溯过长的年份，因为距现实年度越远的年份的历史数据的有效性越低，一般选取最近三五年的数据较为适宜。

第二步，根据企业使用人力资源的历史绩效的分析报告，进行企业在未来特定时期内使用人力资源的绩效的预测，从而确定企业在未来特定时期内的收益、收益增长情况等。预测期的确定应与企业的长远发展规划相适应。在进行预测时，还应考虑适应性的问题，确定预测值的弹性范围。

第三步，确定企业在未来特定时期内的人力投入和物力投入的现值，从而计算出人力资源投资率。在折现时，还需确定折现年限。进行人力资源个体价值计量时，折现年限可按合同规定的服务期限确定，也可根据同类员工的平均服务期限确定，还可根据在该职位上服务的员工在不同年份离开企业的概率计算出该员工为企业提供服务的期望年

限来确定。进行人力资源群体价值计量时，折现年限可根据企业的长远发展规划来确定。

第四步，对企业人力资源价值进行计量并做出解释。根据在预测期内企业收益的预测值的现值和确定的人力资源投资率计算出企业的人力资源价值。人力资源价值的计量应尽可能做到客观公正，要注意所采用的数据的合理性，不要低估企业的人力资源价值，但根据谨慎性原则，也切忌高估企业的人力资源价值。

2. 商誉评价法

这是将企业商誉评价的方法应用于人力资源价值的评估的方法。商誉代表企业高于社会平均水平的盈利能力。商誉来源于企业人力资源的超额效用。超额效用是指人力资源的使用价值与使用成本之间的差额大于市场平均值的部分，它是企业超额盈利能力的根源。商誉评价法认为，商誉是企业的超额盈利能力的反映，商誉如果得以长期保持则不仅与当前的人力资源的超额效用有关，也与以后各期人力资源的超额效用有关，因此可以通过对企业商誉的计量来确定未来一定时期企业人力资源的超额盈利能力，并以此作为企业的人力资源价值。

商誉评价法的具体做法是，将企业过去若干年收益中超过行业平均收益部分累计起来，作为企业的商誉的价值，再将这一价值乘上人力资源投资率，将其结果作为企业人力资源的价值。

商誉评价法主要用于人力资源群体价值的评估。这种方法确定的人力资源价值也只是人力资源的部分价值，反映的是人力资源的超额盈利能力所创造的超额价值。这种超额价值反映了企业的人力资源和行业人力资源之间存在的质的差异，因此可用于同行业中不同企业的人力资源价值的比较。需要注意的是，不能将用商誉评价法计量确定的人力资源的超额盈利能力所创造的超额价值等同于人力资源的完全价值，否则将严重地低估企业人力资源的价值。

3. 对经济价值法和商誉评价法的思考

以上两种以收益为基础的人力资源价值的计量方法和以工资报酬为基础的人力资源价值的计量方法一样，也只反映了人力资源价值的某一方面，不是对人力资源价值的全面反映，也是不完全价值的计量方法。

在应用这两种计量方法时，还应该注意到以下两点。

第一，当企业的收益率等于或低于行业的平均收益率时，按商誉评价法计算的企业的商誉为零或为负。对这一计量结果，应该理解为它意味着企业的超额利润为零或为负，即企业员工没有创造超额利润的能力。

第二，运用经济价值法评价企业的人力资源价值时，如果在计算期内企业盈亏平衡或出现亏损，则该时期内企业所实现的收益的预测值中属于人力资源投资实现的部分的现值为零或为负。对这一计量结果应该理解为它意味着企业员工没有创利能力。

经济价值法和商誉评价法以企业员工创造的利润或超额利润作为员工人力资源价值的计量依据，是不妥当的。因为企业没有盈利(包括盈亏平衡和亏损)并不意味着企业员工没有创造出剩余价值来。这里以剩余价值分配的结果是否形成企业的盈利作为计量企业员工的人力资源价值的依据，而不是考虑员工的劳动是否创造了剩余价值，显然是不合理的。被国际同行评为“第三世界最好的项目之一”、“中国有色行业最有希望的工厂之一”的广西平果铝业公司的实例能很好地说明这个问题。1997年，该公司年销售收入为16.15亿元，总生产成本为14.4亿元，企业员工创造剩余价值1.75亿元。但在该厂的资金结构中，资本金仅占2.5%，低息的经营基金、软贷款、政府贷款占11.5%，其余86%均为高息的银行贷款，因此当年发生的贷款利息达5.2亿元，这使企业当年出现3.45亿元的亏损。“利滚利”使该公司的负债率每年以8%～10%的速度上升。如果不能解决资本金的问题，该企业将长期处于亏损状态①。在这种情况下，如果采用经济价值法或商誉评价法来计量该公司的人力资源价值，则将出现负值。实际上，企业的劳动者创造出了剩余价值，只是剩余价值在偿还借贷资本利息后没有剩余，因而没有形成企业的利润。不以剩余价值的创造而以剩余价值的分配结果作为计量人力资源价值的依据显然是不妥当的，因为对人力资源价值的计量要反映的是人力资源在未来特定时期内创造的价值而不只是为企业创造的利润，这两者不能混为一谈。

在经济价值法和商誉评价法中，都使用了人力资源投资率这样一个指标，但对这个指标的使用是值得考虑的。在这两种计量方法中，人力资源投资率是根据企业在未来特定时期内对员工的投入(包括招聘成本、开发成本、使用成本等资本性支出和收益性支出在内)的现值在总投资(由未来特定时期内人力投入的现值和物力投入的现值之和构成)中所占的比率来确定的，并按人力投入和物力投入的现值在总投资中所占的比率将未来特定时期企业的超额利润或利润划分为属于人力投入创造和物力投入创造两部分。在这里，需要回答的两个问题是：第一，在过去时期在员工身上发生的人力资源投资(指为了提高人力资源素质所发生的投资，不管投资主体是谁)所导致的员工的知识和技能的增长在未来特定时期的价值创造活动中是否将继续产生作用？如果能够产生作用，但在确定人力资源投资率时没有考虑这一因素，那么这一指标的确定显然会出现偏低的现象。如果要考虑过去时期的人力资源投资在未来特定时期内的价值创造活动中的作用，那么又应如何操作？第二，有什么依据说明每一单位的人力投入和每一单位的物力投入的创利能力也是相同的呢？

在使用人力资源投资率这一指标时最根本的问题在于：物力投入能够创造价值吗？只有劳动才能创造价值，当然，这里的劳动是指总体劳动，凡是与生产直接或间接有关的劳动(包括科技人员和管理人员的劳动)都是总体劳动中必要的构成部分，都创造价值。那么，为什么要将企业在未来特定时期内的超额利润或利润(都是企业员工创造的价值的一部分)划分为由人力创造的和由物力创造的这样两部分呢？这样做，难道不是在表明物力投入也能创造价值吗？

因此，采用经济价值法和商誉评价法来进行人力资源价值计量，只能反映人力资源的部分价值，而且直接应用于亏损企业是不恰当的。并且，人力资源投资率这一指标的设计和应用是不恰当的。

---

① 李铁铮，等．广西平果铝业公司陷入困境．经济日报，1998-03-26，第1版。

4. 随机报偿价值模式

这是弗兰霍尔茨提出的人力资源个体价值的计量方法。弗兰霍尔茨认为，一个人对于组织的价值在于他在未来时期能够为组织提供的服务，这种服务与其未来在组织中所处的职位相联系。而一个人在未来时期处于何种职位是不可能确切判定的，因此一个人未来为组织提供服务的过程是一个随机报偿过程。他提出的计算公式为

$$V=\sum_{t=1}^{T}\frac{\sum_{i=1}^{m}R_i\cdot P(R_i)}{(1+r)^t}$$

其中，V 表示人力资源的价值；$i=1,2,\cdots,m$，表示某职工在为企业服务的期望年限内可能担任的 m 个不同的职位；R_i 表示该职工在职位 i 上时能够给组织带来的利益，即为组织创造的价值；$P(R_i)$表示该职工取得职位 i 的概率；$\sum R_i\cdot P(R_i)$ 为该职工在为企业服务的期望年限内每年可能为企业带来的利益的期望值；r 表示折现率；T 为该职工为组织服务的期望年限，即人力资源价值的计算年限。

这种方法用职工未来能够给组织带来的利益来计算人力资源的价值，在模式中所考虑的因素比较全面、系统，因此从理论上来讲在以利益为基础计算人力资源个体价值的方法中，这种方法相对更准确，也更容易为人们所接受。但它的局限性在于缺乏可操作性。首先，职工在某个职位上任职的可能性难以较确切地判定，带有不确定性的因素；其次，职工在某个职位上能够给组织创造的价值本身就是一个待确定的未知量，利用未知量来计算未知量就更为价值的计量带来了困难；最后，它也和以工资报酬为基础的人力资源价值的货币性计量方法一样，存在着可能过高估计职工为组织服务的期望年限这一问题。这种方法是一种人力资源个体的不完全价值的计量方法，因为它是以职工在未来时期给组织带来的收益作为该职工的全部人力资源价值的，没有考虑人力资源的补偿价值。

5. 调整后的随机报偿价值模式

调整后的随机报偿价值模式是我国的研究者在对弗兰霍尔茨的随机报偿价值模式进行修正的基础上提出来的①。这一模式认为，人力资源是影响企业效益的重要因素，但不是唯一因素。因此，在以收益为基础计算人力资源价值时应该剔除其他资源对企业收益的影响。如果将企业的全部收益归结为人力资源所创造的价值，就可能高估了人力资源的价值。为此，该模式引入人力资产报酬系数(或人力资源份额系数)对随机报偿价值模式进行调整。人力资源份额系数的计算公式为

人力资源份额系数(K_i)＝(K_1×工资和福利费用)÷(K_1×工资福利费＋K_2×厂房设备折旧＋K_3×流动及其他资金利息＋K_4×资源消耗费)

其中，K_1、K_2、K_3、K_4 为权数，$K_1+K_2+K_3+K_4=1$。对于不同的企业，K_1、K_2、K_3、K_4的取值可以不同。利用人力资源份额系数，将随机报偿价值模式调整为

① 刘仲文．人力资源价值会计模式探讨．会计研究，1997，(6)：7～11。

$$V=\sum_{t=1}^{T}\frac{\sum_{i=1}^{m}R_i\cdot K_i\cdot P(R_i)}{(1+r)^t}$$

其中，V、R_i、$P(R_i)$、r、T 的含义与弗兰霍尔茨的随机报偿价值模式相同。

这是一种人力资源个体价值的计量方法，计量的也是人力资源个体的不完全价值。从理论上来说，根据这种模式计算的人力资源价值将比随机报偿模式更为精确。但实际上，它所存在的可操作性问题比随机报偿模式更加突出，因为在这里又增加了 K_1、K_2、K_3、K_4 这四个权数的确定问题。这四个权数的确定受人为因素的影响很大，因而也会对人力资源份额系数的确定产生影响，进而影响人力资源价值的计量。可以说，这里是利用几个新的不确定因素来解决设计者提出的一个不确定性问题，这样做是否能如设计者所设想的那样使人力资源价值的计量相对更加准确，是难以预料的。

5.2.3 以投入为基础的人力资源价值的货币性计量方法

这类方法之一是人力资本加工成本法。它将人力资源价值的形成过程视为一个加工过程，加工过程中的投入形成了人力资源的价值，因此人力资源的价值就应该等于将一个人培养到能创造价值为止的整个时期内所消耗的资源的价值，出生前后的照顾成本和成长过程中的衣食住行等方面的成本都应包括在内，而且这种成本随着人的成长呈递增的趋势。这种方法的提出者安吉尔认为，这个人力资本的加工过程要到 27 岁时才能完成。他提出的计算公式为

$$V=\sum_{t=1}^{T}\frac{C_t(1+i)}{(1+r)^t}$$

其中，V 表示人力资源的价值；T 为所选定的人力资本加工过程的持续期限；C_t 为第 t 年的加工成本；i 表示加工成本的增长率；r 表示折现率。

这种方法是一种按人力资源的投入价值来计量人力资源个体价值的计量方法，显然和前面所说的用人力资源的产出价值来计量它的价值是完全不相同的。它的不足之处表现在以下几个方面：首先，人在成长过程中所消耗的资源的价值(加工成本)并不等价于人力资源的价值。因为，一则某些加工成本与人力资源的形成没有必然的联系；二则与形成人力资源价值有关的投入也没有证据能说明它就形成了等价的价值。其次，加工成本与所形成的人力资源价值之间并不一定存在着必然的正比关系，同样的加工成本形成的人力资源价值可能不同，较小的加工成本所形成的人力资源的价值也完全可能大于较大的加工成本所形成的人力资源的价值。最后，加工成本难以搜集并逐一计量。

5.2.4 以完全价值为基础的人力资源价值的货币性计量方法

以工资报酬或以收益为基础的人力资源价值的货币性计量方法都是不完全价值计量方法，完全价值测定法是以企业员工进入企业直到因退休或生病、死亡等原因离开企业为止的这段时期内能够创造出的全部价值(即人力资源的使用价值，包括补偿价值和剩余价值)，或考虑时间价值将其折现后的现值作为员工的人力资源价值的一种计量方法。作为这种方法的提出者之一的徐国君认为，完全价值测定法既可以用来计算人力资源的

群体价值，也可以用来计算人力资源的个体价值。在计算群体价值时，要根据过去、现在的情况及未来变化的趋势进行估算，并在以后根据实际情况进行调整；在计算个体价值时，对职工个体价值的变化值可根据经验、岗位和能力大小分别进行测算①。

在以完全价值为基础计量人力资源价值时，若不考虑时间价值，则完全价值测定法的计量公式为

$$V = \sum A_t$$

其中，V 表示人力资源的价值；A_t 表示未来人力资源在第 t 年所创造的包括补偿价值和剩余价值在内的新的价值；t 的取值范围根据所选取的人力资源价值的计量期限来确定。如果要考虑时间价值，则只需选定折现率并计算出 A_t 的现值再求和就可以了。

文善恩提出的计量人力资源群体价值的未来净资产折现法也是一种人力资源的完全价值的计量方法②。这种计量方法比徐国君提出的方法考虑得更全面。这种计量方法的公式为

$$\mathrm{GV} = \sum_{t=1}^{T} \frac{(V_t + M_t)}{(1+r)^t}$$

其中，GV 表示人力资源群体价值；T 为该人力资源群体价值的计量期限；V_t 和 M_t 分别表示在第 t 年该人力资源群体的必要劳动和剩余劳动所创造的价值；r 表示折现率。

如果该人力资源群体的必要劳动和剩余劳动所创造的价值的增长是同步的，则上述计量公式可改写为

$$\mathrm{GV} = \sum_{t=1}^{T} \frac{(V_0 + M_0)(1+g)^{t1}}{(1+r)^t}$$

其中，g 表示该人力资源群体的必要劳动和剩余劳动所创造的价值的年增长率；V_0 和 M_0 分别为现实年度该人力资源群体的必要劳动和剩余劳动所创造的价值；GV、r、T 的含义与上文相同。

但实际上，必要劳动创造的价值的增长一般要低于剩余劳动创造的价值的增长，因此可分别用 g_1 和 g_2 来进行调整，g_1 和 g_2 分别表示人力资源群体的必要劳动和剩余劳动所创造的价值的增长率。这时，人力资源价值的计量公式为

$$\mathrm{GV} = \sum_{t=1}^{T} \frac{V_0(1+g_1)^t + M_0(1+g_2)^t}{(1+r)^t}$$

其中，GV、V_0、M_0、r、T 的含义同前。

从理论上说，这种方法可以提供企业人力资源价值的完整的信息，能够满足信息使用者对人力资源价值信息的要求。但在实际操作中，还有一些问题需进一步研究，主要有人力资源群体价值的计算年限的确定问题和 g_1、g_2 的确定问题等。

---

① 徐国君．劳动者权益会计．北京：中国财政经济出版社，1997：159，160。

② 文善恩．走向 21 世纪的现代会计(中)．大连：东北财经大学出版社，1996：184。

5.2.5 人力资源价值的货币性计量方法的思考和改进

1. 对人力资源价值的货币性计量方法的思考

从以上介绍可以了解到，人力资源价值的货币性计量方法现在主要有这几种类型：按人力资源的投入价值来进行计量的人力资本加工成本法；按人力资源的产出价值来进行计量的不完全价值计量法和完全价值计量法。

人力资本加工成本法的科学性、可靠性都较差，是不宜采取的计量方法。

人力资源的不完全价值的计量方法，只从补偿价值或收益方面对人力资源价值进行评价，因此都低估了人力资源的价值。使用经济价值法和商誉评价法时，如果不能正确地理解计量结果，有时甚至会造成对人力资源价值的扭曲性的认识。对同一个组织进行人力资源价值评估时，以工资报酬为基础和以利益为基础的人力资源价值的货币性计量方法会得出相差悬殊的结果。因此，一个组织在进行人力资源价值评价时，很可能从自身利益出发，选取评价结果对于自身显得比较有利的计量方法来开展评价活动。在没有对人力资源价值计量方法的选取做出规定之前，这种情况是不可能避免的。同时，采用不完全价值计量方法，也不能从所确定的人力资源的部分价值来测定出人力资源的完全价值。这样做的结果是，使人力资源价值明显地缺乏可比性，使人力资源价值信息使用者不能掌握人力资源价值的完整信息，因而会严重地影响信息使用者的决策，也不能达到人力资源价值会计的目的。

有人可能认为，在会计核算中一些资产的核算(如存货的计价、固定资产的折旧)也存在多种不同的方法，因此对人力资源这一特殊资产的价值的计量采用多种方法也是正常的。但是，要注意到，会计核算中存货的计价方法和固定资产的折旧方法涉及的是资产价值的分配，如存货的计价是本期可供使用的存货的价值在本期发出存货和期末存货之间进行分配，固定资产折旧是将固定资产的折旧总额在折旧期间内进行分配，并不牵涉到资产本身价值的确定问题。不管使用哪种方法，当期可供使用的存货的总价值是确定的，固定资产的原价也是确定的。人力资源价值的计量是测定企业的员工在未来特定时期为企业创造的价值，虽然对于不同的企业来说对同一个劳动者的人力资源价值的计量结果会存在差异，同一企业在不同时期对同一劳动者的人力资源价值的计量结果也会有所不同，但一个企业在一个特定的时候计量某一劳动者在未来特定时期的人力资源价值时所得到的结果应是该计量对象在未来特定时期为企业创造的价值的客观反映。人力资源价值会计的目的应该是提供完整的相对准确的人力资源价值的信息，计量方法的选择应该为这个目的服务。

如果在计量人力资源价值时既考虑到工资报酬又考虑到收益，那行不行呢？在企业盈利的情况下，这时所确定的人力资源的价值比其他方法更接近人力资源的真实价值，但它仍然不是人力资源的完全价值，因为对没有转化为企业利润的那部分剩余价值并没有予以考虑。

在进行人力资源价值计量时，首先要明确人力资源价值的含义和人力资源价值会计的目的。人力资源价值会计的目的就是要通过对企业员工在未来特定时期的人力资源补偿价值和人力资源剩余价值的计量来完整地相对准确地反映人力资源的价值信息。如前所说，以工资报酬为基础和以收益为基础的计量方法都不能满足这一要求。以剩余价值为基础来计量人力资源价值也是不妥当的，因为这时也只反映了人力资源的部分价值。造成工资报酬差异的因素有非人力资源因素和人力资源因素两类，其中人力资源因素的影响最大，这一点，在前面讨论人力资源投资会计问题时已有所论述。工资报酬与人力资源的价值是密切相关的，因此，不考虑工资报酬即不考虑人力资源的补偿价值，也不能提供完整的相对准确的人力资源价值信息。

2. 对人力资源价值的货币性计量方法的改进

那么，以什么为基础来进行人力资源价值的计量更合适呢？自然是应当以完全价值（包括补偿价值和剩余价值）为基础，因为它能提供比较完整的人力资源价值的信息。前面所介绍的多种人力资源的不完全价值的计量方法，基本上都是通过对未来一定时期人力资源的交换价值（工资报酬）或部分剩余价值（转化为企业收益的那部分剩余价值）的计量来确定人力资源的价值，因而不可能提供完整的人力资源价值的信息。应该注意到，企业支付的借贷资本的利息和交纳的所得税也是企业的人力资源新创造的价值，属于人力资源的剩余劳动所创造的剩余价值的分配，因此在计量人力资源价值时也应考虑在内。只有在工资报酬和剩余价值的基础上确定的人力资源价值的计量模式才能比较完整地反映人力资源的价值。如果计量方法比较科学，那么就能提供相对准确的人力资源价值信息。为此，可以在前面的完全价值测定法的基础上进行适当的改进，得出下面的人力资源的完全价值的计量公式。

$$\mathrm{GV}=\sum_{t=1}^{T}\frac{F_t(V_t+M_t)}{(1+r)^t}$$

其中，GV 表示人力资源价值；V_t 和 M_t 分别表示企业员工在第 t 年的必要劳动和剩余劳动所创造的价值；F_t 为行业调整系数（调整第 t 年行政垄断行业的企业因行政垄断因素而产生的完全价值的差异，$0<F_t\leqslant 1$，其他行业的企业在计量人力资源价值时，取 $F_t=1$）；r 表示折现率；T 表示所选定的计量期限。这一公式主要用来计量人力资源的群体价值。

对于非行政垄断行业的企业，这一计算公式就是前面的完全价值测定法中所介绍的公式。

对于行政垄断行业的企业，还存在行业调整系数 F_t 的确定问题，以对其依托行政垄断所获取的超额收入部分进行调整，使人力资源价值的计量更具客观性和可比性。F_t 的确定有两种可供选择的方法：一种是对比法，对于在我国实行行政垄断而在国外属于自由竞争的行业，首先测算国外同类行业人均新创造的全部价值与作为对比对象的其他行业（可以是国外的另一个行业或另外几个行业）人均新创造的全部价值的比率，并以此比率和国内的同类对比对象的人均新创造的全部价值为基础确定国内该行业的人均新创造的全部价值的数量，以此数量和国内该行业的名义的人均新创造的全部价值的比率作为行业调整系数。确定行业调整系数时所选取的数据可以是此前若干年的数据，选取的对比对象是若干个行业时，应对这些行业人均新创造的全部价值进行加权平均。另一种是分析法，即通过分析计算确定行政垄断行业的所有职工名义的新创造的全部价值中属于行政垄断因素产生的那部分价值，并计算剔除行政垄断因素后该行业的实际的新创造的全部价值与名义的新创造的全部价值的比率，将此比率作为计量该行业企业的人力资源价值时的行业调整系数。进行分析时所采取的数据可以选取此前若干年的数据。例如，国外很多国家电信行业的市话计费大都按 10 秒甚至按秒计费，我国的电信行业按 3 分钟计费，一位消费者通过对自己在一定时期的市话记录进行测算，发现电信部门按 3 分钟计费比按 10 秒和 1 秒计费可以从用户身上多获取 41.1%和 44.5%的“额外收入”。这种“额外收入”不是电信部门职工的劳动所新创造的价值，而仅仅是通过利用其行政垄断的地位而制定的显失公平的计费单位来获得的。据有关业内人士估算，我国电话用户达 1 亿多户，按市话计费公平计费方式计算，全国电信系统这一“额外收入”至少约有 50 亿元。很显然，这 50 亿元就应该作为确定电信行业的行业调整系数时要进行调整的内容。

人力资源价值的计算年限不宜过长，以 5～10 年为宜。采取滚动调整的方法，在每年年末结合当年企业职工所新创造的价值等实际情况对人力资源的价值进行调整并向前滚动一年，这样能使所确定的人力资源价值更符合实际情况。

当人力资源的必要劳动和剩余劳动所创造的价值的增长率都可以确定出来时，这一人力资源的完全价值的计量模式可以改写为

$$\mathrm{GV}=\sum_{t=1}^{T}\frac{F_t[V_0(1+g_1)^t+M_0(1+g_2)^t]}{(1+r)^t}$$

其中，各个符号表达的含义与前面的讨论相同，这里不再赘述。这个计量公式也可以用来计量人力资源个体价值，这时所反映的是人力资源个体的完全价值。但是它也存在和前面的以工资报酬为基础的人力资源价值的计量方法相类似的若干问题，如计算年限的确定问题、过高估计职工为企业服务的期望年限的问题、没有考虑到职工的知识和技能得到增加从而使人力资源价值得到提升的问题等。

如果引入弗兰霍尔茨的随机报偿价值模式，并将其中的 R_i 定义为某职工在职位 i 上所创造的全部价值(即包括交换价值和剩余价值)，那么从理论上来说它是人力资源个体价值的比较准确的计量公式。但这时新的问题又出现了，R_i 也是一个未知量，这是在用新的未知量来确定一个原来待定的求知量。因此，如何设计更妥当的、更具可操作性、不确定性更小的人力资源个体价值计量模式，还是一个值得人们研究的问题。

可能有人认为，这种计量方式只考虑了人力资源的作用，而没有考虑其他资产的作用，因而高估了人力资源价值。对此，应该认识到：首先，如果资产的作用(如新设备、新技术的运用等)导致了劳动生产率的提高，如果工资报酬的增长速度低于劳动生产率增长的速度，那么这时商品的价值量减少，而相对剩余价值增加，在劳动者总劳动时间不变的条件下，劳动者将创造出更多的剩余价值，以劳动者新创造的全部价值作为基础来进行计量的人力资源价值也相应增加。对于资产的这种影响作用，在估计未来时期企业的人力资源的工资报酬和所创造剩余价值时是事先要完全考虑进去的，在计量公式中已经隐含了对资产作用的考虑。其次，非人力资产自身是不可能创造出价值来的，只有人力资源才能创造价值。新设备、新技术对提高劳动生产率的作用，实际上也是劳动者掌握了新设备、新技术的运用的结果，是劳动者素质提高的体现，是劳动者的人力资源价值增长的体现。因此，没有将非人力资产的作用单独分离出来，不是高估人力资源的

价值，而是避免了对人力资源价值的低估。只有劳动者才能创造价值，并不意味着只要有了人力资源就可以创造出价值，因为价值的创造过程是劳动者的劳动力和生产资料结合的过程。没有其他的非物质资产，劳动者也不能创造出价值来。但是，承认只有劳动者才能创造价值和承认价值的创造是劳动者的劳动力和生产资料相结合的结果，并不是相互矛盾的。只有认识到前者，才能认识到劳动者应该拥有剩余索取权；认识到后者，也才会考虑到企业的盈余价值不应由企业的劳动者所全部拥有，而应在人力资本的投资者和物质资本的投资者之间按照一定的比例进行分配。

3. 盈亏平衡或亏损企业的人力资源价值计量问题

对于盈亏平衡企业来说，可以说企业的员工没有为企业创造利润，但不能断言企业的员工没有创造剩余价值，因为完全可能是在剩余价值分配后没有能够形成企业的利润。对于这样的企业，在计量员工的人力资源价值时完全可以采用与盈利企业类似的完全价值法。

对于亏损企业来说，问题比较复杂。对于政策性亏损的企业，可以设想将企业员工在允许的亏损范围内减少的亏损数额结合员工的补偿价值来确定该企业的人力资源价值。对于经营性亏损的企业，应该使用个体价值和群体价值相结合的方式来进行人力资源价值的计量工作。对企业的管理者，应该进行人力资源个体价值的计量。如果是管理能力的原因造成企业亏损，那么可以认为他们的劳动是无效劳动，不能创造价值，他们的人力资源价值应该是零价值；如果是个人品德、素质的原因(如以权谋私等非法活动)导致企业亏损，那么可以认为他们的劳动是破坏性劳动，创造的是负价值，负价值的大小与他们个人应承担的责任相联系来确定。但对于企业的员工来说，就应该进行具体分析了：如果企业员工的劳动不能创造交换价值，那么可以认为企业员工的劳动是无效劳动，他们的人力资源价值也为零价值；如果企业员工的劳动创造了交换价值，但没有为企业创造出剩余价值，那么可以根据他们所创造的交换价值来确定人力资源价值；如果企业员工的劳动既创造了交换价值，也创造了剩余价值，但企业仍处于亏损状态，那么应该根据企业员工所创造的交换价值和剩余价值之和来确定他们的人力资源价值。

5.3　人力资源价值的非货币性计量方法

5.3.1　人力资源价值的非货币性计量概述

人力资源价值的计量方法除了货币性计量方法之外，还有非货币性计量方法。因为有些与人力资源价值有关的特殊因素无法用货币量表现出来，也无法用货币性计量方法来进行计量，这时只能用非货币性计量方法来予以计量和进行分析说明。例如，一个人的性格、进取心、责任感、与同事的关系、与上下级的关系、与客户的关系、接受新知识和新技术的能力、社会影响力等，都会影响到一个人在未来特定时期为企业创造价值的能力，从而影响到他的人力资源价值的体现。美国著名的汽车推销员吉拉德成功的最大秘诀就在于他高度关心客户，与客户之间建立了非常密切的关系，从他手中买过汽车的顾客都成了他的回头客，而且为他带来了新的顾客。他的极大的价值不但体现在他的推销业绩上，更体现在他与客户的关系上。这种关系是无法用货币来进行计量的，但这确实构成了他的人力资源价值的一部分，这必须用非货币性计量方法来加以说明。

人力资源价值的非货币性计量方法一般从对人力资源技能信息库存资料的分析开始，然后利用这些信息进行人力资源价值技术指标的统计分析和评价，再对人力资源价值的主观自我评价进行分析，同时结合人力资源价值的客观评价资料进行比较分析，最后利用这些综合信息得出人力资源的某一个体的价值或某一群体的价值的非货币性数据的综合结论。根据上述对人力资源价值进行非货币性计量的程序，可以将人力资源价值的非货币性计量方法分为人力资源价值技能信息库法、人力资源价值技术指标统计分析法、人力资源价值主观期望效用评议法和人力资源价值客观实际效用评议法等。

人力资源价值技能信息库法，是指将人力资源的技能信息、特殊信息等输入并存储在信息库中，通过设计的电脑程序对有关信息进行分析从而得出进行人力资源价值评价和人力资源管理所需的各种资料，为企业管理者做出人力资源管理决策提供必需的信息的一种人力资源价值计量方法。

人力资源价值技术指标统计分析法，是指利用统计分析的方法来确定一些在进行人力资源价值计量和分析时所需的人力资源价值技术指标的一种人力资源价值计量方法。

人力资源价值主观期望效用评议法，是指通过职工开展的自我评价，掌握职工对现职工作的满意程度、对个人能力发挥情况的估计、对自己工作业绩的评价、对自身价值提高的期望等，并在此基础上分析企业的人力资源价值的现状和人力资源的配置效果，从而为企业管理者提供决策依据的一种人力资源价值计量方法。

人力资源价值客观实际效用评议法，是指由其他人对作为评议对象的某个个体的工作态度、工作业绩、能力的发挥情况、所具有的工作潜力等方面进行评价，并以此作为确定该评议对象的人力资源价值的参考依据的一种人力资源价值计量方法。

各种人力资源价值的非货币性计量方法在应用时应有很大的灵活性，企业应根据自身的情况，选择比较恰当的方法加以运用，并在运用过程中不断地总结经验，以加以改进和完善。

人力资源价值的非货币性计量方法是对货币性计量方法的补充，两者共同构成了对人力资源进行价值评估的评价体系。

5.3.2 人力资源价值的非货币性计量方法的应用

下面以A公司为例来分析人力资源价值的非货币性计量方法的应用。

1. A公司概况

A公司是世界著名的五大国际会计师事务所之一，其业务领域涉及审计、税务、企业咨询、公司财务、人力资本、电子商务等。A公司自1992年在H市成立以来，业务范围不断拓展，规模不断扩大，经营业绩逐年提高，在同行业中处于骄人的领先地位。这一切都得益于A公司拥有一大批理论扎实、业务娴熟、刻苦敬业的高素质人才，是他们在为A公司创造财富的同时也扩大了A公司的知名度、提高了A公司的美誉度。A公司员工的敬业精神和取得的业绩都和A公司在人力资源价值考核、计量以及在人力资源管理方面的成熟经验息息相关。以下仅以合伙人和A公司审计部为例，探讨A公司对人力资源价值的考核和计量工作。

A 公司沿用所隶属的国际会计师事务所在世界各地所设立的其他事务所的组织结构，实行合伙人制度(partnership)。在合伙人(partner，P)下设有六个级别，它们分别是经理(manager，M)、高级审计员二级(experienced senior，ES)、高级审计员一级(senior，S)、预备高级审计员（semi-senior，SS)、助理审计员二级(experienced staff，ESA)和助理审计员一级（staff，SA)。A 公司的人事部门每年都要花费一定的人力、物力和财力在新员工的录用上。他们到知名高校办讲座，宣传公司形象，从中选拔最优秀的人才。A 公司对这些知名学府的优秀毕业生，并不特别注重其在会计、财务方面的专业知识，而是看重他们的整体素质和潜能。此外，A 公司也在各种媒体上做广告，吸纳社会上经验丰富的专业人才为公司服务。

新员工进入公司，一般都从助理审计员一级开始做起，并接受公司的培训。如果每年的年度考核能顺利通过，就能够升到更高的一个级别(promotion)；年度考核结果特别优秀，则可能跳级(double jump)。如果不考虑跳级的因素，新员工从助理审计员一级逐级升迁到经理一级大致需要五六年，而从经理升至合伙人又至少需要五年左右时间。公司的组织结构整体上呈“金字塔”形，基础部分(含助理审计员)人数较多，通过各种形式的淘汰，越往上人数越少。据统计，A 公司审计部自成立到 1999 年的各个时期内，各级别人数如表 5-4 所示。

表 5-4　1995～1999 年 A 公司审计部各级别人数表　　单位：人

级别 \ 年份	1995	1996	1997	1998	1999
经理（M）	11	13	12	16	17
高级审计员二级（ES）	6	7	12	22	12
高级审计员一级（S）	10	14	21	15	8
预备高级审计员（SS）	16	16	18	19	37
助理审计员二级（ESA）	29	30	21	35	51
助理审计员一级（SA）	31	18	33	42	36
合计	103	98	117	149	161

从表 5-4 可以看出，A 公司各级别人数基本上每年都有增减变动，这是由以下原因造成的：一是招募新员工。A 公司每年不仅招收助理审计员，还招收高级审计员。二是员工离职。例如，1999 年 A 公司高级审计员一级只有 8 人，比上年减少了 47%。但从整体来看，A 公司员工总数是快速增长的。人才流动在当今社会已是普遍现象，它促进了人力资源的优化组合。A 公司也是在保持人员的一定流动率的基础上不断地优化公司的人力资源结构。

A 公司员工均具有大专或本科以上学历，其中还有若干位海外留学归来的工商企业管理专业的硕士和其他专业的硕士。由此可见，A 公司员工的人力资源整体素质是比较高的。

2. 对 A 公司合伙人的人力资源价值的非货币性计量

对合伙人的人力资源价值进行非货币性计量，亦即根据合伙人的文化知识水平、工作态度、工作能力、发展潜力、工作业绩以及性格等非货币计量方面的特征来推测、判断其未来为 A 公司提供服务的价值的大小。

目前国际会计师事务所以绩效评估法①(performance evaluation method)(即应用评分法)对人力资源价值进行衡量、比较，提供与人力资源管理决策相关的信息。A公司所隶属的国际会计师事务所每年对合伙人依下列项目来评估其绩效。

1)了解客户的经营情况

(1)了解客户的业务，包括关键性的成功因素；帮助分析重要的问题并提出建设性的解决办法。

(2)确定客户对公司的期望，制定合理的目标满足客户的期望。

(3)对客户的要求及时做出回答。

(4)对审计员灌输提供高质量服务以帮助客户取得成功的信念。

(5)和客户员工保持良好关系，从而发展和客户的全面关系。

(6)让公司的专家参与工作以提高服务质量。

(7)运用技术进行业务的计划、执行和管理工作。

(8)邀请工作小组有关人员参与定价、开单和收取费用的工作。

(9)良好地协调客户关系。

2)专业能力

(1)显示在某个领域的专业能力。

(2)显示在某个特定行业的专业能力。

(3)了解行业发展趋势和其他影响客户的外部因素。

(4)解决审计中的问题，包括相互核对重要决策。

(5)能够依据可获得的信息来确认宏观的或微观的技术及业务问题，并能客观地对此进行评估。

(6)能够及时邀请公司专家给予帮助。

(7)职业胜任能力综合评价。

3)发展员工

(1)对他人来说，是工作积极向上的表率；对一同工作经验相对少的人来说，是良师益友与指导者。

(2)在公司的招聘活动或其他对外活动中，对潜在的应征者做出良好的表率，以帮助公司招聘最适用的人才。

(3)在项目组中，能发挥沟通技能来发展员工间的良好关系或加强对客户的服务。

(4)妥善解决项目组与客户之间的个人冲突。

(5)在项目组成员间创造出一种积极、合作的氛围。

(6)持续、及时地对他人进行指导以帮助他人实现职业发展。

(7)对项目组成员提供实质的、及时的绩效表。

(8)积极组织和参与培训。

4)自我发展

(1)努力实现自我职业目标。

---

① Flamholtz E G. Human Resource Accounting(2nd ed.). San Francisco：Jossey-Bass，1985：244。

(2)有意识地进行自身发展和职业技能培养。

(3)有能力履行自己应承担的责任。

(4)对于建设性的批评能够接受并纠正自己的不当之处。

(5)通过参加公众活动以发展自身能力并提高公司形象。

(6)积极参加部门、办公室或公司的特别项目。

(7)努力听取并且理解他人的不同观点。

(8)写作技巧。

(9)口语交流技术。

(10)表达技巧。

(11)有能力成功地掌握自己的业务。

5)业务发展

(1)了解当地的业务环境以及潜在的客户基础。

(2)了解自己的服务领域。

(3)提高公司作为商业咨询公司的形象。

(4)通过运用自身的能力、创造力，积极地把公司的服务推广给客户。

(5)保持并发展与同学、知名人士以及其他潜在客户的关系。

(6)了解对公司发展有利的各种资源。

(7)参加制定和执行取得新客户的策略。

根据上述非货币性计量的评估内容对合伙人进行评估、打分，可以明显地看出各合伙人的得分高低。总评分越高，说明他在未来特定时期内对事务所的价值愈大。只要对每个合伙人都进行同样的评估，就可帮助事务所管理当局确定并衡量其全部合伙人的人力资源的非货币性价值，再与计量分工来进行分配。

3. A 公司员工的人力资源价值的非货币性计量

A 公司员工的人力资源价值的非货币性计量是建立在日常考核与评估的基础之上的。

1)A 公司员工人力资源价值的日常考核与评估

注册会计师事务所的业务经营不同于制造业等其他行业，它们以一个个独立的项目(job)为单位。A 公司每一个项目组都配备有一位合伙人、一位经理、若干名高级审计员和助理审计员。高级审计员和助理审计员的配备数量视项目大小和时间紧迫程度而定。一般情况下，每一项目至少有一位高级审计员，他可以是高级审计员二级，或者是高级审计员一级，也可以是预备高级审计员。该项目就由这样一位指定的高级审计员负责具体审计工作。

每一个项目小组都实行“层层负责”制度，下级向直接上级汇报工作，而上级则考核直接下级的工作情况和业务能力。具体操作时，项目小组负责人考核所属小组每一位成员，项目小组负责人的工作能力则由该项目的项目经理评估，而项目经理的工作情况则由该项目组所配备的合伙人进行评估。

如前所述，公司的经济业务以项目为单位，公司对员工的考核也是以一个个独立的项目为单位的。每一个项目结束，员工都要接受一次考核；所做项目越多，被考核的次数也就越多。当然，公司在安排项目时，会综合平衡每一位员工的工作时间和项目多少。

每一个项目结束后的考核和评估工作分为以下几个步骤。

第一，填写“审计业务评估表”(performance appraisal)。这一项工作由项目小组负责人进行。

A公司对每一级别的成员应当具备的业务能力和水平都有不同的要求，因此也设计了适用于不同级别人员的审计业务评估表：适用于助理审计员(含助理审计员二级和助理审计员一级)的评估表、适用于高级审计员(含高级审计员二级、高级审计员一级和预备高级审计员)的评估表以及适用于经理(含经理和高级经理)的评估表。每一种审计业务评估表都包含被考核人基本情况、填表说明、评估内容、结论以及签名等部分。

被考核人基本情况部分需填写的内容有被考核人姓名、参加工作年限、项目名称以及被考核人在该项目中所承担的工作等。

填表说明部分主要介绍考核的基本程序以及评估标准。

评估内容部分是评估表的主体部分。这一部分按被考核员工的级别不同而要求不一。例如，适用于高级审计员的审计业务评估表将被考核者应达到的业务水平归纳为以下六个大类：了解客户的经营情况、发展并保持与客户的关系、促进团队作用、专业/业务能力、培训助理审计员以及自我发展。每一大类又明细分为若干个子栏目，如“了解客户的经营情况”这一大类下包含了解客户的经营目标、了解客户的内控和相关政策、了解客户的运作和行业背景及了解该行业的常见风险等。在每一个子目的打分栏，即对被考核者在该方面的能力和表现的评价都划分为六个等级，分别为E(超越期望)、M+(较好地达到期望)、M(达到期望)、M－(基本达到期望)、D(低于期望)和N/A(不适用)。同时，在每一大类的最后，要求评估人给出小结性评估(亦划分为E、M+、M、M－和D五个档次)，并针对结论举出实例。

结论部分是对被考核人在项目中表现的全面评估，它建立在上述六大类评分基础上，划分为E、M+、M、M－和D五个档次。更为重要的是，评估人除综合评价被考核人的优点以及指出今后亟待改进之处外，同时评估人还在此部分表示是否愿意继续接受被考核人从事其他审计项目工作。

第二，项目经理和合伙人进行评估。项目小组负责人对小组内其他成员进行评估时所填写的审计业务评估表必须上交给项目经理和合伙人审阅。项目经理和合伙人也要在评估表上对被考核者做出简要的评价。

第三，考核结果的反馈。在经理、合伙人做出评估后，审计业务评估表直接向被考核人公开，由评估人(高级审计员)就各项评估内容与被考核人逐一详细讨论，使之明确其在工作中的优缺点，尤其是今后努力的方向，以便更好地符合公司的期望。

第四，评估人和被考核人都分别在评估表上签名。

由此可见，A公司对员工的考核是建立在客观、公正、公开的基础上的，是以促进员工成长为宗旨的。每一个项目结束，被考核人总是迫不及待地希望见到评估表，高级审计员、经理和合伙人也十分认真地为他们进行评估，因为他们知道小小一份评估表关系着公司员工今后的发展，更关系着公司员工整体素质的提高和经营成果的好坏。

对被考核者业务水平的每一个方面的表现打分时，要求举出实例来对所做出的结论予以证明，这有助于避免对员工进行评估过程中通常最容易发生的主观性、随意性的失误。评估结果的反馈是该公司对员工进行考核的工作中的一个特色，它摒弃了许多单位在考核评估过程中所采取的不能有效地达到评估目的暗箱操作的形式，使得评估者必须认真进行评估而不是按自己对被评估者的好恶、夹杂个人感情来进行评估并对评估结果负责，同时也使被评估者能够了解工作中的各级领导者对自己的评价，发现自己的长处和短处，有利于今后工作的改进和自身素质的提高。评估者对被评估者做出正确评价能够对被评估者起到有效的激励作用，促进公司的稳定和发展。

以上仅就适用于高级审计员的评估表做了说明，适用于助理审计员和经理的评估表主要是在评估内容上根据公司对各级别的不同要求做了相应的调整，如适用于助理审计员的评估表侧重于对他们基本业务技能的评估，与适用于高级审计员的评估表着重评估他们在项目负责过程中表现出来的能力和水平是有所不同的；适用于经理的评估表要求更高，主要评估他们在市场开拓方面的能力和水平。

资料 5-2

A 公司高级审计员业务评估表

姓名……………………

担任了几年项目负责人……………………

客户名……………………行业……………………

该项目持续时间…………小时　从(月/年)______/______到______/______

被指导人数……………………

评估人与评估对象的接触程度　□频繁　□一般　□有限

被指派工作的复杂性　□复杂　□一般　□简单

从事该项工作得到提高之业务能力……………………

负责工作……………………

说明

这份评估表的目的是让高级审计员清楚他在工作中的表现是否达到了他所在级别的应有业务水平。你会被要求在每一项评估后加上评语。评语应具体(包括举例)和有针对性。如果规定空白处不够填写，请另行准备空白纸张并附在本表后。此份评估表应在提交项目合伙人和经理签字后，与评估对象进行讨论。

评估的基础。此份评估表是以审计部高级审计员/助理审计员职业发展计划中的期望作为评价标准的。因此评估者在准备此份评估前应首先阅读职业发展计划。

达到期望(“M”)。这个标准是评价高级审计员的基准，它表示高级审计员在工作中达到了他所在级别的应有业务水平。“达到期望”代表高级审计员工作质量高，并有希望提升到更高的级别。

超越期望(“E”)。此项评价代表高级审计员在工作中的表现超越期望。评估人应在注释中说明选择该评价的理由。

低于期望(“D”)。此项评价代表高级审计员没有达到他所在级别应有的业务水平。

评估人应在注释中说明选择该评价的理由，以便被评估人明确问题所在。

了解客户的经营情况	期望					
	E	M+	M	M−	D	N/A
1. 了解客户的经营目标	□	□	□	□	□	□
2. 了解客户的内控和相关政策	□	□	□	□	□	□
3. 了解客户的运作和行业背景	□	□	□	□	□	□
4. 了解该行业的常见风险	□	□	□	□	□	□
5. 识别客户的主要风险及潜在的技术问题	□	□	□	□	□	□
6. 识别客户经营上的问题和改进的方法，并告知经理	□	□	□	□	□	□
7. 对客户的需要给予反馈	□	□	□	□	□	□
8. 了解客户信息系统在审计中的作用	□	□	□	□	□	□
9. 对于与客户交流后获取的信息能够正确利用	□	□	□	□	□	□

10. □超越期望　□较好达到期望　□达到期望　□基本达到期望　□低于期望

针对以上结论请举出实例：……………………………………

发展并保持与客户的关系	期望					
	E	M+	M	M−	D	N/A
11. 从客户处获取所需信息	□	□	□	□	□	□
12. 通过有效的聆听了解客户关切的问题	□	□	□	□	□	□
13. 与客户相关人员建立良好的关系	□	□	□	□	□	□
14. 向客户说明审计小组各成员的任务	□	□	□	□	□	□
15. 关注客户及小组成员的情况	□	□	□	□	□	□
16. 向合伙人/经理反映潜在的问题	□	□	□	□	□	□
17. 向合伙人/经理反映与客户关系上存在的问题	□	□	□	□	□	□
18. 表现出对客户的关注态度	□	□	□	□	□	□
19. 督促小组成员关注客户	□	□	□	□	□	□
20. 获得客户各级别人员的尊重	□	□	□	□	□	□
21. 在审计年度内根据需要保持与客户的沟通	□	□	□	□	□	□
22. 了解客户的企业文化，并告知小组成员	□	□	□	□	□	□

23. □超越期望　□较好达到期望　□达到期望　□基本达到期望　□低于期望

针对以上结论请举出实例：……………………………………

促进团队作用	期望					
	E	M+	M	M−	D	N/A
24. 理解合伙人、经理及客户的期望	□	□	□	□	□	□
25. 将上述三方期望与项目小组成员沟通	□	□	□	□	□	□
26. 与项目小组成员共享相关信息	□	□	□	□	□	□

27. 接受项目助理审计员提出的问题或其他关心的事宜	☐	☐	☐	☐	☐	☐
28. 保持热情和积极的态度	☐	☐	☐	☐	☐	☐
29. 提倡团队贡献	☐	☐	☐	☐	☐	☐
30. 鼓励项目小组成员保证工作质量和对客户的服务质量	☐	☐	☐	☐	☐	☐
31. 表现出良好的聆听技能	☐	☐	☐	☐	☐	☐
32. 有效监管小组成员完成高质量任务	☐	☐	☐	☐	☐	☐
33. 倡导高水平的团队成果	☐	☐	☐	☐	☐	☐
34. 熟悉税务及公司其他服务部门的信息资源	☐	☐	☐	☐	☐	☐
35. 帮助客户发掘成长机会并告知客户高层管理人员	☐	☐	☐	☐	☐	☐
36. 按项目小组成员的能力委派工作	☐	☐	☐	☐	☐	☐
37. 保证在最后期限内完成工作	☐	☐	☐	☐	☐	☐
38. 定期告知经理最新工作状况	☐	☐	☐	☐	☐	☐
39. 能够在压力下保持平衡	☐	☐	☐	☐	☐	☐

40. ☐超越期望　☐较好达到期望　☐达到期望　☐基本达到期望　☐低于期望

针对以上结论请举出实例：……………………………………

专业/业务能力

	期望					
	E	M+	M	M−	D	N/A
41. 证明有能力评估及解释数据和信息	☐	☐	☐	☐	☐	☐
42. 简洁、合乎逻辑地组织和解释信息	☐	☐	☐	☐	☐	☐
43. 证明有能力调查及写明复杂的问题	☐	☐	☐	☐	☐	☐
44. 理解并正确运用公司的政策与工作方法	☐	☐	☐	☐	☐	☐
45. 对于所有问题反应迅捷	☐	☐	☐	☐	☐	☐
46. 解决适当的问题	☐	☐	☐	☐	☐	☐
47. 选择适当时机与经理交流业务与管理方面的问题	☐	☐	☐	☐	☐	☐
48. 寻找出合适的、灵活的解决问题的方法	☐	☐	☐	☐	☐	☐
49. 询问潜在设想并调查与问题相关的所有细节	☐	☐	☐	☐	☐	☐
50. 向合伙人或经理演示解决问题的方法	☐	☐	☐	☐	☐	☐
51. 负责项目管理工作(包括后续工作、扫尾工作、安排时间等)	☐	☐	☐	☐	☐	☐
52. 明白项目中各工作环节的情况	☐	☐	☐	☐	☐	☐
53. 有效地安排工作程序	☐	☐	☐	☐	☐	☐
54. 理解商业控制的重要因素，即形成商业的关键输入、处理、输出过程	☐	☐	☐	☐	☐	☐
55. 向下属职员阐明、证实职业道德的重要性	☐	☐	☐	☐	☐	☐
56. 制定合理的时间进度表和成本控制表	☐	☐	☐	☐	☐	☐
57. 能处理多重任务并能灵活应对新的要求	☐	☐	☐	☐	☐	☐
58. 富有创造性的洞察力，能验证相关的问题并接受	☐	☐	☐	☐	☐	☐

新的观念						
59. 利用技术来促进项目管理并提高工作效率与质量	☐	☐	☐	☐	☐	☐

60. ☐超越期望 ☐较好达到期望 ☐达到期望 ☐基本达到期望 ☐低于期望

针对以上结论请举出实例：……………………………………

培训助理审计员	期望					
	E	M+	M	M−	D	N/A
61. 培训助理审计员，包括自始至终的监督	☐	☐	☐	☐	☐	☐
62. 告诉助理审计员工作目的	☐	☐	☐	☐	☐	☐
63. 对待助理审计员像一位良师	☐	☐	☐	☐	☐	☐
64. 帮助助理审计员解决业务问题	☐	☐	☐	☐	☐	☐
65. 给出客观、公正、及时的工作评估	☐	☐	☐	☐	☐	☐
66. 向职员提供工作评估的非正式反馈信息	☐	☐	☐	☐	☐	☐
67. 是职员的领导及榜样	☐	☐	☐	☐	☐	☐
68. 显示出公正、尊重、正直的榜样	☐	☐	☐	☐	☐	☐
69. 表现出对助理审计员平衡个人生活与工作需要的理解	☐	☐	☐	☐	☐	☐
70. 关心助理审计员参加公司正式培训	☐	☐	☐	☐	☐	☐
71. 向助理审计员推荐额外的培训	☐	☐	☐	☐	☐	☐
72. 鼓励助理审计员参加公司活动	☐	☐	☐	☐	☐	☐

73. ☐超越期望 ☐较好达到期望 ☐达到期望 ☐基本达到期望 ☐低于期望

针对以上结论请举出实例：……………………………………

自我发展	期望					
	E	M+	M	M−	D	N/A
（这一部分的目的系向个人提供建设性的回馈/建议。在对某些项目做出评价较困难的情形下，请仅完成你具有评价基础的项目。）						
74. 保持对最新行业发展动态的了解	☐	☐	☐	☐	☐	☐
75. 寻求额外的行业培训	☐	☐	☐	☐	☐	☐
76. 寻求建设性的回馈	☐	☐	☐	☐	☐	☐
77. 按建设性的回馈改进	☐	☐	☐	☐	☐	☐
78. 表现出合乎需要的自信	☐	☐	☐	☐	☐	☐
79. 具备恰当的写作技巧	☐	☐	☐	☐	☐	☐
80. 具有恰当的口头表达技巧，包括理解听者的意图	☐	☐	☐	☐	☐	☐
81. 具备召集小型会议的能力	☐	☐	☐	☐	☐	☐
82. 表现出合乎需要的好奇心，促使发现机会和提出正确的问题	☐	☐	☐	☐	☐	☐

83. □超越期望　□较好达到期望　□达到期望　□基本达到期望　□低于期望

针对以上结论请举出实例：……………………………………

全面评估

□超越期望　□较好达到期望　□达到期望　□基本达到期望　□低于期望

此人□可以　□不可以给予更重要的任务

我愿意在另一项任务中接受此人　是□　否□(请解释原因)

说明：……………………………………

在此项任务中此人表现出的优点汇总：……………………………………

有待改进之处：……………………………………

经理对此人工作的评价：……………………………………

合伙人对此人工作的评价：……………………………………

接触程度：　□频繁　□一般　□有限

……………………………………

签名：

我已和此职员就此份评估进行了讨论，并向其解释了我的期望，以便此职员进一步改进。

评估人…………　日期…………

评估人已和我对此项评估进行了讨论。我已知晓此份评估的内容以及今后努力之方向。

被评估人…………　日期…………

经理…………　日期…………

合伙人…………　日期…………

2)A 公司员工的人力资源价值的年度评估

在每个会计年度里，A 公司的每位员工都会经历数次甚至十几次项目评估。会计年度终了时，公司人事部门为每位员工建立一张评估汇总表，综合统计员工各次项目中得到的评估等级，并就各评估大类做出总结性评估。评估汇总表将送交合伙人审阅，并作为在年末圆桌会议(round-table)上决定该员工升职情况的重要依据，见表 5-5。

表 5-5　A 公司员工人力资源价值评估汇总表

项目		客户名称				总结
		××	××	××	××	
工作性质						
基础	完全					
	一般					
	有限					

续表

项目	客户名称				总结
	××	××	××	××	
日期					
小时数					
评估人					
全面评估					
了解客户的经营情况					
发展并保持与客户的关系					
促进团队作用					
专业/业务能力					
培训助理审计员					
自我发展					

一年一度的圆桌会议，由A公司所有高级审计员以上级别(含高级审计员)的人员参加。他们在会议上畅所欲言，发表对每一位员工的意见，并结合评估汇总表最终决定每位员工的等级，即E级、M级或者D级。一般而言，公司规定每一级别中有10%～20%将被评为E级，60%～80%被评为M级，剩余的10%～20%被评为D级。每一级别中荣获E级和M级评估的员工将能够顺利地升到更高一个级别，并且根据他们所处的等级，规定向客户收取的每小时服务费用和基本工资。后两者在公司的人事管理系统中是相互链接的。

员工刚进公司时，没有经过任何培训，公司也没有对其进行业务评估，因此他们的每小时服务收费和基本工资是没有区别的。经过一年的培训和工作后，他们在业务能力上的区别显示出来，为公司创造收益的能力也产生了差异，这体现在每小时服务收费标准的区别上。假设员工刚进公司时的每小时服务收费以代码30表示，以后每一级别及等级的每小时服务收费标准如表5-6所示。该表清晰地反映了人力资源价值与知识技能、业务能力的关系。当然，公司会根据通货膨胀情况，适时地调整上述收费标准，但其反映员工的人力资源价值的本质不会改变。

表5-6　2014年A公司各级别人员每小时服务收费标准

级别	等级	每小时服务收费	
		代码	金额/元
经理(M)	E	65	1 000
	M	60	800
高级审计员二级(ES)	E	58	650
	M	56	600
高级审计员一级(S)	E	54	500
	M	53	450
预备高级审计员(SS)	E	52	350
	M	50	300

续表

级别	等级	每小时服务收费	
		代码	金额/元
助理审计员二级（ESA）	E	45	250
	M	40	200
助理审计员一级（SA）		30	150

注：E 表示超越期望，M 表示达到期望

公司根据对员工进行评估的结果来确定其是否升职，并确定与其所处职位相应的业务收费标准和基本工资，可以说是对人力资源进行非货币性计量的结果在人力资源最终价值上的体现，而且是通过货币形式体现出来。

5.4　管理贡献明细账

5.4.1　基础数据

基础数据见表 5-7～表 5-17。

表 5-7　企业经营业绩基础数据表

企业名称：……………… 企业所属行业：大类……………… 中类……………… 规模：特大　大　中　小

经济类型：国有　集体　股份制　三资　其他（填空或选一项打√）

序号	指标	企业前年数	企业去年数	指标计算式	填写方法举例
1	流动比率			流动比率$=\dfrac{\text{流动资产}}{\text{流动负债}}$	如流动资产为 1 000 千元，流动负债为 500 千元，则比率为 1 000/500=2，填写 2
2	资产负债率			资产负债率$=\dfrac{\text{负债总额}}{\text{资产总额}}\times 100\%$	如负债总额为 500 千元，资产总额为 1 000 千元，则资产负债率为 500/1 000 × 100% = 50%，填写 50%
3	流动资产周转率			流动资产周转率$=\dfrac{\text{销售收入}}{\text{流动资产平均余额}}$	如销售收入为 2 000 千元，流动资产平均余额为 500 千元，则流动资产周转率为 2 000/500=4，填写 4
4	应收账款周转率			应收账款周转率$=\dfrac{\text{销售收入}}{\text{应收账款平均余额}}$	如销售收入为 2 000 千元，应收账款平均余额为 500 千元，则应收账款周转率为 2 000/500=4，填写 4

续表

序号	指标	企业前年数	企业去年数	指标计算式	填写方法举例
5	存货周转率			$存货周转率=\frac{产品销售成本}{存货平均余额}$	如产品销售成本为1 000千元，存货平均余额为500千元，则存货周转率为1 000/500＝2，填写2
6	产品销售率			$产品销售率=\frac{工业销售产值}{工业总产值}\times 100\%$(现价)	如工业销售产值为1 000千元，工业总产值为4 000千元，则产品销售率为1 000/4 000×100%＝25%，填写25%
7	资产周转率			$资产周转率=\frac{销售收入}{资产总额}$	如销售收入为2 000千元，资产总额为6 000千元，则资产周转率为2 000 /6 000＝0.33，填写0.33
8	销售增长率			$销售增长率=\left[\left(\frac{本年度销售总额}{上年度销售总额}\right)-1\right]\times 100\%$	如本年度销售额为3 000千元，上年度销售额为2 000千元，则销售增长率为[(3 000/2 000)−1]×100%＝50%，填写50%
9	成本费用利润率			$成本费用利润率=\frac{利润总额}{成本费用总额}\times 100\%$	
10	总资产利润率			$总资产利润率=\frac{利润总额}{总资产平均余额}\times 100\%$	
11	净资产利润率			$净资产利润率=\frac{利润总额}{净资产}\times 100\%$	
12	总资产贡献率			$总资产贡献率=\frac{(利润总额+税金总额+利息支出)}{平均资产余额}\times 100\%$	
13	销售利润率			$销售利润率=\frac{利润总额}{销售收入}\times 100\%$	

续表

序号	指标	企业前年数	企业去年数	指标计算式	填写方法举例
14	资本保值增值率			资本保值增值率 $=\frac{(\text{期末所有者权益总额}-\text{期初所有者权益总额})}{\text{期初所有者权益总额}}\times 100\%$	
15	人均利润率			人均利润率 $=\frac{\text{利润总额}}{\text{平均职工人数}}\times 1\,000$	利润单位为千元，平均职工人数单位为人
16	全员劳动生产率			全员劳动生产率 $=\frac{\text{工业增加值}}{\text{平均职工人数}}\times 1\,000$	工业增加值单位为千元，平均职工人数单位为人
17	市场占有率			市场占有率 $=\frac{\text{主要产品销售额}}{\text{同行业的产品销售总额}}\times 100\%$	
18	研究与开发费比率			研究与开发费比率 $=\frac{\text{研究与开发费（含技术开发费）}}{\text{销售收入}}\times 100\%$	同前，如为 25%，填写 25
19	大专以上人员比率			大专以上人员比率 $=\frac{\text{大专以上人员数}}{\text{职工人数}}\times 100\%$	同前，如为 25%，填写 25
20	工程技术人员比率			工程技术人员比率 $=\frac{\text{工程技术人员数}}{\text{职工人数}}\times 100\%$	
21	销售目标完成率			销售目标完成率 $=\frac{\text{销售额}}{\text{本年度销售目标值}}\times 100\%$	

续表

序号	指标	企业前年数	企业去年数	指标计算式	填写方法举例
22	利税增长率			利税增长率$=\left[\left(\dfrac{\text{本年度利税}}{\text{上年度利税总额}}\right)-1\right]\times 100\%$	
23	利润增长率			利润增长率$=\left[\left(\dfrac{\text{本年度利润总额}}{\text{上年度利润总额}}\right)-1\right]\times 100\%$	
24	利税目标完成率			利税目标完成率$=\dfrac{\text{利税总额}}{\text{本年度利税目标值}}\times 100\%$	
25	利润目标完成率			利润目标完成率$=\dfrac{\text{利润总额}}{\text{本年度利润目标值}}\times 100\%$	
26	资产增长率			资产增长率$=\dfrac{\text{(本年度资产总额}-\text{上年度资产总额)}}{\text{上年度资产总额}}\times 100\%$	
27	净资产收益率			净资产收益率$=\dfrac{\text{利税总额}}{\text{净资产}}\times 100\%$	
28	人均利税率			人均利税率$=\dfrac{\text{利税总额}}{\text{平均职工人数}}\times 1\,000$	利税总额单位为千元，平均职工人数单位为人

续表

序号	指标	企业前年数	企业去年数	指标计算式	填写方法举例
29	研究与开发费增长率			研究与开发费增长率 $=\frac{(\text{本年度研究与开发费}-\text{上年度研究与开发费})}{\text{上年度研究与开发费}}\times 100\%$	
30	研究与开发费目标完成率			研究与开发费目标完成率 $=\frac{\text{研究与开发费}}{\text{本年度研究与开发费目标值}}\times 100\%$	
31	决策成功率			决策成功率 $=\frac{\text{年末经营者完成董事会决策事项数}}{\text{年初董事会决策事项数}}\times 100\%$	

注：(1)凡财务性指标值均需经审计确认，凡非财务性指标值均需董事会确认

(2)小数值保留两位小数

(3)由于系统软件允许评价主体自选评价指标，所以若选择自选评价指标，可只填与所选评价指标相一致的企业前年和去年数，不必全部指标均填写

表 5-8　企业管理难度基础数据表

企业名称________________

员工素质状况	填入比例数。 1. 退休职工比例为__________% 2. 职工平均年龄与平均退休年龄比例为__________% 3. 受过专门教育的职工数占职工总数比例为__________% 4. 技术部门正规大学学历以上人数与技术部门职工总数之比例为__________% 5. 管理人员正规大学学历以上人数与管理人员总数之比例为__________% 6. 营销人员正规大学学历以上人数与管理人员总数之比例为__________% 7. 中级技能以上人员数与职工总数比例为__________% 8. 高级工以上人数与工人总数比例为__________% 9. 工程师以上人数与技术人员、营销人员总数比例为__________% 10. 经济师以上人数与管理人员总数比例为__________% 11. 职工平均年收入与本地区人均年收入比例为__________% 12. 中级技能以上人员年均收入与职工平均年收入比例为__________% 13. 未解聘富余人员与职工总数比例为__________% 14. 不称职人员数与职工总数比例为__________%

续表

产品复杂状况	括号内任选一项打√，在空白处填入数字。 1. 创80%销售额的产品数与批量生产产品总数比例为__________% 2. 产品制造加工多行业关联特性(A. 多行业紧密关联　B. 与相关行业有一定联系　C. 主要涉及本行业　D. 与其他行业毫无关联) 3. 出厂产品装配特性(A. 大批量流水线总装　B. 流水线加工成形　C. 单件生产　D. 完全手工作业) 4. 出厂产品构成特性(A. 由多种零部件组成或主机　B. 由多零件组成或部件　C. 由原料或毛坯件加工而成或零件　D. 毛坯或原材料) 5. 开发期产品数与产品总数比例为__________% 6. 生产准备期产品数与产品总数比例为__________% 7. 起始期产品数与产品总数比例为__________% 8. 成长期产品数与产品总数比例为__________% 9. 成熟期产品数与产品总数比例为__________% 10. 衰退期产品数与产品总数比例为__________% 11. 盈利产品数与产品总数比例为__________% 12.(A. 独家拥有　B. 世界先进　C. 国内先进　D. 普遍采用　E. 正在或已经淘汰) 13. 技术替代的难易程度(A. 不可替代　B. 很难替代　C. 可替代) 14. 功能替代的难易程度(A. 不可替代　B. 很难替代　C. 可替代) 15. 结构替代的难易程度(A. 不可替代　B. 很难替代　C. 可替代) 16.(A. 面对最终用户　B. 面对主机厂　C. 面对总成厂　D. 零部件加工厂　E. 原料加工厂) 17.(A. 尖端技术　B. 高科技　C."四新"产品　D. 一般产品)
企业复杂状况	括号内任选一项打√，在空白处填入数字。 1.(A. 特大型企业　B. 大Ⅰ类企业　C. 大Ⅱ类企业　D. 中型企业　E. 小型企业) 2. 出口额与总销售额比例为__________% (A. 国际市场占有率__________%　B. 国内市场占有率__________%　C. 地区市场占有率__________%) 3.(A. 创建中企业　B. 新创建企业　C. 成长期企业　D. 成熟期企业　E. 衰退期企业) 4.(A. 跨国经营企业　B. 跨地区经营企业　C. 同地区工厂分布地点不同　D. 工厂集中在同一地点) 5. 设备新度系数为__________% 6.(A. 国家支柱产业　B. 地区支柱产业　C. 享受税收优惠　D. 社会公益) 7.(A. 营销体系尚未建立　B. 正在建立营销体系　C. 营销体系比较完善　D. 营销体系已过时　E. 营销体系无法运转)
有效决策状况	括号内任选一项打√。 1.(A. 法人治理结构及责权清晰　B. 具有法人治理结构但责权不清　C. 未完成公司制改制) 2.(A. 总经理具有决定性作用　B. 总经理有时需借助上级或董事会力量　C. 总经理对经理班子的控制力较弱　D. 副手拉帮派各行其是) 3. 企业信用等级(A. AAA　B. AA　C. A　D. BBB　E. BB　F. B) 4.(A. 公司有完全的决策及组阁权　B. 公司有部分决策及组阁权　C. 公司基本无决策及组阁权)
企业运行惯性状况	填入数字。 1. 企业前年利润为__________万元，去年为__________万元 2. 企业前年销售为__________万元，去年为__________万元 3. 企业前年市场占有率为__________%，去年为__________% 4. 企业前年资产为__________万元，去年为__________万元 5. 企业前年技术开发费为__________万元，去年为__________万元 6. 企业前年受过专门教育的职工数与职工总数比例为__________，去年比例为__________ 7. 企业前年中级技能以上人数与职工总数比例为__________，去年比例为__________ 8. 企业前年人均工资额为__________元，去年为__________元 9. 企业前年人均劳动生产率为__________%，去年为__________%

注：如评价时不考虑企业管理难度因素，或以定性方法主观判断管理难度，则可不填写此表

表 5-9　人事考核表

评定期间　　年　月　日　　　　　　　　所属部门名

<table>
<tr><td>职能等级</td><td>等级</td><td rowspan="4">被评定者</td><td rowspan="2">姓名</td><td rowspan="2"></td><td>录用年月</td><td>年　月</td><td rowspan="2">第一次评定者</td><td rowspan="2">印
(现职赴任　年　月)</td></tr>
<tr><td>工资代码</td><td></td><td>现职赴任年月</td><td>年　月</td></tr>
<tr><td rowspan="2">职位</td><td rowspan="2"></td><td>出生年月日</td><td>年　月　日生(满　岁)</td><td>现级升级年月</td><td>年　月</td><td rowspan="2">第二次评定者</td><td rowspan="2">印
(现职赴任　年　月)</td></tr>
<tr><td>学历</td><td>中学　高中　大学</td><td>现部门工作年月</td><td>年　月</td></tr>
</table>

<table>
<tr><td rowspan="2">分类</td><td rowspan="2">评定要素</td><td rowspan="2">评定的观察点</td><td rowspan="2">评定者</td><td rowspan="2">评定尺度</td><td rowspan="2">在对最高、最低的第一次评价做出修正时请写上理由</td><td colspan="2">* 评定</td></tr>
<tr><td>第一次</td><td>第二次</td></tr>
<tr><td rowspan="7">业绩评定</td><td>正确性</td><td>工作过程和结果是否正确，质量如何，是否信得过，业务处理是否严谨、完善</td><td>第一次
第二次</td><td>经常正确　正确　一般
稍差　很差</td><td></td><td></td><td></td></tr>
<tr><td>速度</td><td>工作是否麻利、干净利索，是否能在规定时间里完成规定任务量</td><td>第一次
第二次</td><td>非常快　较快　一般　较慢
很慢</td><td></td><td></td><td></td></tr>
<tr><td>报告与联系</td><td>能否就布置的事项，以及本职工作中必报事项，及时向上级报告，或者同有关部门联系，以保证工作正常进行</td><td>第一次
第二次</td><td>准确无误　较好　一般
较差　无信誉</td><td></td><td></td><td></td></tr>
<tr><td>钻研精神</td><td>为了正常地进行工作，能否经常钻研业务，努力改进工作</td><td>第一次
第二次</td><td>充满热情　有热情　普通
略显不足　没兴趣</td><td></td><td></td><td></td></tr>
<tr><td>成本意识</td><td>是否能够在工作中经常权衡利弊，减少浪费，节约成本</td><td>第一次
第二次</td><td>十分出色　相当好　中等
较差　不好</td><td></td><td></td><td></td></tr>
<tr><td>开拓业务</td><td>在开拓业务、建立信誉方面是否能够善于交际，灵活处理有关事务，使业务得到扩展</td><td>第一次
第二次</td><td>非常卓越　比较出色　一般
很少　很差</td><td></td><td></td><td></td></tr>
<tr><td>维持业务</td><td>在维持现有顾客方面，是否能够热情周到、无微不至，并使业绩得到巩固</td><td>第一次
第二次</td><td>非常有效　较好　平平
稍有损失　损失很大</td><td></td><td></td><td></td></tr>
<tr><td rowspan="2">工作态度评定</td><td>热情</td><td>对待工作是否能够任劳任怨、埋头苦干、充满工作热情和干劲</td><td>第一次
第二次</td><td>极富干劲　有热情　普通
不够　没热情</td><td></td><td></td><td></td></tr>
<tr><td>责任心</td><td>对待工作是否能够有始有终，不推诿，不推卸责任，认真负责地完成任务</td><td>第一次
第二次</td><td>极为认真　较认真　还行
不太行　不负责任</td><td></td><td></td><td></td></tr>
</table>

续表

分类	评定要素	评定的观察点	评定者	评定尺度	在对最高、最低的第一次评价做出修正时请写上理由	*评定	
						第一次	第二次
工作态度评定	协作性	能否作为组织的一名成员，为集体间的协作、为同事间的互相帮助作贡献	第一次 第二次	极富诚意　较主动　一般 不易做到　自我意识			
	纪律性	能否服从命令，遵守规章制度，积极为工作场所有秩序作努力	第一次 第二次	堪为师表　基本做到　一般 较差　极差			
晋升能力评定	创造力	能否为提高工作效率，积极改革创新，并取得实质性进展与成效	第一次 第二次	超群　相当出色　较好 稍差　缺乏才干			
	指导力	能否在工作中指导教育下级人员，使他们尽快掌握必要的知识与技能，实绩如何	第一次 第二次	不可挑剔　相当好　一般 不足　笨拙			
	说服力	能否凭借有利条件，说服他人，把工作做得更好	第一次 第二次	很好　较好　普通 不行　非常不行			
	理解力	是否能够充分理解事物，并迅速准确地做出判断，有效地采取措施	第一次 第二次	出众　相当出色　一般 较差　很差			
	表达力	是否能够用文章或口头准确表达自己的见解，简明扼要，并且使对方不反感、易接受	第一次 第二次	出类拔萃　较好　一般 不行　很不行			
	业务知识	是否具有担当工作所必要的业务知识	第一次 第二次	十分精通　知之甚多　还可以 需要指导　贫乏			
					合计		

总体评定

1. 该员工实际工作成果与现职所要求的标准相比如何？
   □□极为优秀　□□稍差
   □□相当优秀　□□很差
   □□大致相当
2. 该员工的工作状况与现职的要求相比如何？
   □□好于要求　□□低于要求
   □□略好于要求　□□远低于要求
   □□大致达到要求
3. 从总体上看，该员工现有能力比现职要求的能力如何？
   □□超出现职所要求的能力
   □□能够胜任
   □□比较勉强
   □□有待进一步努力
   □□很难胜任
4. 从总体上看，该员工的人品、教养、信誉，是否与现职相称？
   □□极为相称
   □□基本合格
   □□勉强称职
   □□有待提高
   □□非常不相称
5. 综观全公司，该员工在上述四方面的综合评价在何档次？

优	良	中	差	极差

注：不要在注有*处填写	最终决定栏	A　B　C　D

表 5-10 综合考核表

所属人事部　　　　级别　　　　姓名(代号)

<table>
<tr><th colspan="2" rowspan="2">考核项目</th><th rowspan="2">评价</th><th colspan="3">评分小计</th><th rowspan="2">备注</th></tr>
<tr><th>一次</th><th>二次</th><th>总计</th></tr>
<tr><td>成绩</td><td>工作的质与量</td><td>s a b c d
(42)(30)
60 48 36 24 12</td><td>( )</td><td>( )</td><td>( )</td><td>(1)成绩考核。一次考核者以被考核者的目标任务书的考核为基础进行评价考核，并按 s、a、b、c、d 五档进行评价，填写人事考核表。
s——极优秀
a——优秀
b——良好
c——中等
d——差</td></tr>
<tr><td rowspan="5">能力</td><td>知识技术</td><td>s a b c d
5 4 3 2 1</td><td rowspan="5">( )</td><td rowspan="5">( )</td><td rowspan="5">( )</td><td rowspan="5">(2)能力考核。一次考核者以目标任务书的评价为基础，对被考核者的能力进行进一步考核，按 s、a、b、c、d 五档进行评价。
s——能力极强
a——能力较强
b——能力一般
c——能力较弱
d——能力较差</td></tr>
<tr><td>折中力</td><td>s a b c d
5 4 3 2 1</td></tr>
<tr><td>判断力</td><td>s a b c d
5 4 3 2 1</td></tr>
<tr><td>计划力</td><td>s a b c d
5 4 3 2 1</td></tr>
<tr><td>指导监督力</td><td>s a b c d
5 4 3 2 1</td></tr>
<tr><td rowspan="3">工作态度</td><td>协作性</td><td>s a b c d
5 4 3 2 1</td><td rowspan="3">( )</td><td rowspan="3">( )</td><td rowspan="3">( )</td><td rowspan="3">(3)工作态度考核。一次考核者在理解考核项目的基础上，对考核者进行评价，评价档次为 s、a、b、c、d 五档。
s——极优秀
a——优秀
b——良好
c——中等
d——差
·协作性——在本职工作外能够把自己作为组织的一员，为组织的协作自觉作贡献
·积极性——对待工作充满热情，积极肯干，并能主动改善和改进工作，自觉提高自己的能力
·责任心——忠于职守，任劳任怨，认真负责地完成工作任务</td></tr>
<tr><td>积极性</td><td>s a b c d
5 4 3 2 1</td></tr>
<tr><td>责任性</td><td>s a b c d
5 4 3 2 1</td></tr>
<tr><td rowspan="4">判定</td><td>评分合计</td><td></td><td>( )</td><td>( )</td><td>( )</td><td>(4)评分合计。一次考核者按考核项目的得分进行加总，把分项小计总分填在( )中</td></tr>
<tr><td rowspan="2">评价档次</td><td>一次 S A B C D</td><td rowspan="3"></td><td rowspan="3"></td><td rowspan="3"></td><td rowspan="3">(5)评分档次确定。一次考核者再将分项小计得分加总，根据总分所对应的 S、A、B、C、D 决定评分档次。
S——85 分以上
A——75～84 分
B——45～74 分
C——30～44 分
D——29 分以下</td></tr>
<tr><td>二次 S A B C D</td></tr>
<tr><td>最高档次</td><td>S A B C D</td></tr>
<tr><td colspan="2">第一次考核者</td><td colspan="4">印</td><td>事实根据填写栏</td></tr>
<tr><td colspan="2">第二次考核者</td><td colspan="4">印</td><td></td></tr>
</table>

表 5-11 综合类企业与领导者素质测评(10 分) 编号

序号	指标名称	计算公式及内容	满分	参照值	评分说明
1	领导者素质		5		
	文化水平	大专以上、中专以下	(1)		大专以上满分，大专 80%，中专以下 50%
	技术职称	高级、中级、初级、无	(2)		高职满分，中职 80%，初级 60%，无 40%
	专业年限	10 年及以上、5～10 年、5 年以下	(1)		10 年及以上满分，5～10 年 80%，5 年以下 60%
	本职年限	5 年及以上、2～5 年、2 年以下	(1)		5 年及以上满分，2～5 年 80%，2 年以下 60%
2	管理素质		3		
	制度建设	岗位责任制、财务制度、内控制度、工艺规程、质量管理	(1.6)		很好 1.6 分，较好 1.5 分，好 1.4 分，一般 1.3 分，较差 1.2 分，差 0 分
	制度实施	落实、检查、考核	(0.4)		很好 0.4 分，好 0.3 分，一般 0.2 分，较差 0.1 分，差 0 分
	合同履约率	(实际履行合同数÷应履行合同个数)×100%	(1)	100%	未达标按比例扣分，小于 50%(包括 50%)不计分
3	企业整体技术素质		2		
	研究开发	技术力量、科研设施、科研经费	(1)		很强 1 分，较强 0.8 分，好 0.6 分，一般 0.4 分，较差 0.2 分，差 0 分
	营销水平	国际水平、行业先进、一般水平	(1)		很强 1 分，较强 0.8 分，好 0.6 分，一般 0.4 分，较差 0.2 分，差 0 分

注：本表仅供确定经理人员的基本年薪时参照

表 5-12 综合类企业经济实力的测评(25 分) 编号

序号	指标名称	计算公式及内容	满分	参照值	评分说明
1	净资产		8		
		贷款余额在 1 亿元以上(含 1 亿元)		>5 000 万元	未达标按比例扣分，小于 2 000 万元(包括 2 000 万元)不计分
		贷款余额在 1 亿元以下		>1 500 万元	未达标按比例扣分，小于 500 万元(包括 500 万元)不计分
2	资产负债率	(负债总额÷资产总额)×100%	7	<60%	未达标按比例扣分，大于 90%(包括 90%)不计分
3	固定资产净值率	(固定资产净值÷固定资产原值)×100%	5	>80%	未达标按比例扣分，小于 40%(包括 40%)不计分
4	资本固定化比率	(资产总额－流动资产总额)÷所有者权益×100%	5	<80%	未达标按比例扣分，大于 150%(包括 150%)不计分

注：本表仅供确定经理人员的基本年薪时参照

表 5-13　综合类企业经营能力测评(20 分)　　编号

序号	指标名称	计算公式及内容	满分	参照值	评分说明
1	销售收入增长率	(本年销售收入÷上年销售收入)×100%－1	5	>10%	未达标按比例扣分，小于 0(包括 0)不计分
2	存货周转率	销售成本÷[(期初存货＋期末存货)]÷2×100%	3	>500%(5 次)	未达标按比例扣分，小于 200%(包括 200%)不计分
3	应收账款周转率	全年销售收入÷[(期初应收账款余额＋期末应收账款余额)÷2]×100%	5	>600%(6 次)	未达标按比例扣分，小于 200%(包括 200%)不计分
4	产成品销售率	(期初产成品余额＋本期新增产成品金额－期末产成品余额)÷(期初产成品余额＋本期新增产成品金额)×100%	3	<95%	未达标按比例扣分，小于 75%(包括 75%)不计分
5	净资产增长率	本年末所有者权益÷上年所有者权益×100%－1	4	>5%	未达标按比例扣分，小于 0(包括 0)不计分

注：本表仅供确定经理人员的基本年薪时参照

表 5-14　综合类企业偿债能力测评(20 分)　　编号

序号	指标名称	计算公式及内容	满分	参照值	评分说明
1	流动比率	流动资产总额÷流动负债总额×100%	4	>200%	未达标按比例扣分，小于 100%(包括 100%)不计分
2	速动比率	(流动资产总额－存货待摊费用－预付账款－待处理流动资产净损失)÷流动负债总额×100%	3	>100%	未达标按比例扣分，小于 50%(包括 50%)不计分
3	现金比率	(货币资金＋可变现证券)÷流动负债总额×100%	2	>20%	未达标按比例扣分，小于 5%(包括 5%)不计分
4	利息支付能力	(税前利润＋利息支出)÷利息支出	6	>5 倍	未达标按比例扣分，小于 2 倍(包括 2 倍)不计分
5	还贷比率	1－(年末逾期贷款余额÷年末贷款余额)×100%	5	100%	未达标按比例扣分，小于 80%(包括 80%)不计分

注：本表仅供确定经理人员的基本年薪时参照

表 5-15　综合类企业发展前景测评(10 分)　　编号

序号	指标名称	计算公式及内容	满分	参照值	评分说明
1	行业产业政策	发展行业、扶持行业、维持行业、淘汰行业	3		发展 3 分、扶持 2 分、维持 1 分、淘汰 0 分
2	企业市场地位	发展战略	2		
	市场占有率	国外市场、国内市场和地方市场	(1)		很强 1 分、较强 0.8 分、好 0.6 分、一般 0.4 分、较差 0.2 分、差 0 分
	市场竞争力	品牌、价格、促销手段	(1)		很强 1 分、较强 0.8 分、好 0.6 分、一般 0.4 分、较差 0.2 分、差 0 分

续表

序号	指标名称	计算公式及内容	满分	参照值	评分说明
3	产品发展	新产品开发、产品寿命	2		很强 2 分、较强 1.6 分、好 1.2 分、一般 0.8 分、较差 0.4 分、差 0 分
4	经济效益预测	未来一年	3		
	产品销售收入增长率		(1)	≥10%	未达标的按比例扣分，小于 0 的不得分
	净利润增长率		(1)	≥8%	未达标的按比例扣分，小于 0 的不得分
	净资产增长率		(1)	≥5%	未达标的按比例扣分，小于 0 的不得分

注：本表仅供确定经理人员的基本年薪时参照

表 5-16　综合类企业经济效益测评(15 分)　　编号

序号	指标名称	计算公式及内容	满分	参照值	评分说明
1	毛利率	(全年销售收入－产品销售成本)÷全年销售收入×100%	4	>25%	未达标按比例扣分，小于 15%(包括 15%)不计分
2	销售利润率	利润总额÷销售收入×100%	4	>10%	未达标按比例扣分，小于 0(包括 0)不计分
3	投资收益率	投资收益÷[(长、短期投资期初余额＋长、短期投资期末余额)÷2]×100%	2	>10%	未达标按比例扣分，小于 5%(包括 5%)不计分
4	净利润增长率	(本年税后利润÷上年税后利润)×100%－1	3	>8%	未达标按比例扣分，小于 0(包括 0)不计分
5	总资产利润率	税前利润÷[(期初资产总额＋期末资产总额)÷2]×100%	2	>5%	未达标按比例扣分，小于 2%(包括 2%)不计分

表 5-17　＿＿＿＿＿年度经营者管理贡献(责任)明细表

姓名　　职务　　编号

日期		关键事件	贡献(绩效)	责任(亏损)	确认者	
月	日				部门	主管
		创业决策 资本积累(资产负债率) (1)筹资 (2)融资 产品定位(销售收入增长率) (1)竞争优势、品牌、价格 (2)产品生命周期 (3)新产品开发 市场开拓(市场占有率) (1)本地市场				

续表

日期		关键事件	贡献(绩效)	责任(亏损)	确认者	
月	日				部门	主管
		(2)外地市场 (3)境外市场 管理决策 (1)综合管理——提高效率 (2)人事管理——激励机制 (3)资金管理——加速周转 (4)成本管理——降低成本 (5)生产管理——缩短周期 (6)质量管理——提高档次 (7)销售管理——扩大销量 (8)技术管理——技术含量 发展战略 (1)中外合资 (2)收购兼并 (3)资产重组 (4)股票上市 社会责任贡献 合计				
鉴定者		职代会负责人　　(签章)				
		董事会　　负责人(签章)				
		资产管理机构　　负责人(签章)				
备注						

5.4.2　管理贡献的测定

(1)净资产收益率$=\frac{\text{税后利润总额}}{\text{平均所有者权益}}\times 100\%$。

(2)总资产报酬率$=\frac{\text{税后利润总额}+\text{税收总额}+\text{利息总额}}{\text{平均资产总额}}\times 100\%$。

(3)成本费用利润率$=\frac{\text{税后利润总额}}{\text{成本费用总额}}\times 100\%$。

(4)资产负债率$=\frac{\text{期末负债总额}}{\text{期末资产总额}}\times 100\%$。

(5)流动资金周转率$=\frac{\text{产品销售收入}}{\text{流动资金年均余额}}\times 100\%$。

(6)管理贡献率$=\frac{\text{管理贡献总额}}{\text{税后利润总额}}$(根据贡献明细账)$\times 100\%$。

5.4.3 人力资源价值与工资

在A公司，员工的基本工资水平和每小时服务收费标准是自动链接的。处于同一级别但每小时服务收费标准不同的员工，相应地享有不同的工资水平，因此，A公司的员工的人力资源价值与他们的工资水平有着密切的联系。

如前所述，从助理审计员一级升迁至经理一级，大致需要五六年时间。员工刚进入公司，位于助理审计员一级时，他们的每小时服务收费是没有区别的，因而他们的工资水平也是一样的。如果不考虑通货膨胀因素，平均而言，一位经理的年薪(不包含各种补贴)是助理审计员全年工资的5倍，即假若助理审计员一级的年薪为30 000元，那么一位经理的年薪为150 000元。如果员工按正常情况升职，他的工资的年均增长率将超过30%(当用5年时间由助理审计员升迁至经理时，工资的年均增长率达到38%；而当所用时间为6年时，则为31%)。如果员工每年均得到E级评价，并且荣获跳级，则他升至经理一级所需的时间将缩短，因而年均工资增长率将更高。

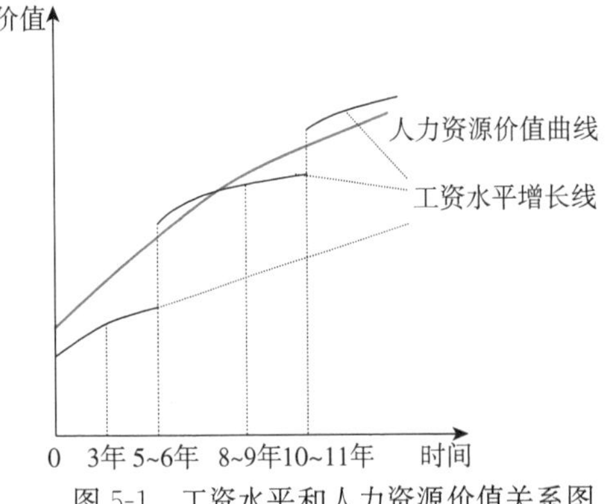

图5-1 工资水平和人力资源价值关系图

实际上，对于某一个员工而言，他的工资水平在成长过程中的不同阶段的增长速度是不同的，而且其工资水平和其自身的人力资源价值也不是同比例增长的。两者之间的关系如图5-1所示。

员工刚进公司时，缺乏系统培训，对公司的理念和工作程序方法以及专业知识等都不甚了解。公司为了吸引这些优秀人才，为他们提供了较高的工资报酬，因为公司看重的是他们的潜能。这样，助理审计员一、二级获得的工资便高于他们自身在这一阶段的人力资源价值(为公司所创造的价值)。但随着时间的推移，各种增值因素的作用尤其是公司循序渐进的系统培训，使员工的人力资源价值以快于工资增长的速度增长，大约在员工进入公司3年左右的时点上，即员工升至高级审计员一级时，工资在金额上与人力资源价值持平，即高级审计员一级的工资水平恰恰体现了其自身的人力资源价值。

在此后的2～3年时间里，员工的工资水平是低于其自身的人力资源价值的。但是当他被提升为经理时，工资水平将会有一个突破性的增长，重又回复到高于其自身人力资源价值的状态，但这时的工资水平已是起初的5倍了。接下来，在员工由经理成长为合伙人的又一个5年左右时间里，工资水平和人力资源价值之间的变动关系仍和前一个5年一样。在员工任经理后的第三年时，其工资水平与其自身的人力资源价值持平，此后便低于人力资源价值，待他被提升为合伙人时，其工资水平又有一次飞跃。此时，合伙人的工资不仅包含每月固定收入，还包括每年的分红收入。

由以上分析可知，A公司员工的人力资源的价值随着员工在公司服务时间的增长而不断增值，员工的工资水平也相应地随着人力资源价值的提升而不断攀升。A公司认为，由于员工的人力资源价值在员工为公司服务过程中不断增值，所以向员工支付的工资报酬，不能简单地看做一项成本费用，它也是一种投资，是为进一步提高员工的人力资源价值而进行的投资。这种投资和人力资源价值之间存在着一种辩证的关系。投资会形成价值，人力资源的初始投资形成了人力资源的一定期望价值，这种期望价值又影响和决定着对人力资源的进一步投资。通过工资报酬的形式，人力资源的期望价值变为现实价值，期望价值的大小又影响着工资水平的高低；另外，工资报酬的高低又是对人力资源价值水平的确认(通过和每小时服务收费标准链接)，两者互为因果，相互作用。

案例分享

A 公司员工的人力资源价值评估

A 公司在 1992 成立之时，规模较小。当时，A 公司从 1 000 多名应聘的应届大学毕业生中，经过数次笔试和面试，层层选拔，录用了 10 位为公司的第一批新员工。8 年之后，这 10 人中有 8 位因为各种原因离开了 A 公司，如今只剩下 Z 和 Y 两人。到 2000 年为止，Z 担任项目经理已有三年，Y 担任项目经理也有两年了，两人都已成为公司的业务骨干。

Z 具有很高的专业水平和很强的市场开拓能力。在 1994 年，他由于表现突出而跳过了预备高级审计员这一级别，由助理审计员二级直接升到高级审计员一级。当时，担任过 Z 的上级的经理和合伙人们都赞赏 Z，认为他聪颖过人且能刻苦钻研。Z 虽然学的不是会计专业，但他积极上进，抓住每一个学习机会，业务能力提高相当快。刚进公司一年，他便一次全部通过了注册会计师考试，甚至超过了那些会计专业毕业的同事们。公司因此对他相当器重，经常委派给他较复杂的项目，而他亦能出色地完成。因此，每次项目结束后的审计业务评估，“全面评估”一栏，Z 几乎总能荣获 E 级(超越期望)；每年年末的圆桌会议上，他亦当之无愧地荣获 E 级。随之而来的便是他的每小时服务收费标准和基本工资都处于同一级别中的较高档次。

表 5-18 和表 5-19 分别统计了 Z 经理和 Y 经理各年度获得的业务评估等级、升职情况以及各自的每小时服务收费标准和基本工资水平之间的关系。

表 5-18　Z 经理基本情况统计表

会计年度	每年所获评估等级	级别	每小时服务收费标准代码	月平均基本工资/元	年薪/元
1992～1993.9	E	SA	30	1 800	23 400
1993.10～1994.9	E	ESA	45	2 600	33 800
1994.10～1995.9	E	S	54	4 400	57 200
1995.10～1996.9	E	ES1	58	5 200	67 600
1996.10～1997.9	E	ES2	58	6 000	78 000
1997.10～1998.9	E	M	65	9 000	117 000
1998.10～1999.9	E	M	65	10 000	130 000
1999.10～2000		M	65	15 000	195 000

注：ES1 为高级审计员二级第一年，ES2 为高级审计员二级第二年；年薪＝月平均基本工资×13 个月

表 5-19 Y 经理基本情况统计表

会计年度	每年所获评估等级	级别	每小时服务收费标准代码	月平均基本工资/元	年薪/元
1992～1993.9	M	SA	30	1 800	23 400
1993.10～1994.9	E	ESA	40	2 400	31 200
1994.10～1995.9	M	SS	52	3 500	45 500
1995.10～1996.9	M	S	53	4 500	58 500
1996.10～1997.9	E	ES1	56	5 300	68 900
1997.10～1998.9	M	ES2	58	6 500	84 500
1998.10～1999.9	E	M	60	9 200	119 600
1999.10～2000		M	65	12 000	156 000

注：ES1 为高级审计员二级第一年，ES2 为高级审计员二级第二年；年薪＝月平均基本工资×13 个月

表 5-18 和表 5-19 在统计过程中略有简化，但并不影响实质。Z 经理每年均得到最高等级的评估，因而不仅顺利升到更高一个级别，甚至能够跳级，所以每年他的每小时服务收费标准和基本工资水平在同级别中也处于领先地位。而 Y 经理则略为逊之。从他们各自的每小时服务收费标准以及基本工资情况，可以体会到他们为公司做出的贡献大小以及对公司而言他们的人力资源价值的大小。

➢本章小结

在当前从工业经济时代向知识经济时代过渡的阶段，员工的知识、技能和智慧是企业的最宝贵的财富，是推动企业持续发展的根本动力。正确地评估企业员工的价值，吸引和留住有价值的员工，将员工安排到能使他的价值得到最充分体现的位置上去，保持员工队伍的合理流动率，从而不断地优化企业的人力资源配置和人力资源结构，是企业管理者的最根本的任务。

人力资源价值是指为企业所拥有或控制的人力资源的载体——劳动者运用自身的能力在未来特定时期内为企业创造的价值。人力资源价值，即人的能力的价值，在于人能够运用这种能力来创造价值。人们以不同的活动方式运用自身的能力创造价值，又互相交换价值，这不仅使每个人创造的不同价值得到充分利用，也使每个人的能力的价值得到了确认。对于企业来说，员工通过自己的积极活动，充分发挥自身的能力，生产和创造价值，他们能为企业提供和创造新的价值，这正是员工自身价值的体现。

人力资源价值这一概念具有丰富的内涵。它可以划分为补偿价值和剩余价值、基本价值和变动价值、个体价值和群体价值、货币性价值和非货币性价值。企业人力资源价值会计应提供企业人力资源价值的完整信息，以满足各方的需要。

企业人力资源的价值会因员工个人因素和外部因素的影响而异。

企业人力资源价值会计就是将企业员工的能力(即企业所拥有或控制的人力资源)作为一种有价值的组织资源，通过对员工运用其所拥有的能力在未来特定时期内为企业创造出的价值的计量和报告，确定企业员工的人力资源价值的一种会计程序和方法，其目的在于向企业和外界有关人士提供企业的人力资源价值变化的信息。

人力资源价值的计量方法主要分为货币性计量方法和非货币性计量方法两类。人力

资源价值的货币性计量方法是用货币单位来计量人力资源价值的一类方法。人力资源价值的非货币性计量方法是对不能直接用货币单位进行计量的人力资源价值的某些方面用非货币单位给予反映的一类方法。

人力资源价值的货币性计量方法有按人力资源的投入价值来进行计量的人力资本加工成本法和按人力资源产出价值来进行计量的不完全价值计量法及完全价值计量法。

人力资本加工成本计量法是根据人力资源价值形成过程中的投入来对人力资源价值进行计量。这种方法，由于科学性、可靠性都较差，是不宜采用的一种计量方法。

人力资源的不完全价值计量法可以分为以工资报酬为基础和以收益为基础两类。以工资报酬为基础的计量方法是建立在工资是企业员工的必要劳动的价值、是与他们的人力资源价值密不可分的这一认识的基础上的。它包括未来工资报酬折现法、调整后的未来工资报酬折现模式和未来工资报酬资本化法等具体方式。以收益为基础的计量方法是根据企业员工在未来特定时期为企业带来的超额收益或收益来计量员工的人力资源价值的一种计量方法。它包括经济价值法、商誉评价法、随机报偿价值模式和调整后的随机报偿价值模式等具体方式。人力资源的不完全价值计量法只能反映人力资源的部分价值，而且在应用过程中还存在着一些局限性。

人力资源的完全价值计量法是根据在未来特定时期企业员工为企业创造的全部价值来进行员工的人力资源价值计量的方法。人力资源的完全价值计量法能反映人力资源价值的完整信息，但还存在着一些待改进之处。

有些与人力资源价值有关的特殊因素，因为无法用货币量表现出来，就必须使用非货币性计量的方法予以计量和进行分析说明。人力资源价值的非货币性计量方法是对货币性计量方法的补充。这两类计量方法共同构成了对企业人力资源进行价值评估的评价体系。

第6章 人力资源权益会计

学习目标

通过本章的学习，掌握人力资源权益的概念，了解人力资源权益确立的基础，认识确立人力资源权益问题的重要性；掌握人力资本计量的主要方法，了解人力资本参与收益分配的主要方式；掌握人力资源权益会计核算的账户设置和账务处理。

6.1 按劳分配和按劳取酬

6.1.1 对“按劳分配”提法的探讨

长期以来，人们都认为是马克思提出了按劳分配的原则，在我国实行的也是按劳分配的原则。对此，国内有的研究者提出了质疑。

马克思对共产主义社会第一阶段(即我们通常所说的社会主义社会)中消费品的个人分配是用这样一段话来说明的：“每一个生产者，在做了各项扣除以后，从社会领回的，正好是他给予社会的。他给予社会的，就是他个人的劳动量。”在马克思所设想的社会主义社会中，商品和货币都已消亡，个人分配的货币形式被写明劳动时间的纸的凭证所代替，每一个生产者“从社会领得一张凭证，证明他提供了多少劳动，他根据这张凭证从社会储存中领得一份耗费同等劳动量的消费资料”。在这里实行的是和商品交换中通行着的同样的原则，即等价交换原则。但是在社会主义社会消费品分配中实行的等价交换原则同商品交换中通行着的等价交换原则有两个重大区别，首先，“内容和形式都改变了”。在社会主义社会消费品分配中，虽然也实行着等价交换原则，但互相交换的不是商品，而是不同形式的劳动，交换时采用的媒介物也不再是货币，而是写明劳动时间的一张凭证，即劳动券。其次，“原则和实践在这里已不再互相矛盾”。在商品交换中“等价物的交换只是平均来说才存在，不是存在于每个个别场合”。而在社会主义社会的消费品分配中，等价交换就不仅存在于平均数中，也存在于每个个别场合。

6.1.2 对“按劳取酬”原则的思考

可以认为，我国实际上实行的是按劳取酬的原则，劳动者按照所付出的劳动来获取劳动的报酬即工资报酬。但即使是按劳取酬，也存在着一个需要明确的问题，就是这里的劳动如何理解。人们通常都理解为劳动量，即按劳动量来获取报酬。劳动量的计算不是直接按照每个劳动者的实际劳动时间进行，而是按照社会必要劳动时间进行。在商品经济条件下，由于存在着脑力劳动和体力劳动的差别、复杂劳动和简单劳动的差别（如前所说，在发达国家，一种不同于通常所说的脑力劳动的、高度浓缩的、能创造极高价值的智能劳动——知识劳动正逐步成为主体劳动，知识劳动与体力劳动、简单劳动之间的差别非常巨大），劳动者的劳动不但有数量的差异，而且更重要的是还存在质量上的差异，劳动者的劳动条件也有所不同，因此每个劳动者的个别劳动时间不能直接表现为一定数量的社会必要劳动时间，而要通过价值的形式间接地表现出来，这样就不可准确地计算每个劳动者在一定劳动时间内提供的劳动量，也不能合理地确定不同岗位的劳动量与劳动报酬之间的比例关系，使得按劳取酬的原则也无法遵循。这方面存在的问题主要表现在以下几个方面。

第一，多劳不一定能多得，少劳也不一定会少得。

一份以 748 家上市公司为样本的研究报告指出，1998 年度这些公司的经理人员的平均年度报酬为 4.09 万元。但业绩最好的 67 家公司的经理人员的平均年度报酬为 4.01 万元，低于平均水平；而 67 家亏损公司经理人员的平均年度报酬为 4.82 万元，高于平均水平①。

上海荣正投资咨询有限公司与《上海证券报》在 2001 年完成的以上市公司董事长、总经理和董事会秘书为对象的中国上市公司经营者持股专题调查显示，目前我国多数上市公司高层不满意现行薪酬制度。被调查者认为他们的薪酬水平与同行业、同地区相比在中等及以下的公司占总体的 88%。在接受调查的上市公司中，有 59%认为现行的薪酬制度不足以吸引和激励人才；有 35%认为目前还可以，但以后不好说；很自信地认为公司的薪酬结构和薪酬水平能够吸引和激励人才的仅占 6%。调查结果的统计分析显示，现阶段企业家和骨干人员的价值实现不尽如人意。企业家和骨干人才所做贡献能够得到完全体现的比例为 0，明确表示人才价值没有得到实现的占 15%，价值体现不明显的几乎占了一半。这个分析结果反映出企业家和骨干人员的薪酬与其经营业绩的关联度不大②。

在企业中普遍存在的平均主义，如职工工资水平的确定和奖金的发放与他们对企业的贡献之间没有形成密切的联系，经营者及关键岗位、重要岗位与一般岗位之间的工资差距没有拉开，岗位工种工资水平与劳动力市场价位脱节等，也严重地挫伤了劳动者的积极性。

第二，非人力资源素质差异的因素对工资报酬的影响。

人力资源素质的差异会影响劳动者付出的劳动数量和质量，自然会对他获得的劳动报酬产生影响，但非人力资源素质差异的因素也会对劳动者获得的劳动报酬产生很大的影响。

垄断行业（如我国的电力、电信等行业）利用它的垄断地位获取超额垄断利润，其员工所获得的工资报酬也远高于他们的劳动付出，这是不争的事实，并为世人所诟病。

---

① 李增泉．激励机制与企业绩效——一项基于上市公司的实证研究．会计研究，2000，(1)：24～30。

② 刘建锋．59%上市公司认为现行的薪酬制度不足以吸引和激励人才．中国改革报，2002-02-03，第 1 版。

不同企业之间劳动者的工资报酬也存在较大的差异，这种差异和劳动者付出的劳动并不一定是相称的。据北京市的猎头公司介绍，国内外资金融机构华人高级人员(如总监、总裁等)的年薪普遍在50万元以上，高者更可达到三四百万元，而国有机构多数不会超过80万元，一般在30万～50万元，并且这样的薪资水平还只有那些行业内排名靠前的机构才能达到，其他普通机构只在十几万元左右，不足外资机构的十分之一①。无锡小天鹅股份有限公司的高层管理者的月工资只有2 000元，而它与松下合资的企业的中方副总的年薪是22万美元，与西门子合资的企业的中方副总的年薪是33万马克②！这种企业间存在的与劳动者付出的劳动极不相称的工资报酬方面的差异，是人才由国有企事业单位流向外资企业、民营企业的重要原因。

第三，在我国过度强调奉献精神也在一定程度上扭曲了按劳分配的原则。例如，我国的一些先进工作者、劳动模范，一年干了几年甚至十几年的活，并没有多拿一点报酬。这作为个人行为无可厚非，但如果用这种道德规范来要求其他人，从而使按劳取酬原则受到践踏，显然是不妥当的。

第四，在我国，在较长时期内严重存在的轻视知识、轻视人才的观念，则更进一步地使按劳取酬的原则被扭曲。

在一段时期内广为流传的“手术刀不如剃头刀、搞导弹不如卖茶叶蛋”这样一句话，便是按劳取酬原则被严重扭曲的真实写照。

实例6-1

一道线与1万美元③

福特汽车公司的一台电机不能正常运转，公司的维修人员无法找出原因，于是请来电机专家斯坦门茨。斯坦门茨用一根铁棍的一头放在电机上，一头放在耳朵旁，在电机上的几处听了电机运转的声音后，用粉笔在电机外壳上画了一道线，说打开电机后在有记号的地方把线圈拆掉16圈就行了。人们照他说的办了，电机也修好了。为此，斯坦门茨向福特汽车公司索取1万美元的报酬。福特问他是怎样计算的，斯坦门茨说：“用粉笔画一道线1美元，知道在什么地方画线9 999美元。”福特照付了这笔钱，并用重金聘用了这位人才。可以说，这里1美元是画线这一简单劳动的报酬，9 999美元是知道在什么地方画线这一复杂劳动的报酬。这是按劳取酬的体现。

实例6-2

100万元与一件衬衫④

1983冬天，北京大华衬衫厂的一批产品出口日本。在东京，日本客户打开包装时

---

① 王海舟．金融人才身价步步走高．经济日报，2002-04-03，第5版。

② 梅绍华，童之琦．国企企业家价值如何体现．经济日报，2001-09-13，第5版。

③ 张秦麓．新编孙子十三篇与企业经营管理．西安：三秦出版社，1992：397。

④ 服务导报，1993-04-17。

发现衬衫盒里黑蚂蚁成群。日本客户将衬衫空运回北京，索赔 100 万元。大华衬衫厂为查清这一事件，向中国科学院求援。中国科学院向大华衬衫厂推荐了浙江农业大学从事蚂蚁研究已有 50 年的专家唐觉教授。唐觉教授带领两位教师经过 3 天的研究，做出了权威性的鉴定报告：这种蚂蚁是生活在除北海道以外的日本各地的名为“伊氏臭蚁”的蚂蚁，是日本的“土特产”，中国的京津唐一带根本无此蚂蚁。在和日商的谈判中，大华衬衫厂拿出了唐觉教授的鉴定，使谈判局势急转直下，不但挽回了可能造成的 100 万元的赔偿损失，而且以日商每年增加 200 万件衬衫的订货来赔偿大华厂的“名誉损失”告终。唐觉教授为衬衫厂挽回了 100 万元的损失，他得到的报酬是——一件衬衫！唐觉教授认为报酬体现出的是对知识是否尊重的问题，为此他和该厂多次联系，1992 年时还给该厂写了信，但到 1993 年记者采访时仍没有回音，那件衬衫还原封不动地摆在唐觉教授的办公桌上。唐觉教授的劳动所创造的价值和他的报酬相比是如此的不相称，就是因为按劳取酬没有真正地得到实施。

第五，人力资源市场的供求关系会使工资报酬偏离劳动者付出的劳动。

劳动者获得的工资报酬与能提供同样服务的劳动者数量有着密切的联系，这是不言自明的事实。因此，企业为某项工作、某个职位所提供的工资报酬，总是在与该类人力资源达到供求平衡的均衡点相对应的工资报酬水平附近摆动，这是正常的现象。

2001 年，深圳劳动力市场上出现硕士身价不如高级技工、青岛某企业以 16 万元的年薪招聘高级模具工、北京一名高级修脚技师月薪可达 1 万多元等现象，都是“市场需求就是人力资源价值”这一说法的体现。

北京市统计的调查显示，2001 年金融业的平均薪资水平比上年增长 63.2%，为增幅最大的行业，在岗职工平均薪资达 3.7 万元①。这与中国加入 WTO 后金融业的人才争夺战异常激烈、不少高级人才流入外资金融机构的情况有关。为了留住人才，金融业的管理者的用人观念由以前的“价廉物美”转换为“优质优价”，从而使员工的薪资水平有了大幅度的提升。

但是，出现工资报酬严重偏离劳动者付出的劳动的情形时，则属不正常了。这里有两种极端的情形：第一种是工资报酬远远地低于劳动者付出的劳动，这种情况在流入城市的农村剩余劳动力身上表现得比较充分。第二种是工资报酬远远地高于劳动者的付出。例如，《足球》报女记者李响与《体坛周报》签订了为期三个月的短期合同，“转会费”有 300 万元、150 万元、100 万元等各种说法，但成为人们共识的是，她因此而获得的报酬肯定远远超出当前媒介从业人员的平均薪酬水平。李响在“转会”前后的劳动付出与所获取的报酬相比，“转会”后的收入显然远远地超出了劳动付出。人们啧有烦言的歌星的出场费也是这方面的典型例子。

有时，一个人获取的报酬和他的劳动付出相比，会达到令人咋舌的地步。一位叫崔文宇的年轻人，策划了一本 20 万字的名为《纳米技术》的书，将该书的非中文版权转让

---

① 王海舟．金融人才身价步步走高．经济日报，2002-04-03，第 5 版。

给美国西蒙新经济基金后，获得的版权收入达 152.6 万美元，相当于每个字 7.5 美元！而依照事先的约定，他付给作者的钱不过两三万元[①]。当然，这只是非常极端的例子。

6.2 按生产要素分配和人力资源权益的确立

6.2.1 按生产要素分配

长期以来，人们都将劳动者的工资报酬视作劳动者的收益所得，这是一种错误的认识。劳动者所获取的工资报酬不能看做收益的分配，它和在生产过程中消耗掉的生产资料需要得到补偿一样，是对劳动者在生产过程中消耗的体力和脑力的补偿。在会计核算中，将应支付给劳动者的工资报酬作为企业的负债正好说明它是劳动者的必要劳动的交换物，劳动者并没有因他付出的劳动而参与剩余价值的分配。

《中共中央关于建立社会主义市场经济体制若干问题的决定》指出："允许属于个人的资本等生产要素参与收益分配。"这是对收入分配原则的一个重大变革。2000 年，上海工业系统在不同企业分别试行年薪制、经营者持股经营、风险抵押经营以及按科技成果、知识、技术、技能参与分配的不同分配形式。企业家的才能、科技人员的科技成果和专门人才所拥有的知识、技术、技能都可以作为生产要素参与收益的分配。

资料 6-1

张廷璧与红桃 K 生血剂[②]

1992 年，武汉大学教授张廷璧在研究天然植物色素课题时产生了一个科学构想：在中国推广运用德国科学家汉斯·费舍尔 1930 年获诺贝尔科学奖的发明成果卟啉铁，并以生物方法解决卟啉铁工业化生产这一世界性难题，以较低成本防治缺铁性贫血，造福全球的 20 多亿贫血患者。

张廷璧的这一构想得到了红桃 K 集团高层领导的支持。经过两年的努力，红桃 K 终于生产出了第一批产品 。这一突破性成果立即被立项为国家火炬计划项目，并获得 350 万元扶持贷款和武汉市 700 万元资金支持。

技术和资本的结合立即拓展出巨大的市场空间。1994 年 8 月红桃 K 生血剂上市，当年就创下了 1 700 万元的销售额，1995 年销售额增长到 2.2 亿元，1996 年达 6.5 亿元，1998 年突破 15 亿元。红桃 K 一举成为全国保健品行业唯一的"中国驰名商标"。

1996 年，红桃 K 集团在明晰产权时，作为公司技术核心人物的创业者张廷璧获得集团 10%以上的股份，成为集团董事局的 8 位董事之一。随着公司核裂变式的发展，张廷璧的个人资产也呈核裂变式的增长。2000 年 2 月，武汉中华会计师事务所得出的审计结论表明，张廷璧个人资产已达 1.311 8 亿元。此外，他还拥有一幢价值 400 多万元的别墅和一辆价值 80 多万元的林肯轿车。已退休的张廷璧现在的收入，用他自己的

① 钟晓勇．策划一本书赚了一千万．南方周末，2001-02-22。

② 扬子晚报，2000-03-02。

话来说，就是退休金“一两千”、在红桃 K 的“月薪 1 万”、每年“分红千把万”。自称在 1992 年以前经常为自己在学校的科研经费犯愁的张廷壁，用无形资产参与收益分配，在数年时间内已成为中国最富的科学家之一。

但是，关于企业的员工能否以自己投入企业的劳动力参与收益分配的问题并没有得到解决。

劳动者的劳动创造了价值，劳动者的劳动和资本、土地、企业家才能一样也是一种生产要素。在其他生产要素能够参与收益分配的时候，劳动者投入企业的劳动力却被排斥在外，显然是不公平的。

前面已经论述过，人力资本(即劳动者通过投资所掌握的知识和技能)是一种重要性在日益增长的生产要素。随着知识经济时代的来临，知识和掌握知识的员工将比资本和土地等自然资源更为重要，人力资本将成为创造财富最重要的资本。发展高新技术产业最主要最关键的生产要素是人力资本。在知识经济时期，脑力劳动在劳动中的地位将越来越重要，并将逐渐占据主导地位，脑力劳动者将成为劳动者的主体。价值的生产与增值将主要表现为复杂劳动的产物。随着知识在经济发展中的作用的增加，复杂劳动的内涵也将发生重大变化，即不再是主要强调对劳动者的应用性技能的培训，而是全面的知识性教育，强调依靠知识教育培养劳动者的创新意识和创造能力，于是复杂劳动也就发展为一种知识性的劳动。价值的创造将主要依靠知识性劳动的创造，在这一过程中，随着劳动者受教育程度的提高，劳动者的科学文化知识水平和素质将得到极大的提高，从而使劳动力的复杂程度提高，出现真正意义上的“复杂劳动力”。劳动者的以知识和技能为依托的创造性的劳动是社会财富增长的主要推动力，这就要求进行收益分配机制的改革，劳动者应该依其投入企业的劳动力取得剩余索取权。

6.2.2 人力资源权益的确立

人力资源权益是指企业的劳动者作为人力资源的所有者而享有的参与企业收益分配的相应权益。按生产要素分配这一收入分配原则的确立是人力资源权益确立的基础。没有这一原则，企业的收益只按照物质资本投资者投入的物质资本分配，那么劳动者通过劳动获取的仍只是工资报酬，即他的必要劳动的报酬。

人力资源权益的确立基于作为生产要素的人力资本的稀缺性和人力资本在价值创造中的作用的认识。

在纯粹的工业经济时代，企业的劳动者所创造的剩余价值都为物质资本的所有者所占有，这是因为在物质资本的所有者和人力资本的所有者之间存在着由企业契约所规定的某种不公平或不对称的交换。在这个时代，资本比劳动更加稀缺，这使参与博弈的物质资本的所有者和人力资本的所有者在企业契约签订之前就已处于不平等的地位，使“资本雇佣劳动”成为两者之间重复博弈的初始均衡状态。

现在，在从工业经济时代向知识经济时代过渡的阶段，知识的重要性已经开始得到充分的体现。高新技术的发展产生了对人才的大量需求，世界范围内的人才短缺状况在不断加剧，全球性的人才争夺大战正在拉开序幕。在日本，预计未来10年科技人才将短缺160万～445万人；在欧洲，到2002年仅网络人才就将短缺60万人；高新技术人才最密集的美国硅谷一带人才短缺的比例也将高达10%①。全球正面临着“人才危机”。企业的人力资源的形成、积累、开发和利用将决定企业的竞争力，决定企业的生存和发展。人力资本所有者和物质资本所有者之间在重复博弈中的力量对比也发生了变化。劳动者拥有的知识和技能已成为比其他物质资本更重要的生产要素，而且将成为最短缺的生产要素。生产要素的稀缺性决定了企业内部各缔约方谁拥有剩余索取权及拥有剩余索取权的份额。人力资本所有者应该和物质资本所有者共同分享剩余索取权。

还需要认识到，是劳动者将其所拥有的人力资源[由自然人力(即一般人力)和人力资本(即特殊人力)所构成]投入企业，与物质资本相结合，才创造出了新的社会财富，实现了物质资本的增值。没有劳动者的参与，任何社会财富都不可能创造出来。劳动者的劳动创造了剩余价值，而劳动者不能参与收益的分配，这样的结果是物质资本投资者投入企业生产活动的资本得到了增值，作为投入企业的劳动力的所有者却没有得到这种“增大了的价值”。这不是不存在人力资源权益，而是这种权益被剥夺、被转化为了所有者权益的一部分。

劳动者是人力资源的载体，是人力资源所有权的产权主体。劳动者进入企业，企业拥有或控制了劳动者的人力资源使用权、处分权，但人力资源的所有权仍然归属于劳动者自身，这是因为人力资源与其载体天然地不可分离。但是，劳动者的人力资源所有权没有在企业收益的分配中得到体现，不像物质资本所有者将物质资本投入企业后，他们可因对物质资本拥有的所有权而得以参与企业收益的分配，这是很不合理的。

人力资源权益的确立使劳动者和企业形成利益共同体，有利于激励劳动者，使之能够充分发挥能力，发挥主动性、创造性和积极性。社会主义的本质是解放和发展生产力，消灭剥削和两极分化，达到共同富裕。发展首先是发展生产力，而人是生产力的首要因素，解放和发展生产力的有效方式，首要或根本是解放和发展人的能力。因为个人能力通过一定的社会结合方式可以构成社会生产力，可以对象化为社会财富。消灭剥削和两极分化以达到共同富裕，就必须努力做到每个人的能力的发挥在机会和条件上相对平等，必须按照“个人能力发挥及其贡献大小”这一同等尺度进行分配，从而使所有的劳动者尽可能充分发挥其能力，提高生产效率和增加社会财富。要做到共同富裕，基础是必须做到按生产要素分配这一社会主义的分配原则。因为这一分配原则的实质在于建立一种有效的激励机制，在于寻求一种最能发挥劳动者能力的安排生产的方式，而人的能力在生产过程中的充分运用，将为实现共同富裕奠定基础。

在典型的自由资本主义劳动雇佣制度下，资本家支付给劳动者的工资报酬只是劳动者劳动力付出的补偿即劳动者劳动力价值让渡的补偿。资本家占有劳动者创造的全部剩余价值，而劳动者不能因其劳动力的付出进入剩余价值的分配领域，这是资本家对劳动者的剥夺。但在资本主义发展的现阶段，在发达国家，政府和资产阶级提出了让企业职工“分享利润”的口号，所谓“人本主义”企业制度的一个重要方面就是让企业职工参与所

① 全世界都在抢人才．中国财经报，2000-09-05，第8版。

创造的剩余价值的分享[①]。这些做法，表现出对企业的劳动者应依其拥有的人力资源所有权而拥有剩余价值的部分所有权、分享权的承认，表现出对劳动者有权在一定程度上进入剩余价值分配领域参与剩余价值分配的承认。

在我国，企业员工应依其所拥有的人力资源所有权而有权进入剩余价值分配领域参与剩余价值分配的观念也逐渐为人们所广泛接受。人力资源权益的确立和人力资源权益会计的建立，就是这种观念的一个体现。

人力资源权益包括两部分：一是人力资本。它和传统意义上的企业所有者投入企业的物质资本相对应，是人力资源所有者据以参与所创造的剩余价值分配的基础。应该注意到，这里所说的人力资本的含义，与舒尔茨创立的人力资本理论中所提出的人力资本有所不同。关于这一点，本书在第一章中已经做了说明。二是新产出价值中属于劳动者的部分，即按劳动者将其拥有的劳动力投入企业所形成的人力资本参与企业收益分配所获得的部分。

按人力资本分配和人们通常理解的按劳分配是有区别的：第一，二者所适用的外部条件不同。按劳分配的前提是生产资料公有制及在这种公有制中的共同劳动，此时劳动力(或人力资本)的所有者也是生产条件(或物质资本)的所有者；而按人力资本分配则无需与特定的所有制形态挂钩，此时人力资本的所有者与生产条件的所有者有可能发生分离。第二，两种分配的具体内容不同。在按劳分配的情况下，劳动者要取得个人收入，首先得在集体劳动成果——社会总产品中作各种合理的正常扣除，然后劳动者才获得其他全部劳动成果；按人力资本分配时，劳动者除获取工资报酬等补偿性收入外，还要按其劳动力投入企业后所形成的人力资本参与利润分配。第三，分配方式的性质不同。按劳分配是将劳动成果进行合理扣除后，按照劳动的数量和质量进行分配，属于事后分配；按人力资本分配是根据确定的人力资本总额与物质资本总额，按照等量资源获取等量报酬的原则共同参与对未来劳动成果的分配，是一种事前分配方式[②]。

6.3　人力资本参与企业收益分配的方式

我国的研究者提出，人力资本参与企业收益分配的方式主要有职工股、效益工资、劳力股和生产者权益股(或称人力资源权益股)等[③]。在此，本书对这几种方式进行必要的讨论和分析。

6.3.1　职工股

职工股是职工所拥有的企业的股份，职工按其持股比例参与收益的分配。职工股的形成按职工取得购股权的方式而分为非报酬性购股权和有报酬性购股权两种情况。非报酬性购股权即企业通过向本企业职工出售股票的方式使职工成为企业的投资者，取得购

① 张胜荣．人本主义企业体制理论．经济学动态，1994，(10)：46～50。

② 张军．人力资本的要素分配：内容、理论与实现机制．经济学动态，2000，(2)：47～50。

③ 刘仲文．试论人力资本理论与应用的几个问题．会计研究，1999，(6)：7～11。

股权的职工在规定期限内购买股票时所支付的买价与授权日企业股票的市价的差额必须在规定的范围内，职工不能通过购股权得到额外的报酬。有报酬性购股权则是在向职工出售股票使职工成为投资者的同时，使取得购股权的职工能获得额外的报酬。

这一过程没有涉及对企业职工的人力资本的计量，但也可以认为职工股在一定程度上体现了企业职工参与剩余价值的分配。这种分配体现在两个方面：一个是职工购买股票时自己实际支付的买价与授权日企业股票市价的差额部分或取得购股权的职工获得的额外报酬，这是对企业股东以前的利益的分享；另一个是购买股票后在以后分红时或转让时，对企业股东以前的利益的分享部分在红利或转让收益中的体现。例如，假设购买股票时的差额部分占授权日股票市价的 10%，则这 10%的差额部分和分红时红利的 10%或股票转让时获得的转让收益的 10%都可以看做企业职工的人力资本参与企业利益分配的体现。

资料 6-2

职工持股计划——人力资本参与收益分配的一种方式[①]

起源于美国的职工持股计划（employee stock ownership plans，ESOP）所形成的职工股是人力资本参与收益分配的一种方式[②]。该计划的最早倡导者路易斯·凯尔索（Louse Kelso）认为，在正常的经济运行中，任何人应该不仅通过他们的劳动获得收入，而且还必须通过资本来获得收入，必须提供一种使每个人都能获得两种收入（劳动收入和资本收入）的结构，从而激发人们的首创精神和责任感。凯尔索认为，在美国的现行体制下，大多数人就其收入水平来说，没钱购买生产性资产，因此就必须设计一种筹资技术，使尽可能多的人有能力获得资产。富人之所以越来越富，是因为他们采用的手段之一是借钱买资产，然后用这些资产产生的利润偿还。凯尔索希望通过同样的方式，使穷人也变成富人。

20 世纪 50 年代中期，凯尔索开始将其理论和设想付诸实践，并首次成功地将一家公司 72%的股权在 8 年时间内完成了向职工的转移。到目前为止，美国已经颁布了 25 个联邦法来鼓励职工持股计划，50 个州中也有一半颁布了鼓励职工持股的立法，实行职工持股计划的公司也从 1974 年的 300 多个发展到 12 000～15 000 个，参与职工持股计划的职工达 1 200 万人，占美国劳工的 10%，职工持股计划拥有的资产约为 1 000 亿美元。职工持股计划有向国际化发展的趋势。

职工持股计划不是保证向职工提供一种固定的收益，而是通过投资于本企业的股票来使职工获益，并使这种收益的取得与企业的效益、管理、职工自身的努力等因素挂钩，呈现出动态性。

职工持股计划的做法基本上有两类。

一类是不利用信贷杠杆的职工持股计划，也被称做股票奖励计划。公司直接将股票交给职工持股计划委员会（小组），由委员会相应建立每个职工的账户，然后每年从企业

---

① 经济日报，1994-05-11，1994-05-26，1994-06-02。

② 刘仲文．试论人力资本理论与应用的几个问题．会计研究，1999，（6）：7～11。

利润中按委员会掌握的股票分得红利，并用这些红利来归还原雇主或公司以股票形式的赊账，还完后股票即属于每个职工。

另一类是利用信贷杠杆的职工持股计划。这种形式的做法是：首先成立一个职工持股计划信托基金，该基金向银行贷款购买原雇主手中的股票，购买的股票由信托基金掌握并放在一个“悬置账户”内，而不是直接分给每个职工；随着贷款的偿还，按一个事先确定的比例逐步将股票转入职工账户。给予职工持股计划的贷款必须是定期的，贷款利息和本金的偿还要有计划，每年要从公司利润中按预定比例提取一部分归还银行贷款。其过程大致分为四步：第一步，公司担保，银行向职工持股计划信托基金贷款；第二步，职工持股计划信托基金从公司购买股票或从现有股东手中购买股票；第三步，企业用利润归还贷款；第四步，职工得到股票，分得红利。

美国的“内部收益法”对职工持股计划的广泛参与做了严格规定。要求实施职工持股计划的公司必须做到：第一，至少 70%的非高薪阶层的职工参与这个计划；第二，非高薪阶层参与该计划所得平均收益至少要达到高薪阶层所得平均收益的 70%。

一般来说，美国职工持股计划的股票分配与职工的工资成比例关系。

美国有关职工持股计划的法律规定，职工要想获得他在职工持股计划中应得的份额，要么工作满 5 年，在此期间离开企业不能得到股票或现金；要么 3 年之后获得其应有份额的 20%，以后逐年增加 20%，7 年后获得其全部股票。

在职工持股计划里，在职工取得企业股票并参与企业收益分配的过程中，职工没有物质资本的投入，职工通过自己的努力用自己创造的未来收益获得资产。它是以职工进入企业为标志而形成以其所拥有的人力资源对该企业进行的投资，这种投资和物质资本的投入类似，也形成了企业的资本(以分配给职工的股票体现出来)，职工因其拥有这种资本而参与收益的分配(包括用企业利润偿还公司股票的款项或偿还银行贷款的本息及完全拥有股票后的分红)。需要注意的是，职工持股计划不是“按”人力资本参与收益分配，而是“因”拥有人力资本而参与收益分配，因此在这一模式中不存在对人力资本进行计量的过程。它是从企业股票中一次性地划出一定比例，并按职工工资进行分配。这种方式比较简便易行，可操作性强，效果也比较好。

实例 6-3

宝钢“东软”职工持股会[①]

宝钢东软信息产业有限公司(以下简称宝钢东软公司)由东北大学软件中心、上海宝山钢铁(集团)公司、宝钢东软信息产业有限公司职工持股会共同组建，是一个主要从事软件关键技术研究、开发的高科技企业。公司注册资本 48 000 万元，现拥有 1 800 名员工，控股沈阳东大阿尔派软件股份有限公司(1996 年在上海证券交易所上市)、沈阳东东系统集成有限公司两家软件企业。

① 根据有关报刊资料整理。

从1996年起，宝钢东软公司开始探索建立一套有效的、将员工的智慧转化为公司资本的新型激励和约束机制。1999年9月，宝钢东软公司推出了职工持股计划方案。这一方案的具体特点是：①以经批准设立的职工持股会为组织依托。宝钢东软公司根据1998年5月沈阳市颁布的《沈阳市企业设立职工持股会的试点办法》，经沈阳市总工会批准，设立了社团法人——宝钢东软信息产业有限公司工会委员会。随后，经沈阳市职工持股管理委员会批准，设立了职工持股会。职工持股会的地位为工会下属的从事职工持股管理、代表持股员工行使股东权利、以工会社团法人名义承担责任的组织，它是职工持股计划的执行和管理机构。②股份来源。以3家股东出让的股份作为实施职工持股计划的股份来源，总额占宝钢东软公司总股份的21%，共计10 080万股。③参加计划员工范围为宝钢东软公司及控股企业的正式员工。④股份分配。根据员工对公司的贡献程度制定具体标准进行股份分配。⑤行权期限。设置了3年、5年两种持有期限和权利实现方式不同的股份类别。⑥行权价格。以经评估的、由国有资产管理部门确认的上一年度每股净资产为基础确定。

6.3.2 效益工资

效益工资是一种职工工资随企业效益浮动的工资制度。效益工资有两种基本形式：一是基本工资和效益工资相结合；二是全额浮动工资。职工工资与企业效益挂钩，而企业的效益与职工的劳动效率直接有关，这种工资制度本质上是按劳取酬的一种表现形式，不能作为人力资本参与收益分配的方式。

6.3.3 劳力股

劳力股是根据劳动者投入企业的劳动力折合而成的股本。实行劳力股，劳动者不需要出资，只需将劳动力投入企业就可以成为企业的股东并按其投入的劳动力参与企业收益的分配。这是一种人力资本参与企业收益分配的方式，并且还涉及对人力资本的计量问题。

实例6-4

劳力股参与企业收益分配的实例①

实行劳力股的一个典型的企业是山西大同秦嘉山村的秦嘉实业集团股份有限公司。1989年该股份有限公司组建时，股份由资产股、资金股和劳力股三部分构成。各类股的数量和所占比例分别为：资产股为2 000股，占52.6%；资金股为800股，占21.1%；劳力股为1 000股，占26.3%，每股1 000元。

该公司对劳力股的计量是从1983年开始补算的，从1989年开始，每年出勤300天以上折1股，每年出勤200～300天折半股，连续折到10股不再增加。当时的劳力股仅

① 刘仲文．人力资源会计．北京：首都经济贸易大学出版社，1997：215～216。刘仲文．试论人力资本理论与应用的几个问题．会计研究，1999，(6)：7～11。

限于煤矿生产岗位，并且规定："本人中途退出公司，或不从事本公司的煤矿工作，股份自行取消。"对外地劳力的劳力股的计量，与有本村户籍的职工一样。

1995 年后，公司对劳力股进行了重新规定和计算，把原来仅限于煤矿生产岗位的劳力股扩展到全公司所有职工，并与资产股、资金股一样，把原来的 1 股折为 100 股，每股也由原来的 1 000 元改为 10 元。

公司将职工分为三类并制定了劳力股计量标准：第一类是公司高级管理人员，指直接参与公司经营管理的副经理以上的人员，年出勤 250～300 天折 60 股，年出勤 300 天以上折 100 股。第二类是第一线的体力劳动者，年出勤 200～260 天折 60 股，年出勤 260 天以上折 100 股。第三类是公司的第二线管理人员和勤杂人员，年出勤 250～300 天折 30 股，年出勤 300 天以上折 60 股。

1998 年，公司又对劳力股的折股依据、计算公式、分配方式等做了进一步的完善。

劳力股折股依据：劳动者对企业的贡献大小；企业经营情况和经济效益，企业年度未实现利润则不折股；劳动者的基本工资、效益工资、劳动时间。

劳力股的计算公式为

未分配利润 ＝年均实现净收入(含已分配的工资和应提取的法定公积金和公益金)
－(工资总额 ＋ 集体公益事业支出)

年末应分配劳力股股金＝未分配利润×应分配劳力股比例
＝未分配利润×(1－货币股金比例)

某企业应得劳力股股金总额＝年末应分配劳力股股金×全公司年基本工资总额
×某企业基本工资总额

某劳力应得劳力股股金总额＝某企业应得劳力股股金总额×应折股人员的工资总额
×该劳力基本工资总额

劳力股的分配方式：当年劳力股只折股不派息；劳力股派息分红在第二年兑现；年度未实现利润则不分红；每年劳力股折股分配方式与上一年度相同。

劳力股上不封顶，不能转移，无继承权。职工退休后劳力股按照条件转入社会保障基金或转回总公司股本。

在这种劳力股方式中，企业是按照职工当年的贡献来对职工当年投入企业的劳动进行资本化处理的，职工参与收益分配的基础是他进入企业后付出的劳动力为企业做出的贡献，是已经形成的业绩。在劳力股方式中，对劳动者没有得到体现的价值则不予以考虑。这种方式具有很强的可操作性，这已为实践所证明。

6.3.4　人力资源权益股

人力资源权益股是劳动者按其投入企业的人力资源所形成的人力资本在企业中所拥有的股份。这种分配方式产生的基础是对劳动者的剩余索取权的确认。它是将劳动者投入企业的人力资源视为对企业的投资，这种投资也形成企业的一种资金来源，与此相对应则形成了类似物质资本的人力资本，而劳动者作为人力资源的所有者则享有由人力资本产生的剩余索取权。

人力资源权益股与前面的职工持股计划和劳力股虽然都是因劳动者对企业投入了人力资源而得以参与收益的分配，但它们之间存在着很大的区别。

职工持股计划是企业一次性划出一定量的股票并按职工工资进行分配，每个职工获得的参与收益分配的权益是根据所划出的股票的总额及职工工资总额、自身工资在工资总额中所占比例等因素确定的，是一个固定的数额，它没有对劳动者投入企业的人力资源所形成的人力资本进行计量。职工持股计划为工人谋福利的本质是通过职工的努力，用他们创造的未来收益而不是用过去的存储和企业的目前收益获得资产。

劳力股则是以职工每年为企业做出的贡献结合其他一些参考因素进行折股，劳力股的股数是逐渐增加的，并且没有上限。这种方式也没有对劳动者投入企业的人力资源所形成的人力资本进行全面计量，而是对劳动者投入企业的人力资源所形成的人力资本采取了逐年根据劳动者的贡献予以认定的方法。在这里，人力资本是一个变化幅度很大的变量。劳力股是通过职工过去和现在的劳动力付出所做出的贡献来获得资产。

人力资源权益股则在劳动者进入企业时就确认其因将所拥有的人力资源投入企业而享有的利益分配权，并采取适当方法进行计量以确定此利益分配权的数额。在这里，人力资本也是呈动态变化的。人力资源权益股是通过劳动者将所拥有的劳动力投入企业而获得资产。

6.3.5 股票期权制度

股票期权是一种金融衍生工具，是指买卖双方按约定的价格在特定的时间买进或卖出一定数量的某种股票的权利。所谓的股票期权制度则是将股票期权这一概念借用到企业管理中而形成的一个制度，是指经营者在与企业所有者约定的期限内享有以某一预先确定的价格购买一定数量本企业股票的权利，这种股票期权是公司内部制定的面向高级管理人员等特定人的不可转让的期权。这一购买过程叫行权，约定的购买价格叫行权价格。行权以前，股票期权持有人没有任何的现金收益；行权后，经营者的收益体现为行权价与行权日市场价之间的差价。高级管理人员可在规定的时间范围内自行决定何时出售行权所得股票。

股票期权是企业最重要的长期激励方式①。目前，全球排名前500位的大工业企业中，至少有89%对经营者实行了股票期权制度。美国的500家大企业中，也有80%对经营者实施了股票期权制度；在美国的全部上市公司中，这一比例更是高达90%。美国硅谷的企业普遍采用了这种制度。在美国，年销售收入在100亿美元以上的大公司的经营层中CEO等五人的长期激励占全部薪酬的比重已由1985年的19%上升到2000年的65%，并且显示出企业规模越大长期激励所占比重越高的趋势。在美国，股票期权的适用范围正从以高层人员为主逐步推广到员工，从高新技术产业推广到传统产业。在

① 张文贤．管理入股——人力资本定价．上海：立信会计出版社，2001：128～135。崔书文(根据于华、冯娟专题研究报告改写)．干得好给股票——美国企业主管股票期权计划与长期激励机制扫描．经济日报，1999-11-03，第2版。

传统产业，股票期权授予面以高中层管理人员为主，而在信息技术产业中的微软公司则已对全体员工实行股票期权制度。

在我国，股票期权制度也引起了各方面的重视，不少地方都先后出台了有关股票期权的实施办法。2000 年 11 月，春兰集团开始实施职工股票期权计划；随后，中国石油化工集团公司也给予 450 名高级管理者不同数量的股票增值期权，中国联合网络通信集团有限公司、中国石油天然气集团公司、联想集团等少数境外上市公司为消除境外投资者担心经营者激励不足的疑虑也实行了股票期权制度。我国的《上市公司股票期权管理办法》也在加紧制定之中。

股票期权的实施极大地改变了企业高级管理者的薪酬结构。1997 年，旅行者集团的杉福得·威尔在美国各大公司的高级管理人员中薪酬名列榜首，全年收入达 2.28 亿美元。其中，基本工资只有 102.5 万美元，年度奖金为 616.8 万美元，其他福利为 26.2 万美元，其余 2.2 亿多美元的收入全部来自股票期权计划。他从股票期权计划中获益的前提是他为公司股东带来了巨额财富：仅 1997 年一年，该公司的股份就上涨了 25%，市值上升了 380 亿美元。1998 年，迪斯尼公司的总裁艾斯纳的工资加奖金等不过 576 万美元，而股票期权带给他的财富却高达 5.7 亿美元。股票期权是人力资本参与收益分配的一种方式，它也体现在两个方面：一方面是行权时，行权日股票市场价与行权价之间的差价构成的股票期权持有者的个人收益。不论股票期权计划所需的股票是来源于发行新股票还是来源于公司留存股票账户回购股票，这部分差价属于公司股东的权益，现在因股票期权持有人在过去做出的业绩(如高级管理人员因其卓越的管理才能使公司股票市值上升到某一目标价位等)而由股东权益转为了他的收益，这是股东将属于自己权益的一部分拿出来分配给了股票期权持有者。显然，股票期权持有者能否分享这一利益及能分享多少利益，与他所提供的服务即所表现出的企业家才能有着密切的联系。另一方面是他因持有这部分股票而从企业分得红利或转让时，对企业股东以前的利益的分享部分在红利或转让收益中的体现。

专栏 6-1

背景资料[①]

1. 股票期权

股票期权是金融市场上的一种衍生交易工具，经营者股票期权特指企业资产所有者给予经营者的一种权利，经营者可以凭借这种权利在与企业资产所有者约定的期限内(如 3～5 年)，以预先确定的价格购买一定数量的本企业股票。这个预先确定的价格被称为“行权价”，这个价格通常是根据授予经营者股票期权时股票市场上的价格确定的。对于享有股票期权的经营者来说，当然希望本企业股票价格不断上涨，这样他们可以低价买、高价卖，从中获益。在一个规范的资本市场上，这个价差的多少与经营者经营业绩好差和企业经济效益高低密切相关。就其本质来说，经营者股票期权是一种权利而非义务，即在行权期内经营者买与不买享有完全的自由，公司无权干涉。股票期权主要适

---

① 经济日报，2000-03-17。

用于上市公司，且在濒临亏损但能够扭亏的企业或是高成长型的企业实行效果最好。因为只有这两种企业的股价有可能较大幅度地升值。

2. 期股制

期股制是在学习和借鉴国外股票期权制度的基础上，根据我国国情进行了一定的改造后形成的。期股制是企业出资人与经营者达成一份书面协议，允许经营者在任期内按既定价格用各种方式获得本企业一定数量的股份，先行取得所购股份的分红权等部分权益，然后再分期支付购股款项。购股款项一般以分红所得分期支付，在既定时间内支付完购股款项后，取得股份的完全所有权。如分红所得不足以支付本期购股款项，以购股者其他资产充抵。期股制主要适用于效益较好的股份有限公司和有限责任公司。

3. 国际经验

股票期权最初在20世纪70年代出现于美国。20世纪80年代至今，世界上许多企业也都纷纷引进了这一制度。美国的企业用做购股权配额的总股值已由1985年的590亿美元增至目前的1万亿美元。

但是即使在先行者美国，股票期权制度也很不完善。目前暴露出来的至少有以下弊端：第一，享受股票期权的经营者可以任意选择施权的时机和方式，改变账面应税收入，这给他们提供了一个合法的避税途径。第二，当股市处于虚假繁荣时，一些业绩平平甚至达不到平均盈利水平的企业经营者也会因牛市而在股票期权上收入颇丰。第三，可能诱发新的道德风险，即经营者通过选择投资对象左右市场对企业前景的判断，不惜损害企业长期发展能力。例如，减少在人力资本和研究与发展方面的投资，增加在股票市场上可以观察到的项目上的投资。

6.4 人力资源权益会计核算

6.4.1 人力资产的确认

人力资产是企业通过与人力资源产权主体的产权交易所拥有或控制的、能以货币计量的、能为企业带来未来经济利益的人力资源。要进一步认识人力资产的本质、进行人力资产的计量，就必须确定人力资源被确认为企业的一项特殊的资产的同时如何反映它的“对立面”，也就是要说明产权交易的实质：人力资源确认为资产的同时，是否应同时确认其他一项或几项资产的减少？或确认为负债的增加？或是权益的增加？或者是兼而有之？

修订的人力资源历史成本会计的计量模型，将企业取得、开发人力资源所发生的支出先作为人力资源成本入账，再结转到“人力资产”账户作为人力资产的账面价值登记入账，从而确认这项资产。在这种计量模型中，按人力资源的取得成本和开发成本来对人力资产进行计量，将人力资产的取得看做企业的收益性支出或资本性支出的结果，在确认人力资产的同时，确认其他一项或几项资产的减少。在前面的讨论中，我们已经对此进行了分析，指出这是很不妥当的。

企业和人力资源产权主体进行产权交易形成企业的人力资产的过程，不能看做企业进行人力资源投资的过程，而应看做人力资源产权主体对企业进行投资的过程。对于一个企业来说，只有物质资本的投入是不够的，没有劳动者的劳动力的投入，企业不能进行生产经营活动，也不能使物质资本实现增值。因此，劳动者进入企业是劳动者以其所拥有的人力资源对企业进行投资。在市场经济条件下，人力资源产权主体和企业进行产权交易的过程，就是人力资源产权分解和让渡的过程。企业通过签订的契约取得了人力资源的使用权。但由于人力资源所有权和其载体之间存在着的不可分离性，人力资源产权主体仍然拥有人力资源的所有权。这就使人力资源所有者像物质资本的投入者一样，应该因为拥有人力资源所有权而通过人力资源使用权的让渡享有一定的权益。这种权益分为两个部分：一部分是人力资源所有者因企业运用人力资源使用权而从企业获得固定补偿的权益。企业在运用人力资源使用权时，人力资源所有者会发生体力、精力的消耗，正像各种物质资产在生产过程中的消耗需要得到补偿一样，在人力资源使用权的运用过程中人力资源所有者所发生的这些消耗也应得到补偿，它体现为企业职工所获取的工资报酬。另一部分是人力资源所有者通过和物质资本所有者共同分享剩余索取权而获得的权益。企业运用人力资源使用权的过程中，人力资源产权主体为企业创造出剩余价值。物质资本所有者因拥有物质资本所有权得以参与收益的分配，人力资源所有者也同样应该因拥有人力资源所有权而参与收益的分配。

这样，人力资源所有者与企业进行人力资源产权交易的结果是，形成了企业的一项特殊的资产——人力资产，而与人力资产相对应产生的是人力资源的权益，这种权益包括获得固定补偿的权益和与物质资本所有者共同分享剩余索取权的权益。人力资源所有者的固定补偿权与企业的债权人的固定补偿权类似，人力资源所有者的剩余索取权则和物质资本所有者的所有权类似，因此，在确认人力资产的同时，应该同时确认企业的一项负债和一项属于人力资源所有者的权益，即人力资本。

人力资产形成的同时形成的这项负债，应确认为是一种什么负债呢？显然，它属于长期负债的范畴。因此，可以在“长期应付款”账户中设置“应付人力资源补偿价值”明细账户进行核算，也可以单独设置“应付人力资源补偿价值”账户进行核算。

6.4.2　人力资本的计量

对人力资本的计量，也就是对企业与人力资源产权主体进行产权交易所形成的负债和权益的计量。

这项负债是企业运用人力资源使用权而发生的补偿性支出，它表现为劳动者在为企业服务期间所获取的工资报酬。因此，这项负债的计量可以采用人力资源价值计量中的以工资为基础的计量方法来予以确定。

人力资本的计量问题是一个比较复杂的问题。首先，它是对原来为物质资本所有者完全占有的企业的剩余价值的重新分配，这直接关系到物质资本所有者和人力资源所有者的未来利益。因此，在计量过程中不可避免地会受到各方面的人为因素的影响。其次，目前还没有可以为物质资本所有者和人力资源所有者都认可的计量模型，而采用不同的方法进行计量得到的结果可能会有很大的差异，这会损害某一方的正当权益。因此，在这里进行的人力资本计量的讨论是一种带有超前性的讨论。人力资本的计量问题，只有在和人力资源权益会计的实务工作相结合的基础上进行进一步的研究，才有可能得到比较圆满的解决。

如果人力资本参与收益分配的方式是采用职工持股计划或劳力股的方式，那么人力资本的确定问题是易于操作的。对此，不再进行论述。

困难是当人力资本参与收益分配的方式是采用人力资源权益股时，人力资本如何计量？在这里，我们可以设想以下几种可供采用的方法。

第一种方法是采用“宜粗不宜细”的做法，按一定比例来确定人力资源权益股。例如，按“二八开”的方式来确定时，如果企业物质资本所有者的股份总数为 80 万股，则确定人力资源权益股为 20 万股。比例应根据企业的类型来加以确定，如劳动密集型企业、资金密集型企业、技术密集型企业、人力资本密集型企业中人力资本权益股占总股本的比例应该有所不同。

第二种方法是按照企业盈利率来确定人力资源权益股在总股本中所占比例。首先，根据企业过去几年(如 5 年)的盈利率计算加权平均盈利率(如选择 5 年时，从现实年度往前每年的权数分别确定为 5/15、4/15、3/15、2/15、1/15)，以加权平均盈利率与无风险报酬率之差和无风险报酬率的比值作为人力资源权益股与物质资本所有者的股份之比。例如，加权平均盈利率为 9%，无风险报酬率为 3%，(加权平均盈利率－无风险报酬率)÷ 无风险报酬率 ＝(9% － 3%)÷ 3% ＝2，如果物质资本的所有者的股份为 50 万股，则人力资源权益股为 50 万×2 ＝ 100 万股。

不论采用哪种方法确定了人力资源权益股在总股本中所占比例后，都应将人力资源权益股量化到个人。量化时，按个人(企业中具有较高的人力资源价值的人员，如高层管理人员等)或群体对企业盈利的影响确定人力资源权益股的分配系数，进行人力资源权益股的分配。然后对按群体分配的，再按该群体中成员的工资标准进行第二次分配，将该群体的人力资源权益股分配给群体中的个人。按个人进行人力资源权益股分配的，其分配系数不应由企业自己确定，而应委托企业外部的人才评价机构进行评价确定，或由企业董事会中的独立董事确定。

对于企业经营管理型的人才特别是企业家的人力资源权益股的确定，是很重要的。如果计量结果不能充分体现管理者的人力资源的价值，将极大地影响管理者的积极性的发挥，不能产生应有的激励作用。因此，在确定经营管理人员特别是企业家的人力资源权益股时，应谨慎行事。

6.4.3　人力资本采用人力资源权益股方式参与收益分配的思考

1. 物质资本所有者也应享有补偿权

人力资源权益的确立，使劳动者成为人力资本的所有者。劳动者将其所拥有的人力资源使用权让渡给企业后，除了拥有通过工资报酬获取补偿的权益外，还依其对人力资源的所有权得以和物质资本所有者一起分享企业的剩余索取权。

但是，在企业收益的分配中，在强调要保障作为人力资本所有者的劳动者的合法权益的同时，也要保障作为物质资本所有者的投资者的正当权益。物质资本投资者推迟其消费需要的满足，将物质资本投入企业，也应得到回报，也应在享有参与企业收益分配的权益的同时享有补偿权。物质资本投资者对投入企业的物质资源，像劳动者对投入企业的劳动力一样，也拥有所有权、使用权、收益权和处分权，也应依其将物质资源的使用权让渡给企业而享有补偿权、依其对投入企业的物质资源拥有的所有权而享有收益权。在人力资源权益确立之前，物质资本投资者拥有企业收益的全部分配权，获取了企业的全部收益，其中既有因物质资源使用权的让渡而获得的补偿，也有因物质资源所有权的拥有而获得的收益，也占有了本该由劳动者因拥有劳动力的所有权而应享有的收益。现在，在人力资源权益确立之后，应该将以前完全由物质资本投资者占有的全部收益的构成进行以上的必要分析，应该将要由物质资本投资者和劳动者共同分配的收益与属于物质资本投资者的补偿部分区分开来。也就是说，在确立劳动者的补偿权、收益权的同时，也要确立物质资本投资者的补偿权和收益权。对投资者的收益权，人们是没有疑义的，但对强调物质资本投资者也应享有补偿权却不大理解。实际上，确立人力资源权益后，劳动者和物质资本投资者都是企业的所有者，前者是人力资本的所有者，后者是物质资本的所有者，因此都应享有补偿权和收益权。劳动者和生产者的所有权都是通过参与收益的分配而得到体现，劳动者的补偿权也通过获得工资报酬而得到体现，那么问题是：物质资本投资者的补偿权应该如何体现？很显然，人们还没有考虑到这一点。确认物质资本所有者的补偿权是非常合理的，对人力资源权益的确认并不意味着对所有者权益的忽视，否则就是从一个极端走向另一个极端。

物质资本投资者的补偿权，我们认为可以按照无风险报酬率来确定，否则物质资本所有者不会将物质资源投入企业。

2. 收益分配比例的确定应是一个“双赢”的过程

企业收益在人力资本所有者和物力资本所有者之间进行分配时，其分配比例的最终确定实质上应是一个受各种关系作用的均衡过程，是一个“双赢”的过程。劳动者要选择能使自身价值得到有效实现、能获得尽可能多的收益的地方投入其拥有的劳动力，物质资本投资者要选择能获取更大的投资收益率的方向进行投资。双方的选择使人力资源和物力资源得到相应的结合，并通过最终收益的分配情况来确定自己的选择是否理智，是否达到了预期的目标。在分配过程中，如果一方侵犯了另一方的利益，那么将可能导致这种结合的分解。但实际上，收益分配均衡的实现必须具备必要的条件，如劳动者和物质资本投资者能够掌握人力资源和物力资源供求的充分的信息，各种生产要素能够自由地流动以实现优化配置等。否则，一方总会自觉地或不自觉地利用自己的有利地位在收益分配的过程中侵犯另一方的利益。例如，在存在不充分就业的情况下，即使在社会上确立了人力资源权益的观念，物质资本的所有者也完全可能利用存在失业后备军这一压力迫使劳动者接受对自己不利的收益分配比例。

人力资本的计量牵涉到收益分配比例的确定。因此，在进行人力资本的计量时，要进行综合考虑，选择比较适合企业具体情况的计量模式，使得计量结果对收益分配的影响作用能够有利于“双赢”机制的建立。

3. 人力资源价值的体现对收益分配的影响

人力资本和物质资本在企业总资本中所占的比例，决定了它们在企业收益分配中所占的比例。但是，人力资源价值的体现会受到许多因素的影响，这样就产生了一个问题，即不管人力资源价值体现得如何，都按人力资本和物质资本在总资本中所占的比例来进行利益分配，还是根据人力资源价值的具体体现进行必要的调整？

由于长期以来劳动者并没有拥有收益的分配权，所以人力资源权益会计提出确立人力资源权益的观念、认为劳动者应以其投入企业的人力资源的所有权形成的人力资本参与收益的分配以后，在收益分配方法的研究中，人们可能不自觉地突出了劳动者的权益而在一定程度上忽视了所有者权益，这是值得注意的一种情形。

物质资本投资者将物质资本投入企业后，企业取得了物质资本投资者投入财产的自主处分权，因此，资金利用效率如何，主要责任在企业的劳动者(包括企业的各级管理者和普通职工)。基于这种看法，我们认为，在进行收益分配时，应该根据人力资源价值的体现，分不同的情况进行收益分配比例的调整。

因为企业的物质资本投资者的补偿权是按照无风险报酬率来确定的，所以当企业盈利率低于无风险报酬率时，人力资本不能参与企业收益的分配；只有当企业盈利率高于无风险报酬率时，人力资本才得以参与企业收益的分配。人力资本参与分配的企业收益，实际上是企业盈利高于无风险报酬的那一部分。而企业盈利水平的高低，与企业员工人力资源价值的体现有密切关系。因此，人力资源权益股参与企业收益分配不应采取固定比率(即人力资源权益股在总股本所占的比率)，而应根据企业盈利率高于无风险报酬率的情况确定一个上下浮动的比率，人力资源权益股在参与企业收益分配时应按调整后的比率进行。

对企业收益高于无风险报酬这一部分的分配，可以分为以下几种情况进行讨论。

第一种情况是，企业收益率大于无风险报酬率但低于行业平均收益率。这时可以认为，企业收益率低于行业平均收益率，是企业的劳动者没有付出应有的努力所导致的。因此，劳动者的人力资源权益股参与企业收益高于无风险报酬部分的分配时，不应按人力资源权益股在总股本中所占比率进行分配，而应按下浮后的比率进行分配。下浮的比率，可以根据收益率与行业平均收益率的差距大小制定不同的标准。

第二种情况是，企业收益率达到行业平均收益率。这时可以认为，对企业人力资本的计量是公正的，人力资本和物力资本的恰当结合使企业的收益率达到了行业的平均水平。因此，企业员工可以按人力资源权益股在企业总股本中所占比率参与企业收益高于无风险报酬部分的分配。

第三种情况是，企业收益率高于行业平均收益率。这时，人力资源权益股参与企业收益高于无风险报酬部分的分配应分段进行。对于企业收益中位于无风险报酬和行业平均收益的部分，按人力资源权益股和物质资本所有者的股本在企业总股本中所占比率在企业员工和物质资本所有者之间进行分配；对于超过行业平均收益率的部分，应按上浮后的人力资源权益股在总股本中所占比率向劳动者进行分配，这是基于这部分收益是企业的劳动者付出了更多的努力创造出来的这一认识。上浮比率可按企业收益率与行业平均收益率的差距大小确定不同的标准。

收益分配调整比率的确定，应在确立人力资源权益时由人力资源所有者和物质资本所有者双方通过协商共同确定。不同行业的企业、同一行业的不同企业在制定调整比率时，都应结合企业的具体情况来加以考虑，而不应盲目搬用其他行业或其他企业的方式。

这样做，既考虑了人力资源所有者分享剩余索取权的要求，也考虑到了按生产要素进行分配时人力资源这一生产要素的能动性的发挥情况对其剩余索取权的影响。

4. 劳动者对企业亏损、破产责任的承担

在人力资源权益确立之前，企业在生产经营中发生的亏损和和破产清算的责任，都是由企业的物质资本投资者所承担。确立人力资源权益以后，劳动者成为企业的人力资本的所有者，也应对此承担应负的责任。因此，劳动者的人力资源权益股参与企业收益分配，应有一定的滞后期；进行收益分配时，应该在企业中留存一定数量的人力资源权益，形成人力资源未分配利润，以便在必要时以此来承担相应的责任。

1)劳动者对亏损责任的承担

当企业发生亏损时，劳动者应对此承担主要责任，因为亏损不是物质资本所有者投入企业的资金的问题，而是企业的全体劳动者的责任。应由社会审计机构明确责任大小，确定负担比例。

在发生亏损时，由劳动者负担的亏损应由留存的人力资源权益弥补。不足弥补部分，记入人力资源未分配利润账户的借方，表示尚未弥补的应由劳动者负担的亏损。在今后企业出现盈利并向劳动者分配收益时，劳动者所分配的收益应首先用来弥补应由劳动者负担的以前未足弥补的亏损。

2)劳动者对破产责任的承担

当企业进入破产清算阶段时，劳动者和物质资本投资者都要承担责任，但物质资本投资者承担了最大的财务风险。在企业资不抵债时，物质资本投资者的投入全部付之东流，债权人也承担了提供资金的风险损失。

在企业破产后，企业劳动者的人力资源价值对于该企业来说已彻底贬值。因此，如果清算完毕还有剩余财产需要在劳动者和物质资本投资者之间进行分配，只能按这时还属于人力资源权益的人力资源未分配利润和物质资本所有者权益的总额的比例在人力资源所有者和物质资本所有者之间进行分配。物质资本投资者在剩余财产分配的顺序上应优先于企业的劳动者，因为劳动者对企业的破产应承担更多的责任。

6.4.4　人力资源权益会计核算

1. 人力资源权益会计账户的设置

人力资源权益会计是对企业与劳动者的人力资源产权交易过程中产生的人力资本进行计量的一种程序和方法。

在人力资源权益会计核算中，应该增设“人力资产”账户、“应付人力资源补偿价值”账户、“人力资本”账户和“公益金”账户等。

“人力资产”账户，核算企业通过和人力资源产权主体的产权交易而拥有或控制的、能以货币计量的、能为企业带来未来经济利益的人力资源所形成的资产的增加、减少及其余额。账户的借方登记因人力资源进入企业或人力资源增值而引起的人力资产的增加数，贷方登记人力资源退出企业、支付人力资源的补偿价值和其他原因所产生的人力资产的减少数。期末余额在借方，为期末时企业人力资产的数额。

“应付人力资源补偿价值”账户，核算企业应向人力资源所有者支付的固定补偿的增加、减少及其余额。账户的贷方登记企业在取得人力资源使用权后，在人力资源使用权的运用期间应向人力资源所有者支付的固定补偿价值总额，借方登记企业在运用人力资源使用权时向人力资源所有者实际支付的人力资源固定补偿价值的数额。期末余额在贷方，表示期末时尚未向人力资源所有者支付的固定补偿价值的数额。

“人力资本”账户，核算人力资源所有者在向企业让渡人力资源使用权后因继续拥有人力资源所有权而产生的与物质资本所有者分享剩余索取权的权益的增加、减少及其余额。账户的贷方登记剩余索取权权益的增加数，借方登记剩余索取权权益的减少数。期末余额在贷方，表示期末时企业的人力资源所拥有的剩余索取权的权益数额。企业应根据员工数量增减变化的情况及员工人力资源素质的变化情况等对“人力资本”账户的余额进行调整。

企业应将原在“盈余公积”账户中核算的公益金部分划出来，另外设置“公益金”账户进行核算，核算的内容不变。

在“资本公积”账户、“利润分配”账户的各明细账户中分别按人力资本所有者和物质资本所有者设置专栏进行明细核算。

进行人力资源权益会计核算时，企业可以根据具体情况确定还需增设的账户。

2. 人力资源权益会计的账务处理

在人力资源权益确立后，人力资源所有者也成了企业的所有者，因此在核算企业的物质资本所有者权益时为了避免产生误解，应将“所有者”明确表示为“物质资本所有者”或简化为“股东”(以下仍然沿用以前的“所有者”的提法，但要注意到它在这里只表示“物质资本所有者”，而不是包括人力资源所有者在内的企业的全体所有者)。

①当员工进入企业时，根据在人力资源使用权的运用期间应支付的补偿价值(计量时可以考虑时间价值，也可以不考虑时间价值)和通过计量确认的人力资本，编制如下会计分录。

借：人力资产

　贷：人力资本

　　　应付人力资源补偿价值

②向企业员工支付工资报酬时，编制如下会计分录。

借：人力资源使用成本

　贷：应付工资等

借：应付人力资源补偿价值

　贷：人力资产

如果在确定应付人力资源补偿价值时考虑了货币时间价值，那么在后一个会计分录中所登记的金额应该根据实际支付的工资报酬的现值来确定。

③当员工离开企业时，按该员工的有关明细账的余额，编制如下会计分录。

借：人力资本

　　应付人力资源补偿价值

　贷：人力资产

④资本公积增加时，按人力资本和物质资本在总资本中所占比例，编制如下会计分录。

借：有关资产类科目

　贷：资本公积——人力资源资本公积

　　　　　　——所有者资本公积

资产评估减值时，作相反的分录。

以资本公积转增资本金时，编制如下会计分录。

借：资本公积——人力资源资本公积

　　　　　——所有者公积

　贷：实收资本

⑤提取公益金时，编制如下会计分录。

借：利润分配——提取公益金

　贷：公益金

⑥企业提取盈余公积时，编制如下会计分录。

借：利润分配——提取盈余公积——提取人力资源盈余公积

　　　　　　　　　　　　　——提取所有者盈余公积

　贷：盈余公积——人力资源盈余公积

　　　　　　——所有者盈余公积

⑦向人力资本所有者和物质资本所有者分配利润时，编制如下会计分录。

借：利润分配——应付利润——应付人力资源利润

　　　　　　　　　　　——应付所有者利润

　贷：应付利润——应付人力资源利润

　　　　　　——应付所有者利润

向劳动者实际支付利润时，编制如下会计分录。

借：应付利润——应付人力资源利润

　贷：现金

⑧企业发生亏损时，按劳动者应负担的亏损部分，用人力资源盈余公积补亏，编制如下会计分录。

借：盈余公积——人力资源盈余公积

　贷：利润分配——未分配利润——人力资源未分配利润

人力资源权益会计账务处理关系图如图 6-1 所示。

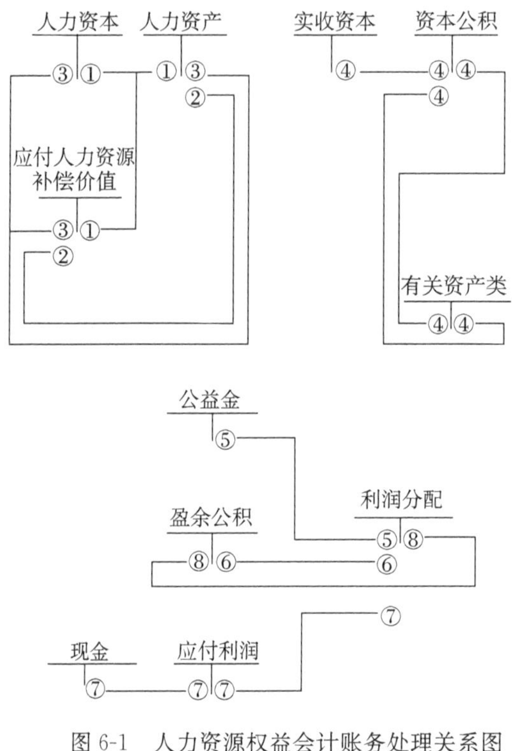

图 6-1 人力资源权益会计账务处理关系图

注：图中①～⑧对应上文的会计分录

案例分享

冯根生难题[①]

一、"董事会决定"掀起轩然大波

1997 年 10 月 6 日，正大青春宝药业有限公司董事会全票做出一项决定：从公司 1.5 亿元的净资产中划出 20%的股份卖给职工，实行"工者有其股"。根据董事会的改制方案，公司总裁冯根生至少应该认购 2%的股份，计 300 万元。但是，冯根生当场表示："我买不起!"

这种改制，被冯根生称为"内部股份制"，被正大青春宝药业有限公司的员工们形象地称为"第二次合资"。其目的很明确：想以股份为纽带，把职工、经营者和企业更紧密、更规范地捆在一起。但是，这个改革方案，在杭州、在浙江，掀起了一场轩然大波。焦点就是冯根生的 300 万元股金问题怎么解决。冯根生说因为买不起所以不准备买。但不少职工说："你老总不买大股，说不定你对企业前景没有信心，我们怎么敢买?"

围绕"冯根生难题"，人们提出一个个更加令人深思的问题：这仅仅是冯根生一个人的尴尬，还是所有国有企业经营者的尴尬? 这是不是国有经济久久难以走出困境的最重

① 张文贤，傅颀．股权之谜："冯根生难题"解析．上海：立信会计出版社，2008。

要原因之一？是不是“又一次思想解放”必须破解的难题？这类发问，使“300万元股金的风波”，已远远超出了它原来的含义。

冯根生以惊人的直率，谈了他对这个问题的看法。他说，他今年63岁。14岁进胡庆余堂当学徒。半个世纪以来，一直在中药行业摸爬滚打，当了26年国有企业的厂长，有30多年党龄。1972年，他接手原杭州胡庆余堂一个26万元固定资产的驴皮膏车间，26年来，没有要国家一分钱的投资，带领职工把昔日的“驴皮膏”变成了今天的“青春宝”，目前的“青春宝”已经拥有7亿元资产。1992年，与泰国正大集团合资成立正大青春宝，他作为中方代表被派进董事会聘任为总裁，目前总资产4亿元、净资产1.5亿元；今年预计可创造利税1.45亿元，是1992年的10倍。去年12月8日，他又受命监管百年老字号“杭州胡庆余堂”，现在已经带领该厂从去年亏损750万元的危境中走了出来，预计今年可创利税1 500万元。

正因为有这些经历，冯根生被人誉为“国宝”，党和人民也给了他很多荣誉。也正因为如此，有人说，你“冯根生”这块“牌子”就值300万元，把这块“牌子”卖给企业，不就换了300万元的股份吗？无独有偶，一位马来西亚老板还真给他开了一个价：只要你冯根生来为我服务，我给你100万美金的安家费，另外，年薪由你自定。像这样给他开价的还不少，但都被他拒绝了。

冯根生陷入了深深的沉思之中。

沉思之一是：作为国有企业的经营者，作为共产党员，他把自己的一生都融入了国有企业。在这种“融入”的过程之中，他有没有资格说：“我也形成了一笔属于自己本人的无形资产。”这笔无形资产，对企业的发展起到了不小的作用。对此，他能否拥有所有权、使用权？

沉思之二是：如果应该拥有，那到底值多少钱？由谁来评定？怎么评定？能不能货币化？能不能折成股份入股？

1997年10月22日下午在杭州，浙江省11位著名企业的董事长、总经理，以及浙江省发改委的领导、浙江省企业家协会的领导，放下繁忙的工作，齐聚一堂，专题讨论中国(杭州)青春宝集团有限公司(以下简称青春宝集团)董事长、正大青春宝药业有限公司总裁冯根生到底该不该持有正大青春宝药业有限公司300万元股份。如果应该持有，这笔购股资金从哪里来？

浙江万事利集团总经理沈爱琴首先发言：“我认为对冯根生来说，300万元还是小数目。别说2%，我看5%也可以。这些年来，他一直是带头冒险的，而且实践证明他是对的。这得有胆识，要知道，有多少企业厂长经理是失败了。”

浙江省企业家协会的李铁峰、沈惠臣同志说：“按十五大精神，生产要素也可以参加分配，而人是生产要素，经营者的才能是最重要的、最活跃的生产要素，当然应该参与分配。”

冯根生插话说：“我为国家奉献了一辈子，也没有计较过报酬，现在63岁了再来谈钱的问题，本意根本不是为了钱。现在常常说，要我们厂长经理调动职工的积极性，可是谁来调动我们厂长经理的积极性？如果我们没有积极性，又让谁去调动职工的积极性？这个怪圈不打破，国企难搞好。”

万向集团董事局主席鲁冠球说：“我觉得得有人出来说话。我看一是能不能先承认

300 万元股份，然后用每股产生的效益来补上？二是在增值中，能不能用奖励股份的办法解决？亏损企业的厂长就地免职。这些都得有政府同意。冲锋陷阵可以叫企业家带头，但重奖应该由主管部门带头。”

据悉，鲁冠球本人在万向集团的股份已经解决，他是按照浙江省政府关于乡镇企业经营者的有关文件解决的。那么，乡镇企业在这方面的经验是否值得借鉴？

1997 年的金秋，中国发生了一件举世瞩目的大事，并很快在经济领域掀起了强劲的“钱塘大潮”。这就是当年 9 月在北京召开的中国共产党第十五次全国代表大会。这次大会对国有企业改革的论述有重大突破，最重要的有两点：一是“公有制的形式都可以大胆利用”；二是提出新的分配机制，将实行了多年的“按劳分配”原则，修改为“按劳分配和按生产要素分配相结合”的原则。

大会公报一发出，便在国内外引起了强烈反响，雄踞江南的中国(杭州)青春宝集团有限公司以及正大青春宝药业有限公司的董事长冯根生从中共十五大报告里看到了在国有企业实行股份制改造的曙光。他和其他董事会成员强烈地感受到这是企业发展面临的一次机遇，能否把握住它，事关企业的未来。

作为一家合资企业，正大青春宝药业有限公司在多种所有制共存方面，已经走在了前面，在“按劳分配和按生产要素分配相结合”这点上。企业这次又会采取什么举措呢？经过连续数日的反复讨论，董事会决定：从正大青春宝药业有限公司现有的国有资产中切出一块，作为个人股，卖给员工和企业的经营者，使“工者有其股”，把员工的个人利益与企业、国家的利益紧密结合起来。这切出的一块，暂定为公司中方净资产的 50%。正大青春宝药业有限公司的总裁冯根生，至少应该认购当时企业净资产 2%的股份，折合人民币约 300 万元。

二、“冯根生难题”之一：经理人能不能成为股东？

有关“正大青春宝职工持股”的决定一公布，整个杭州城都为之轰动。媒体收到了来自各行各界认识的反馈意见，支持和反对这项举措的人士各抒己见。其中，对正大青春宝药业有限公司实行内部职工股的做法给予支持的人认为这是对做出成绩的优秀企业家的一种肯定。他们认为企业的主要经营者持大股，就等于给他们戴上了一副“金手铐”，他们和企业共呼吸、同命运，会促使他们时刻把企业的兴衰放在心上，这样也是对企业所有员工负责的体现。而反对这种做法的人认为，作为一个成功的国有企业经营者，党和国家已经给予他精神和物质奖励，没有理由再无偿占有企业的股份，他们担忧转让国有股份是否有慷国有资产之慨的嫌疑。并且，如果冯根生持股 300 万元的经验在各地其他企业普及的话，会不会在国企中引发一轮抢购国有资产的“大风潮”？

“冯根生难题”之一出现了：经理人能否成为股东？西方的工业革命导致了经营权与所有权的分离，这可以被看做传统社会走向现代社会的转折点，是现代企业制度的摇篮，是时代的进步。但是，随着市场经济的进一步发展，两权分离必然出现委托人和代理人之间的关系。代理人模式的焦点是要在委托人与代理人之间达成共同一致的利益，或者将两者不同的甚至冲突的目标在契约的基础上达到平衡。事实上，委托人与代理人时常“同床异梦”，发生目标冲突，这种目标冲突是由利益冲突决定的。

那么如何来解决这种冲突，变“同床异梦”为“同舟共济”呢？诚然，在 21 世纪的今天，我们仍然需要宣扬奉献精神，但是随着物质生活日益同世界接轨，人们的思维方式也在悄然发生着变化，实现个人的人生价值，追求更美好的生活，已经得到大多数人的认同和社会的肯定。关键问题是，如果我们在制度和政策上跟不上已经发生的社会变化，我们很多优秀的企业家将纷纷从国有企业流向非国有企业，还有可能见利忘义，中箭落马。让经理人成为股东是经理革命在激励机制上的又一次进步，也是企业收益分配制度上的变革。从经济发展的历史来看，企业的分配制度经历了单一业主制阶段、支薪经理制阶段和分享工资模式。在分享制阶段，货币、厂房、设备等物质资本的投入者和技术、管理能力等人力资本的投入者各自享有一定的股份，这无疑给企业员工尤其是给企业的经营者带来极大的工作积极性。所谓分享制是指劳动双方共享收益分配的一种制度，它可以采取多种不同的形式，其中利润分享制和收益分享制是最典型的形式。

三、“冯根生难题”之二：购股资金从何而来?

几年前因为和泰国正大集团合资进行转制而震动了企业界的正大青春宝药业有限公司再一次站在了改革大潮的潮头，成为职工持股这只“螃蟹”究竟能不能吃的尝试者。青春宝集团董事会确定了改革方向后，拿出了具体的持股方案。他们按职工责任大小、贡献多少分为三个持股档次：一档是新职工，他们入厂时间不长，对企业的贡献相对较小，所持股份相应较少；二档是企业一般管理人员、技术人员、销售人员和工作年限比较长的员工，这些人对企业发展肩负着一定的责任，所持股份应该相应增多；三档就是企业的主要经营者，他们承担的风险、责任是最大的，所持股份也应该最高。因此，董事会决定，正大青春宝药业有限公司的总裁冯根生先生，至少应该认购当时企业净资产2%的股份，折合人民币约 300 万元。

面对决议，冯根生喜忧参半。喜的是职工持股后，其工作热情和干劲会大大提高，企业也会就此留住一大批业务骨干；忧的是自己必须带头持股，大家都看着自己，如果老总不买，就会动摇职工对企业未来发展的信心，可是 300 万元的巨额资金从何而来?公司在合资前，冯根生拿的是国营厂长的工资，每月 480 元整，公司合资后，他拿的是总裁的薪水，也不过每月几千元。这些年的积蓄加在一起最多也只能凑出 30 万元，面对 300 万元的股票份额，就是砸锅卖铁，把家当卖光，也绝对凑不出这般巨额款项，所以在董事会表决时，冯根生直言不讳地说：“我买不起。”

这真是一道难题，有人掰着指头给冯根生算了一笔“账”，改革开放以来，在大局面前，冯根生起码当了四次改革的“出头鸟”。这次冯根生既然决定要改革，他会迎难而上，坦然面对各方舆论。他知道，把“冯根生难题”推向社会，展开讨论，并不是为了一个冯根生，更不是为了这 300 万元。了解他的人都知道，冯根生是一个淡泊名利的人，在任厂长期间，有多位跨国药业公司想高薪聘请冯根生，仅安家费就 100 万美元，这些都被冯根生婉言谢绝，舍弃千万元的收入，引起“持股 300 万元”的讨论，仅此一举，就可以看出冯根生推出“冯根生难题”的本意不在于自己挣钱或搞噱头。他深知，在激烈的市场竞争中，企业要想立于不败之地，就必须靠一个优秀的企业家团队，而这需要建立一个良好的能够调动企业经营管理人员积极性的制度。抛开“持股 300 万元”会给我国现行政策带来何种变化不说，仅就这场大讨论引起了人们对企业家地位、价值的重视，并由于这种重视给我国国民经济带来进一步的影响来讲，它就具有比“300 万元”本身重大得多的意义。

四、"冯根生难题"之三：管理贡献能否折价入股？

管理的本质是创新。创造出新商品、新生产方法、新市场、新资源、新组织，以及能够管理好运用这些新事物的新员工，实际上是生产力诸要素的新组合。联想集团创始人柳传志对管理的解释真是充满了"联想"，妙语连珠，他说："管理人才就像项链上的线，专业人才就是项链上的珠子，专业人才只有通过管理人才才能串成项链。"

企业家是企业经济增长的中枢。来宾斯坦认为企业家是通过避免低效率而取得成功的人，而这种低效率是其他人或他们所在的组织易于发生的。由于这种低效率的普遍存在，在现实世界中，成功是例外而失败倒是正常的。也就是说，作为企业经济增长中枢的企业家主导着企业成败。

在西方经济学中，生产要素包括土地、劳动、资本和企业家才能四项内容。但在我国，由于长期以来的传统经济思维，一直不敢承认企业家才能是生产要素，企业家与企业之间的产权界定不明，因此就导致大量的企业经营者偷懒或谋取隐性收入。这既不利于生产要素作用的有效发挥，更不利于企业的发展。企业家作为一种稀缺资源拥有超常的能力和素质，具有常人所不具备的拼搏、进取、冒险、创新的精神，这种企业家是我们社会的宝贵财富。一个国家，如果没有一批优秀企业家脱颖而出，企业就不可能强化科学管理、追求技术进步，就不能在不断提高效率和经济效益的过程中求得利润和资本增值的最大化，整个社会经济效益的提高和社会财富的增加就会受到严重阻碍。

既然企业家的管理活动创造了价值，那管理贡献也应该可以参与到生产要素收益的分配中来，可以折价入股。中共十五大报告提出的分配形式多样化以及按生产要素分配，为推行股权激励，让生产要素参与分配，使经营者持股经营，依法获得相应权益扫除了思想上的障碍。

五、"冯根生难题"之四：管理贡献如何计量？

美国的一位经济学家曾说过，很多著名公司每年都有年报，年报的开头都有董事长或总经理致词，说"我们公司的全体员工是我们公司最宝贵的财富"。细心的读者会发现，从第二页翻到最后一页，财务报告中有资产负债表、利润表、现金流量表、但"最宝贵的财富"却没有看到，说明我们现在的会计体系是见物不见人，把众多人力资本创造的价值那部分忽略了，只记固定资产、流动资产，而真正宝贵的人力资产没有记入报表。因此，我们需要采用一定的方法将企业家的主要贡献记录下来。

有人认为，从来只有对物质资源价值进行评估，而人力资源价值是无法评估的。其实，只要有根据，就有办法进行价值评估。物质资本价值的评价，主要是根据其内在的劳动量，按照社会必要劳动时间决定其价值量，来评估和测定其价值。人力资本的价值与物质资本价值的根本区别就在于，根据人力资本的特性，其可以创造价值。因此，价值评价的着眼点在于其创造的价值，而不是自身内含的价值。当然，也可以评价其自身内在价值，这可以采用成本法。这主要适用于评估其"成长成本"、"培养成本"、"机会成本"，从而测定其潜在能力，也就是马克思所说的"劳动的潜在形态"。我们这里所说的人力资本价值，主要是劳动的流动形态和劳动的凝固形态，即劳动的贡献，包括科学贡献和管理贡献，是指劳动者创造的价值。

人力资本的价值通常包括三个部分：第一部分是人作为劳动者消耗的价值，这是用于补偿人力资本消耗的“补偿价值”。第二部分是人力资本投资资本化的价值，通过分摊逐步转移的“转移价值”。这两部分价值，都可以通过成本核算的方法从账面上取得。第三部分是人力资本的使用所创造出来的“创新价值”，也就是转移到劳动成果中物化的那一部分价值，其中包括经营者的管理贡献、决策贡献，科技人员的科技贡献以及所有劳动者的劳动贡献。这种贡献的量化显然比较困难，需要采用专门技术进行评估。

六、冯根生经营管理贡献的确认

青春宝集团的成功，从企业发展的外部环境来说，得益于冯根生的不断改革，用甘当“出头鸟”的勇气和胆识为企业争取到自由发展的空间。在这几十年里，冯根生起码当过五次“出头鸟”，在每一次改革面临突破的关键时刻，他都以自己独特的方式给出了答案，为企业赢得了生机。

1997 年 10 月，正大青春宝药业有限公司董事会决定从公司的总股本中划出 20%作为个人股卖给员工及经营者，冯根生作为经营者需认购 2%的股份，计人民币约 300 万元。媒体对这件事给予了密切关注，而冯根生也感到压力很大。其一，300 万元从何而来？合资前他的工资是 480 元，合资后也不过数千元，倾其积蓄只能拿出 30 万元，其余只能去银行贷款。其二，他心中也有不平，当了 20 多年国企经营者，他的管理要素带来的价值效益如果不能以无形资产折股，国企经营者的积极性如何充分发挥?

要解决这个难题，从理论依据上我们可能还要追溯到马克思的劳动价值论上来，马克思指出：“劳动力这个商品具有一种独特的特性：它是一种创造价值的力量，是一种产生价值的源泉，并且在适当使用的时候，是一种能产生比自己具有的价值更多的价值源泉。”

与马克思所处时代不同的是，在知识经济时代，科学技术、知识、信息等要素在商品生产中的作用越发重要，并将逐渐占据主要地位。脑力劳动者是劳动者的主体，价值的生产与增值将主要靠复杂劳动。创造社会财富的主要推动力是以知识和技能为依托的创造性的劳动。而在当前新的历史时期，我国经过 30 多年的市场化改革，非公有制经济的迅速发展，经济的市场化不断深化，必然面临一些新问题，如对各种形式的非劳动收入的价值判断、各种生产要素的作用、按要素分配与价值创造的关系以及新知识创不创造价值、高科技创不创造价值等。面对这些现实问题，我们必须进一步深化对马克思劳动价值论的认识，努力把马克思劳动价值论的基本原理与不断发展变化着的我国社会经济生活实际和时代特征相结合，创造性地发展马克思主义的劳动价值论。

冯根生从 1972 年 7 月 1 日起担任厂长，当时厂总资产是 37 万元。到 1997 年年底，青春宝集团净资产已达 4.2 亿元，比原来增加了 1 000 多倍，杭州市政府评价冯根生“功不可没”。截至 2004 年年底，青春宝集团已拥有资产 15 亿元，净资产 7 亿多元。面对冯根生对杭州中药二厂 30 多年的管理贡献，我们认为冯根生的管理贡献完全有充分的理由作为人力资本折价入股，政府应该制定相应政策，给做出突出贡献的企业家奖励股票，或者是允许以一定比例入股企业，使所有者与经营者的利益结合起来，这无论是为企业的持续发展还是调动企业家的积极性都有着十分深远的意义。

七、冯根生经营管理贡献的计量

1. 冯根生的创业贡献

1972年10月，冯根生提出“大干三年，改变面貌”，将原来像电影《夜半歌声》里破庙一样的作坊变成了像样的厂房，团结广大职工，振奋精神。

1973年，冯根生开始广揽人才并引进关键技术人才，开发新产品(6月，第一只新产品“信宁咳”糖浆投产)，增加销售收入，创造新价值。

1973年10月，冯根生首次接待外宾(坦桑尼亚卫生部一行3人)，对外开放，扩大影响，提高知名度，做大量的免费广告，开拓国际市场，增加销售收入，增加新价值。

2. 冯根生的创利贡献

一张600多年前的秘方——1403年，明成祖登基，宫廷太医院制成延缓衰老的配方，使他成为中国历史上少有的长寿帝王——冯根生把一张配方变成宝；2001年，浙江省每4元保健品消费中就有1元是“青春宝”。

3. 冯根生的创新贡献

1999年2月8日，青春宝集团在全国首先推出“工业旅游”，人间天堂访好药。3月23日，参股上海童氏药业股份有限公司，青春宝集团抢滩上海市场。4月10日，举行全员质量管理(good manufacturing practice，GMP)培训，为提高整体素质、保证药品质量打基础。

4. 冯根生的社会贡献

冯根生带领广大职工为企业获得国家级和省级的荣誉和奖励，包括企业改革10年创新奖、中国100家最大医药工业企业、中国质量管理奖、中国企业管理杰出贡献奖等。他本人也获得了全国劳动模范、全国改革人才金杯奖、全国第一届优秀企业家金球奖、第一届五一劳动奖章等，被选为中共十三大代表。

➢本章小结

人力资源权益是指企业的劳动者作为人力资源的所有者而享有的参与企业收益分配的相应权益。人力资源权益的确立基于作为生产要素的人力资本的稀缺性和人力资本在价值创造中的作用的认识。按生产要素分配这一收入分配原则的确立是人力资源权益确立的基础。

人力资源权益包括两部分：一部分是人力资本。它与传统意义上的企业所有者投入企业的物质资本相对应，是人力资源所有者据以参与企业收益分配的基础。另一部分是新产出价值中属于劳动者的部分，即按劳动者将其拥有的劳动力投入企业所形成的人力资本参与企业收益分配所获得的部分。

人力资本参与企业收益分配的方式主要有职工股、效益工资、劳力股、人力资源权益股等。

人力资源产权主体与企业进行人力资源产权交易的结果是，形成了企业的一项特殊资产——人力资产，而与人力资产相对应产生的是人力资源权益。人力资源权益包括劳动者获得固定补偿的权益和与物质资本所有者共同分享剩余索取权的权益。企业在确认人力资产的同时，应同时确认企业的一项负债和一项属于人力资源所有者的权益，即人力资本。这项负债是企业运用人力资源使用权而发生的补偿性支出，它表现为人力资源在为企业服务期间所获取的工资报酬。这项负债可以采用以工资为基础的人力资源价值计量方法来予以确定。

人力资本采用人力资源权益股的方式参与企业收益分配时，人力资本的计量是一个待解决的具有超前性的问题，可以根据企业的类型或根据企业过去若干年的盈利率计算的加权平均盈利率与无风险报酬率的关系来确定人力资源权益股在企业总股本中所占的比例。人力资源权益股在企业总股本中所占比例的确定，应该体现人力资本所有者和物质资本所有者"双赢"的观念。

在确立人力资源权益时，也应确立物质资本投资者应获取的补偿权，补偿权可根据无风险报酬率来加以确定。企业劳动者按人力资源权益股参与企业收益的分配，是参与企业收益高于无风险报酬部分的分配。应该根据企业收益率与行业平均收益率的差异制定浮动比率，在进行收益分配时根据企业收益率与行业平均收益率的差异所对应的浮动比率调整人力资源权益股参与企业收益分配的比例。

人力资源权益的确立，使劳动者也应对企业的亏损和破产承担相应的责任。因此，劳动者的人力资源权益股参与企业收益分配应有一定的滞后期，应保留一定数量的人力资源未分配利润以便劳动者在企业亏损和破产时以此来承担相应的责任。

进行人力资源权益会计核算时，应增设的账户主要有"人力资产"账户、"应付人力资源补偿价值"账户、"人力资本"账户、"公益金"账户等。

第7章 人力资源管理会计

学习目标

通过本章的学习，了解人力资源管理会计的基本概念和研究内容，掌握人力资源管理会计在企业经营管理中如何发挥预测和决策的作用；理解有关人力资源投资、开发、运用的预测与决策理论，有关人力资源成本预算分析与规划的理论。

随着知识经济的到来，人在整个社会大生产中的作用将愈来愈突出。可是，纵观世界各国的会计惯例，长期以来，以对外公布客观、公允、相关信息为宗旨的会计报告没有真正把企业的人力资源反映于其中。这种传统报告模式在工业经济时代可能还有它的适用之处，但在当今经济形势下，这种报告模式明显有它的不适应性。因为现在许多行业，特别是在技术含量较高的第三产业，真正决定一个企业长期稳健发展的关键是一个高素质的、组织管理有效的人力资源群体。因此，会计报告倘若再不对人力资源予以反映，它提供信息的可靠性与相关性将不得不令人感到怀疑。

人力资源会计在西方被视为管理会计的一部分，这说明了人力资源与管理会计关系的密切性。人力资源会计应包括人力资源财务会计与人力资源管理会计两部分。

7.1 人力资源管理会计的概念

7.1.1 什么是人力资源管理会计

任何现代企业的生产都由人、财、物三者构成的。企业经营中心也正在对人、财、物进行综合协调、配比。而管理会计正是一门广泛运用财务会计、数学、统计、经济学等相关理论，向管理当局提供有助于对企业人、财、物实现最佳经营之相关信息的边缘性科学。其中涉及“人”的管理会计部分便称为人力资源管理会计，涉及“财”与“物”的管理会计部分可以称为财务管理会计和实物管理会计。事实上，传统管理会计理论研究是将上述这几部分结合起来进行研究的，但随着未来企业管理者对内部信息要求的更加具体化，以及管理会计理论研究方法上的自由广泛性，这种区分为今后管理会计理论的研究无疑是开辟了一条新的途径。

由上可见，人力资源管理会计是现代管理会计的一部分。它既与传统管理会计中涉及人力资源相关问题的理论相联系，又突出体现了人力资源财务会计给管理会计学科带来的革新变化。因而，人力资源管理会计的研究应引起管理会计理论界的广泛关注。

7.1.2　人力资源财务会计与人力资源管理会计

前已述及，完整的人力资源会计理论应包括人力资源财务会计与人力资源管理会计两部分。人力资源财务会计是以对外提供人力资源信息为主的信息系统，因此其应属于财务会计的一部分。相对而言，人力资源管理会计为内部管理者提供管理信息以及其他相关信息，并对这些信息进行加工、改制和延伸后，使它们能更有效地服务于企业的内部管理者。适应现代人力资源管理的要求，人力资源管理会计创立了自己独特的理论、方法、技术，提供面向未来、为决策最优化服务的各种相关信息。总体而言，人力资源财务会计与人力资源管理会计同属企业统一的会计信息系统中，属同源而分流的关系。

7.1.3　人力资源管理会计的研究内容

国内学者研究人力资源会计大多限于人力资源计量报告等与财务会计相关的领域，但也有些较为开拓性的涉及人力资源管理会计的论文，较为有代表的是李天民编著的《管理会计研究》中的“人力资源管理会计”专题。作者对人力资源管理会计产生的理论基础等方面做了系统的阐述，但在论及人力资源管理会计的主要内容时，作者引用美国会计学会的定义，将人力资源管理会计研究对象限为人力资源成本会计与人力资源价值会计两部分。因为人力资源成本会计与人力资源价值会计的重点只涉及人力资源确认、计量、记录、报告方面，众所周知，从会计学科划分来说其应属于财务会计体系。作者形成这种观点的原因是国外研究人力资源会计是从人力资源管理会计开始作为起点的，在这样的历史与现实条件下，这种将人力资源财务会计与人力资源管理会计基本框架相互交叉的现象便不足为奇了。

综合现今人力资源管理会计研究理论的成果，以及通过对其未来发展趋势的预测，可以将人力资源管理会计研究内容界定为以下几方面：①有关人力资源投资、开发运用的预测与决策理论；②有关人力资源成本预算分析与规划的理论；③有关岗位责任分配及控制的理论；④有关人力行为科学的理论；⑤有关代理人理论。其中，行为科学与代理人理论已被视为现代管理会计理论研究的新领域，并已取得一定的研究成果。

7.2　人力资源预测会计

人力资源预测是指以企业的战略目标、发展规划和工作任务为出发点，运用各种科学方法并综合考虑各种因素的影响，对企业未来的人力资源的数量、质量和时间等进行预计和推测。人力资源预测是人力资源决策的基础，也是企业其他预测，如成本预测、利润预测的基本环节。因而，人力资源预测会计研究是整个管理会计体系很关键的一部分。以下本书将从人力资源预测方法、技术、策略等方面分别探讨人力资源预测的具体内容。

7.2.1 人力资源需求预测

企业或组织的发展壮大是一个逐渐的过程，因此其内部人员数量、素质、结构等亦在时刻变化。倘若能对企业或组织这种人员变动趋势予以正确地预测和估计，即对人力资源的需求进行预测，则有利于企业或组织编制未来人员扩编、分流或结构调整计划。

例 7-1 设某信息服务公司 1990～2008 年有关人力资源的数据如表 7-1 所示。

表 7-1 人力资源需求预测数据表

年份	工资费用总额/万元	工资水平增长幅度/%	可比工资费用总额/万元	三期平均/万元	变动趋势/万元	三期趋势平均数/万元
1990	217	0	217			
1991	248	8	230	241		
1992	306	11	276	256.7	+15.7	
1993	309	17	264	279.7	+23	21.7
1994	368	23	299	306	+26.3	29.1
1995	465	31	355	344	+38	32.1
1996	541	43	378	376	+32	29.4
1997	573	45	395	394.3	+18.3	
2008	616	48	416			

注：①工资水平增长幅度是以 1990 年的工资水平为基准计算的每年增长率，如 1995 年工资水平增长幅度为 31%是指 1995 年人均工资相对于 1990 年人均工资增长了 31%。②可比工资费用总额是指扣除了工资增长幅度后与基期具有可比性的工资费用总额，即可比工资费用总额＝工资费用总额÷(1＋工资费用增长幅度)

已知 2009 年工资水平相对于 1990 年增长幅度为 53%，则可预测 2009 年可比工资费用总额为 376＋29.4×3＝464.2(万元)。2009 年工资费用总额为 464.2×(1＋53%)≈710.2(万元)。

其中 376 是 1996 年计算的可比工资费用总额三期平均额，1996～2009 年相距 3 年，每年平均增长 29.4 万元。因而，预计到 2009 年，可比工资费用总额将达到 464.2 万元。

根据以上预测可知，2009 年可比工资费用总额将在 2008 年基础上再增加 48.2(即 464.2－416)万元，工资费用总额增加 94.2(即 710.2－616)万元。假如该信息公司在 2009 年不调整原始人力资源平均数额，没有职工退休、分流、解聘的情况，并且在册员工人数历史数据如表 7-2 所示。

表 7-2 在册员工人数历史数据表

年份	1990	1991	1992	1993	1994	1995	1996	1997	2008
人数/人	56	80	92	87	108	126	132	166	187

$$\text{员工平均可比工资费用}=\frac{217+230+276+264+299+355+378+395+416}{56+80+92+87+108+126+132+166+187}\approx 2.74(\text{万元})$$

预测 2009 年该公司将再招聘

$$48.2 \div 2.74 \approx 18(\text{人})$$

这里的结果只是基于历史数据变化趋势得出的，如果以上诸多假定有变化，可根据实际情况对预测结果予以相应调整。

资料 7-1

重庆人才需求报告出炉　营销等 10 类人才最吃香[①]

据重庆市人才中心介绍，《重庆地区人才需求调查报告》出炉，营销、电气工程师、土建工程师、物流师、行政人事、客服专员、采购员、会计、大堂经理、设计师 10 类人才最走俏。

一、10 类专业毕业生最吃香

据悉，该报告智通人才从 10 月份起对重庆地区部分大、中、小型企业进行了人才需求调查。

“对于应届毕业生来说，10 类专业最吃香。”智通人才负责人透露，从市场需求来看，最吃香的 10 类专业分别为市场营销、机械制造与自动化、电气工程与自动化、电脑艺术设计、软件技术、工商管理、通信工程、土木工程、酒店旅游管理、电子信息工程，这些专业的人才都是企业当前最为需要的，找工作相对比较容易。

二、周六 3 000 营销岗位招聘求职者

根据调查报告，营销人才以 31%的需求排行榜首，成为最走俏的人才。智通人才介绍，近一段时间以来，大量外源型企业向内源型转型，由此刺激了销售人员的需求。此外，营销类职位行业变通性很大，不受行业的限制，主要以个人能力为主，导致一些优秀的销售人员跳槽以实现自身的最大价值，从而造成市场营销人才需求旺盛。

据悉，本周六，在重庆国际会展中心举行的“首届中国重庆人力资源交流峰会”上，预计有 3 000 多个营销岗位招聘求职者，其中包括销售总监、区域经理、销售精英、业务跟单等职位。

三、69.7%渝企计划年前招工

报告显示，重庆企业中在今年年底或明年年初计划招用新员工的占 91.7%，其中计划在春节前招聘新员工的有 69.7%，其中 64.2%的企业需求新员工数量在 50 人以内。沁园实业人力资源负责人透露，由于明年一些项目需要启动，年前需提前储备一些管理人才和技术人才。

报告还显示，重庆企业招聘时最重视文化程度和年龄。据悉，在重庆企业新的用工需求中，89.3%的岗位要求具有高中或中职文化程度以上，51.4%的岗位要求年龄在 18～25 岁，46.8%的岗位对技能水平没有要求。

7.2.2　人力资源结构变动预测

人力资源需求预测是建立在一些理想的假定条件下的，但现实环境中，每个企业所

① 重庆市人民政府门户网站，2008-12-01。

处的环境无时不处于变动之中，如企业劳动生产率、企业规模、员工结构、员工自身因素等都会经常发生变化，从而影响企业未来人力资源状况。为了综合考虑这些因素给企业未来人力资源状况特别是人力资源结构带来的影响，下面介绍一种科学的统计方法，即马尔柯夫模式，利用这种模式可以系统地针对影响企业未来员工需求的因素，科学、合理地对企业未来人力需求进行预测。

马尔柯夫模式是一种系统的经济研究方法，在经济实践中有广泛的应用。马尔柯夫模式预测方法运用于人力资源预测中的步骤、程序为：①设定企业组织结构和各项职位间的关系；②搜集有关各项职位的历史资料，如选聘、晋升员工等；③根据历史资料预估工作的转换稳定程度和转换方式；④按过去数字计算出工作间转移的概率；⑤按矩阵代数的观念预估未来人数的变动和需求。

例 7-2 假设某鞋厂 2008 年年初雇有 157 名熟练工、123 名普通工、79 名学徒工，2009 年年初企业新建厂房与机器已投入了生产，因而扩大了生产规模，生产总值预计将由 2008 年的 675 万元增到 1 200 万元。2009 年年初企业对生产管理进行了一次大的整顿，使企业员工劳动生产率可提高 25%。员工结构及变动资料如表 7-3 所示。

表 7-3 某鞋厂 2008 年员工结构变动表 单位：人

工种	年初员工数	年内员工变动			全年员工平均数
		晋升	离职	增聘	
熟练工	157	0	32	40[1)]	161
普通工	123	10	27	53[2)]	131
学徒工	79	8	18	24[3)]	78

1)包括从普通工晋升 10 名，其他为外聘

2)包括从学徒工晋升 8 名，其他为外聘

3)全部为外聘

注：全年员工平均数=年初员工数－(年内员工晋升数＋年内员工离职数)÷2＋年内增聘员工数÷2

根据以上资料可以预测 2009 年员工数量及结构情况，如表 7-4 所示。

表 7-4 某鞋厂 2009 年员工数量预测表 单位：人

工种	2008 年年底员工数	2009 年员工控制数	2009 年年初应扩聘员工数
熟练工	165	229	64
普通工	139	186	47
学徒工	77	111	34

注：(1)2008 年年底员工数=年初员工数量－(年内员工晋升数＋年内员工离职数)＋年内员工增聘数，算式中数字均取自表 7-3

(2)2009 年员工控制数=2008 年员工平均数×2009 年生产总值÷2008 年生产总值÷(1＋25%)

(3)2009 年年初应扩聘员工数=2009 年员工控制数－2008 年年底员工数

2009 年年初企业按以上预测方案采取相应的招聘计划，将能相应满足生产上的需求，但考虑到 2009 年企业内部员工转移及流失，企业人力资源管理中心应在 2009 年针对年内人力资源的变动采取相应策略，仍可以借助于 2008 年的资料预测 2009 年人员变动情况(表 7-5)。

表 7-5　某鞋厂 2009 年人员变动情况预测表

工种	2008 年员工变动概率情况		2009 年员工变动预测		2009 年内扩聘数/人
	晋升概率/%	离职概率/%	晋升数/人	离职数/人	
熟练工	0	20.4	0	47	47－15＝32
普通工	8.1	22.0	15	41	41＋15－11＝45
学徒工	10.1	22.8	11	25	25＋11＝36

注：(1)晋升概率＝晋升员工数÷年初员工数×100%

(2)离职概率＝离职员工数÷年初员工数×100%

(3)晋升数＝本年员工控制数×上年晋升概率

(4)离职数＝本年员工控制数×上年离职概率(本年员工控制数即 2009 年年初扩聘后员工数)

(5)2009 年内扩聘数与 2009 年年初应扩聘员工数不同，后者是指 2009 年年初一次性扩聘人数；前者是根据该企业内部员工晋升与离职的情况，随时从市场上调剂员工，使得该年内员工数量及结构始终处于“本年员工控制数”的计划内，从而实现人力资源的最优配置，这需要该企业人力资源管理部门良好地控制与运作

7.2.3　人力资源供给预测

前面讲到的人力资源需求预测与人力资源结构预测都是基于企业内部环境特点来考虑的，但人力资源的招聘、培训等事项又与外界环境的关系密不可分，特别是人才或劳务市场对企业人力资源政策的制定起关键影响。企业必须针对外界人才或劳务供求信息正确地制订企业的人力资源招募、选择、开发计划。在企业中，对企业起关键性作用的人力资源往往是那些具有丰富经验或专门技能的高层管理人员、工程技术人员，后者也是人才或劳务市场中竞争的炙手可热的稀缺资源，至于普通工人，鉴于我国劳动力过剩的国情，其市场结构一般是供大于求。所以，从企业或组织的角度出发，这里我们仅以高级人才或专门技术人员作为人力资源供给预测的对象。

下面本书将运用概率模型来分析一个有关人力资源供给预测的实例。

例 7-3　某公司董事会经过会议讨论决定招募一名有特殊专长的工程技术人员，并根据公司现有财力规定了聘任后一系列的待遇，包括提供住房及安家费价值总计 25 万元、月薪 5 000 元。但应聘后 10 年内不得离聘，假如年资本平均利率为 10%，根据经验，人才市场上同等条件下的该类工程技术人员评估自身可接受最低价值的概率分布函数为

$$f(x)=\int_0^x \frac{1}{20\sqrt{2\pi}}\mathrm{e}^{-\frac{(t-50)^2}{800}}\mathrm{d}t$$

其中，x 的单位为万元。概率密度为

$$\omega(x)=\frac{1}{20\sqrt{2\pi}}\mathrm{e}^{-\frac{(x-50)^2}{800}}$$

由以上数据可以分析预测该公司能顺利在人才市场上招募到这种高级工程技术人员的概率。人力资源供给预测标准正态分布函数图如图 7-1 所示。

分析步骤如下。

首先，可以计算出企业提供待遇折合的人力资源成本价值为

$$25+0.5\times12\times PA(10\%，10)=25+0.5\times12\times6.15=61.9(万元)$$

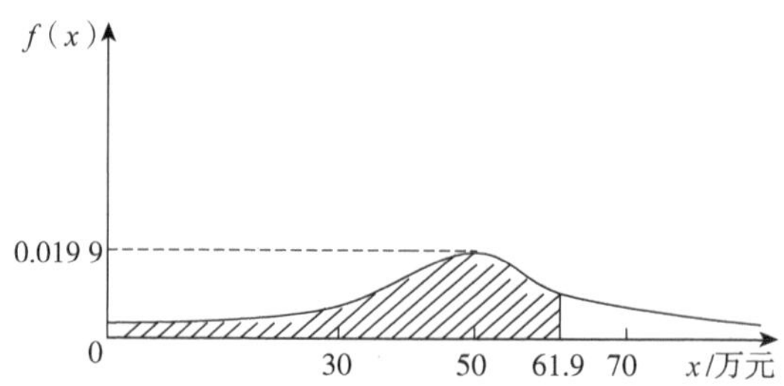

图 7-1 人力资源供给预测标准正态分布函数图

其次，上述普通正态分布函数可以转化为标准正态分布函数。

$$F(x)=\Phi\left(\frac{x-\mu}{\sigma}\right)$$

所以，

$$F(61.9)=\Phi\left(\frac{65-50}{20}\right)=\Phi(0.595)$$

查标准正态表有 $\Phi(0.595)=72.4\%$(图 7-1 中阴影部分面积)。

最后，可以预估该公司成功招募工程技术人员的概率为 72.4%。假如计算出来的概率比较小，在招募广告刊登之前，应考虑是否有修改招聘待遇条件的必要，这样有利于降低招募失败的风险。这个概率一般把握在 20%左右，低于 20%便视为有较大的招募失败风险，招募失败以后，虽然可以重新制订招募计划，但无疑增加了招募成本。倘若在招募之前充分地预估到成功招募的概率，无疑将降低这种或有损失发生的可能。

7.2.4 人力资源使用效率预测

人力资源使用效率反映一个企业人力资本的投入产出对比关系，也是标志企业生产力水平的关键因素。人力资源使用效率预测的意义在于，可以合理估计企业未来劳动生产率，从而在分析企业未来生产规模的基础上，能科学地预计到企业资本未来保值增值状况，为编制企业发展计划提供依据。会计实务中常用的人力资源使用指标有全员人均生产利润总额、人均边际贡献总额等。众所周知，企业利润最大化是企业经营的主要目标。因此，在以下的实例分析中，我们将以人均净利润指标作为研究的起点。

例 7-4 某制造厂 2001～2008 年有关会计及统计资料如表 7-6 所示。

表 7-6 某制造厂 2001～2008 年有关会计及统计资料

年份	净利润/千元	基本生产工人平均人数/人	基本生产工人人均利润/千元	产品销售成本/千元	产品销售成本中工资费用/千元	产品成本有机构成率
2001	1 508	55	27.4	16 970	1 885.6	8.0
2002	1 921	64	30.0	18 213	1 830.0	9.0
2003	2 345	63	37.2	24 125	1 462.1	15.5
2004	2 732	60	45.5	26 127	1 602.9	15.3
2005	2 543	48	53.0	27 896	1 157.5	23.1

续表

年份	净利润/千元	基本生产工人平均人数/人	基本生产工人人均利润/千元	产品销售成本/千元	产品销售成本中工资费用/千元	产品成本有机构成率
2006	2 917	60	48.6	26 654	1 169.0	21.8
2007	3 214	55	58.4	29 876	1 415.9	20.1
2008	3 021	48	62.9	33 347.1	1 149.9	28.0
总计	20 201	—	363.0	203 208.1	11 672.9	140.8

注：产品成本有机构成率$=\frac{\text{产品销售成本}-\text{工资费用}}{\text{工资费用}}$

根据表 7-6，下面运用线性回归的方法，分析该厂人力资源使用效率与其他经济参数的关系，以利于后面的预测工作。设 X 代表产品成本有机构成率(代表一个企业的技术水平)，Y 代表基本生产工人人均利润。根据线性回归的方法，利用表 7-6 所提供的资料进行加工计算，见表 7-7。

表 7-7　人力资源使用效率计算表

年次	Y_i	X_i	X_iY_i	Y_i^2	X_i^2
1	27.4	8.0	219.2	750.8	64.0
2	30.0	9.0	270.0	900.0	81.0
3	37.2	15.5	576.6	1 383.8	240.3
4	45.5	15.3	696.2	2 070.3	240.1
5	53.0	23.1	1 224.3	2 809.0	533.6
6	48.6	21.8	1 059.5	2 362.0	475.2
7	58.4	20.1	1 173.8	3 410.6	404.0
8	62.9	28.0	1 761.2	3 956.4	784.0
总计	363	140.8	6 980.8	17 642.9	2 822.2

为了测算表 7-7 中 X 与 Y 之间是否基本上存在线性关系，先计算其相关系数 R。

$$\overline{X}=\frac{\sum X_i}{n}=\frac{140.8}{8}=17.6$$

$$\overline{Y}=\frac{\sum Y_i}{n}=\frac{363}{8}=45.4$$

$$R=\frac{\sum X_iY_i-n\overline{X}\,\overline{Y}}{\sqrt{(X_i^2-n\overline{X}^2)(Y_i^2-n\overline{Y}^2)}}$$

$$=\frac{6\,980.8-8\times 17.6\times 45.4}{\sqrt{(2\,822.2-8\times 17.6^2)\times(17\,642.9-8\times 45.4^2)}}$$

$$=93.4\%$$

R 的数值接近于 1，说明 X 与 Y 之间具有密切的相关性，可以用一条直线来描述其变动趋势，即 $Y=a+bX$。由表 7-7 的资料可计算出

$$a=\frac{\overline{Y}\sum X_i^2-\overline{X}\sum X_iY_i}{\sum X_i^2-nX\overline{X}^2}=\frac{45.4\times 2\,822.2-17.6\times 6\,980.8}{2\,822.2-8\times 17.6^2}$$
$$\approx 15.3$$

$$b=\frac{\sum X_iY_i-n\overline{X}\,\overline{Y}}{\sum X_i^2-n\overline{X}^2}=\frac{6\,980.8-8\times 17.6\times 45.4}{2\,822.2-8\times 17.6^2}$$
$$\approx 1.7$$

因此，X 与 Y 之间的相关函数为 $Y=15.3+1.7X$，如图 7-2 所示。

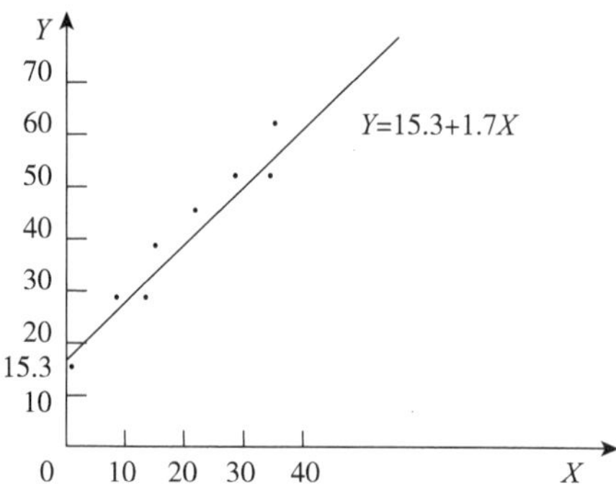

图 7-2　产品成本有机构成率(X)与生产工人人均利润(Y)的关系

假设该工厂于 2008 年年底通过引进技术生产线使企业有机构成预计在 2009 年上升到 31～34。则可预估，2009 年该厂基本生产工人劳动生产率为

$$X_1=31,\ X_2=34$$
$$Y_1=15.3+1.7X_1=15.3+1.7\times 31=68.0(\text{千元})$$
$$Y_2=15.3+1.7X_2=15.3+1.7\times 34=73.1(\text{千元})$$

即企业生产工人人均利润将在 68.0 千～73.1 千元这一区间之内。假设为实现上述有机构成水平，2009 年生产工人平均定额数为 60 人，则 2009 年该厂预期净利润在 4 080 千～4 386 千元这一区间之内。

7.3　人力资源决策会计

众所周知，管理的重心在经营，经营的重心在决策。决策学派甚至认为，管理就是决策。预测也不过是为决策提供科学依据。人力资源决策会计是在综合分析人力资源财务会计及统计信息的基础上，为实现人力资源最优管理的目的，运用科学的理论，特别是经济数学的分析方法，制订若干可供选择的有关人力资源管理活动的行动方案，并从中选取最满意的方案，直到人力资源最优化管理目标实现。

为什么要研究人力资源决策会计？因为人力资源决策是关于生产和社会活动主体的决策，是人力资源开发、利用和管理的重要依据，对经济活动中的其他决策有重大影响。一般而言，科学的人力资源决策应遵循如下程序：①确定决策目标。人力资源的决策目标是人力资源决策所要达到的终极目的或结果。要把握人力资源决策的目标，首先必须明确要解决的问题的性质及特点，只有明确了决策的目的、目标，才能对以下决策活动做到心中有数。②设计决策方案，即提出实施人力资源决策的具体对策，其目标是寻求达到决策目的的可能途径和方法，常用分析方法是会计、经济数学、统计等方法。③评选方案，即对已形成的方案，按照经济分析的方法权衡、评价它们之间的利弊，最后选择出最优方法，这是人力资源决策程序的关键步骤。④实施方案。严格上说，方案经选定后的实施过程并不属决策过程，也不属管理会计人员的责任范畴。因为管理会计人员在企业决策过程中起到参谋或智囊团的作用。但由于方案实施过程中会反馈许多原来没有预计到的信息，这些信息对决策方案的调整或下次类似决策活动无疑是有帮助的，因此，我们仍把方案实施看做人力资源决策程序的一部分。实际中涉及有关人力资源决策的方法主要有差量分析法、投资回收期分析法、效用理论、净现值分析法、线性规划、模糊决策理论、网络图决策法、期望理论。以下本书将运用以上方法具体分析人力资源招募、开发、晋升、定员、激励等决策活动的特点。

7.3.1　人力资源招募决策

人力资源招募，即人力资源招聘，是指通过各种信息把具有一定技巧、能力和其他特性的工作申请人吸引到企业或组织空缺岗位上的过程。人力资源招募是人力资源管理活动的起点，也是人力资源管理活动的关键，涉及人力资源招募决策。目标在于选择最有利于企业发展的人员。

例 7-5　某公司 2009 年年初欲招募一名分部经理，方案有如下两种。

方案 A：从分部副经理中提拔，但分部副经理职位又得向社会招募，原分部副经理年薪是 8 000 元，提拔为分部经理后年薪可达 10 000 元，从社会上公开招募进新的分部副经理年薪为 9 000 元，招募费用 2 000 元。

方案 B：原分部副经理职位不变，直接向社会招募分部经理，年薪估计为 11 000 元，招募费用 4 000 元。

另外，第一种方案可使企业每年现金流量收入比往年增加 500 元，第二种方案可使企业每年现金流量收入比往年增加 1 500 元。

假设该公司资本平均报酬率为 10%，并且根据规定，招募费用按年分摊。问：该公司应选择那种方案？下面用差量分析法(表 7-8)对这两种方案进行决策。

表 7-8　差量分析法招募决策　　单位：元

项目		A 方案	B 方案	年差量成本
每年工资成本差量	A 方案	10 000+9 000=19 000		
	B 方案		11 500+8 000=19 500	500
每年招募费用分摊差量	A 方案	2 000/PA(10%，10)=326		
	B 方案		4 000/PA(10%，10)=651	325
每年差量成本汇总				825
每年现金流量收入差量	A 方案	500		
	B 方案		1 500	1 000

续表

项目	A方案	B方案	年差量成本
每年差量损益			175

通过B方案与A方案对比的差量分析可知，尽管每年工资成本与每年招募费用分摊中，B方案比A方案每年多825元，但由于B方案比A方案每年能多实现额外现金流量1 000元，最后B方案对比A方案的差量损益为175元，因此，应选择B方案作为决策方案。

7.3.2 人力资源开发决策

人力资源开发是指对现有员工进行培训、进修、深造，以使其技术水平及职业能力得到有效的提高，从而有利于企业的长期发展。所以，人力资源开发决策属于企业长期发展计划范畴，其决策管理在企业发展中的初、中期十分关键。下面运用投资回收期分析法与净现值分析法对人力资源开发决策分析进行一次探讨。

例7-6 某公司欲对某车间职工进行技能培训，现有两种方案(表7-9)，选择其最优方案。

表7-9 某公司职工技能培训方案比较表

期限/年	项目	A方案	B方案
0	初始投资	50 000	50 000
1	净收益	20 000	10 000
2	净收益	20 000	20 000
3	净收益	10 000	10 000
4	净收益	15 000	20 000
5	净收益	10 000	10 000
6	净收益	5 000	10 000

注：净收益是培训后增加的额外收益，实务中，通常采用如下公式计算：
年平均净收益=(培训后的工作绩效平均值－培训前的工作绩效平均值)×绩效收益率

下面用两种方法进行分析。

1. 投资回收期分析法

由表7-9易知，A方案投资回收期=3年，B方案投资回收期$=3+\frac{10\ 000}{20\ 000}=3.5$(年)。因为第三年末未收回投资额为10 000元，而第四年净收益为20 000元，所以B方案投资回收期为3.5年。3年<3.5年，从这一点看，A方案优于B方案。

2. 净现值分析法

由表7-9的资料及净现值公式算得

$$NF_A=-50\ 000+\frac{20\ 000}{1+10\%}+\frac{20\ 000}{(1+10\%)^2}+\frac{10\ 000}{(1+10\%)^3}+\frac{15\ 000}{(1+10\%)^4}+\frac{10\ 000}{(1+10\%)^5}+\frac{5\ 000}{(1+10\%)^6}\approx 11\ 501(\text{元})$$

$$NF_B=-50\ 000+\frac{10\ 000}{1+10\%}+\frac{20\ 000}{(1+10\%)^2}+\frac{10\ 000}{(1+10\%)^3}$$

$$+\frac{20\,000}{(1+10\%)^4}+\frac{10\,000}{(1+10\%)^5}+\frac{10\,000}{(1+10\%)^6}\approx 8\,647(\text{元})$$

$NF_A > NF_B$，说明 A 方案优于 B 方案，与投资回收期分析得出的结果一致，所以应选择 A 培训方案。

注意，运用投资回收期分析与净现值分析进行项目决策的结果有可能不一致，如果不一致应以净现值分析法结果为准。

7.3.3　人力资源晋升决策

在人力资源晋升决策分析中，我们将运用模糊决策理论。在引入例子之前，我们先来看一下模糊决策理论的基本特点及其如何运用于人力资源晋升决策中。

模糊决策理论以模糊数学为基础，研究有关非精确的现象。在客观世界中，大量存在着亦此亦彼的模糊现象，如对企业员工的评价，好与不好没有绝对衡量的标准。这是客观存在的现象，而模糊决策理论正是专门研究这些模糊现象的科学。在人力资源决策过程中，涉及对人力资源进行综合考评、评定时，常会有许多模糊的概念出现。这是传统经济数量理论十分棘手的事，但运用模糊决策理论，将有利于解决这样的问题。下面本书运用模糊决策理论分析一个有关人员决策的问题。

例 7-7　某公司欲从 5 名工程师中晋升一人为高级工程师，经研究需要考虑 5 项评审因素：①敬业精神与工作态度；②组织完成生产的能力；③与其他工程人员的团结协作意识；④创造与革新的能力；⑤外语与计算机水平情况。

假如评价 5 项因素的特征集合为 $V=\{$差，一般，较好，很好$\}$。

公司经各方面调查、考核、问卷、考试，分别取得了这 5 名工程师的各项特征值，如表 7-10 所示。

表 7-10　某公司工程师考核特征比较表

项目	甲工程师	乙工程师	丙工程师	丁工程师	戊工程师
因素 1	一般	很好	好	好	好
因素 2	很好	好	好	差	好
因素 3	差	很好	好	一般	差
因素 4	好	差	一般	很好	一般
因素 5	一般	一般	差	很好	很好

根据特征差别，将 $V=\{$差，一般，好，很好$\}$化为$[0,1]$的指标行向量，则 $V=\{0,0.4,0.7,1\}$，另外，根据公司研究决定，5 项因素的权重分别为 $W=(0.15,0.3,0.2,0.2,0.15)$，则表 7-10 可以转为模糊矩阵。

$$\boldsymbol{R}=\begin{bmatrix}0.4 & 1 & 0.7 & 0.7 & 0.7\\ 1 & 0.7 & 0.7 & 0 & 0.7\\ 0 & 1 & 0.7 & 0.4 & 0\\ 0.7 & 0 & 0.4 & 1 & 0.4\\ 0.4 & 0.4 & 0 & 1 & 1\end{bmatrix}$$

$$\boldsymbol{B}=\boldsymbol{W}\times\boldsymbol{R}$$

$$=(0.15, 0.3, 0.2, 0.2, 0.15)\times\begin{bmatrix}0.4 & 1 & 0.7 & 0.7 & 0.7\\1 & 0.7 & 0.7 & 0 & 0.7\\0 & 1 & 0.7 & 0.4 & 0\\0.7 & 0 & 0.4 & 1 & 0.4\\0.4 & 0.4 & 0 & 1 & 1\end{bmatrix}$$

$$=(0.56, 0.62, 0.535, 0.49, 0.545)$$

由行向量 $\boldsymbol{B}$ 可知，第二项指标最大，为 0.62。决策结论：乙工程师应晋升为高级工程师。

模糊决策理论不仅在人力资源晋升决策中十分有效，而且在人力资源招聘、年终考核等决策活动中也十分有效。除此之外，还可以应用模糊决策理论中其他许多有用模型，在此不一一列举。

7.3.4 人力资源定员决策

企业人力资源定员决策的目标是在保证企业既定经济目标的前提下雇用合适的员工，使人工费用最少。企业成本费用控制中心一般从员工数量和员工工资两方面对人工费用进行控制。而员工工资一般由市场决定，很少受企业管理当局的影响。只有从控制员工数量入手才是达到人工费用控制的最佳途径。因此，人力资源定员决策也就成为整个人工费用控制的关键经济领域，定员决策求诸运筹学中的线性规划理论，一般能得到满意的结果。下面通过一个例子来说明线性规划在人力资源定员决策中的具体运用。

例 7-8 某昼夜服务的商场每天分 6 个时间段营业(每个员工连续工作两个时间段)，每个时间段所需营业人员以及每时间段每个员工的津贴费用如表 7-11 所示。

表 7-11 某商场员工津贴费用表

时间段次	时间段	营业员最低需要数/人	每个营业员津贴费用/元
1	0 点～4 点	4	40
2	4 点～8 点	6	40
3	8 点～12 点	12	20
4	12 点～16 点	14	10
5	16 点～20 点	12	10
6	20 点～24 点	10	20

下面运用线性规划法分析欲使该商场每天津贴费用最小的最佳定员。

设 X_i 为第 i 个时间段次上班的营业人员数，由题意，目标函数可建立为

$$\begin{aligned}Y=&40(X_6+X_1)+40(X_1+X_2)+20(X_2+X_3)+10(X_3+X_4)\\&+10(X_4+X_5)+20(X_5+X_6)\\=&80X_1+60X_2+30X_3+20X_4+30X_5+60X_6\end{aligned}$$

因此，可列线性规划模型为

$$
\begin{cases}
Y_{\min}+80X_1+60X_2+30X_3+20X_4+30X_5+60X_6 \\
X_6+X_1\geqslant 4 \\
X_1+X_2\geqslant 6 \\
X_2+X_3\geqslant 12 \\
X_3+X_4\geqslant 14 \\
X_4+X_5\geqslant 12 \\
X_5+X_6\geqslant 10 \\
X_i\geqslant 0 \text{ 且 } X_i \text{ 为整数}(i=1, 2, \cdots, 6)
\end{cases}
$$

用线性规划的对偶单纯形法(由于过程较为复杂，在此不演算，可参看线性规划书籍或 Excel 软件中的“线性规划求解”部分)，解得其一组最优解为

$$
\begin{cases}
Y=1\ 130 \\
X_1=1 \\
X_2=5 \\
X_3=8 \\
X_4=6 \\
X_5=7 \\
X_6=3
\end{cases}
$$

该解在此题中的经济含义是：该商场通过适当的人员配置，可使每人津贴费用达到最低，即 1 130 元。相对应的人员配置方案为第 1 时间段开始上班的营业员为 1 人，第 2 到 6 时间段开始上班的营业员依次为 5 人、8 人、6 人、7 人、3 人，相对应各时间段的营业员人数为 4 人、6 人、13 人、14 人、13 人、10 人，都分别满足商场营业要求的最低人数。另外，还可知该商场每天定员总数为 1+5+8+6+7+3=30(人)。因此，该公司的最佳定员策略如图 7-3 所示。

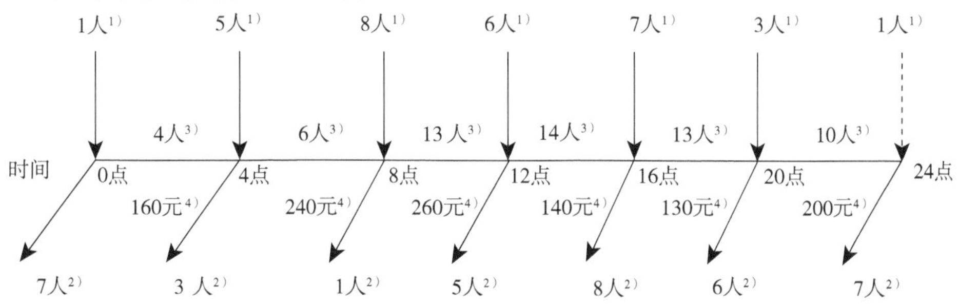

图 7-3　某商场人员配置定员图

1)表示上班的员工数

2)表示下班的员工数

3)表示这一时间段的员工数

4)表示这一时间段的津贴费用总额

另外，常见的人员分派决策问题也可借助于线性规划方法来完成，其步骤与上述过程差不多，在此不再赘述。

资料 7-2

英国专家：裁员成本平均每人 1.6 万英镑

新华网伦敦 1 月 5 日电(记者马建国) 在不少企业纷纷裁员以应对经济危机的时候，英国人力资源专家提醒雇主：裁员前切记考虑成本，因为每裁掉一个员工的成本平均为 1.6 万英镑(1 英镑约为 1.45 美元)，且潜在成本更高。

英国《金融时报》5 日援引英国特许人才管理开发协会(Chartered Institute of Personnel and Development，CIPD)的报告称："裁员应该是企业在新年成本核算行动中的最后选择。"

CIPD 首席经济学家约翰·菲尔波特认为："雇主应该尽力保留企业的人才，并在熟练工人身上投资，因为这些人是企业效益的根本，也是英国保持竞争力的基础，一旦经济好转，人力资源将是稀缺资源。"

CIPD 的报告称，英国平均每裁掉一个员工的成本约为 1.638 0 万英镑，这还没有算上由于裁员带来的如企业生产率下降等潜在的成本。

7.3.5 人力资源激励决策

企业人力资源激励决策的目标是充分调动员工的生产积极性，选择最适合企业本身特点的激励方法。激励政策是现代企业人力资源管理的一个重要组成部分，企业组织的发展需要每一个成员长期协作、努力，如何激发、调动组织成员的工作积极性，是组织管理的一个基础课题。然而，激励的方式各种各样。从激励的驱动力来看，有物质激励、精神激励；从激励的主体来看有外在激励、自我激励。正确选择符合企业自身特点的激励方式便成为企业人力资源管理的主要任务。下面本书运用效用理论探讨员工激励方式选择的一种基本思路。

效用是决策者对后果价值的看法和态度的一种相对数量表示(量化)，反映了决策者对某些结果的偏爱程度，因此，激励理论通常是和效用理论联系在一起的，效用决策方法运用于人力资源决策再合适不过。

例 7-9 某公司管理部门决定在两种激励方式中选择一种在公司中实施，另外，根据调查统计，公司员工中有 30%属于事业型，有 20%属于生活型，有 50%属于中间型。激励效果预测如表 7-12 所示。

表 7-12 某公司激励效果预测表 单位：%

激励方式	事业型员工	中间型员工	生活型员工
精神激励方式	10	3	0
物质激励方式	3	4	8

注：表中数字表示在激励方式下员工生产率可提高的百分比。例如，在精神激励方式下事业型员工的生产率可提高 10%

分析过程如下。

(1)用传统的期望理论进行分析。

$$E(\text{精神激励方式})=30\%\times10\%+50\%\times3\%+20\%\times0\%=4.5\%$$

$$E(\text{物质激励方式})=30\%\times3\%+50\%\times4\%+20\%\times8\%=4.5\%$$

两种方式下的期望值相等，似乎无法权衡其优劣。下面运用效用理论，该问题便可迎刃而解了。

(2)期望效用决策过程。该问题的特征量有 5 种：0%，3%，4%，8%，10%。首先可以确定各特征量的效用值，不妨将最低值 0%的效用值设为 0，将最高值 10%的效用值设为 1，下面分别确定 3%、4%、8%的效用值。为确定提高 3%的效用值，提供如下两种情况供公司管理当局参考。

情况一：肯定可以提高生产率为 3%。

情况二：提高生产率 10%的概率为 P。

如果管理当局以为当 $P=0.4$ 时上述两种情况等效，则可按照下式来计算提高 3%时的效用值。

$$V(\text{提高 }3\%)=0.4\times1+(1-0.4)\times0=0.4$$

假如通过类似的方法分别确定 4%、8%的效用值为 0.65、0.85。将上述各期望值列入表 7-13 中。

表 7-13　两种不同激励方式期望效用概率表

激励方式	事业型员工	中间型员工	生活型员工
	30%	50%	20%
精神激励方式	1.00	0.40	0.00
物质激励方式	0.40	0.65	0.85

由此可算出两种激励方式的期望效用值为

精神激励方式的期望效用值=30%×1.00+50%×0.4+20%×0.00=0.5

物质激励方式的期望效用值=30%×0.4+50%×0.65+20%×0.85=0.615

0.615>0.5，故选择物质激励方式。

人力资源会计的预测与决策只是人力资源管理会计的一部分，其他如行为学、代理学说等新兴管理会计领域正是试图以“企业人”作为管理会计的对象。这种对传统会计模式的突破充分体现了现代企业管理中的人本主义精神，这无疑为广大管理理论研究者开辟了一条新的途径。人力资源管理会计的目标便是向管理当局提供有关人力资源开发管理决策的内部报告信息，因此，它不受准则、制度的限制，其发展具有广阔的空间。

案例分享

海尔的 OEC 管理法①

英特尔公司董事长葛鲁夫断言：华人对财富几乎有一种与生俱来的创造力，但对组织的运作似乎缺乏足够的热情与关注。张瑞敏的行动是对他最好的挑战。从一开始，张瑞敏的着眼点就不只是先进的技术，他想悟出一套适合中国企业的管理模式。

① 颜建军，胡泳．海尔中国造．海口：三环出版社，海南出版社，2001：80～96。

“十年磨一剑”，张瑞敏博采众长，上下求索，终创 OEC 管理法(overall every control and clear，也称日清日高管理法)。这种中国式的管理模式由三个基本框架——目标系统、日清控制系统和有效激励机制组成，是海尔生存的基础，并成为海尔集团对外扩张、推行统一管理的基本模式，也是海尔走向世界的最好发展资本。

OEC 管理实际上是围绕着提高人的素质而提出和实施的。人的素质的提高，是一个永远的题目。张瑞敏经常对员工说的一句话是：“什么叫做不简单？能够把简单的事情天天做好就是不简单。什么叫做不容易？大家公认的非常容易的事情，非常认真地做好它，就是不容易。”

一、OEC 的基本框架

1. 目标系统

目标体现了企业发展的方向和要达到的目标。目标提出的高度必须依据市场竞争的需要，低于竞争对手就毫无意义。海尔刚开始生产冰箱时，确定争中国第一的目标，1988 年夺得了冰箱行业第一块金牌。随即又确定创国际名牌的目标，从出口策略上坚持先难后易，先进入发达国家，形成高屋建瓴之势，再进入发展中国家。目前产品已出口 102 个国家和地区。

目标的实施首先是将总目标运用目标管理的方法分解为各部门的子目标，再由子目标分解为每个员工的具体目标值，从而使全公司总目标落实到具体的责任人身上。在 OEC 法中，目标的建立有以下几个重要特征。

(1)指标具体，可以度量。例如，在质量管理上，海尔把 156 个工序的 545 项责任进行价值量化并汇编成小册子，小到一个门把螺钉上不好都有明确规定。

(2)目标分解时坚持责任到人的原则。各项工作都按标准进行分解，明确规定主管人、责任者、配合者、审核者、工作程序、见证材料、工作频次，从而做到企业内的每件事都有专人负责，使目标考核有据可循。海尔对每一台冰箱的 156 道工序，从第一道工序开始即规定不准出现二等品。

(3)做到管理不漏项。企业中的每件物品(大到一台设备，小到一块玻璃)都规定具体的责任人，并在每件实物旁边明显标示出来，保证物物有人管理。不但车间、办公室的玻璃，就连材料库的 1 964 块玻璃，每块玻璃上也均标有责任人。

这样一个目标系统保证企业内所有工作、任何一件事情、任何一样物品，都处于有序的管理控制状态。企业内的所有人员，上至总经理下到普通工作人员，都十分清楚自己每天应该干什么、干多少、按什么标准干、要获得什么样的结果，从而保证了企业各项工作的目的性和有效性，减少了浪费与损失。

2. 日清控制系统

日清控制系统是目标系统得以实现的支持系统。海尔在实践中建立起一个每人、每天对自己所从事的每件事进行清理、检查的“日日清”控制系统。它包括两个方面：一是“日事日毕”，即对当天发生的各种问题(异常现象)，在当天弄清原因，分清责任，及时采取措施进行处理，防止问题积累，保证目标得以实现。例如，工人使用的“3E”卡就是用来记录每个人每天对每件事的日清过程和结果的。二是“日清日高”，即对工作中的薄弱环节不断改善、不断提高。要求职工“坚持每天提高 1%”，70 天工作水平就可以提高一倍。

日清控制在具体操作上有两种方式：一是全体员工的自我日清；二是职能管理部门(人员)按规定的管理程序，定时(或不定时)地对自己所承担的管理职能和管理对象进行现场巡回检查，也是对员工自我日清的现场复审。组织体系的“日清”控制，可以分为生产作业现场(车间)和职能管理部门的“日清”两条主线。两者结合就形成了一纵、一横交错的“日日清”控制网络体系。无论是组织日清还是个人自我日清，都必须按日清管理程序和日清表进行清理，并将清理结果每天记入日清管理台账。

日清体系的最关键环节是复审。没有复审，工作只布置不检查，便不可能形成闭环，也不可能达到预期效果。所以在日清中应重点抓管理层的一级级复审，复审中发现问题，随时纠偏。在现场设立“日清栏”，要求管理人员每两小时巡检一次，将发现的问题及处理措施填在“日清栏”上。如果连续发现不了问题，就必须提高目标值。

3. 有效激励机制

激励机制是日清控制系统正常运转的保证条件。海尔在激励政策上坚持的原则：一是公开、公平、公正。通过“3E”卡，每天公布职工每个人的收入，不搞模糊工资，使员工心理上感到相对公平。二是要有合理的计算依据。例如，海尔实行的计点工资，从12个方面对每个岗位进行了半年多的测评，并且根据工艺等条件的变化不断调整。所谓“计点工资”，是将一线职工工资的100%与奖金捆在一起，按点数分配，在此基础上，又进一步在一、二、三线对每个岗位实行量化考核，从而使劳动与报酬直接挂钩，报酬与质量直接挂钩，多劳多得。

在激励的方法上，海尔更多地采用及时激励的方式。例如，在质量管理上利用质量责任价值券，员工们人手一本质量价值券手册，手册中整理汇编了企业以往生产过程中出现的所有问题，并针对每一个缺陷，明确规定了自检、互检、专检三个环节应负的责任价值及每个缺陷应扣多少钱，质检员检查发现缺陷后，当场撕价值券，由责任人签收；操作工互检发现的缺陷经质检员确认后，当场予以奖励，同时对漏检的操作工和质检员进行罚款。质量价值券分红、黄两种，红券用于奖励，黄券用于处罚。

二、OEC的形式与内容

在上面的框架之下，设立“三本账”、“三个表”。

“三本账”是指公司管理工作总账，分厂、职能处室的管理工作分类账，以及员工个人的管理工作明细账。

管理工作总账即公司年度方针目标展开实施对策表，它按工作的目标值、先进目标、现状及难点实施对策、完成期限、责任部门、工作标准、见证材料和审核办法的统一格式，将全公司的产量、质量、经济效益、生产率管理、市场产品和发展作为重点进行详细分析和分解，由总经理签发执行，按规定的标准和审核周期进行考核奖惩。

管理工作分类账，即各部门、分厂年度方针目标展开实施对策表。它采用与公司相同的格式，按工作分工和总账中确定的主要责任进行分析和分解，由部门负责人或分厂厂长签发执行。对职能部门，按其职能确定重点工作并分解到人。例如，质量部门按质量体系、质量管理、现场管理、新产品和内部日清等方面进行分解和控制。对分厂则按产量、质量、物耗、设备计量、现场管理、安全和管理七个方面进行分解和控制。

管理工作明细账，即工作控制日清台账，其格式为项目、标准和指标(分先进水平、上期水平、本期目标)价值比率、责任人、每天的完成情况、见证性材料、考核结果、实得总额和考核人。此账按天进行动态控制，每天将控制的情况填入，以达到有效控制和纠偏的目的。

“三个表”是指日清栏、“3E”卡和现场管理日清表。

日清栏由两部分组成：一部分是在每个生产作业现场设立的一级大表，将该作业现场的质量、工艺纪律、设备、材料物耗、生产计划、文明生产和劳动纪律等方面的实际情况每2小时由职能巡检人员登记填写一次，公布于众。另一部分是职能人员对上述七方面进行巡检时做的记录和每天的日清栏考评意见，它将每天日清栏的全部情况进行汇总和评价，存档备查。

“3E”卡，是指“3E日清工作记录卡”。“3E”为每天、每人、每个方面三个英文单词的开头字母。“3E”卡将每个员工每天工作的七个要素(产量、质量、物耗、工艺操作、安全、文明生产、劳动纪律)量化为价值，每天由员工自我清理计算日薪并填写记账、检查确认，车间主任及职能管理员抽查，月底汇总兑现计件工资。其计算公式为：岗位工资＝点数×点值×产量＋各种奖罚。这使每个人每天的工作有了一个明确定量的结果，体现了用数据说话的公正性和权威性，保证了各项工作的有序运作。

管理员日清表，由各级管理人员在班后进行清理时填写，主要对例行管理的受控状况进行清理和分析，找出存在问题的原因、整改措施和责任人，不断提高受控率。

“日日清”的内容分为区域(生产作业现场)日清和职能日清。

区域日清主要包括七项内容。

(1)质量日清，主要对当天的质量指标完成情况，生产中出现的不良品及原因分析与责任人，所得红、黄质量价值券等情况进行清理。

(2)工艺日清，主要对当天的首件检验结果与其他工件(产品)指标参数的对比情况、工艺纪律执行率情况进行清理。

(3)设备日清，主要对设备的例行保养、设备完好状况和利用率及责任人等情况进行清理。

(4)物耗日清，主要对材料超耗部分按质量、设备、原材料、能源、人员素质等方面的原因与责任进行分类清理。

(5)生产计划日清，主要对生产进度及影响原因、实际产量、欠产数量、解决措施与结果、责任等情况进行清理。

(6)文明生产日清，主要对分管区域的定量管理、卫生、安全及责任进行清理。

(7)劳动纪律日清，主要是对劳动纪律执行情况进行清理。

上述七项日清内容是在各职能人员控制的基础上，由区域上的员工进行清理，并把清理情况及结果填入“3E”卡。区域日清所要解决的主要问题是：各生产作业现场七项内容的受控状况；发生问题的原因及责任分析；员工当天工资收入测算。

职能日清，是各职能部门对本部门的职责执行情况进行的日清。它包含两部分：一是生产作业现场，按“5W3H1S”九个因素进行控制性清理，对发现的问题及时填入相应区域的“日清栏”。“5W3H1S”包括以下九个方面。

(1)what：何项工作发生了何问题。

(2)where：问题发生在何地。

(3)when：问题发生在何时。

(4)who：问题的责任者是谁。

(5)why：发生问题的原因。

(6)how many：同类问题有多少。

(7)how much cost：造成多大损失。

(8)how：如何解决。

(9)safety：有无安全注意事项。

二是各职能部门的工作人员，按自己分工区域、分管职能的受控情况、问题原因的查找及整改措施的制定情况进行分类清理，填入个人的“日清工作记录表”。职能日清所要解决的主要问题是：找出问题的原因及改进措施；分析责任；变例外因素为例行因素；测算职能人员的工资类别。

三、OEC的运行程序

“日日清”的运行分三段九步。

第一段包含以下三个步骤。

(1)召开班前会，明确当天的目标及要求。

(2)按目标和标准工作。生产系统按七项日清要求进行生产，职能系统针对七项日清，按“5W3H1S”的要求，从事瞬间控制。

(3)填写日清栏。由车间主管、职能巡检员每2小时公布一次巡视中发现的问题及处理意见。

第二段，即班后清理，分五步，按组织体系进行纵向清理。

(4)自清。所有岗位的员工都对当天的工作按日清的要求逐项清理，生产岗位填写“3E”卡交班组长，管理岗位填写“日清工作记录”交科(处)长。

(5)考核。班组长根据一天对每人各方面情况的掌握进行考核确认，然后报车间主任。

(6)审核。车间主任根据当天对各班组长情况的掌握，复核各班组的“3E”卡，确认后返回班组，本人填写“日清工作记录”报分厂厂长。

(7)分厂厂长审核各车间的“日清工作记录”，登记分厂日清台账，并将每天分厂的运行情况汇总报公司经理助理。同时，各职能部门负责人审核所属人员“日清工作记录”，并将当天职能分管工作出现的问题、解决的措施、遗留的问题、拟采取的办法汇总报公司副总经理。

(8)公司副总经理复审后签署意见和建议，反馈各管理者，并汇总报总经理。

第三段为整改制。

(9)由各职能部门会同有关部门、岗位根据“日清”中反映出的问题进行分类分析，在提出解决措施的基础上，制定和完善相应的管理制度，提高薄弱环节的目标水平，并作为下一循环的依据。

四、OEC的效果

从海尔集团下属各公司的实践看，OEC的效果体现在四个方面。

(1)提高管理精细化程度。搞企业离不开管理，企业管理的内容大致相同，但在管理的程度上却有很大差别。OEC方法以追求零缺陷、高灵敏度为目标，把管理问题控制、解决在最短时间、最小范围，使经济损失降到最低，逐步实现了管理的精细化。它清除了企业管理的所有死角，并将过去每月对结果的管理变为每日的检查和分析，对瞬间状态控制，使人、事、时、空、物等因素不断优化，为生产提供了优质保障，使不良品率、材料消耗大幅度下降，使管理达到了及时、全面、有效。

(2)提高流程控制能力。主要表现在三个方面：一是自控能力普遍提高。所有员工都以追求工作零缺陷和经济损失最低、收益水平最高为目标，苦练基本功，提高技术技能，在努力消灭不良品的同时，自我把关，决不让不良品流入下道工序。二是控制能力普遍提高。通过实行质量奖惩价值券，各道工序之间的质量互检工作得到了加强。三是专控能力得到加强。在各生产环节上，各职能部门的巡检人员定时巡查，进行瞬间纠偏，使各环节始终处于有效控制之中。通过OEC法，海尔的各项管理工作实现了由事后把关向全过程控制的转变，受控率从岗位上看达到了100%，从时间上看由过去的50%达到了98%以上。

(3)完善企业激励机制。实行OEC法，使海尔形成了对不同层次、不同侧面均有激励作用的激励机制。在分配上，推行了计点到位、计效联酬的全额计点工资；在用工上，实行“优秀工、合格工、试用工三工并存，动态转换”，对人员的使用，全部实行公开招聘，公开竞争，择优聘用。在这样的机制下，海尔有许多理想、有作为的青年脱颖而出，二十多岁的处长、分厂厂长随处可见。在考核上，对员工按日进行七项日清考核，对干部按事挂钩，对单位按年度兑现。在奖励上，对个人设有海尔奖(分金、银、铜)、希望奖(分一等、二等、三等)、合理化建议奖；对集体设有合格班组、信得过班组、免检班组、自主管理班组等集体荣誉奖。这极大地调动了全体员工奋发向上、追求卓越的积极性。

(4)培育高素质员工队伍。这是OEC法取得的最大效果，也是“日日清”工作得以全面落实的基础。OEC法通过每天进行整理、整顿、清扫和清理，使全体员工养成了良好的工作习惯和令行禁止的工作作风，一支高素质的队伍迅速成长。

➢本章小结

完整的人力资源会计理论应包括人力资源财务会计与人力资源管理会计两部分。人力资源财务会计是以对外提供人力资源信息为主的信息系统，因此其应属于财务会计的一部分。相对而言，人力资源管理会计为内部管理者提供管理信息以及其他相关信息，并对这些信息进行加工、改制和延伸，使它们能更有效地服务于企业的内部管理者。适应现代人力资源管理的要求，人力资源管理会计创立了自己独特的理论、方法、技术，提供面向未来、为决策最优化服务的各种相关信息。

人力资源预测是指以企业的战略目标、发展规划和工作任务为出发点，运用各种科学方法并综合考虑各种因素的影响，对企业未来的人力资源的数量、质量和时间等进行预计和推测。人力资源预测是人力资源决策的基础，也是企业其他预测，如成本预测、利润预测的基本环节。因而，人力资源预测会计研究是整个管理会计体系很关键的一部分，包括人力资源需求预测、人力资源结构变动预测、人力资源供给预测和人力资源使用效率预测。

人力资源决策会计是在综合分析人力资源财务会计及统计信息的基础上，为实现人力资源最优管理的目的，运用科学的理论，特别是经济数学的分析方法，制订若干可供选择的有关人力资源管理活动的行动方案，并从中选取最满意的方案，直到人力资源最优化管理目标实现。人力资源决策会计主要为招募决策、开发决策、晋升决策、定员决策和激励决策提供可靠的信息与科学的方法。

第三篇

应用篇

第8章 人力资源会计分析

学习目标

通过本章的学习，了解人力资源利用情况分析的基本内容；掌握对劳动力数量、劳动生产率水平、劳动时间利用和生产定额完成情况进行分析的方法；能够运用人力资源会计的原理和方法(包括动态分析法、因素分析法和相关分析法)对人力资源投资、人力资源成本和人力资源效益进行分析；掌握培训的投入产出分析方法，计量培训创造的价值。

8.1 人力资源会计分析的目的

通常所称的生产三要素，是指劳动力、劳动工具和劳动对象。在生产三要素中，劳动力即人力资源是最活跃、最有决定意义的要素。为了充分发挥劳动者在生产中的积极作用，提高劳动生产率，为社会创造出更多的财富，有必要对人力资源的利用情况进行经济活动分析。

人力资源利用情况分析主要包括劳动力数量、劳动生产率水平、劳动时间利用和生产定额完成情况分析。

人力资源会计分析除了上述人力资源利用情况分析以外，着重对人力资源投资、人力资源成本和人力资源效益进行会计分析。

企业可结合本单位的人力规划，分析企业现有的人员状况和人员结构，并通过调配和增补人员达到合理、充分利用人员的目的。企业还可以通过分析员工的流动比率、辞退原因，间接对企业的士气高低进行分析。

$$企业员工年平均流动率=\frac{本年调入人数+本年流出人数}{本年度平均人数}=100\%$$

$$本年度平均人数=\frac{\sum 本年每月底人数}{12}$$

企业员工年平均流动比率反映出企业员工的流动情况，一般以5%～20%为适宜，如果低于5%，则说明该企业员工流动性偏小，有可能是一潭死水；如果高于20%，则说明员工调动频繁，不利于企业的稳定发展，其中可能隐藏着员工对企业的不满情绪。

企业还可以对时间成本进行分析，通过分析时间成本，可以揭示人力资源使用过程中实际时间和计划时间之间的差异。

时间就是价值，时间就是金钱。有些行业往往是根据时间的长短来计算收费的，如会计师事务所、管理咨询公司等。会计师事务所可以将时间划分为应付费时间、投资时间和维护时间。应付费时间是指由员工为顾客服务的时间；投资时间是指用于人力资源开发的时间；维护时间是指作为费用开支的那一部分时间。通过时间成本分析，可以加强对人力服务的计划和控制，记录和报告实际和计划的差异，从而提高时间利用率，降低人工成本。时间成本分析报告如表 8-1 所示。

表 8-1 时间成本分析报告

××年度 单位：元

成本项目	计划	人力差异	时间差异	实际
应付费时间	738 952	(7 230)	(24 724)	706 998
投资				
招募	11 500	622	868	12 990
定向	11 000	69	1 931	13 000
咨询与开发	10 000	579	1 421	12 000
正式培训课程	35 000	100	7 000	42 100
研究	15 500	42	(284)	15 258
投资合计	83 000	1 412	10 936	95 348
维护费				
开发实习	8 694	(124)	(5 850)	2 720
专业事务和公共关系	3 064	19	6 825	9 908
管理	36 864	237	(310)	36 791
节日和假日	102 000	(742)	(25 892)	75 366
病假和事假	28 932	(68)	8 877	37 741
维护合计	179 554	(678)	(16 350)	162 526
总计	1 001 506	(6 496)	(30 138)	964 872

资料来源：王文彬，林钟高．高等会计学．上海：立信会计出版社，1995：714

8.2 人力资源会计分析的指标体系

8.2.1 人力资源存量与流量指标

人力资源存量与流量指标包括职工受教育程度；具有各种专业技术资格的职工人数、比例及其变化情况；对聘用职工的学历和经验要求；职工的平均工资水平；等等。企业的人力资源存量是企业进行经营和技术创新的基础，没有一定的人力资源存量，企业就不可能成为以知识为基础的生产单位。

8.2.2 人力资源的投入与产出指标

人力资源的投入与产出指标包括：企业对人力资源的培训计划及其实施情况；企业在人力资源培训、开发等方面的投资及其变化情况；专门从事研究与开发的工程师人数及研究与开发经费；每年新产品、新技术的数量及其变化情况；市场占有率及其变化情况；职工提出合理化建议的数量及采用数量；等等。

8.2.3　企业的创新指标

OECD 编著的《技术创新统计手册》(即《奥斯陆手册》)提出了一系列企业创新调查的指标。这些指标包括创新的经济目标、创新思想的来源、阻碍创新活动的因素、在过去三年中出现的新产品的销售额和出口额所占的份额、研究与开发的合作、技术的购买和出售、创新费用、关于企业的一般信息(如销售额、出口额、雇员数)等。

资料 8-1

创投行业成为高科技海归人才的温床[①]

近日，在与"2009 第十一届中国风险投资论坛"并行的"2009 中国科技金融高级人才对接会"上，300 多位高级海归人才参与国内科技和金融机构对接洽谈。金融海啸后，不少海归人才看好国内经济发展前景，希望回到国内寻求好的职业发展生涯。中国风险投资研究院与深圳市人才交流服务中心结合海归们的这些需求，举办了此次人才会。

招聘机构重金收罗人才

对接会现场，科技企业和金融机构等单位抛出高端职位和高薪的绣球，招徕海归高端人才。五矿证券是由中央直属管理的重要骨干企业之一的中国五矿集团控股的证券公司，此次招募经纪业务中心总部副总经理和分部总经理等职位；深圳长润资产管理有限公司招聘创业投资经理、证券研究员等职位；国内知名的财经猎头和人才网站也提供部分高薪职位。20 万元以上的优厚年薪吸引了众多求职者的眼球。在人才对接会现场，深圳市怀新企业投资顾问有限公司的孙博士告诉记者："企业的竞争主要是人才的竞争，经济危机的时刻，中高端的人才就显得越发重要，有远见的企业应该趁机建立自己的人才资源储备库。同时，全球金融危机爆发以来，海外金融机构、科技企业受到了前所未有的冲击，海外大批科技金融人才面临何去何从的选择，这对于人才紧缺的中国来说，是个绝佳的时机。国内金融机构、优秀的创新型企业正好利用市场调整的阶段，加大力度引进海外金融科技高端人才，可以弥补国内人才结构缺陷，完善自己的人才储备。"

记者在对接会现场注意到，有来自金融证券、互联网、IT、电子、文化产业、生物制药、教育培训等三十多个国家重点扶持的创投行业单位布展。平安证券、香港致富证券、金元证券等证券公司；深圳创东方投资有限公司、深圳天荣投资有限公司、中航投资控股股份有限公司等投资机构；星展银行、东英金融集团、美国晨星集团等金融机构；华为技术有限公司、金蝶软件有限公司等科技企业；中国科学院深圳先进技术研究院、深圳市建筑科学研究院、中国风险投资研究院等研究机构；前程无忧、智联招聘等知名人才招聘机构纷纷亮相本次高级人才对接会。这些招聘单位有的是行业的领军者，有的正在准备上市，有的已经获得了风险投资。参会的部分企业认为，现场与高级人才面对面地洽谈可以以比较低的成本寻找到合适的高端人才，更为重要的是，每年一届的

---

① 证券日报，2009-06-12。

风险投资论坛还将免费长期地为他们输送高级人才。

海归人才看好国内经济

参加本次招聘会的留学生主要来自美国、英国、澳大利亚、法国、日本、德国等十多个国家和地区，他们的学科背景主要为金融、工商管理、建筑、材料、医药、互联网等二十多个热点的行业和领域。

曾经留学英国的金融学硕士黄先生说："对金融风暴的抵御能力可以从一个侧面反映一个国家经济发展的后劲和潜力，所以我看好中国，希望自己所学能在国内更好地发挥作用。"

毕业于英国某知名大学的电子与电气工程学王博士曾在壳牌等国际知名企业任职，他告诉记者："本次对接会的参展企业和职位非常具有吸引力，有许多招聘单位都来自我非常热衷的行业和领域。"

从美国刚回国的金融工程硕士费先生则更关注招聘机构是否能满足求职者对待遇和环境的要求。当记者问道什么样的薪酬待遇可以接受时，他笑着说："在北京、上海、深圳这样的城市，年薪应该在 20 万元吧。当然，你应该为企业创造 200 万元的财富。"

记者向获得英国某大学材料与商务工程硕士学位的贾小姐提出如何正确看待海归国内就业的问题，她坦言："每个海归从申请出国的时候，就要考虑归国后的就业问题，一些人选择了貌似很热门的专业，但谁知扎堆现象严重，因此不见得能够寻找到理想的工作。理想和现实总是有差距的，不能因为自己是海归，就把自己的择业条件定得非常高，每个人都要有一个起步阶段的。还有就是，很多海归毕竟有段时间不在国内，对国内环境和各方面的条件的适应，也需要一个过程。"

高端人才汇集创投行业

记者一大早来到人才对接会现场，在众多排队等候的年轻面孔中，记者发现了两位 60 多岁的老年夫妇正在与工作人员交谈。后来了解到，这对老年夫妇是为远在美国佐治亚州的女儿递交求职简历。

负责此次高级人才对接会的王先生介绍："这次人才对接会的主要特点是体现了高端和服务。"首先是参会人才定位高端。为了筹备好首届人才对接会，组委会通过国外和我国港澳台地区 100 多个专家组织、培训机构、猎头公司、专业协会、科研机构及各地在海外设立的科技商务类机构征集 1 000 多名创新项目人才、重点学科和重点实验室领军人才、包括金融企业在内的企业高端人才以及高新技术园区的创新人才，并精选出其中 300 多名现场应聘。

8.3 人力资源会计分析的方法

人力资源会计分析一般可采用动态分析法、因素分析法和相关分析法。

8.3.1 动态分析法

采用动态分析法对人力资源的发展变化过程进行分析时，一般需要对事物作连续的、较长时间的观察和分析，并采用时间序列的一系列分析指标，常用的有增长量、发展速度、增长速度、平均发展速度、序时平均数等。

增长量的计算方法是用报告期发展水平减去基期发展水平。由于所用基期不同，可分为逐期增减量和累计增减量两种。逐期增减量的计算方法是由本期发展水平减去前期发展水平而得，即连环相减，累计增减量是各报告期发展水平减去某固定基期水平所得之差。逐期增减量与累计增减量的关系是：逐期增减量之和等于累计增减量。

增长量＝报告期发展水平－基期发展水平

逐期增减量＝本期发展水平－前期发展水平

累计增减量＝报告期发展水平－某固定的基期水平

发展速度的计算方法是报告期发展水平除以基期发展水平，用百分比、分数或倍数表示。由于计算中所用基期不同，可分为环比发展速度与定基发展速度两种。环比发展速度与定基发展速度之间的关系是连乘关系，即环比发展速度的连乘积等于定基发展速度。

$$\text{发展速度}=\frac{\text{报告期发展水平}}{\text{基期发展水平}}$$

$$\text{环比发展速度}=\frac{\text{本期发展水平}}{\text{前一期发展水平}}$$

$$\text{定基发展速度}=\frac{\text{本期发展水平}}{\text{某固定基期水平}}$$

增长速度的计算方法是发展速度减 1，或者是增长量除以基期水平，用百分比、分数或倍数表示。与发展速度相对应，增长速度也有环比与定基两种。环比增长速度是由环比发展速度或逐期增长量计算而得的，定基增长速度是由定基发展速度或累计增长量计算而得的。

$$\text{增长速度}=\text{发展速度}-1=\frac{\text{报告期发展水平}-\text{基期发展水平}}{\text{基期发展水平}}$$

平均发展速度的计算方法采用几何平均法，将各个环比发展速度看做变量 x，环比发展速度的个数看做变量的个数 n，则平均发展速度等于 n 个环比发展速度的连乘积的 n 次根，也可以根据最初水平 a_0、最末水平 a_n 及间隔期 n 的资料求得。

$$\bar{x}(\text{平均发展速度})=\sqrt[n]{\frac{a_n}{a_0}}\ (\text{水平法})$$

序时平均数的计算方法是将时间数列中各个指标数值加以平均而得出各种动态平均数。

$$\bar{a}=\frac{\frac{a_1}{2}+a_2+a_3+\cdots+\frac{a_n}{2}}{n-1}$$

其中，$\bar{a}$ 为序时平均数(时间间隔相等)；n 为项数；$a_i\ (i=1,\ 2,\ \cdots,\ n)$ 为各期发展水平。

8.3.2　因素分析法

有许多社会经济现象是受多因素影响而发生变动的。例如，劳动和生产资料是影响国民经济发展规模、水平和速度的两个直接因素，其他所有的社会、自然诸因素都是通过这两个因素间接地影响国民经济发展。再进一步细分，劳动力和生产资料又都可从数量和质量两个方面影响国民经济的发展，而劳动力的质量可以由劳动生产率表示，生产资料的质量则可由生产资料利用率来表示。这样，在分析经济发展速度和水平时，既可以考虑劳动力数量和生产资料对它们的影响，或是考虑生产资料的数量和质量的影响，还可以综合考虑劳动力和生产资料对它们的影响。这就是因素分析法，即分析社会经济现象受多因素影响的总变动中各个因素的影响方向和影响程度的方法。它是从现象之间的联系来分析总量变动中因素的影响的。

1. 因素分析法的基本特点

(1)分析的对象是受多因素影响的现象，每个因素的变动对现象的总变动都有影响。分析的目的主要是测定各个因素影响的方向和影响的程度。

(2)测定其中一个因素的影响方向和程度时，假定其他因素的数量不变。

(3)因素分析法的基本根据是指数体系，总变动指数等于若干因素指数的乘积，实际发生的总差额等于因素影响的差额的总和。

(4)因素分析的结果可用相对数和绝对数表示。

2. 因素分析法的种类

(1)总和因素分析法。如果总变动量是各个因素变动量相加之和，就用总和因素分析法来分析各因素的影响方向和影响程度，如表 8-2 所示。

表 8-2 某年年底某公司所属企业职工人数资料分析

所属企业	计划职工人数/人	实际职工人数/人	完成计划/%	与计划差异/人	各企业变动对公司总变动影响/%
甲企业	700	840	120	+140	14
乙企业	200	200	100	0	0
丙企业	100	120	120	+20	2
全公司	1 000	1 160	116	+160	16

表 8-2 中资料表明，该公司职工人数计划指标超过 16%，是由甲企业超过计划指标 14%和丙企业超过 2%所造成的。说明乙企业是按计划完成的，甲、丙企业则需了解它们超计划用人的具体原因。

(2)连乘因素分析法。如果总量的变动是由各个因素相乘的积所致，则用连乘因素分析法来分析各因素影响的方向和影响的程度。

产值指数=职工人数指数×劳动生产率指数

工资总额指数=职工人数指数×平均工资指数

总和因素分析法和连乘因素分析法是借助指数体系进行因素分析的。连乘因素分析法，在相对数(指数)关系上是相乘的关系，但在绝对数关系上是相加的关系。

(3)差额分析法。差额分析法利用因素变动的绝对差额来分析对总量变动的影响，如对工资总额绝对量变动的因素分析，其计算公式为

平均工资的变动对工资总额的影响=(报告期平均工资-基期平均工资)×基期职工人数

我们设工资总额指数为 T，工资水平指数为 P，职工人数指数为 Q。这样，根据指数计算公式为

$$T=\frac{\sum X_1F_1}{\sum X_0F_0},\ P=\frac{\sum X_1F_1}{\sum X_0F_1},\ Q=\frac{\sum X_0F_1}{\sum X_0F_0}$$

从相对数体系来看，我们可以从上面三个式子导出 $T=PQ$。而工资总额的实际增加额为 $\sum X_1F_1-\sum X_0F_0$；工资水平的提高对工资总额的影响为 $\sum X_1F_1-\sum X_0F_1$；职工人数增加对工资总额的影响为 $\sum X_0F_1-\sum X_0F_0$。

从绝对数之间的关系来看，我们可以从上面三个式子导出

工资总额增加额＝工资水平的提高对工资总额的影响
＋职工人数的增加对工资总额的影响

8.3.3　相关分析法

相关分析法可以帮助我们判断某些社会经济现象之间有无相关关系，其密切程度如何，一个现象变化时另一个现象会发生什么样的变化，以达到对社会现象的内在规律的认识。

对劳动人事现象作相关分析，主要是确定现象之间有无相关关系，若相关则进一步确定相关关系的密切程度，然后再测定两个变量间的一般关系值。

1. 相关关系的类型和形态

(1)从变量之间相互关系的方向来看，可以分成为正相关与负相关。在现象之间，当自变量 x 增加时，因变量 y 的值也随之增加，这样的相互关系就是正相关；当自变量 x 增加时，因变量 y 的值随之有减少的趋势，这样的相互关系就是负相关。例如，劳动生产率提高了，产品成本降低，则劳动生产率和产品成本之间存在着负相关；劳动生产率提高，工资水平也有提高，则呈现正相关。

(2)从变量之间相互关系的表现形式来看，可以分成直线相关与非直线相关。当 x 值变动时，y 值发生大致均等的变动，表现在图形上为其观察点分布于狭长的带形区域内，近似地表现为直线形式，则通称为直线相关；反之，当 x 值变动时，y 值随之变动，但不是均等的，而是呈现各种不同的曲线形式，如双曲线、抛物线、指数曲线、对数曲线等，则称之为非直线相关。不论是直线相关还是非直线相关，其变量之间关系的密切程度都由一个专门的指标——相关系数来反映，通常用 γ 表示。

γ 的值越接近＋1 或－1，表示相关关系越强；γ 的值越接近于 0，表示相关关系越弱。γ 为正值时说明是正相关，γ 为负值时说明是负相关，$\gamma=0$ 则表示两个现象不相关。

判断相关密切程度有多种划分方法，可以划分为四级：γ 的绝对值在 0.3 以下为无相关；γ 的绝对值在 0.3～0.5 为低度相关；γ 的绝对值在 0.5～0.7 为显著相关；γ 的绝对值在 0.7 以上为高度相关。

2. 相关系数的两种主要计算方法

(1)积差法。通过各个离差相乘的方法来说明相关程度，是协方差和两个数列标准

差之积的比值。计算公式为

$$\gamma=\frac{\sigma^2\chi y}{\sigma\pi\sigma y}=\frac{\frac{1}{n}\sum(x-\bar{x})(y-\bar{y})}{\sqrt{\frac{1}{n}\sum(x-\bar{x})^2}\cdot\sqrt{\frac{1}{n}\sum(y-\bar{y})^2}}$$

$$=\frac{\sum(x-\bar{x})(y-y)}{\sqrt{\sum(x-\bar{x})^2}\cdot\sqrt{\sum(y-\bar{y})^2}}$$

其中，x、$\bar{x}$分别为自变量和自变量的平均数；y、$\bar{y}$分别为因变量和因变量的平均数。由于积差法要使用两个数列的平均值，比较麻烦，因此通常用简捷法计算。

(2)简捷法。计算公式为

$$\gamma=\frac{n\sum(xy)-\sum x\sum y}{\sqrt{n\sum x^2-(\sum x)^2}\cdot\sqrt{n\sum y^2-(\sum y)^2}}$$

其中，γ 为相关数；x 为自变量及其变量值；n 为数列项数；y 为因变量及其变量值；xy 为自变量与因变量的乘积。

8.4 培训的投入产出分析

8.4.1 培训：费用还是投资?

古典经济学家和马克思都认为增值是资本的本性。也就是说，资本的存在要求其不断处于增值状态。正如马克思所说，资本的“活动只在于此，它只有不断增值自己，才能保持自己成为不同于使用价值的自身的交换价值”，它对自己表现为什么样的使用价值并不感兴趣，感兴趣的则是资本增值。亚当·斯密认为资本则是“经济人”“希望从中以取得收入的部分”，也就是希望能从资本中带来增值。资本的增值性观点为后来的经济学家所认同。麦克鲁德说：“资本是用于利润目的的经济量，任何经济量均可为资本。凡可以获得利润之物都是资本。”萨缪尔森认为，资本是“产生租金或者随着时间的进程而取得收益”。凯尔指出：“在非常真实的意义上，资本是这些未来劳务的物质体现。”

既然增值是资本的本性，那么作为创造价值增值的凝聚在人身上的知识和技能，当然应当属于“资本”范畴。因为，这种知识和技能能够提高生产效率，促进经济增长，在生产的运动中实现价值增值，即带来剩余价值。

亚当·斯密在其经典名著《国富论》中大胆地将“社会上一切人学到的有用才能”视为“固定资本”的一部分。他说：“学习一种才能，需受教育，需进学校，需做学徒，所费不少。这样费出去的资本，好像已经实现并固定在学习者身上。这些才能，对于他个人自然是财产的一部分，对于他们所属的社会，也是财产的一部分。工人增进熟练程度、节省劳动的机器和工具同样可以看做社会上的固定资本，学习的时候，固然要花一些费用，但这种费用，可以得到偿还，同时也可以取得利润。”马克思也指出：“劳动是一切价值的创造者，只有劳动才赋予已发现的自然产物以一种经济意义上的价值。”

所谓人力资本，就是“以某种代价获得并能在劳动力市场上具有价值的能力或技能”①。这种能力或技能凝结于人体之内，它像物质资本一样，是一种通过投资形成的、在市场上具有一定价格并能够在生产运动中实现价值增值的生产要素。人力资本的价值由两部分组成：一部分是为形成这些能力和技能所花费的直接费用；另一部分是将时间价值和机会成本概念引入而产生的，是指由于从事人力资本投资而失去的收入。

培训投资是企业参与人力资本投资的主要方式，可以增加劳动者的技能存量，用于在职培训方面的支出是企业非工资劳动成本的重要组成部分。企业的培训投资行为直接影响企业的劳动需求决策。企业培训也即在职培训，主要是指在正式的学校以外由企业和其他机构为员工提高生产技术、学习和掌握新技能而举办和提供的教育与培训。像各种技术培训班、员工夜校、学徒制、现场技术示范活动等，都属于此类教育形式。在职培训比一般正规教育更贴近于生产实践，更侧重于实际生产知识与操作技能的培养和提高，在职培训有一般培训与特殊培训之分，前者培训的技能具有通用性，后者培训的技能仅适用于专门领域。通常认为，一般培训的成本主要由受培训者自己负担，而特殊培训则主要由培训方负担。

1. 表面上是付学费

传统的观点往往把培训看成付“学费”，因而毫无疑问是成本。在现行财务会计制度下，一般的培训费用也是作为“管理费用”报销入账。但是，按照人力资本理论，培训是重要的人力资本投资，因此，培训费用应该作为研究与开发的一个组成部分，相应地应该把培训费用纳入人力资本投资的核算范围。这样，一方面可以反映企业在研究与开发中的投入力度和发展的后劲；另一方面也可以解决人力资本流动的结算和赔偿的规范化问题。培训投资成本有：①直接成本。为支付给受训人员所需的直接货币成本和培训活动所需的物质条件的成本。②间接成本或机会成本。包括：受训人员因参加培训而减少的收入；企业因受训员工参加培训而损失的工时和其他应得收入；在部分培训中，利用企业的生产设备或有经验的员工从事培训活动在一定程度上影响企业的生产效率而形成的机会成本。

2. 实际上有收益

培训提高了员工的基本素质和技能，引起劳动生产率的提高，给企业带来直接收益；培训提高了员工的工作积极性，建立起优秀的企业文化等。

3. 培训形成核心竞争力

以研究企业竞争战略著称的迈克尔·波特在转而研究国家竞争战略时得出的结论是：毫无疑问，教育和培训是国家竞争优势的决定因素。他认为，可以看得很清楚的一点是，无论是国家还是行业、产业、企业，凡是具有最强竞争力的都是在教育和培训上进行了很好的投入的。教育和培训是唯一的也是长期的能够为产业的增长提供最大动力的杠杆。因此，应该鼓励能够连接传统教育系统与企业系统关系的政策。

如果承认现在国家的竞争是人才的竞争，我们就可以说，这种竞争实际上是教育和

① 张文贤．人力资源会计．上海：立信会计出版社，1999：19。

培训的竞争。教育是针对那些还没有进入劳动力市场的劳动力进行的培育，而培训是企业等组织展开的针对已经进入劳动力市场的劳动力进行的培育。

一个国家是否拥有受到过好的教育、具有好的技能的劳动力，首先取决于这个国家的公共教育系统。在过去，公共教育系统是决定一个国家人力资源开发水平的最重要的因素。而现在，在知识、技能变化越来越快的今天，仅仅依靠这一系统已经不够了。最典型的说明这一问题的情形是，一个计算机专业的学生，他在大学一年级所学的东西可能到二年级就已经过时；一个电子学专业的学生，在第一年学习的知识到第四年时可能有一半就已经过时了。因此，一个国家是否拥有好的学校教育系统还只是这个国家人力资源开发的一个起点，更重要的人力资源开发的角色应该由企业来扮演。

关于这一点，彼德·德鲁克做了很好的阐述，他认为在人类历史上第一次出现了这样的情形：最急迫地需要学习和培训的是成年人，但是，恰恰我们的培训制度是很难达到这一人群的。因此他认为，人类的学习重点应该由学校转移到企业组织，企业雇主应该扮演起提供教育和学习的社会责任。每个雇佣机构都应该变成一个教师。德鲁克指出了企业培训发展的未来方向，也明确地说明了企业培训在人类学习系统中的作用，人类的教育应该由两个翼来共同承担，一翼是传统的公共教育，一翼是企业的培训。可以说，德鲁克和波特对培训的讨论代表了当今人类最有智慧的大脑对企业培训问题的思考。

20 世纪企业的成长历史证明，不同国家不同的人力资本结构特征反映在国家的技术优势上，而这种技术优势又会进一步反映在其产业的比较优势上，因此可以说，产业优势的背后实际上是人力资本的优势。例如，美国和英国在制药、软件上的发展依赖于其高科技人才，而德国和日本在自动化和机械制造上的优势来源于其具有优势的高级技术工人和技师。

企业不愿意对教育和培训进行投入的最大的原因或者理由是害怕投入后员工流失，这是典型的因噎废食。如果员工的流失是不能进行培训的真正原因，那么企业应该花力气来解决的问题是降低流失率，而培训恰恰是增强凝聚力、降低流失率的重要途径。

现在学习型组织的理念已经为许多企业所接受，所谓的学习型组织就是组织的各个方面都是按照是否能促进和积累个人和团队的学习成果来设计的，当然，还需要将学习的成果运用到生产中去。

在全球制造业的产业链条上，中国企业处在低端，缺乏核心技术等高层次的竞争资源。与发达国家经济增长模式的差异，我们可以从下列典型的例子中看出。在美国市场上价值 120 美元的一件 BOSS 牌衬衫，渠道商获得的利润占 60%，品牌商获得 30%的利润，而中国的制造商只能获得区区 10%的利润，且这 10%还需要在竞争者之间通过相互杀价来争夺订单后才能得到。

培训使员工掌握了新的知识和技能，这些蕴涵在个人体内的知识和技能就成为人力资本，培训丰富了员工的知识和技能，增加了员工的人力资本存量。有关员工态度的培训，虽然没有增加员工的人力资本，但会影响员工对人力资本的投入和使用。因此，培训实质上是以企业为主体进行人力资本投资的一种方式。

8.4.2　培训形成人力资本

培训人力资本主要是企业对员工培训投入形成的，采用成本法计量该部分人力资本的价值则主要根据企业历年培训投入的成本进行测算，如果企业没有历年数据，也可以根据现在培训的投入情况进行估算。

企业培训人力资本主要包括两个部分：培训直接投入和培训间接投入。培训人力资本 ＝ 培训直接投入 ＋ 培训间接投入。

培训直接投入是指公司为了给员工提供培训而在人、财、物三方面所发生的支出，通常包括：①为员工培训提供的设备、器材、场所和各种必需品的费用；②企业为员工培训提供师资和培训管理等其他劳务服务的费用；③为员工培训支付的相关差旅费用及补贴；④其他费用。

根据企业培训支出的实际情况，一般情况下，在进行直接投入计算时，主要包括以下几项投入。

(1)企业每年按工资总额的 1.5％计提教育经费投入。

(2)企业出国考察的费用，该费用在企业的账务处理过程中，一般不包括在上述的教育经费中，需要单独进行计算。

(3)如果企业设有教育培训中心，则企业教育培训中心为培训而发生的费用也应计算在内。具体包括：教育培训中心的员工工资和各项福利支出；固定资产折旧费用；其他费用，如差旅费、财务费用等。

如果企业没有设置教育培训中心，则人力资源部门负责培训的人员工资福利，以及为培训而发生的各项费用支出应计入培训的直接投入，但仅包括未计入教育经费的部分。

(4)除了上述这些直接与培训相关的支出以外，企业下属的各个二级部门用于培训但没有从职工教育经费列支的部分，也应该计入培训直接投入部分，虽然它不一定以培训费用的名目列支，但需要将这部分支出从其他科目中剔除出来。

培训间接投入是指由于员工参加培训而给企业带来的机会成本和损失，通常包括两个部分。

(1)企业为受训者支付培训期间的工资和其他各项福利。受训员工在培训期间，一般不参与企业的经营生产劳动，没有给企业创造价值，从理论上讲，企业可以不支付劳动工资或者支付较少的工资。但是，现实中企业一般同样按照员工在岗劳动所获得的收入支付工资。因此，这部分支出应计入培训的成本。

(2)企业因受训者参加学习而给企业带来的损失和增加额外的支出。员工离开岗位参加培训，会给企业的生产经营带来一定程度的影响。例如，产量下降，给企业造成一定的损失。另外，企业为了弥补人员脱产培训的影响，需要临时招募员工补充人员，由此增加的支出也应该计入培训的成本。

在实际计算过程中，间接费用投入包括以下两个方面。

(1)员工整体的脱产培训的薪资福利，计算公式为

公司为全体员工的脱产培训付出的间接投入

=当年的工资总额×全体员工平均的脱产培训工作日占全部工作日的比例

=当年的员工总数×当年员工的平均年薪

×当年全体员工平均的脱产培训工作日占全部工作日的比例

其中，当年全体员工平均脱产培训工作日为 $\sum$(培训项目脱产时间×参加人数)/员工总数，全年工作日以251天计算。

(2)由于培训给企业带来的间接损失。假设企业日平均产量为 Q，单位产品的毛利为 p，企业人员为 H，则由于脱产培训给企业带来的间接损失 S 为

$$S=\frac{Q\times p\sum(\text{培训项目脱产时间}\times\text{参加人数})}{H}$$

上述计算主要是计算各个年度的培训投入，是企业培训人力资本的增量，任何一个年度的培训人力资本总值等于前一年度的培训人力资本余额加上该年度的培训人力资本增加。

企业各年培训人力资本投入计算表如表8-3所示。

表8-3 企业各年培训人力资本投入统计表 单位：元

项目＼年份	2013	2014	2015
一、培训直接投入			
1. 按工资总额的1.5%计提的教育经费投入			
2. 出国培训的费用			
3. 教培中心为培训发生的费用			
(1)教培中心工资和各项福利支出			
(2)固定资产折旧费用			
(3)其他费用			
二、培训间接投入			
1. 员工整体的脱产培训的工资福利			
2. 接受出国培训者的工资福利			
3. 脱产培训给企业带来的间接损失			
三、各年培训人力资本投入合计			
扣除受训人员流失的培训投资损失			
四、企业培训人力资本存量总值			

8.4.3 培训创造价值：产出收益分析

培训收益是指某个具体培训项目给各个利益相关者带来的效用增加。对于受训员工而言，其培训收益包括个人知识和能力的增长，工资的增加和职位的晋升，或者是增加的职业安全感；对于企业而言，培训能够提高员工的满意度和积极性，从观察到的结果看，培训能够降低成本，改善产品质量，使企业的产品销量和产量增加，最终带来企业效益的增加；对于社会其他主体而言，包括客户、供货商，也会因为企业培训活动受

益，如结算速度的增加带来供货商更快的资金周转率、服务质量的改善提高了客户的效用等。因此，不同的利益相关者享受的培训收益种类和实现方式不同，这里主要分析企业的培训投入产出评估，其中的培训收益仅仅是指企业获得的收益，受训员工的培训收益以及社会其他主体享有的培训收益不包括在内，纯粹分析培训对企业收益的影响。

1. 培训的有形收益和无形收益

若将培训所有产生的、有助于企业价值增长的结果都称为收益，则收益包括有形的结果和无形的结果。所谓有形的结果是指能够观察到并能够客观计量的结果，如产量的增加、产品质量的提高、费用的节约等。这些方面的效果能够进行量化，数据易于收集，并可以根据结果的经济意义进行效益上的换算。培训除了能够带来有形的现金收益外，还有一些无法进行客观计量的非现金形式的收益，如员工抱怨减少、组织冲突减少、员工行为规范化等。当然，这些结果也可以采用调查、访谈等方法进行统计分析，然后用量化的数据来说明，但仍具有主观性，并且将这些结果进行收益上的换算较为困难。若对培训项目进行投入产出分析，可以将培训产生的无形收益作为辅助说明，以避免对无形收益进行估算导致的偏差，提高培训收益计量的可信度。

2. 培训产生结果的层次性

培训产生的结果具有层次性，例如，培训员工的生产操作技能会提高企业生产效率，减少产品生产周期，带来产品产量增加，最后带来企业盈利水平的上升。这样一个培训，从结果上观察，有多种不同的表现形式，如利润、产量及时间等。显然这些结果之间具有内在一致性，分别处在整个价值链的不同环节。在进行培训收益的分析时，必须清晰展现培训项目对各项结果的影响，保证计量的准确性。

无论培训产生的结果是有形的还是无形的，表现在哪个层次上，都最终表现为企业的盈利能力的增长，都能经过价值链传递最终转化为企业利润。衡量培训项目带来的收益，关键在于发现培训对企业利润创造的影响机制，究竟培训改善了哪些因素带来企业价值的增长，要明确这一点，首先必须明晰影响企业盈利的各项要素。

影响企业盈利的因素很多，根据财务核算的准则，要增加利润必须增加销售收入和投资收益，同时降低销售成本、销售费用、财务费用和管理费用。因此，决定企业盈利水平的主要有以下七个因素。

1）产品销量变动

产品销量是客户有消费需求并选择购买公司产品的总和，包括新客户购买和老客户购买。在既定的盈利率下，产品销量越多，企业盈利就越多。影响消费者购买决策的因素都是影响产品销量的因素，主要有以下六种。

第一是品牌，包括品牌的知名度和品牌美誉度。品牌能够影响初次购买者的行为，品牌知名度、美誉度越高，消费者购买的可能性就越大。而品牌知名度取决于公司的品牌建设和策划，一个知名度高的品牌，需要一个好的品牌策划与管理方案。而要产生好的品牌策划方案，需要品牌相关的知识。如果公司培训企业的品牌管理内容，提升营销管理人员的品牌管理知识，则可以提升企业品牌的知名度。影响品牌美誉度的关键因素是产品质量。品牌是质量一致性的体现，一个好的品牌背后是一系列优质服务的代表。

影响产品质量的因素本书将作单独分析，从中也可以看到培训对于产品质量的影响。因此，教育培训通过增加企业品牌知识以及改善产品质量，提升企业品牌的知名度和美誉度，从而影响产品的销量。

第二是产品质量。产品质量是影响产品销量的主要因素，而影响产品质量的因素除了设备因素外，还有四大因素，分别是原材料质量、企业质量管理与控制体系、员工生产过程中的操作技能和员工生产过程中对于产品质量的态度。影响原材料质量的主要因素是采购，采购人员所具有的质量检验知识、质量责任意识以及对于采购管理规定的执行程度是决定采购质量的关键，这些都可以通过培训加以改变。因此，对采购人员的教育培训，可以通过影响采购原材料的质量来影响产品质量，进而影响公司产品的销量。企业质量管理与控制体系是影响产品质量的另外一个因素，包括两个方面，一是制度的制定，二是制度的执行。这两个方面分别与质量管理人员的知识与制度执行人员的态度有关，在既定的激励约束机制下，培训可以改变质量管理人员的知识以及执行人员的态度，通过影响企业的质量管理与控制体系来影响产品质量，进而影响企业产品的销量。员工在产品生产过程中的操作知识和技能显然是影响企业产品质量的重要因素，具有充分的知识和合格的操作技能可以提高产品的质量，减少不合格率。培训可以通过增加生产人员的技术知识和提高操作技能来改善产品质量。第四个影响质量的因素是员工在生产过程中的态度。员工是否关心产品质量，是否有质量责任意识，也是影响产品质量稳定性的因素，教育培训可以通过影响员工的质量意识来改进员工的生产行为，最终改善产品的生产质量。

第三是响应时间。响应时间是指发现客户需求到满足客户需求所经历的周期，特别是对于提供定制性产品服务的企业来说，响应时间是影响客户购买决策的重要因素。它包括三个方面的时间：一是决策时间，二是生产时间，三是物流时间。决策时间是指针对客户需求所进行的可行性分析、预研、开发、审批、计划所消耗的时间，与企业的管理效率紧密相关，而企业的管理效率则决定于企业的管理流程、制度规定等，培训相关管理方面的知识可以有助于企业建立高效的、符合自身业务特点的管理流程和管理制度，减少管理决策时间，提高市场响应速度。生产时间则是指从投料到产成品完工的生产加工环节所消耗的时间。它取决于企业的生产管理水平和员工的生产操作效率。生产管理水平包括合理的库存，科学的生产计划；员工的操作效率则决定于员工的操作技能和态度。教育培训可以提升员工的操作知识和改变员工的工作态度，从而提高工作效率，降低加工时间。同样，教育培训也能够提升企业管理者的生产管理水平，进行科学的生产组织与安排，缩短生产周期，提高企业响应速度。物流时间是指企业物品运输交货的时间，这决定于企业物流运输的管理水平，需要相应的物流管理知识，教育培训可以提升企业这方面的管理能力，有效地保证物品在第一时间送到消费者手中，缩短企业的整体响应时间。因此，教育培训可以通过改善企业的决策效率、生产效率、物流效率来提升企业的响应速度，提高客户的满意度，增加企业的产品销售。

第四是价格竞争力。这是影响消费者购买决策的关键因素。企业的价格竞争能力是由企业产品的价格与成本之间的空间来决定的。价格竞争背后实质是成本的竞争，因此，单位成本是决定企业价格竞争力的关键。关于企业产品的成本受到哪些因素影响，其与培训之间的关系又如何，本书将在分析影响销售成本的因素中详细说明。

第五是营销人员的努力程度。一个企业产品销售的多少与营销人员的努力程度相关。营销人员的努力程度决定于两个因素：一是营销的激励约束机制，二是营销人员的态度。一个好的激励约束机制会转变员工的态度，这两个因素也受到企业教育培训活动的影响。设计好的激励约束机制需要培训人力资源管理知识，积极的工作态度也能够通过企业文化教育来改变。因此，培训可以通过提高营销人员的努力程度来提高企业的销售量。

第六是企业的售后服务质量。售后服务是整个企业产品质量的一部分，也是形成企业声誉的重要因素。售后服务质量取决于售后服务技能和服务态度。教育培训可以提高企业的售后服务技能以及改善服务态度，从而提高售后服务质量，增加企业的产品销量。

2）产品价格变动

在同一销量水平下，价格越高，企业的盈利就越多。决定企业价格的因素主要有两个：产品的差异化程度和产品的质量竞争优势。产品的差异化程度越高，说明市场上同类商品的供给越少，价格就可以提升。如果产品的质量具有竞争优势，优质优价，同样可以提高售价。这两个因素都能够提升产品价格，带来盈利的增加。那么，影响这两个因素的因素又是哪些？产品差异化程度决定于企业的产品创新，产品创新的速度越快，创新的质量越高，产品的差异化程度就越高，市场同类产品的供给就越少，就可以获得较高的定价。而决定产品创新的因素是企业的创新意识和创新能力。有较强的创新意识和创新能力的企业始终能够在市场上处于优越的竞争环境。教育培训是形成企业创新意识和创新能力的重要手段。因此，培训可以通过提升企业的产品创新能力来提高企业产品的差异化程度，带来产品价格的提升，帮助企业盈利。产品质量竞争优势取决于两个方面，一是产品质量的持续改进，二是企业产品生产质量的控制。产品质量的持续改进是指企业能够针对产品的缺陷不断进行设计改进，提高企业产品的完美度，这需要设计人员掌握相关知识，加强生产质量控制同样需要以质量控制知识为基础。增加这两个方面的知识，均可以通过培训来实现。

3）投资收益增加

投资收益由两部分构成：一是证券投资收益，一是股权投资收益。提高证券投资收益除了增加投资的途径外，还必须掌握证券市场的相关知识以及投资知识，这些知识的获取可以通过教育和培训来实现。提高股权投资收益要求企业必须具备战略投资的知识，根据企业的战略要求进行产业以及投资对象的选择，而这些知识也可以通过教育培训获得。因此，企业教育培训可以通过提升证券投资收益和股权投资收益来增加企业的总体投资收益，获得较高的盈利。

4）销售费用节约

销售费用节约也意味着盈利水平的上升。构成企业销售费用的种类有很多，包括差旅费、招待费、促消费等。但是，考虑到企业培训投入产出评估，本书不按照其种类来分析影响销售费用节约的因素，而按照销售单位来划分销售费用节约，如一个企业在全国各地有多个销售网点，销售费用节约是各个网点共同的节约。以一个网点来说明费用节约情况，有利于培训的投入产出评估，也使评估结果具有管理意义。

销售网点的销售费用节约主要取决于销售网点人员的态度和管理水平。网点管理水平高，可以带来销售费用的节约；同样，员工在营销过程中合理地安排支出，也可以带来销售费用的节约，当然这还与节约费用的激励分配有关。而管理水平的提升以及销售人员的态度、责任感的改变都需要企业进行教育和培训。因此，培训可以通过提升销售网点的管理水平、改善员工的态度实现企业销售费用的节约，带来企业盈利的增加。

5）产品成本降低

产品的成本降低同样带来利润的增加。决定产品成本的因素有三项：一是直接材料成本，包括辅助生产的材料成本；二是质量成本，主要是指由废品、残次品带来的成本；三是人工等固定成本分摊。直接材料成本除了客观市场的变化影响之外，还受两个因素的影响，一是采购人员的采购努力程度，二是材料的利用效率。教育培训可以改变采购部门的采购技巧以及采购态度，从而在保证质量的前提下降低材料采购成本。至于提高原材料的使用效率，根据企业的实际情况分析，如果主要是设备因素导致的原材料利用率低，培训未必能够带来利用率的提高；如果的确是人为的因素导致的“跑、冒、滴、漏”，可以通过培训来改进材料的利用效率。质量成本受到员工生产态度和生产操作技能的影响，教育和培训可以提高员工的生产操作技能和改善生产态度，从而提高产品的质量合格率，降低质量成本。人工成本等固定成本分摊主要取决于生产效率。这有两层含义：一是人员精简带来的效率提高。生产同样的产品，人员减少了，产品分担的人工成本就降低了，如培训能够丰富员工的技能，提高员工管理设备的能力，可以带来人员的精简，提高人均劳动生产率。二是单位产品生产时间减少带来的效率提高。同样时间内生产产品越多，单位产品的固定成本分摊就越低。

6）财务费用节约

财务费用与企业的资金利用有关，合理安排企业的筹融资是降低财务费用的有效途径。因此，企业现金流的管理水平决定企业财务费用的水平。而现金流的财务管理知识可以通过培训获得。因此，企业的教育培训可以通过提高企业的现金流管理水平降低财务费用，增加企业盈利。

7）管理费用节约

管理费用节约同销售费用节约的分析相似，也是以部门作为分析对象，这样便于评估培训对某个部门管理费用节约的效果。一个部门的管理费用节约取决于管理效率和员工态度。管理效率与职能管理的实现方式和流程紧密相关。高效的组织流程不但可以降低管理费用，而且还有助于提升企业的整个业绩水平，培训可以提升企业在组织运作和业务流程方面的管理水平，提升管理效率。同样，培训也能够增强员工的费用节约意识。这样，企业培训可以通过改善员工的态度以及提升企业的管理水平来降低部门的管理费用，从而带来企业整体利润的上升。

显然，企业的任何一项有价值的活动都最终影响上述七个因素，进而影响企业的盈利，培训也不例外。

案例分享

摩托罗拉公司的学习曲线效果[①]

一直被视为世界无线通信巨人的美国摩托罗拉公司，支配世界无线通信市场已有多年历史。“摩托罗拉”这个集合了汽车与音响的名字，蕴涵着 1930 年公司生产出第一台汽车收音机的起步历史，从 20 世纪 30 年代的车载通信到第二次世界大战美国步兵的无线对讲，直到今天的宇航通信，摩托罗拉的“移动之声”已创造了 10 亿美元的年利润。

1993 年，拥有近 10 万名员工的摩托罗拉公司销售总额达 170 亿美元，比上一年激增 28%，利润更是上升了 77%。

通信器材与半导体是摩托罗拉的两大支柱。全球范围内，摩托罗拉的移动电话拥有高达 40%的占有率，此外其在电话交换机、警用无线电话、特殊宇宙无线电话等方面也享有极高的声誉。在半导体方面，摩托罗拉每年的营业收入均在 57 亿美元左右，仅次于英特尔及日本的 NEC 公司，居全球第三位。

在总结是什么因素使摩托罗拉在竞争激烈的高科技电子产业中出类拔萃时，该公司的高层管理人员归纳出以下至关重要的三点。

(1)不断推出让顾客惊讶的新商品。为此，公司在科研方面进行持续性投资，以巩固研究开发最新产品的基础。

(2)新商品的开发必须注意到速度与时效问题，技术性商品的生命周期较短，因此在开发速度上不能落后。

(3)以顾客为导向，在质量管理上务求完美，将顾客的不满减少到零为止。

电子高科技产业竞争的激烈程度并不亚于一般传统产业，摩托罗拉长期培养出来的竞争优势在于：首先是在整个企业的运转过程中拥有学习曲线效果，有效降低制造成本，以成本为领导的形势竞逐市场。其次是高度重视研究发展投资，从新技术中率先创造出差异化的新产品，领先上市，进而抢占市场，摩托罗拉每年在研究开发上的投资几乎占其营业额的 9%，这么大的研发投资，在美国企业中也是较为少见的。最后是重视员工的教育训练，由人的改革做起。摩托罗拉公司全体员工每年至少要有一周时间接受教育训练，课题以介绍最新科技及质量管理为主，摩托罗拉每年在这方面的花费竟达 1.5 亿美元。摩托罗拉的管理者认为，唯有员工教育成功，才能真正掌握企业经营成功的金钥匙。

摩托罗拉公司的领导人相信，在未来 10 年的商战中，最重要的武器是应变能力、适应能力和创新能力。以发展上述能力为目标，摩托罗拉公司正在加紧开展一项新的雇员终身学习宣传运动。71 岁的公司前董事长、目前任公司董事会的执委会领导人罗伯特·W. 盖尔温构想了一项规划，这一规划要求公司大幅度加强对车间、办公室中所有雇员的培训。该规划的目标是造就一支既有纪律又有自由思想的劳动力队伍。这一规划的动机是将公司的各项工作条件反复灌输给雇员，不仅使他们成为运转良好的机器，而且使他们的知识和独立思考能力得到丰富和发展。唯有如此，公司才能迅速地跟上不断

---

① 张石森．哈佛商学院人力资源管理全书(三)．北京：中国财政经济出版社，2002：759～766。

变化的技术和市场的步伐。

对雇员的培训需要投入大量的财力物力。摩托罗拉公司已向所有雇员提供了每年至少40小时的培训，这在美国已属于较高的培训要求。

美国训练与发展协会(American Society for Training & Development，ASTD)首席经济学家安东尼·卡内维尔说，这种做法“将使他们走上一条超常规发展道路”。这一做法也许一年要花6亿美元，这个数额相当于一个大型芯片工厂的费用。摩托罗拉公司甚至在公立学校推广公司的培训方法，为公司准备和培养下一代雇员。

摩托罗拉如此热心培训，是与其高层领导的支持分不开的。1993年12月摩托罗拉原总裁M.C.费希尔转到柯达公司担任新总裁，在芯片制程业中以铁腕著称的加里·L.图克担任新总裁，他继任时明确表示，他将继续摩托罗拉公司的培训事业。他说："如果知识更新和淘汰的周期越来越短，我们就别无选择，只有在教育上投资。谁说这就不会成为一个竞争武器呢?"

公司敢于对培训做出上述的承诺和投入，是因为更新知识的培训已使公司获益匪浅。公司的产品质量取决于车间工人和操纵统计程序控制的技术人员。

公司生产程序中，如执行寻错率，需要算术和一些代数知识，但是，公司在1985年发现60%的雇员达不到美国7年级的数学水平，大约从那时开始，当时的董事长罗伯特·盖尔温下令将工资额的1.5%用于培训。

这一比例后来上升到了4%。公司还成立了培训中心——摩托罗拉大学，而且对雇用雇员的要求也更严格了。现在公司要求所有新雇员均需具有7年级数学水平，对从事技术工作的人员则要求更高。

和麦当劳大学一样，摩托罗拉大学反映了公司对培训工作的重视，该大学总部设在伊利诺伊州肖姆堡，从东京到檀香山共设有14所分校，预算超过1.2亿美元。学校课程由“辅导工程师”制定，内容包括批评式思维、解决难题的方法、管理、计算机、英语补习和如何使用机器人等。

摩托罗拉大学还大力倡导一种组织严密、高效率和主动进取的公司文化。移动通信设备界的明星——奈格斯太尔公司的经理们曾经领教过摩托罗拉公司的这些特点，当时他们与摩托罗拉公司进行一项谈判，由摩托罗拉公司向他们提供设备并购买奈格斯太尔公司的股份。奈格斯太尔公司的董事长摩根·E.奥布赖恩说："那真是艰苦奋斗的18个月。"摩托罗拉公司的谈判队伍一致对外，从合同谈判到新闻发布，他们在所有问题的细节上都严格恪守程序，奥布赖恩说："这是一种官僚主义和程序，特别有效率。"

建立一个和谐、统一的机制，对于一个海外收入占年度总收入二分之一以上并正在增加海外生产的公司来说是至关重要的。摩托罗拉大学校长威廉姆·A.威根豪恩说："我们是统一行动的队伍。"例如，摩托罗拉大学协助公司保证在全球范围，包括日本，为女性求职者提供平等的就业机会。摩托罗拉(日本)公司是少数几个由妇女工程师指挥男性雇员的公司之一。

当然，有些雇员抵制这种重返学校的培训计划，为此，培训官员曾以解雇相威胁，使某些雇员接受培训，但大多数的鼓励措施是正面的。例如，掌握一门新技术可以使雇员有资格得到晋升；为使培训课程具有趣味性，课堂上的许多问题来自摩托罗拉公司的实践；教师采用生动的有给有取的教学方式；落后生还可以得到教师的单独辅导。但是，如果雇员仍达不到应有的要求，他们就可能被降级。

实际上课堂教学仅是摩托罗拉公司培训的一部分，更重要的是“现场操作”或实习。例如，在伊利伊诺州阿灵顿海茨的工厂，新雇员在老雇员指导下的学徒期间可拿到正常工资，ASTD 的卡内维尔说，在每年 40 小时的正规培训以外，就额外的实习培训而言，摩托罗拉公司是在美国公司中率先实行这种培训方式的公司。

许多公司也做了不少培训工作(表 8-4)，但摩托罗拉公司出色地将教育与公司的业务结合起来。例如，公司要确定一个缩短产品开发周期的目标，那么它就设计出一项课程以解决这一问题。公司的培训不仅仅是为教育而教育，学生们要接受一些具体的工作训练，直到能够正确地掌握。

表 8-4　培训比例　　单位：%

企业名	培训费占工资总额比例
GE	4.6
美国 Robotics	4.2
摩托罗拉	4.0
W. H. Brady	3.0
德州仪器	3.0
联邦信号	1.5
美国工业平均值	1.0

最近美国电话电报公司退休的主管教育和培训的副总裁唐纳德·K. 康诺弗说：“就教育与公司经营战略之间关系的紧密程度而言，摩托罗拉公司做得比我所知道的任何其他公司都好。”

这里有一个好例子，几年前，前总裁费希尔决定摩托罗拉公司要在软件方面干得更好。摩托罗拉大学组织了 3 天的研讨会，会上 30 位副总裁订出了攻关计划。研讨会还指导这些副总裁如何组织项目队伍，并传授酝酿变化的技巧。

经过学习之后，这些领导人决定，软件工程师可以更多地在家里工作，在办公室时也不必穿得过于正式。软件工程师开始能参加宴会并得到各种其他奖励，而这些待遇以前只给予硬件人员。

此外，公司更加努力地为软件申请专利。得意的经理们不愿讨论这项工作的结果，仅透露说，公司每年申请的专利数量增加了 20%。

课堂教程可以跨越不同文化而传递同一信息。例如，在亚洲，美国课程教材中有关运动的比喻为家庭故事所替代。但在有些方面则要求一致性，例如，“empowerment”(授权)是摩托罗拉公司所用词汇中的一个关键词，但在许多语言中，如日文、中文、德文等，都没有准确的对应词。因此，在这些国家中摩托罗拉人就直接使用这个英文词。

摩托罗拉公司的培训并不局限于自身，它很早就知道如果外部供应的零部件质量很差，那么公司产品的质量标准就难以达到。然而，某些供应商却假装知道该如何运用质量保证方法，承诺他们根本无法达到的特殊要求。位于得克萨斯州奥斯汀的芯片厂，负责工艺流程的经理克里斯托弗·马格尼拉说，对此，“我们通常的做法是中止相互怨恨”，采用补救办法。马格尼拉为供应商组织一个班，培训有关统计工艺流程控制的知识。

对公司以外人员的培训还可以使公司获得其他的收益，在日本，公司正在设置一些课程向推销人员、工程师和客户讲解新的PowerPC微信息处理器。公司的教育培训也不是为了出口。原来在新加坡开设的一门质量方法论教程目前正在美国讲授。

对于那些仍然怀疑培训教育是一种竞争武器的人们来说，看一下在奥斯汀新建的MOS-11芯片工厂是很必要的。该工厂制造某种世界上最精密的芯片，其电路线仅有1/2微米，相当于人的一根头发的1/200。先进的芯片工厂一般需要3～4年才能开工，而摩托罗拉公司仅用了18个月就开工了。

上述成功的秘密在于“外遣工作队”——120人被派往世界各地实习，以成为即将安装在这座工厂的有关设备的专家。斯蒂文·亨德森技师就将他到摩托罗拉公司后的头13个月花在路上。

他说：“在办公室的许多人甚至不知道我是谁。”他的大部分时间花在摩托罗拉公司在菲尼克斯城的一家工厂和在加利福尼亚州圣何塞的一家晶片加工设备供应厂中。这家供应商是硅谷集团公司，摩托罗拉公司的工作人员帮助这家公司做了一个生产设备模型。

为了取得实际操作效果，他们使用成千上万个每个价值100～150美元的晶片，而且用完就扔掉了。这样做虽然成本昂贵，但使操作人员和技术人员了解这种设备，找出问题所在，并为奥斯汀工厂写出了培训报告。

因为有了上述的准备，MOS-11工厂在生产第三批产品时就创造了公司生产完好晶片的记录(它没有公布数字)。由于有了这种新的生产能力，摩托罗拉公司已成为超高速静态随机存储器迅速扩大的市场中的主要供应者，这种存储器主要用于微机和其他产品。

培训对于摩托罗拉公司加工部门中的工作队方式也是必要条件。在爱尔兰的斯沃兹，位于都柏林城外，有一个无线寻呼机和收发两用无线电设备生产厂，其工作队中80%的雇员接受过培训，取得在这种工作队中工作的资格要接受7天培训。最近，在一个星期二的上午，这家工厂的“浪费现象督察小组”在咖啡厅开会，商讨如何通过使用更小一些的海运包装盒使工厂每周节约250万美元。在伊利诺伊州阿灵顿海茨一家制造蜂窝移动通信产品的工厂中也有类似的活动。

在这里，工人有权安排生产进程，也有权否决具体个人的聘用。公司副总裁理查德·钱德勒已经能把车间的技术和管理人员抽调到研究、设计和顾客服务等部门。

因为尚无可靠标准来衡量培训的效益，摩托罗拉公司以如此之大的人力、物力投入培训是冒了很大风险的。20世纪80年代中期的一项尚有疑问的研究表明，每1美元培训费可以在3年内实现30美元的生产收益。摩托罗拉公司也宣称，“攻关小组”和其他类似的工作小组已为公司节约了40亿美元左右。

但是，这类数字并不能那么有说明力，到底是哪一种方式可以节约多少呢？奥斯汀工厂负责组织与人员效率的经理加里·兰吉利的评价较为中肯。他说：“我们把培训当做信仰，并且深信，培训正在改善我们的最终财务成果。”但在工厂365天连续开工的情况下，“我们没有时间停下来看一看培训计划是否在带来明显的好处。”

缺乏过硬的根据就去行动，这对一个事事经过计算，连供应午餐都要“斤斤计较”的公司来说是非同寻常的事情。一个明显的问题是，培训是否已经搞得过头了？另一个问题是，公司是否会因为向雇员传授每一工作的每个细节过程而抑制雇员的主动精神呢？奈格斯太尔公司行政主管布赖恩·麦考利说，他们与摩托罗拉的生意谈了 18 个月才结束，而与 MCI 通信公司的生意仅用 4 天半就谈妥了。

他说：“摩托罗拉公司就做不到这么快。”一些摩托罗拉公司的人也提出，教师们没有花费足够多的时间来解决正在产生的问题，如鼓励创造性思维的问题，或者多方面利用工作场地的问题等。

摩托罗拉是怎样管理全球如此之多的据点？其管理哲学又是什么？该公司副总裁格林·托克尔精辟地总结道：“我们的原则是善用各国的优秀人才，对优秀人才保持尊敬并予以权限，唯有尊敬与授权，才会让人有担起责任的使命感，然后才谈得上创造出好的成绩。”摩托罗拉多年来就是秉承了这一项原则才得以使其事业不断发展与壮大。

摩托罗拉公司还开办了世界一流的职工技术培训中心，规定每一个职工的技术培训一年不少于 40 个小时，一些有培养前途的骨干还被送到国外深造。而每个员工，则要把自己当做大家庭的一员，彼此间以诚相待，相互信任，这种气氛渗透到了工作的各个环节中。

摩托罗拉公司设立了“畅所欲言箱”和“建议箱”，员工可随时抽取表格，署名填写有关建议和意见，公司主管领导必须及时给予答复。有一次，一名职工因食堂菜咸提了意见，很快得到反馈并做了改善。各种合理化建议，都有答复，即使目前执行不了，也要有说明，以保护大家的积极性。

同时，每个员工都要积极参加公司组织的 TCS 小组活动，TCS 就是“让顾客完全满意”的英文缩写。这个“顾客”的内涵是广义的，除了产品的用户之外，还包括公司内部的下一道工序，目标是以完善的工作质量赢得下一道工序的满意。职工们利用业余时间，针对工作中的某一难题，通过集思广益来解决问题、选定方案、采取行动、评价结果，寻找出解决问题的最佳办法。

美国《幸福》杂志在评价摩托罗拉时指出，摩托罗拉是质量管理的坚持者、技术革新的先驱者、新产品的实践者。

当有人试探地询问摩托罗拉是否还有缺点时，该公司的高级管理人员笑着回答：“我们的缺点就是永远不满足现状。”总之，正是摩托罗拉公司这种永不满足现状、追求令顾客完全满意的新思维，使得摩托罗拉最终成为美国荣耀的企业之一。这对于那些希望登上全球卓越宝座的企业管理人员来讲，应该具有一定的启发意义。

在培训之外，摩托罗拉尚有许多成功的秘诀，如市场战略。摩托罗拉将市场占有率的提高视为该公司发展的基本方针。他们认为：市场占有率是一家公司能否继续发展的关键，因此由此可以判断出在竞争激烈的市场中，顾客需要的满足度是不是得到提高，企业内部的生产效率是不是在上升。

摩托罗拉在营销策略中也不断保持攻势。摩托罗拉的原则是对任何可能有潜力的市场均不放弃，而且提早积极筹划。

早在1998年的营销计划中，摩托罗拉就确定未来有可能急速成长的几个市场——印度和巴西，之后又展开对东欧及中欧市场的进军计划。早在1986年摩托罗拉就已向中国销售移动电话，大规模挺进中国市场。

1986年，在摩托罗拉董事长罗伯特·高尔文中国之行后，公司进行了4年的中国市场调查，建立起摩托罗拉中国发展战略。1992年6月，摩托罗拉中国生产厂正式破土。尽管投产一年来生产基地创造的生产力高出了摩托罗拉其他工厂，但公司承认，近年来中国的经济发展使摩托罗拉原有的中国计划显得保守。这个世界上最大的移动和手持蜂窝电话生产厂商，1993年接到了其通信部有史以来最大的一笔来自中国的1亿美元的国际订单，巨大的市场引力使摩托罗拉在中国的员工计划扩展了10倍。摩托罗拉在中国投资2.8亿美元，1997年投资达6亿美元，2000年摩托罗拉在中国投资达到10亿美元。

摩托罗拉不仅重视研发投资，而且在新产品研发速度上也超越世界同业许多，英特尔公司实际花费2～3年的研究项目，摩托罗拉经常只要1年半就可完成。

这种成效主要得益于该公司自行创造的组织结构，该结构基本上是采用"矩阵式组织"，它包括5个"地区类"的业务组织，分别为欧洲、中东地区、日本地区、亚太地区以及美洲地区。另外，还有4个"产品类"事业群组织，分别为半导体、通信器材、一般系统及政府系统技术等。由"地区类"与"产品类"交叉构成了矩阵式组织结构。

这套模式也被用于研发课题的推动之中，并且发挥了极为良好的效果。例如，半导体事业群所属的4个事业部高级主管，再加上一个负责研究发展的高级主管，共同联合组成一个横跨地区业务、产品及研发的"9人特别小组"，定期开会及追踪各类产品的生产、销售及研发情况，该小组直属一位副总裁指挥。

➢本章小结

在生产三要素中，劳动力即人力资源是最活跃、最有决定意义的要素。为了充分发挥劳动者在生产中的积极作用，提高劳动生产率，为社会创造出更多的财富，有必要对人力资源的利用情况进行经济活动分析。

人力资源利用情况分析主要包括劳动力数量、劳动生产率水平、劳动时间利用和生产定额完成情况分析。

人力资源会计分析除了上述人力资源利用情况分析以外，着重对人力资源投资、人力资源成本和人力资源效益进行会计分析。

企业可结合本单位的人力规划，分析企业现有的人员状况和人员结构，并通过调配和增补人员达到合理、充分利用人员的目的。企业还可以通过分析员工的流动比率、辞退原因，间接对企业的士气高低进行分析。

人力资源会计分析的指标体系包括：①人力资源存量与流量指标，例如，职工受教育程度；具有各种专业技术资格的职工人数、比例及其变化情况；对聘用职工的学历和经验要求；职工的平均工资水平；等等。②人力资源的投入与产出指标，例如，企业对人力资源的培训计划及其实施情况；企业在人力资源培训、开发等方面的投资及其变化情况；专门从事研究与开发的工程师人数及研究与开发经费；每年新产品、新技术的数量及其变化情况；市场占有率及其变化情况；职工提出合理化建议的数量及采用数量；等等。③企业的创新指标。

人力资源会计分析一般可采用动态分析法、因素分析法和相关分析法。

通过培训投入产出分析，可以发现，培训是人力资本投资的具体行动，不是传统意义上的成本费用，而是能够创造价值的投资。人力资本投资创造的价值应该而且可以科学计量。

第9章 人力资源会计报告和审计

学习目标

通过本章的学习，认识人力资源会计信息披露的作用，了解企业向内外有关人士披露的人力资源会计信息的内涵和提供信息的方式；掌握通过对目前的企业财务报告进行必要改进等方式来反映人力资源会计所提供的有关人力资源变化的信息的方法。

9.1 人力资源会计信息概述

现行企业财务报告往往局限于财务报表，且仅仅反映货币指标，而没有考虑用户广泛的信息需求，因而不能满足用户全面了解企业的机会和风险以及企业现状和发展前景的需要。1994年，美国注册会计师协会财务报告专门委员会通过广泛的调查研究，发表了题为《改进企业报告——顾客导向》的研究报告，该报告认为信息使用者需要且能够提供的信息主要包括以下五大类：①财务和非财务信息；②企业管理人员对财务和非财务信息数据的分析；③前瞻性信息；④关于管理人员和股东的信息；⑤企业背景信息[①]。这些信息可以由三部分组成：一是可靠的历史性信息；二是估计和预测性信息；三是叙述性信息。第一部分包括现行的财务报告、人力资源的存量与流量、投入与产出及企业创新等信息指标。这些信息都是可验证的，尽管历史性财务信息的有效性已引来越来越多的怀疑，我们认为它仍然是企业的重要信息，因为它不仅反映过去，而且还有预测未来并验证以前预测是否正确的功能。第二部分包括传统会计不能确认和计量的企业软性资产的估计价值和一些前瞻性信息。第三部分主要包括一些不能用金额表示的定性信息和有关企业背景介绍。

人力资源会计信息披露的主要作用在于满足企业内外有关各方人士对人力资源会计信息的需求，从而有利于企业管理者做出正确的人力资源管理决策，促进企业人力资源的优化配置，促进企业管理者对企业人力资本形成和积累问题的重视，有利于企业外界有关各方人士了解企业人力资源状况，对企业未来的发展潜力做出正确的分析评价，有

① 陈毓圭．围绕信息需求改进企业报告．会计研究，1996，(5)。

利于国家加强对人力资源开发利用工作的宏观调控，提高人力资源投资效益。

企业需要披露的人力资源会计信息主要有：与人力资源成本有关的信息，包括人力资源的取得成本、开发成本、使用成本等方面的信息；与人力资源价值有关的信息，包括人力资源价值的计量方法和计量结果方面的信息；与人力资源权益有关的信息，包括企业人力资产、人力资本和人力资源参与企业收益分配等方面的信息。在这里，没有提到企业人力资源投资方面信息的披露问题，是因为在人力资源成本会计理论的形成过程中，已经将企业的人力资源投资业务纳入人力资源开发成本的范畴进行核算。在企业人力资源会计研究中，人力资源开发成本和人力资源投资基本上已经成为同义语。

人力资源会计信息的披露，可以通过编制独立的人力资源会计信息报告的方式(包括会计报表和情况说明等)来进行，也可以通过对目前的企业财务报告进行必要改进的方式来披露有关的人力资源会计信息，并采用附表或表注的方式进行表外披露，对不能在财务报告里反映的有关人力资源会计信息还可使用情况说明书的方式来披露。

但是，由于目前人力资源会计还未形成完整的理论体系，人力资源会计的理论研究工作正处在进一步深入开展的阶段，人力资源会计核算工作在会计实务中还没有得到很多的应用。因此如果采用编制独立的人力资源会计信息报告的方式来披露企业的有关人力资源会计信息，那么在没有对人力资源会计信息报告的形式做出统一规定之前，企业可以根据自身的情况并参照其他企业所采用的方式制定所采用的人力资源会计信息报告的格式。企业人力资源会计信息报告的设计，应该便于提供企业的人力资源会计信息并有利于人力资源会计信息使用者理解和运用有关信息。但在确定好所采用的格式后，在年度内不得变更。在变更时，应说明变更的原因及所作变更对所提供的人力资源会计信息的影响。

如果企业采用对现有的财务报告进行必要改进的方式来提供有关的人力资源会计信息，那么需要做的工作是确定在有关的会计报表中增加哪些项目，每个项目反映些什么内容，哪些人力资源会计信息不能在会计报表中反映，这些不能通过会计报表反映的信息应采用什么方式提供给信息使用者。

9.2　人力资源价值信息的披露

根据人力资源价值和人力资本的含义，可以知道这两者之间存在着一定的联系。如果在企业会计报表中既有人力资本项目，又有人力资源价值项目，显然是不妥当的。而且，进行人力资源价值的货币性计量时，计量的基础和采用的方法不同，得出的计量结果也存在很大差异。因此，在提供用货币量表示的企业的人力资源价值信息时，应该详细说明计量的基础、采用的方法、为什么做出这样的选择、企业人力资源价值的变动情况及其原因等。而这些问题的说明，是难以通过表注的方式来加以解决的。还有，人力资源价值不是都能通过货币计量的方式来予以反映的，对人力资源价值的非货币性计量方法所提供的人力资源价值信息，也无法在会计报表中予以反映，而缺少了这方面的资料，企业所提供的人力资源价值信息的完整性、准确性就会受到影响。基于上述原因，人力资源价值的信息不宜采用在会计报表中增加相应项目的方式来反映，而应采用编制《企业人力资源价值情况说明书》的方式来披露。

在《企业人力资源价值情况说明书》中，应提供下列信息：在编报日企业人员数量、结构和人力资源价值的情况；企业对人力资源价值进行货币性计量的基础、采用的方法、对企业不同人员如何进行计量等；如何对企业人力资源价值进行非货币性计量及计量结果；本期企业人力资源价值与上期相比的变化情况和变化原因；企业人力资源价值计量活动的参与机构。因为对企业高层管理人员的人力资源价值的计量工作，不适宜由企业内部的有关部门和有关人员进行，应委托企业外部的人才评估机构开展，同时企业的人力资源价值的计量活动也应通过外部有关机构“审计”并签署“审计意见”（这里套用“审计”这一用语），以保证人力资源价值信息的可信度。

人力资源价值的计量基础和计量方法确定后，在年度内不得随意变动。在变动时，应说明变动的原因及其对所反映的人力资源价值产生的影响。

《企业人力资源价值情况说明书》可以根据企业员工流动速率及流动比率确定编报期，一般可按季度编制。

9.3 人力资源成本和人力资源权益信息的披露

人力资源成本和人力资源权益信息，可以采用对目前的财务报告进行适当改进的方式来予以披露。

9.3.1 对资产负债表的改进

在资产负债表的“资产”栏目中增设以下项目。

在“其他流动资产”项目前，增设“待摊人力资源费用”项目。“待摊人力资源费用”项目，反映企业作为收益性支出的应由以后各期分期摊销的人力资源取得成本和开发成本。该项目应根据“待摊人力资源费用”总账的期末余额填列。

在“流动资产合计”项目和“长期投资”项目间增设“人力资源成本”、“人力资源成本摊销”、“人力资源成本净额”、“人力资产”等项目。

“人力资源成本”项目，反映与企业目前员工有关的作为资本性支出的人力资源取得成本和开发成本的累计数额。该项目应根据“人力资源取得成本”、“人力资源开发成本”总账的期末余额加总填列。

“人力资源成本摊销”项目，反映与企业目前员工有关的作为资本性支出的人力资源取得成本和开发成本的累计摊销数额。它是“人力资源成本”项目的抵减项目，该项目应根据“人力资源成本摊销”总账的期末余额填列。

“人力资源成本净额”项目，反映与企业目前员工有关的作为资本性支出的人力资源取得成本和开发成本尚未摊销完的数额。

“人力资产”项目，反映企业目前的人力资产的数额。该项目应根据“人力资产”总账的期末余额填列。

资产负债表的“负债及所有者权益”栏目应改为“负债及权益”栏目，并在该栏目中作以下改进。

“未付利润”项目改为“未付所有者利润”和“未付人力资源利润”，分别反映企业期末应付给物质资本所有者和人力资源所有者的利润，多付数以“－”号填列。本项目应根据“应付利润”账户的有关明细账户的期末余额填列。

在“长期应付款”项目下增设“应付人力资源补偿价值”项目，反映企业应在以后各期向员工支付的固定补偿价值的数额。该项目应根据“应付人力资源补偿价值”总账的期末余额填列。

在“负债合计”项目下增设“人力资源权益”、“人力资本”、“人力资源资本公积”、“人力资源盈余公积”、“人力资源未分配利润”、“人力资源权益合计”等项目。

“人力资本”项目，反映企业目前的员工据以参与企业收益分配的人力资本的数额。该项目应根据“人力资本”总账的期末余额填列。

“人力资源资本公积”项目，反映属于企业员工的资本公积金的期末余额。该项目应根据“资本公积”账户中“人力资源资本公积”明细账的期末余额填列。

“人力资源盈余公积”项目，反映属于企业员工的盈余公积金的期末余额。该项目应根据“盈余公积”账户中“人力资源盈余公积”明细账的期末余额填列。

“人力资源未分配利润”项目，反映属于企业员工的尚未分配的利润。该项目应根据“本年利润”账户和“利润分配”账户的余额并结合所确定的企业员工参与企业利润分配的比率计算填列。应由企业员工承担的未弥补的亏损，在该项目中以“－”号反映。

“所有者权益”项目原来下设的“资本公积”、“盈余公积”、“未分配利润”也分别改为“所有者资本公积”、“所有者盈余公积”、“所有者未分配利润”，分别反映属于物力资本所有者的资本公积、盈余公积、未分配利润。这些项目应分别根据有关明细账户的余额直接填列或分析计算填列。

改进后的资产负债表格式如表 9-1 所示。

表 9-1　资产负债表

编制单位：　　　　　　　　　　　______年______月______日　　　　　　　　　单位：元

资　产	年初数	期末数	负债及权益	年初数	期末数
流动资产：			流动负债：		
……			……		
待摊人力资源费用			未付所有者利润		
其他流动资产			未付人力资源利润		
流动资产合计			……		
人力资源成本			长期负债：		
减：人力资源成本摊销			……		
人力资源成本净额			应付人力资源补偿价值		
人力资产			其他长期负债		
长期投资			负债合计		
……			人力资源权益：		
			人力资本		
			人力资源资本公积		
			人力资源盈余公积		

续表

资　产	年初数	期末数	负债及权益	年初数	期末数
			人力资源未分配利润		
			人力资源权益合计		
			所有者权益：		
			实收资本		
			所有者资本公积		
			所有者盈余公积		
			所有者未分配利润		
			所有者权益合计		
资产总计			负债及权益总计		

9.3.2 对损益表的改进

企业可以根据情况决定是否需要对损益表进行改进。因为有关人力资源成本、人力资源权益的信息，信息使用者可以从资产负债表中得到，所以企业可以不对损益表进行改进。

如果企业认为有必要提供企业员工在实现企业收入中的作用的信息，那么也可以对损益表进行必要的改进。由于提供了员工在企业收入实现中的作用的信息，再结合资产负债表中的人力资源成本的信息，就可以确定企业人力资源的使用效率，也可以对人力资源权益参与企业收益分配的比率的合理性做出判定。企业的人力和物力在收入实现中的作用，可以根据产出对人力、物力的弹性来确定。在人力资源投资效益计算部分已对此有所论述，在这里不再赘述。

改进后的损益表的简表如表 9-2 所示。

表 9-2　损益表

编制单位：　　　　＿＿＿＿年＿＿＿＿月＿＿＿＿日　　　　单位：元

一、物力资源收入
物力资源成本
物力资源利润
二、人力资源收入
人力资源成本
人力资源利润
三、利润总额

9.4 人力资源会计报告的作用

9.4.1 对内报告还是对外报告

一般认为，财务会计与管理会计的区别之一在于，其信息是以对外公开为目的，还是仅供内部决策参考。因而要讨论上述问题，关键要了解人力资源会计的性质。

从西方国家试行人力资源会计的会计实务中我们可以看出，人力资源会计信息一般只是作为企业内部使用，并不对外公布。其原因大抵有三：①公认会计原则(generally accepted accounting principles，GAAP)至今未要求企业在对外公布的财务报表中披露人力资源信息，企业提供与否完全出于自愿；②人力资源会计尚未形成一套完善的理论体系和计量方法，所以有关人力资源会计信息的质量尚存疑问；③人力资源会计计量过于深奥复杂，可能有违“效益>成本”这个约束条件。典型的例子是最早实行人力资源会计的巴瑞(Barry)公司在初期试用时将人力资源会计信息纳入对外报告，后又因顾忌对外报表公开性的问题而改为在对内报告中反映。鉴于此，目前流行的看法是将人力资源会计作为管理会计的一个分支。

但从实际效果来看，目前人力资源会计信息只对内报告，并不表示外部利益集团不需要这方面的信息，恰恰相反，列入对外财务报表中的人力资源会计信息可使企业外部投资者更好地了解企业人力资源的投资、开发和管理现状，从中了解企业管理者对人力资源投资是否重视以及企业人力资源的优劣多寡，这在一定程度上决定了企业以后各期的获利能力及经营发展前景，因为良好的人力资源状况可使企业劳动生产率提高并获得更大的利益。可以预见，随着人们对人力资源因素重要性的认识的日益加深和人力资源会计计量方法的日益改进、完善，人力资源会计信息最终必将进入企业对外的财务报表之中。从这一角度看，人力资源会计仍可看做传统会计的一个新分支。

9.4.2　人力资产在财务报表中的列示

对于这个问题，目前有两种流行观点：其一认为应将人力资产列于递延资产之后；其二认为应将人力资产列于长期投资和固定资产之间。本书比较倾向于第二种观点，因为人力资产的列示应使管理者注意到人力资源的价值问题，为提高人力资源而设计并执行最佳的管理决策；人力资产由对人力资源进行投资而形成，且持续期限往往大于一年但一般会短于某些固定资产的经济寿命，考虑到其流动性，应列示于长期投资和固定资产之间。

9.4.3　将人力资源会计信息列为对外报告是否会导致决策差异

关于这个问题，Elias 和另外的会计学者在实施研究和实地考察后得出了人力资源会计信息确实对一般信息使用者的决策“略有影响”，对会计师、财务分析人员“影响较大”的结论。

下面例举人力资产在会计报表中如何披露(表 9-3)。

表 9-3　会计报表比较

2008 年 12 月 31 日　　　　单位：美元

项目	传统及人力资源会计	传统会计
流动资产	18 311 713	18 311 713
长期投资	213 500	213 500
人力资产	2 617 484	不列报

续表

项目	传统及人力资源会计	传统会计
减：人力资产摊销与损失	653 241	不列报
人力资产净值	1 946 243	不列报
固定资产净值	4 786 056	4 786 056
递延资产	173 278	173 278
资产总额	25 448 790	25 448 547
流动负债	3 909 083	3 909 083
与人力资产有关的负债	982 122	不列报
长期负债	6 970 000	6 970 000
递延负债	143 150	143 150
负债总额	12 004 355	11 022 233
股本	1 902 347	1 902 347
资本公积	5 676 549	5 676 549
留存收益	5 865 539	4 883 418
其中与人力资产有关者	982 121	不列报
所有者权益总额	13 444 435	12 462 314

9.5 人力资源审计

9.5.1 人力资源审计的范围和重点

从会计角度出发，人力资源审计应与人力资源会计的三个科目相匹配，即审查人力资产的存在或发生，人力资源成本的存在或发生、估价、分摊，人力资源收入的存在或发生。但是考虑到人力资源收入的计量带有较大主观性，实行人力资源会计的企业基本上都不确认人力资源收入；人力资产的存在或发生也可从人力资源成本中取得、开发、使用以及离职情况反映出来，故人力资源审计可归结为对人力资源成本的审计。考虑人力资源成本的构成，四个组成部分中人力资源使用成本应该是人力资源审计的重点。这是因为：首先，薪金、工资税是公司的一项重要费用，在服务性企业中，人工费用更是经营费用的重要组成部分；其次，人工费用是制造型企业存货计价的一个重要的、必须考虑的因素，人工费用分类或分配不当将造成净收益的严重错报；最后，由于低效和舞弊，工薪可能会成为企业资源大量浪费的重要因素。因此，我们着重对人力资源成本中的使用成本(即人工成本)加以审计。

谈到人力资源使用成本，首先应介绍相关的常用凭证和记录。

(1)人事授权表：人事部门为工资事宜而签发的书面通知，记录新员工雇用以及员工每次职位变动情况。

(2)计时卡：逐日记录工作小时的表格，与上、下班计时钟结合用。

(3)记工单：用以记录每位员工完成某项特定工作的小时数。小时数常由机器压印。

(4)工资登记簿：说明一段时间内每位职工的姓名、工资总额、扣款和实发工资的报告，是支付工资的依据。

(5)工资汇总表：说明一定期间内所有职工的工资总额、工资扣款、实发工资总额的报告，是登记工资日记账的依据。

(6)工资支票：银行发出的汇款支票，附有说明工资总额、扣款、实发工资的备忘录。

(7)人工成本分配汇总表：列示每一工资支付期间工资支付总额的会计分类报告。

(8)工资所得税申报单：税务机关设计的用以填写员工应交个人所得税的表格。

(9)员工人事档案：记录每位员工有关任用资料和签发的所有人事授权通知及惩罚情况的记录。

此外，还可设立职工收入记录，详细记录每位员工的工资总额、工资扣款和实际工资。相应的会计账簿包括原始账簿、总分类账(工资所得税等)、明细分类账(如间接费用记录等)。

9.5.2　人力资源审计的程序

人力资源使用成本的审计可分为如下两个基本程序。

1. 了解并评价客户的内部控制结构

(1)是否实行了必要的职责分工。

(2)是否有健全的工勤记录资料。

(3)观察工勤记录和薪金发放的实际情况。

(4)测试工薪的计算基础。

(5)是否有健全的人事档案。

2. 设计证实测试

(1)审查工薪账户变动情况，看是否存在异常项目。

(2)验算、分析工薪归集与分配的正确性。

(3)核对注销工资单与工资日记账中的姓名、金额和日期是否相符。

(4)核对注销工资单和人事记录，检查是否存在虚构人员。

9.5.3　人力资源审计的方法

关于人力资源使用成本的舞弊有多种，如虚构人员名字多领工薪、不注销离职员工继续领发工薪、错误划分成本费用界限、虚报人工成本等。其类型可归结为以下两种：虚增人力资源使用成本和人力资源使用成本分配不当。由此，我们可以得知人力资源审计实务的重点应放在人力资源使用成本的组成是否真实和人力资源使用成本核算的分配是否恰当上。

如前所述，人力资源审计应分两个程序进行，以下仅重点介绍其中几个步骤。

1. 了解并评价客户的内部控制结构

(1)检查职责分工情况。一般来说，登记保管工勤记录，计算薪金、发放薪金，保管人事档案等工作应由不同人员担任。工薪部门的工作仅限于编制工资单、支付工资所得税、计算应付和代扣款，对人力资源使用成本进行归集和分配。人事部门应将人力资源和工资的变动情况及时通知考勤和工薪部门，工薪的发放则由出纳人员完成。这类合理的职责分工可大大降低错弊发生的可能性。

(2)观察记录工勤和发放工薪的实际情况。许多公司专门设置部门或人员负责编制出勤资料，并用打卡钟来记录员工的工作时间。为防止一人替多人打卡、机器出故障等问题发生，公司应有专人负责监督员工打卡的过程(对制造型工厂、计时卡还应与计工单定时核对)，工薪部门据此编制工资单。在观察工薪发放时，最好采取突然抽查的方式，以免串通舞弊人员事先觉察。在此环节也应注意发放人员对未领取的工资的处理情况。

2. 设计证实测试

(1)审查工薪账户变动情况，看是否存在异常项目。可借助于本年实际数、上年实际数、本年预计数、本年变动数等数据来计算多项比率，进行分析性测试，检查有无重大波动或异常情况，以便确定核查疑点。一般来说，除非产量、价格、员工数目等因素出现大幅度变化，本年度工薪费用较之上年度应仅限于工薪率的调整。审计人员应列示年度内各期薪金总额及构成，进行分析性测试，进一步追查工薪的异常波动。

(2)验算、分析工薪归集与分配的正确性。在年终检查时，审计人员要验算全年薪金总额是否与年内各期工薪之和相等，尤其应注意各期工薪成本的分配是否合理，归类是否正确。例如，管理人员、销售人员、辅助生产车间员工的工薪有无直接进入成本；基本生产车间的员工工薪有无进入费用；这些成本的归集与分配是否符合客户的既定成本核算制度；各期处理是否遵守一致性；等等。对发现的错误或不当之处，应进一步查明原因。

(3)核对注销工资单和人事记录，检查是否存在虚构人员。进行这种舞弊的通常是发放工资的人员、同谋员工或企业的前职工。检查的方法是：将注销支票上的姓名与工时卡和其他记录进行核对，以查明签名和支票背书是否合理。对虚构雇员可从工资日记账中选取几项业务追查到人事部门。对于已离职员工可从本年离职员工记录中选取一些档案，查明其是否按企业政策收安置费，这样做同时可检查发放安置费的环节有无舞弊。为测试已离职员工是否还在领取工薪，可检查下期的工资记录，确保没有错误发生。

3. 对人力资源取得、开发和离职成本的审计

这三项成本由于所占比重小，且发生频率相对较低，故审计工作量也可相应减少。这三项成本的印证与人事部门的资料关系紧密，也就要求企业有健全的人事档案，而且员工的身体健康状况、工作能力、生产条件等也应予以披露，这样不但企业的会计部门可以记录、计量、报告人力资料的成本和价值，也可帮助会计部门对人力资源的现实价值加以调整，使其更具有可信度。审计人员也可从中获取人力资源的辅助证实资料。关于这三项成本的审计方法可参照如上步骤，不过其重点应放在测试客户的内部控制结构上(取得、离职成本更是与人事档案关系紧密)。一般来说，客户方面的资料也是比较严密的。开发成本中应给予相对多的注意，因为这中间涉及直接的现金流动，舞弊也存在

着可能性。

9.5.4 人力资源审计报告书

由于现今人力资源会计尚处在探索阶段，理论欠完善，在实践上也极少得到运用，以至于人力资源会计报表更是鲜见其踪影。所以，人力资源审计在当今会计界仍是一片空白，在此仅抒己见，以起抛砖引玉作用。

参照美国注册会计师协会审计准则委员会的标准审计报告模式，示范性表示人力资源审计报告书标准形式如下。

人力资源审计报告

致××公司全体股东和董事会：

我们已审计××公司 2007 年 12 月 31 日的人力资源报表、相关的资产负债表和该年度相应的损益表。这些报告的责任属于公司的管理当局，我们的责任是根据我们的审计对这些报表表达意见。

我们按照一般公认审计准则进行审计，那些准则要求我们计划和执行审计，以便为人力资源报表和相应的资产负债表、损益表有无重大错报取得合理的保证。审计还包括评价管理当局所采用的会计原则和所做出的重大估计，以及评价报表整体的表达。我们相信，我们的审计为我们的意见提供了合理的基础。

我们的意见认为，上述报表，在所有重要的方面，均公允地表达了××公司 2007 年 12 月 31 日的人力资产状况，以及该年度人力资源损益的经营成果，符合一般公认会计原则。

签名：×××

日期：2008 年 3 月 5 日

该标准报告采用三段式结构，即导言段、范围段和意见段。以下对每一段加以说明。

第一段为导言段，介绍被审计的报表名称、单位名称、编制报表的时间、管理当局和审计人员的责任。本段意在明确划分审计人员的责任，即管理当局应为报表负责，审计人员仅根据其审计工作对报表是否公允表达意见。

第二段为范围段，说明审计工作的性质和范围，同时也指出了审计实务中一些必然的限制。审计人员是按照专业、一般公认审计准则进行审计的。审计工作的固有缺陷为：审计人员不能为结论作绝对的保证，而仅能作合理的保证，审计工作的目的在于发现报表中的重大错报，而不是全部错报；由于审计是抽样检查，故隐含“未被审查的证据有可能严重影响报表整体的表达和披露的公允性”的条件。该段旨在说明：审计员只能为审计意见提供合理的保证，而不能作绝对的保证。

第三段为意见段，即根据审计工作对报表表达意见。同时，再一次强调审计人员按重要性原则对报表整体表达无保留意见，“公允地表达”是指报表整体符合一般公认会计准则。表达合理、没有偏见，而非指报表有百分之百的正确率，因为报表也含有估计的成分。

以上介绍的是人力资源审计报告书的标准形式。审计人员还可按审计的不同结果签发非标准形式的人力资源审计报告书，如带有说明的无保留意见报告书、保留意见书、放弃意见书等形式，其格式可参照人力资源审计报告的标准形式和财务部门报表审计报告书的非标准形式，只需添加说明段并表达不同意见即可，在此不作赘述。

案例分享

美国当官的年薪多少?①

在美国的各级政府高级官员中，谁的年薪最高？答案很简单，是美国总统，因为他是美国的No.1，自然没有哪个官员的薪水敢会超过他。目前美国总统的年薪是40万美元，另加每年5万美元的零花钱可以报销。退休后，总统每年的退休金是19.34万美元，副总统的年薪是22.73万美元。

美国高官中年薪第三高的是国会众议院议长，现任众议院议长佩洛西的年薪是22.35万美元。在国会，参众两院的两党领袖的年薪要高于议员。参议院多数党领袖和少数党领袖、众议院多数党领袖及少数党领袖的年薪均为19.34万美元。参众两院的议员，不论是众议员还是参议员，他们的年薪都一样，即17.4万美元。

美国最高法院首席大法官的年薪在司法机构是最高的，年薪为21.74万美元。最高法院余下8名大法官的年薪都是20.81万美元。联邦巡回法院法官的年薪为17.95万美元，联邦地区法院法官的年薪为16.93万美元。州最高法院首席大法官的年薪为15.249 5万美元，大法官的年薪为14.449 5万美元，上诉法院法官的年薪为13.631 6万美元，巡回法院法官的年薪为12.86万美元。

政府阁员，也就是各部的部长，年薪为19.34万美元。在白宫的职员中，年薪17.2万美元的有：白宫幕僚长伊曼纽尔、新闻发言人吉布斯、高级顾问阿克塞尔罗德、白宫法律顾问克雷格、通信主任邓恩、撰稿人主任法瑞奥、高级顾问贾勒特、国家安全顾问琼斯和国家经济委员会主席萨默尔斯。白宫收入最低的职员年薪为3万美元。

美国50个州的州长的年薪有很大差异，州长的平均年薪是12.439 8万美元，其中有3个州长将薪水捐回给州政府，这包括利福尼亚加州州长施瓦辛格、田纳西州州长布莱德森、新泽西州州长考兹尼。

在各州长年薪中，加利福尼亚州州长的年薪最高，为21.217 9万美元；缅因州州长的薪水最低，年薪为7万美元，而且20年内州长的薪水标准都未变。缅因州州长的年薪在该州政府收入最高的雇员中名列第427位，连他的助理年薪都高过他一头，年薪在10万美元。缅因州州长巴蒂西一直反对为自己加薪，却支持为教师增加工资。巴蒂西过去曾任国会议员，那时他的年薪是16.52万美元，而担任州长后他的年薪连担任国会议员时薪水的一半都不到。巴蒂西的新闻发言人针对州长的薪水状况谈到，州长巴蒂西认为，人们成为州长不是为了使自己富裕起来，而是要为公众服务。

美国年薪超过17.5万美元的州长有5个，除加利福尼亚州以外，纽约州州长的年薪为17.9万美元，密歇根州州长的年薪为17.7万美元，新泽西州州长的年薪为17.5

---

① http://blog.sciencenet.cn/home.php? mod=space&uid=51597&do=blog&id=268796，2009-11-06.

万美元，弗吉尼亚州州长的年薪为 17.5 万美元。

美国 18 个州的州长年薪在 12.5 万～16.5 万美元，16 个州的州长年薪在 10 万～12.499 9 万美元，11 个州的州长年薪在 7 万～9.999 9 万美元。

美国各州的权力很大，因此州政府的高官收入也相当可观。加利福尼亚州副州长年薪为 15.913 4 万美元，州务卿的年薪为 15.913 4 万美元，州财务长的年薪为 16.973 4 万美元，州检察长的年薪为 18.430 1 万美元，州税务局委员的年薪为 15.913 4 万美元，保险委员会委员的年薪为 16.974 3 万美元。加利福尼亚州众议院议长的年薪为 13.363 9 万美元，州参议员和众议员的年薪为 11.620 8 万美元。

但在有些州，州政府的高官收入并不算太高。例如，威斯康星州州长的年薪为 13.709 2 万美元，副州长的年薪为 7.239 4 万美元，州务卿的年薪为 6.507 9 万美元，州财务长的年薪为 6.507 9 万美元，州检察长的年薪为 13.303 3 万美元。

美国行政管理州之下是县，县没有县长，一般是民选的县政委员。各县县政委员的收入有很大差距，例如，洛杉矶县有 5 名县政委员，他们的年薪是 13.731 8 万美元，圣地亚哥县县政委员的年薪是 7.538 6 万美元。

美国大都会城市市长的年薪有很大区别，下面我们看一下美国 10 个大都会城市市长的年薪。纽约市市长年薪为 19.5 万美元(现任纽约市市长是个大富翁，因此他每年只从政府领取 1 美元的象征性年薪)，洛杉矶市市长年薪为 20.566 1 万美元，芝加哥市市长年薪为 21.621 万美元，休斯敦市市长年薪为 17.676 2 万美元，凤凰城市市长年薪为 8.799 6 万美元，费城市市长年薪为 18.6 万美元，圣安东尼奥市市长年薪为 3 000 美元(这基本上就是当义工)，圣地亚哥市市长的年薪为 10.046 4 万美元，达拉斯市市长的年薪为 6 万美元，圣荷西市市长的年薪为 11.5 万美元。

看了美国高官的薪水收入，有两点体会：第一，在美国做官也是个不赖的职业，收入不低。但当官除了待遇好以外，还别忘了要全心全意为人民服务。第二，高薪未必养廉，但如果一个官员想顺顺当当做官，最好是别有那么多贪念和欲望。官做得好，老百姓能满意，就是付给他们高薪，也不会有几个人反对。

➤本章小结

企业需要披露的人力资源会计信息主要有：与人力资源成本有关的信息，包括人力资源的取得成本、开发成本、使用成本等方面的信息；与人力资源价值有关的信息，包括人力资源价值的计量方法和计量结果方面的信息；与人力资源权益有关的信息，包括企业人力资产、人力资本和人力资源参与企业收益分配等方面的信息。

人力资源会计信息的披露，可以通过编制独立的人力资源会计信息报告的方式(包括会计报表和情况说明等)来进行，也可以通过对目前的企业财务报告进行必要改进的方式来披露有关的人力资源会计信息，并采用附表或表注的方式进行表外披露，对不能在财务报告里反映的有关人力资源会计信息还可使用情况说明的方式来披露。

对企业的人力资源价值的信息，应该采用编制《企业人力资源价值情况说明书》的方式来提供；对企业的人力资源成本和人力资源权益方面的信息，则可以采用对有关会计报表(特别是资产负债表)进行必要改进的方式来提供。

人力资源审计应与人力资源会计的三个科目相匹配，即审查人力资产的存在或发生，人力资源成本的存在或发生、估价、分摊，人力资源收入的存在或发生。

人力资源使用成本应该是人力资源审计的重点。关于人力资源使用成本的舞弊有多种，如虚构人员名字多领工薪、不注销离职员工继续领发工薪、错误划分成本费用界限、虚报人工成本等。其类型可归结为以下两种：虚增人力资源使用成本和人力资源使用成本分配不当。由此，我们可以得知人力资源审计实务的重点应放在人力资源使用成本的组成是否真实和人力资源使用成本核算的分配是否恰当上。

第10章 人力资源会计制度设计

学习目标

通过本章的学习，明确人力资源会计制度设计的基本思路；了解现行企业会计准则与人力资源会计的内在联系，从企业会计准则中“挖掘”人力资源会计的“元素”，与现行会计制度对接；理解人力资源价值计量的基本原理和核算程序，以及人力资源会计科目的设置和相关账务处理。

10.1 人力资源会计制度设计的基本思路

人力资源会计从20世纪60年代由美国学者正式提出到现在已经有半个世纪，理论日臻完善，但是推广应用速度缓慢。其原因在于人力资源会计还没有与现行的会计准则融合，还没有进入日常财务会计与管理会计领域。

然而，我们可以在现有的企业会计准则中“挖掘”人力资源会计的“元素”，其中包括《企业会计准则第9号——职工薪酬》、《企业会计准则第10号——企业年金基金》和《企业会计准则第11号——股份支付》，与现行会计制度对接，使人力资源会计不是“独立”的核算体系，而是逐步“融化”在日常财务会计和管理会计中自然地进行。

10.1.1 职工薪酬

职工薪酬，是指企业为获得职工提供的服务而给予各种形式的报酬以及其他相关支出。职工薪酬包括：①职工工资、奖金、津贴和补贴；②职工福利费；③医疗保险、养老保险、失业保险、工伤保险和生育保险等社会保险费；④住房公积金；⑤工会经费和职工教育经费；⑥非货币性福利；⑦因解除与职工的劳动关系给予的补偿；⑧其他与获得职工提供的服务相关的支出。

企业应当在职工为其提供服务的会计期间，将应付的职工薪酬确认为负债，除因解除与职工的劳动关系给予的补偿外，还应当根据职工提供服务的受益对象，分下列情况处理。

(1)应由生产产品、提供劳务负担的职工薪酬，计入产品成本或劳务成本。

(2)应由在建工程、无形资产负担的职工薪酬，计入建造固定资产或无形资产成本。

(3)上述两种情形之外的其他职工薪酬，计入当期损益。

企业为职工交纳的医疗保险费、养老保险费、失业保险费、工伤保险费、生育保险费等社会保险费和住房公积金，应当在职工为其提供服务的会计期间，根据工资总额的一定比例计算，并按照《企业会计准则第 9 号——职工薪酬》第 4 条的规定处理。

企业在职工劳动合同到期之前解除与职工的劳动关系，或者为鼓励职工自愿接受裁减而提出给予补偿的建议，同时满足下列条件的，应当确认为因解除与职工的劳动关系给予补偿而产生的预计负债，同时计入当期损益。

(1)企业已经制订正式的解除劳动关系计划或提出自愿裁减建议，并即将实施。该计划或建议应当包括拟解除劳动关系或裁减的职工所在部门、职位及数量；根据有关规定按工作类别或职位确定的解除劳动关系或裁减补偿金额；拟解除劳动关系或裁减的时间。

(2)企业不能单方面撤回解除劳动关系计划或裁减建议。

企业应当在附注中披露与职工薪酬有关的下列信息：①应当支付给职工的工资、奖金、津贴和补贴，及其期末应付未付金额。②应当为职工交纳的医疗保险费、养老保险费、失业保险费、工伤保险费和生育保险费等社会保险费，及其期末应付未付金额。③应当为职工交存的住房公积金，及其期末应付未付金额。④为职工提供的非货币性福利，及其计算依据。⑤应当支付的因解除劳动关系给予的补偿，及其期末应付未付金额。⑥其他职工薪酬。

因自愿接受裁减建议的职工数量、补偿标准等不确定而产生的或有负债，应当按照《企业会计准则第 13 号——或有事项》披露。

10.1.2 企业年金基金

企业年金基金，是指根据依法制订的企业年金计划筹集的资金及其投资运营收益形成的企业补充养老保险基金。

企业年金基金应当作为独立的会计主体进行确认、计量和列报。

委托人、受托人、托管人、账户管理人、投资管理人和其他为企业年金基金管理提供服务的主体，应当将企业年金基金与其固有资产和其他资产严格区分，以确保企业年金基金的安全。

企业年金基金应当分资产、负债、收入、费用和净资产进行确认和计量。

企业年金基金缴费及其运营形成的各项资产包括货币资金、应收证券清算款、应收利息、买入返售证券、其他应收款、债券投资、基金投资、股票投资、其他投资等。

(1)企业年金基金在运营中根据国家规定的投资范围取得的国债、信用等级在投资级以上的金融债和企业债、可转债、投资性保险产品、证券投资基金、股票等具有良好流动性的金融产品，其初始取得和后续估值应当以公允价值计量。

初始取得投资时，应当以交易日支付的成交价款作为其公允价值，发生的交易费用直接计入当期损益。

估值日对投资进行估值时，应当以其公允价值调整原账面价值，公允价值与原账面价值的差额计入当期损益。

投资公允价值的确定，适用《企业会计准则第 22 号——金融工具确认和计量》。

企业年金基金运营形成的各项负债包括：应付证券清算款、应付受益人待遇、应付受托人管理费、应付托管人管理费、应付投资管理人管理费、应交税金、卖出回购证券款、应付利息、应付佣金和其他应付款等。

(2)企业年金基金运营形成的各项收入包括存款利息收入、买入返售证券收入、公允价值变动收益、投资处置收益和其他收入。

收入应当按照下列规定确认和计量：①存款利息收入，按照本金和适用的利率确定。②买入返售证券收入，在融券期限内按照买入返售证券价款和协议约定的利率确定。③公允价值变动收益，在估值日按照当日投资公允价值与原账面价值(即上一估值日投资公允价值)的差额确定。④投资处置收益，在交易日按照卖出投资所取得的价款与其账面价值的差额确定。⑤风险准备金补亏等其他收入，按照实际发生的金额确定。

(3)企业年金基金运营发生的各项费用包括交易费用、受托人管理费、托管人管理费、投资管理人管理费、卖出回购证券支出和其他费用。

费用应当按照下列规定确认和计量：①交易费用，包括支付给代理机构、咨询机构、券商的手续费和佣金及其他必要支出，按照实际发生的金额确定。②受托人管理费、托管人管理费和投资管理人管理费，根据相关规定按实际计提的金额确定。③卖出回购证券支出，在融资期限内按照卖出回购证券价款和协议约定的利率确定。④其他费用，按照实际发生的金额确定。

(4)企业年金基金的净资产，是指企业年金基金的资产减去负债后的余额。资产负债表日，应当将当期各项收入和费用结转至净资产。

净资产应当分企业和职工个人设置账户，根据企业年金计划按期将运营收益分配计入各账户。

净资产应当按照下列规定确认和计量：①向企业和职工个人收取的缴费，按照收到的金额增加净资产。②向受益人支付的待遇，按照应付的金额减少净资产。③因职工调入企业而发生的个人账户转入金额，增加净资产。④因职工调离企业而发生的个人账户转出金额，减少净资产。

企业年金基金的财务报表包括资产负债表、净资产变动表和附注。

资产负债表反映企业年金基金在某一特定日期的财务状况，应当按照资产、负债和净资产分类列示。

资产类项目至少应当列示下列信息：货币资金、应收证券清算款、应收利息、买入返售证券、其他应收款、债券投资、基金投资、股票投资、其他投资、其他资产。

负债类项目至少应当列示下列信息：应付证券清算款、应付受益人待遇、应付受托人管理费、应付托管人管理费、应付投资管理人管理费、应交税金、卖出回购证券款、应付利息、应付佣金、其他应付款。

净资产类项目列示企业年金基金净值。净资产变动表反映企业年金基金在一定会计期间的净资产增减变动情况，应当列示下列信息：①期初净资产。②本期净资产增加数，包括本期收入、收取企业缴费、收取职工个人缴费、个人账户转入。③本期净资产减少数，包括本期费用、支付受益人待遇、个人账户转出。④期末净资产。

附注应当披露下列信息：①企业年金计划的主要内容及重大变化；②投资种类、金额及公允价值的确定方法；③各类投资占投资总额的比例；④可能使投资价值受到重大影响的其他事项。

10.1.3 股份支付

股份支付，是指企业为获取职工和其他方提供服务而授予权益工具或者承担以权益工具为基础确定的负债的交易。股份支付分为以权益结算的股份支付和以现金结算的股份支付。以权益结算的股份支付，是指企业为获取服务以股份或其他权益工具作为对价进行结算的交易。以现金结算的股份支付，是指企业为获取服务承担以股份或其他权益工具为基础计算确定的交付现金或其他资产义务的交易。

以权益结算的股份支付换取职工提供服务的，应当按授予职工权益工具的公允价值计量。权益工具的公允价值，应当按照《企业会计准则第 22 号——金融工具确认和计量》确定。授予后立即可行权的换取职工服务的以权益结算的股份支付，应当在授予日按照权益工具的公允价值计入相关成本或费用，相应增加资本公积。授予日，是指股份支付协议获得批准的日期。

完成等待期内的服务或达到规定业绩条件才可行权的换取职工服务的以权益结算的股份支付，在等待期内的每个资产负债表日，应当以对可行权权益工具数量的最佳估计为基础，按照权益工具授予日的公允价值，将当期取得的服务计入相关成本或费用和资本公积。在资产负债表日，后续信息表明可行权权益工具的数量与以前估计不同的，应当进行调整，并在可行权日调整至实际可行权的权益工具数量。等待期，是指可行权条件得到满足的期间。对于可行权条件为规定服务期间的股份支付，等待期为授予日至可行权日的期间；对于可行权条件为规定业绩的股份支付，应当在授予日根据最可能的业绩结果预计等待期的长度。

可行权日，是指可行权条件得到满足、职工和其他方具有从企业取得权益工具或现金的权利的日期。

企业在可行权日之后不再对已确认的相关成本或费用和所有者权益总额进行调整。

以权益结算的股份支付换取其他方服务的，应当分下列情况处理：①其他方服务的公允价值能够可靠计量的，应当按照其他方服务在取得日的公允价值计入相关成本或费用，相应增加所有者权益。②其他方服务的公允价值不能可靠计量但权益工具公允价值能够可靠计量的，应当按照权益工具在服务取得日的公允价值计入相关成本或费用，相应增加所有者权益。

在行权日，企业根据实际行权的权益工具数量，计算确定应转入实收资本或股本的金额，将其转入实收资本或股本。行权日，是指职工和其他方行使权利、获取现金或权益工具的日期。

以现金结算的股份支付，应当按照企业承担的以股份或其他权益工具为基础计算确定的负债的公允价值计量。授予后立即可行权的以现金结算的股份支付，应当在授予日以企业承担负债的公允价值计入相关成本或费用，相应增加负债。完成等待期内的服务或达到规定业绩条件以后才可行权的以现金结算的股份支付，在等待期内的每个资产负债表日，应当以对可行权情况的最佳估计为基础，按照企业承担负债的公允价值金额，将当期取得的服务计入成本或费用和相应的负债。

在资产负债表日，后续信息表明企业当期承担债务的公允价值与以前估计不同的，应当进行调整，并在可行权日调整至实际可行权水平。

企业应当在相关负债结算前的每个资产负债表日以及结算日，对负债的公允价值重新计量，将其变动计入当期损益。

企业应当在附注中披露与股份支付有关的下列信息：①当期授予、行权和失效的各项权益工具总额；②期末发行在外的股份期权或其他权益工具行权价格的范围和合同剩余期限；③当期行权的股份期权或其他权益工具以其行权日价格计算的加权平均价格；④权益工具公允价值的确定方法。企业对性质相似的股份支付信息可以合并披露。

企业应当在附注中披露股份支付交易对当期财务状况和经营成果的影响，至少包括下列信息：①当期因以权益结算的股份支付而确认的费用总额；②当期因以现金结算的股份支付而确认的费用总额；③当期以股份支付换取的职工服务总额及其他方服务总额。

10.2　人力资源会计制度设计与理论创新

自从人力资源会计理论引入我国以后，已有不少论著发表，这些论著对人力资源会计的理论框架和理论基础都做了比较充分的阐述和创造性的探索，应该说，为我国实际推行人力资源会计铺平了道路。

“一步实际运动比一打纲领更重要”。现在的问题是，如何将人力资源会计的理论付诸实施，如何使人力资源会计“登堂入室”，融入现行的会计实务中去。尽管在理论上还存在一些难题[①]，实际上最大的难题还在于应用。“万事开头难”，只要开了头，也许有些难题就会迎刃而解。因此，当今亟务是，设计一套切实可行的人力资源会计制度，以便有计划、有步骤、有重点、有选择地在会计实务中试行推广，积累经验，总结提高。

10.2.1　人力资源会计的基本特征

人力资源会计是现行传统会计的延伸和补充，不是对现行传统会计的否定和替代。因此，人力资源会计完全可以沿用现行传统会计的一些基本假设和核算程序。但是，人力资源会计又是对传统会计的突破。与传统会计相比，人力资源会计的显著特征是：①确认人力资源是“第一资源”(first resource)，而且是可以用价值计量的资源。②人力资源投资是构成人力资源资产的主体，是长期创造价值的源泉，因此，凡是用于人力资源的投资不应作为当期费用“报销”，而应该“资本化”，从而形成人力资本。③人力资源的所有者如同物质资源的所有者一样，也应该拥有参与分配的权益，为了与传统会计原有的“所有者权益”相区分，可考虑设置“人力资源权益”科目与“所有者权益”并驾齐驱。

其实，现行传统会计中有不少内容本来应该通过人力资源会计核算，只是因为没有单独加以核算而被淹没了。例如，用于招聘员工的招聘费，用于培训员工的培训费，用于研究与开发的费用，用于产品生产的人工成本，用于发放给员工的工资奖金以及支付

---

① 张文贤．人力资源会计的四大难题．会计研究，1995，(12)：12。

的福利、保险费等，按照人力资源会计的原理，都应该计入人力资源投资，都应该资本化。资本化不仅使我们对于企业的人力资本有明确的记录，而且可以对每个员工的培养和使用都有科学的依据，甚至可以在人员流动的情况下处理好各自的经济责任和经济利益，从而有利于留住核心人才，做到有法可依，有据可查。

为此，我们可以将现行传统会计中有关人力资源的那一部分会计事项，按照人力资源会计的原理和方法加以处理。例如，以银行存款 5 000 元支付职工李四的培训费，两种会计制度处理方法不一样。

(1)现行传统会计：费用化。

借：管理费用——培训费　　5 000

　　贷：银行存款　　5 000

(2)人力资源会计：资本化。

借：人力资源投资——李四　　5 000

　　贷：银行存款　　5 000

10. 2. 2 人力资源会计和复杂劳动的还原

人力资源是 21 世纪的战略资源。我国的现实情况是：建设资金严重短缺，物质资源相对不足，唯有人力资源数量丰富而潜力有待开发。这就构成了我国经济建设人、财、物三大资源的特定格局。这种格局决定了我国的资源开发既不能以物质资源开发为重心，走类似石油输出国的路子，因为物质资源的人均占有量限制了我们；也不能以资金资源的开发为重心，重蹈亚洲金融风暴的覆辙；而只能扬长避短，根据我国人力资源数量丰富、开发潜力巨大的特点，走大力强化人力资源开发的道路，使巨大的人口负担转化为巨大的资源优势，变人口压力为人手动力，化包袱为财富，这才是我国资源开发战略中最为明智的选择。我国的可持续发展战略，只能是以人力资源开发为中心的发展战略。

从客观环境和发展趋势看，知识经济、信息时代、高科技产业，都以人力资源为主题。为此，我们必须对人力资源的价值加以确认、计量和反映。这一重任，历史地落在人力资源会计的身上。于是，人力资源会计应运而生，这是历史的必然。

此外，人力资源会计也是前人留下的难题。古典政治经济学创始人威廉·配第在他的《政治算术》中根据劳动所得计算出“一个海员实际上等于三个农民”①。英国古典政治经济学的奠基人亚当·斯密认为，“社会上一切人民学到的有用才能可和便利劳动、节省劳动的机器和工具同样看做社会上的固定资本”②。新古典经济学派的创始人马歇尔断言：“所有资本中最有价值的是对人本身的投资。”③马克思把生产商品的劳动分为简单劳动和复杂劳动，在同一劳动时间里，复杂劳动所创造的价值等于倍加的简单劳动④。1979 年诺贝尔经济学奖获得者、美国芝加哥大学教授舒尔茨证明：长期以来在美

---

① 配第 W. 政治算术. 见：王亚南. 资产阶级古典政治经济学选辑. 北京：商务印务馆，1979：77。

② 斯密 A. 国民财富的性质和原因的研究. 见：王亚南. 资产阶级古典政治经济学选辑. 北京：商务印务馆，1979：366。

③ 马歇尔 A. 经济学原理(下卷). 陈良璧译. 北京：商务印书馆，1981：232。

④ 马克思 K. 资本论(第 1 卷). 郭大力，王亚南译. 北京：人民出版社，1953：15。

国经济中，人力资本的投资报酬率一直比物质资本的投资报酬率高出许多[①]。所有上述这些前人的论断，既为人力资源会计奠定了理论基础，又对人力资源会计提出了研究的课题：确认、计量、反映人力资本投资和人力资源价值。为此，必须建立新兴学科：人力资源会计。

10.2.3　由谁来开展人力资源会计

既然人力资源是“第一资源”，那么我们必须把开发利用人力资源作为科教兴国的基本国策。从微观的角度考察，任何一个企业要在激烈的市场竞争中立于不败之地，其最根本的“秘密武器”也在于人力资源开发。因此，企业的经营者应该具备强烈的战略管理意识，把人力资源投资作为第一投资，把人力资源价值作为最重要的资产。应该组织企业的高层领导(包括总会计师、总经济师、总工程师)共同筹划，组建由人力资源管理部门和财务会计部门共同参与的人力资源会计。可以指定专人学习和研究人力资源会计的基本理论和方法，结合企业的具体情况和特点，采取先易后难的办法，设计适合本企业特点的人力资源会计制度，包括原始凭证、记账凭证、账户设置、会计科目、账户处理、会计报表、辅助记录等一系列制度。

人力资源高度集中的单位应率先推行。例如，培养人才的基地高等院校，智力密集的行业(如咨询业、金融业、高科技产业)，甚至文艺团体、足球俱乐部等，都涉及许多人力资源会计的问题。

10.2.4　人力资源会计应该从大学开始施行

人力资本理论认为：人力资本是指人的知识、技巧和才能，是能促进生产力提高的因素。迄今为止人力资源会计在会计实务中还是一片空白，要真正推行，比较好的选择是从大学开始，即选择一所或几所大学作为人力资源会计的试点。因为大学既是高级知识分子高度密集的机构，又是人力资源的“加工制造厂”。在这里推行人力资源会计可以一举两得：既可核算人力资本投资的效率，又能核算人力资源的原始成本。

人力资本投资，是指为了提高人力资源素质的各种投资，主要是教育的投资。据统计，小学毕业的人能提高劳动效率 43%；中学毕业的人能提高劳动效率 108%；大学毕业的人能提高劳动效率 300%。

以往，我们对教育投资缺乏完整的记录，尤其不注意家庭和个人的教育投资，即使是国家的教育投资，也因为条块分割、投资来源多而缺乏对投资效率和投资回报的分析。

10.2.5　理论创新

人力资源权益是人力资源会计的核心，如果离开人力资源权益，人力资源会计会变得毫无意义。

其实，人力资源权益不仅是人力资源会计的核心，而且是经济学的重大问题，也可以说是重大发现。为什么国有企业严重亏损而且积重难返？大多数分析家认为主要原因

---

① 世界经济编辑部．荣获诺贝尔奖经济学家．成都：四川人民出版社，1985：375。

是开工不足、经营不善、资金不足、人员过剩、社会负担过重、行政干预过多。其实这些原因只是表面现象，真正深层次的原因根本没有触及。我们认为最根本的原因是企业经营者、管理者、劳动者的“动力”问题，即权益问题。有人认为，国有企业问题的根子在国有，只有改变所有制才是根本出路。殊不知，人们其实并不关心企业是谁所有的，而是关心企业能给自己带来多少利益。这就是权益，就是动力！所以，如果一味地在所有制上动脑筋，甚至还在“由谁来代表所有者”等上兜圈子，恐怕是隔靴搔痒，无济于事。唯有人力资源权益，才能使企业的经营者、管理者、劳动者把自己的利益与企业的命运紧紧地捆在一起，使他们的贡献完全记在账上，可以参与企业的分配。这一点又从理论上使马克思的劳动价值论真正复归：唯有可变资本才创造新的价值，而不变资本只是转移价值。但事实上从来都是不变资本的所有者在参与分配，而可变资本的所有者却一直被排斥在外，岂不是历史的颠倒？只有当人力资源会计充分反映了人力资源权益，历史才能恢复其本来面貌。

10.3 人力资源会计核算流程

人力资源会计主要从三个方面进行核算，包括人力资源投资、人力资源成本和人力资源价值，整个核算流程见图 10-1。

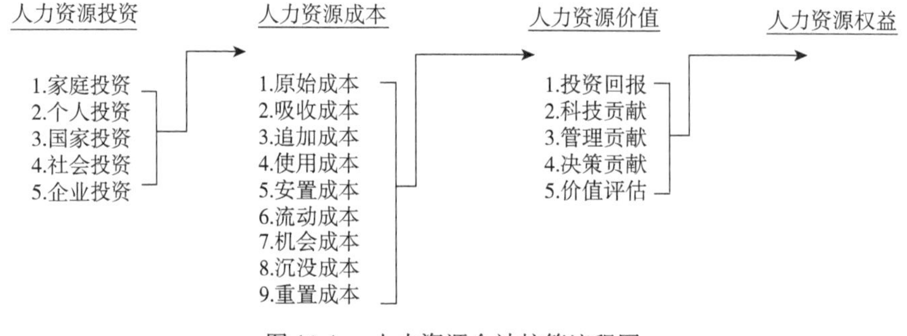

图 10-1 人力资源会计核算流程图

10.4 人力资源会计的价值计量

会计的核心工作是会计计量，会计计量就是应用一定的计量单位，选择被计量对象的合理属性，确定应记录的各经济项目金额的会计处理过程。人力资源会计的重点是对人力资源进行衡量，这是会计领域的一个新问题。

人力资源计价有两种基本方法：成本法和价值法。

10.4.1 成本法

成本法是以对人力资源的实际支出作为人力资产的价值。企业获得、拥有和使用人力资源实际发生的支出包括招聘费、选考费、安排费、调换费、正规的教育培训费、使用费、组织活动费、退职退休金支出等。

人力资源成本资产化的会计处理有以下几种：①人力资源增加。企业在人力资源取得、开发等费用支出时，借记“人力资产”账户，贷记“银行存款”或“现金”账户，同时对非企业投资的人力资源投资额(国家或个人投资)也要在账户中加以反映。例如，可以设想把人力资源学历价值作为投入的初始价值，借记“人力资产”账户，贷记“人力资本”账户，“人力资本”账户下设置二级明细科目，说明是国家投资还是个人投资。②人力资源摊销。企业对人力资源的投资，按估计的职工的就职期平均摊销，或按预计产值、新创造价值按比例摊销。借记相应的成本、费用账户，贷记“人力资产摊销”账户。③人力资源减少。对于人力资源的个人投入价值，人力资源减少时，借记“人力资本——个人投入资本”账户，贷记“人力资产”账户。对于人力资源的国家投入价值，人力资源减少时，如属于正常调动或离退休，借记“人力资本——国家投入资本”账户，贷记“人力资产”账户；如属于自动离职，可将国家投入价值根据离职者剩余工作年限，按企业正常投资报酬率折合成终值，再按银行平均利息率折成现值，向离职人员收回，并借记“现金”账户，贷记“实收资本——国家投入资本”账户，同时借记“人力资本”账户，贷记“人力资产”账户。对于人力资源的企业投入价值，人力资源减少时，根据人力资产的累计摊销额，借记“人力资产摊销”账户，贷记“人力资产”账户，对于人力资源原始成本与累计摊销额的差额，分不同情况进行处理，如属离退休，借记“管理费用”；如属正常调动，借记“其他应交款——教育费附加”；如属自动离职，借记“其他应收款”，同时贷记“人力资产”账户处理。④对人力资源按现时成本重估价时，人力资产的增值或减值，应与实物资产一样，作为资本盈余处理。当人力资源重估增值时，借记“人力资产”账户，贷记资本盈余类账户。

在财务报表中，人力资产的余额列示于资产负债表的资产方，“人力资产”账户下设一备抵账户——“人力资产摊销额”账户，两者相抵的余额为人力资产的账面价值。人力资本的余额列示在资产负债表的权益中。人力资产当期费用化部分，以各类人力资源的性质分类，按收入与费用配比的原则，归于有关成本、费用项下，或单独作为一项费用列示于损益表内。例如，生产人员人力资产的费用，作为产品制造成本的构成，包含在产品销售成本项目内；因非常原因造成的人力资产的非常损失，作为非常项目处理，单独列入损益表项目内。

10.4.2　价值法

价值法是以人力资源预计创造的价值作为人力资产的价值。计算人力资源价值的方法有：经济价值法，将未来收益视为人力资源投资获得的部分作为人力资源的价值；商誉评价法，将企业过去若干年的累计收益或本企业收益超过平均收益的部分作为商誉的价值，在企业物的资产、经营能力和人力资产三者之间分配，属于人力资产的商誉价值作为人力资源的价值；报酬折现法，将一个职工从录用到退休或死亡停止支付报酬为止预计支付的报酬，按一定的折现率折成现值，作为人力资源的价值；等等。

预测出人力资产的总价值后，借记“人力资产”账户，贷记“待转人力资产价值”账户；人力资产增值时，会计分录相同，减值时分录相反。计算工资报酬时，借记成本、费用账户，贷记“应付工资”账户，同时转销人力资产补偿价值，借记“待转人力资产价值”账户，贷记“人力资产摊销”账户。利润实现时，转销转化价值，借记“待转人力资产价值”账户，贷记“人力资产摊销”账户。人力资源减少(离职、被解雇、死亡等)时，借记“待转人力资产价值”账户，贷记“人力资产摊销”账户，贷记“人力资产”账户，借贷方差额作为“人力资产损失”计入当期损益处理。收到补偿金时，还应借记“现金”账户。至于人力资源的成本中除工资报酬支出外的其他支出，处理方法同前，可以用“人力资产”、“人力资产摊销”的明细账方法反映。

“人力资产”以全部价值单独反映在资产负债表上，该项下列减“人力资产摊销”数，两者的差额即人力资产净值。如果没有其他人力资源成本支出，则人力资产净值应等于“待转人力资产价值”余额；若“人力资产”中包括如教育、培训等的人力资源成本支出，则人力资产净值应大于“待转人力资产价值”的余额。“待转人力资产价值”作为一项未来实现的价值，列示于负债与所有者权益中间。

总之，传统会计不把人力资源看做企业的资产，人力投资发生当期，将其全部作为费用处理。人力资源会计认为，人力资源是企业的一项资产，应对相关的投资区别对待，为当期创造收益服务的部分作为费用，在损益表中反映；为以后各期创造收益服务的部分作为资产，在资产负债表中予以反映。

资料 10-1

袁隆平身价 1 008 亿元①

9 月 17 日，被誉为“杂交稻之父”的袁隆平在昆明出席第五届中国杂交粳稻科技创新论坛开幕式，受到当地媒体和“粉丝”的热情追捧。对于身价 1 008 亿元的袁隆平，财富问题自然是记者们不会放过的问题。“我只有一辆车，其他车是单位的。”袁隆平用清晰的回答来回应网络上他“有 6 辆车”的传闻。

仅有一私一公两辆车

记者：外界传言您有好几辆车，您真的有这么多车吗?

袁隆平：哈(笑)，我和家人去看车展，被人看见就说我又要买车了，其实我只有两辆，一辆私车，是赛欧，还是 2001 年买的；一辆是国家配给我的公车，是辆奥迪，我出去办公事才坐。虽然我有驾照，还是免检的，但我都是在研究所或下田里办公，基本不开车。但我的名下有 6 部汽车，因为以我的名义去买车有很多优惠条件，所以我们单位的这些车都是以我的名义买的。车要那么多干什么呢?

身价 1 008 亿元，独爱 15 元衬衫

记者：您的身价 1 008 亿元，您如何看待财富和名利?

袁隆平：不错，我身价 1 008 亿元，可我真的有那么多钱吗? 没有。我现在就是靠每个月 6 000 多元的工资生活，已经很满足了。我不节俭也不挥霍。至于我获奖得的奖金都放到基金会里面了。我今天穿的衣服就 50 块钱，但我喜欢的还是昨天穿的那件 15 元的衬衫，穿着很精神呢。我的卡西欧手表 260 元，鞋子 120 元。要说一点名利思想都

① 袁隆平回应财富传闻 坦言月薪 6000 元私车仅一辆．http://www.tlnews.com.cn/fashion/content/2008-09/19/content_740868.htm，2008-09-19。

没有是不可能的，但要淡泊名利，对物质别要求太高，1 000 多元的衣服和五六十元的衣服没什么区别。

中国不会发生粮食危机

记者：中国会发生粮食危机吗？粮价是否可能暴涨？

袁隆平：不会。中国有句古话——“民以食为天”，我国一向非常重视粮食生产，并且出台了一系列支农惠农政策调动农民的积极性，还提出保持 18 亿亩[①]耕地的方针，确保耕地绝不减少，这是一项根本性的措施。中国这么大，就算出现天灾也只是局部性的，其他地方仍能丰收，可以平衡粮食生产的数量。现在国家出台了粮食的最低保护价，我个人认为这个标准还应该提高一些。粮价问题，现在国际上总体稳定。就我国来说粮食价格是不会暴涨的。

10.4.3　费用化与资本化

会计信息的外在形式是数字，但其实质体现一定的经济利益关系。人力投资的费用化、资本化直接影响各期收益，进而影响企业及投资人各方的利益。

从时间角度看，表现为不同会计期的利益分配关系，这是就企业发生的人力投资而言的。传统会计将人力投资在发生当期全部计入费用，与当期收益配比；人力资源会计在发生期将人力投资资本化，在估计的有效期内分期摊销，人力投资逐期计入费用，分别与各期收益配比。在超过有效期的时期内，两种处理方法计入费用的人力投资总额是相等的，但时间分布不同，因而经济效果也不同。人力资源会计的处理使得各期收益不会出现太大的波动(不考虑其他因素影响)，而传统会计的处理方法使发生期的收益锐减，今后各期的收益又偏高，与经济活动的现实不相符合。再者，资金具有时间价值，同等金额、在时间上分布不同的现金流的现值也不同。在利率正常的情况下，总额相等的一次支出和分次支出相比，前者的现值较高，后者的现值较低，传统会计的现金流对应的是前者，人力资源会计的现金流对应的是后者。

从空间角度看，表现为不同主体间的利益分配关系，即企业与国家、企业与个人、企业与企业的利益分配关系。企业对人力投资采用不同的会计处理方法，导致不同的会计收益，而会计收益又是计算税收的基础，所以企业与国家的利益分配关系受到费用化、资本化处理的影响。同样，会计收益也是决定利润分配的基础，因此企业与职工、企业与投资者的利益分配关系也受费用化、资本化处理的影响。传统会计对人力资源的价值缺乏客观的计量，当人力资源流动时，就无法确定应予补偿的金额，可能造成一个企业为另一个企业培养人才的情况，各企业收益与费用的配比不合理，从而影响各企业的收益计量。

10.4.4　资本保全

资本保全，是指企业从开始营运起直到清算为止的全过程中，必须保证资本的安全

---

① 1 亩≈666.7 平方米。

与完整。资本保全问题在企业资金管理活动中是非常重要的，因为：①资本保全是企业持续经营和发展的基础。资本是企业的血液，资本在运动中有多种职能形式，保持与企业规模相适应的资金流动，是企业生存和发展的根本保证。如果企业资本金被投资者抽回，或在营运中受到侵蚀，必然要破坏资本运动的正常规律，使资本运动链条中断或受挫，不能保证企业的正常营运，甚至会使企业倒闭。②实行资本保全是保障所有者权益的需要。资本的所有权和经营权分离，使资本保全问题更为迫切，企业股东将经营资本及时足额地投入企业后，必然要密切地关注自己的资本是否安全运转，同样，债权人将债务资本投入企业后也是如此。③资本保全制度是企业彻底实现自负盈亏的根本途径。在市场经济条件下，风险时刻都会降临到企业头上，这就要求企业建立亏损防御机制，增加抗御风险的能力，做到以本负亏。④实施资本保全有利于企业准确核算盈亏，因为只有资本回收后才能确认资本报酬(即真实的收益)。

在传统的资本保全理论中，资本有两种含义，一种是财务资本，另一种是实物资本，因而资本保全也区分为财务资本保全和实物资本保全。在财务资本保全概念下，只有在扣除本期的所有者增减资本以后，企业期末净资产的财务(或货币)金额仍然大于期初净资产的财务(或货币)金额时，利润才能形成。在实物资本保全概念下，只有在扣除本期的所有者增减资本后，企业期末实物生产能力(或营运能力，或企业达到期末实物生产能力所需的资源或资金)仍然大于期初的生产能力时，利润才能形成。

随着生产力的发展和经济的进步，人力资源在生产中的作用越来越重要，人是有价值的组织资源；传统的资本概念已经不能适应经济发展的需要，资本不仅包括实物资本，而且还包括人力资本，资本保全的内涵应进一步扩展为综合资本保全，即将人力资本保全考虑在内的资本保全。在人力资本保全概念下，只有当企业期末人力资本的生产能力或人力资产的期望实现价值超过期初人力资本的生产能力或人力资产的期望实现价值时，利润才能确认为赚取。企业是一个由人、财、物等子系统组合而成的生产经营系统，人、财、物之间只有协调配套，企业才能沿着帕累托生产最优曲线运转。有些企业一味地注重财务资本和实物资本的保全，虽然拥有雄厚的资金和先进的设备，但人力资本极为贫瘠，要么企业急需的劳动力奇缺，要么职工素质低下，致使企业内部的生产潜能得不到应有的发挥，从而影响整个企业的经营。

企业是社会经济生活中的一个细胞，企业的任务是生产产品、创造财富，同时还要履行一定的社会责任，即企业在谋求企业股东利益最大化的同时必须兼顾企业职工、消费者和社会公众的利益。企业社会责任的一个重要内容是在人力资源方面的贡献，主要是人力资源投资，如职工教育培训支出、生活福利支出等。唯有建立人力资源会计，才能更好地对企业的社会责任履行状况进行评价。

10.4.5 劳动者权益

我们经常提到，劳动者是企业的主人，但对劳动者的主人地位会计核算没有给予任何反映。人力资源会计改变了这一状况，它一方面确认并计量人力资产的价值，另一方面承认人力资本的存在。人力资产是企业所拥有或控制的可望为企业带来未来经济利益的潜力；人力资本是和人力资产相对应的概念，代表劳动力的所有权投入企业形成的资金来源，性质上近似实收资本。这一概念的确立，意味着承认劳动者在企业中的应有地位，承认劳动者是人力资源的所有者。“劳动者变成资本家并非传说中因为公司所有权扩散所致，而是他们获得具有经济价值的知识和技能的结果。”

10.5　人力资源会计的核算内容

人力资源会计的核算主要包括两个方面的内容：人力资产核算和劳动者权益核算（图 10-2）。

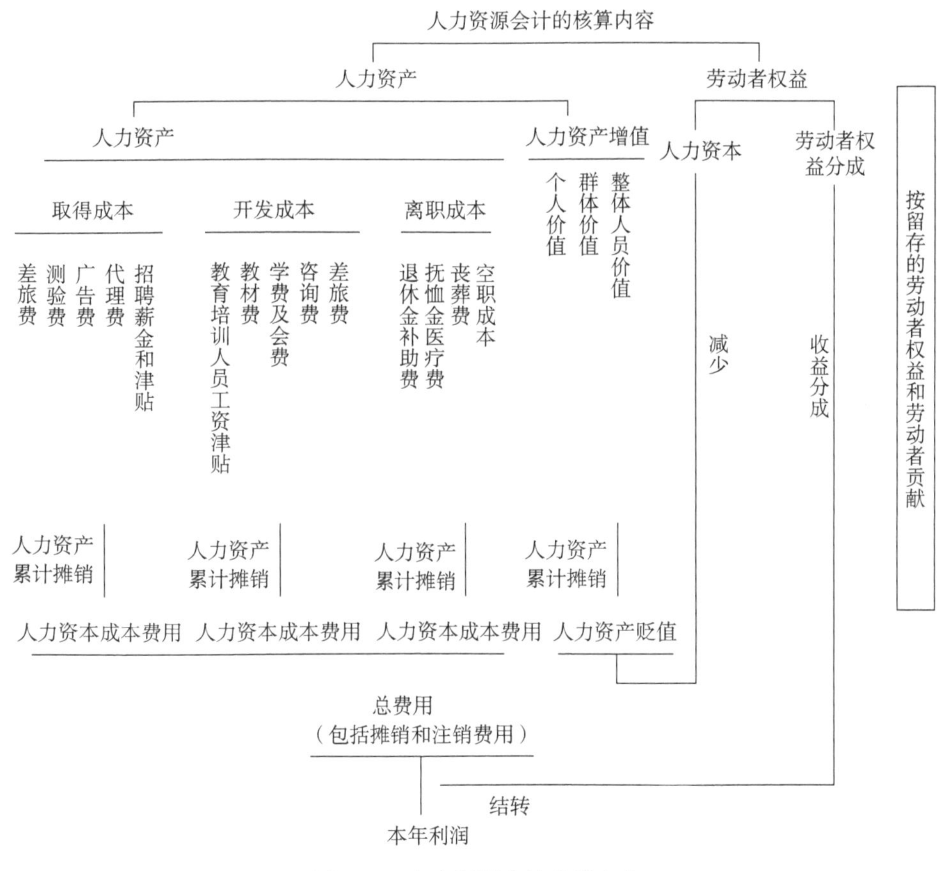

图 10-2　人力资源会计核算内容

10.5.1　人力资产核算

人力资产是指企业所拥有或控制的可望向企业流入未来经济利益的人力资源。从其价值构成来看，它由四部分组成，即取得价值、开发支出、离职成本、新增价值或潜在价值增值。前三部分构成人力资产成本，后一部分形成人力资本。

人力资产成本实质上是企业对人力资产的投资，它将随着人力资产的折旧而逐渐得到补偿，因此它的核算主要是沿用传统会计的一般会计方法和程序，并稍作改造和推演。首先，将人力资产成本进行细分，然后把其中一部分列为期间成本，当期注销；剩余部分进行资本化，随人力资源服务潜能递延至以后各期间摊销。在实际账务处理时，为了满足信息使用者的决策需要和简化核算手续，通常对一般管理人员、生产工人和服务人员按群体确定核算对象，归集费用，计算和确定成本，并进行资本化；对高级技术管理人员在按类别进行核算的基础上，再按人头归集费用，计算确定成本进行资本化。

人力资产增值，是指人力资源为企业提供的经济贡献和服务潜能。它包括三部分：①个人价值，即个人在企业中预期服务期内未来服务的估计现值；②群体价值，即群体在组织中预期未来服务的估计现值；③整体人员价值，是指某组织预期可获取的未来服务现值。这三者相互联系、相互制约、不可分割，只有个人价值或群体价值相互协调，才能达到组织整体价值的最大化。

人力资产增值的核算有货币计量和非货币计量两种方式。非货币计量方式的核算就是通过编制人员实际工作业绩评价表、人员发展潜能的可塑性评估表，评价实施人才激励机制带来的效果，判断人才流动率；从个人生产能力、晋升能力和调整工作能力等方面来评定个人价值；从管理方式、组织结构协作气氛等管理行为来评定群体价值。货币计量方式目前主要有未来薪金折现法、经济价值法和商誉法等。人力资产增值应由权威的人力资产评估机构，结合每个人的智能以及其在组织中的作用采用科学的方法统一评估确定。

10.5.2 劳动者权益核算

劳动者权益是劳动者作为人力资源的所有者而享有的相应权益，它的核算包括两部分：一是人力资本核算；二是新产出价值中属于劳动者的部分，即劳动者权益分成核算。

人力资本是对应人力资产增值的概念，它代表劳动力的所有权投入企业形成的资金来源，性质上近似实收资本。人力资本概念的确定，意味着要承认劳动者在企业中的应有地位，承认劳动者是人力资源的所有者。

劳动者从青年到壮年，由于其知识、技能、工作经验和生活阅历不断积累，能力不断增加，对企业的贡献不断增大，所以在这个时期人力资产增值，对应的人力资本不断增加；劳动者从壮年到老年，由于身体健康状况恶化，劳动能力开始下降，对企业的贡献开始减少，因而在这个时期，随着人力资产的贬值对应的人力资本逐渐减少。人力资本呈抛物线形变化，这是人力资本与实物资本的区别所在。

劳动者权益分成是企业实现的价值增值部分按存留的人力资本分配给劳动者的收益。有时，企业由于经营状况欠佳，支付给劳动者的工资低于国家或政府规定的最低工资标准，这部分差额也应转为劳动者权益分成挂账。劳动者权益分成不能像资本公积可以转增实收资本那样转增为人力资本。

10.6 人力资源会计科目

为了正确核算人力资产和劳动者权益，全面反映人力资源信息，应设置以下几个账户。

(1)“人力资产”账户。该账户核算人力资源的取得、培养、开发管理和使用过程中发生的资本性支出及人力资产的评估增值。发生支出和评估增值时记借方，人员调出、退休、死亡及评估减值时记贷方，余额在借方，表示期末人力资产结余数。该账户属于长期资产类账户，可按部门及职工个人设置明细科目，以便按部门及个人分别反映人力资产的分布情况。

(2)“人力资本”账户。该账户属权益性账户。职工被录用时或因能力提高并经重估时，据评估的价值记贷方，职工因调出、退休、死亡而脱离企业或年老健康恶化致使其能力下降时记借方，余额在贷方，代表剩余劳动能力形成的资本额。

(3)“人力资产累计折旧”账户。该账户是“人力资产”的备抵调整账户。计提折旧时记贷方，人员调出、转让、退休或死亡时记借方，余额在贷方，表示现有人力资产的累计折旧额。折旧时可采用个别和集体两种不同方法，对高技术管理人员可采用个别计提折旧法，对工人和一般职员则采用集体计提折旧法。折旧期可以根据职工未来服务年限并考虑职工退休制度、职工离职率、职工健康状况及技术陈旧速度等因素确定。

“人力资产累计折旧”账户不同于“固定资产累计折旧”账户，它包括两方面内容：人力资产成本摊销与人力资产贬值。人力资产成本是企业为取得、培训和利用人力资产而发生的支出，它应在人力资产整个经济寿命期内平均摊销；人力资产贬值一般是指劳动者从壮年到老年期间，由于身体健康状况的恶化，劳动能力下降，资产贬值。因此，“人力资产累计折旧”账户下应设置“人力资产成本摊销”和“人力资产贬值”两个明细科目。

(4)“人力资产成本费用”账户。该账户核算人力资产的收益性支出，如工资、福利费等，以及应与本期收益相配比而摊销的资本性支出(人力资本成本)。它属于损益类账产，费用发生和摊销时记借方，期末结转损益时记贷方，结转后无余额。

(5)“人力资产损益”账户。该账户核算企业人员调出、转让时收取的补偿费用(如学习、培养、实践费用的违约金等)与账面净值之间的差额，企业人员因退休、死亡等原因退出企业时注销的账面净值，意外伤亡事故收到的保险赔款、其他赔款与医疗费、丧葬费、一次性抚恤金之间的差额，退休人员的一次性退休金、一次性补助金等。补偿收入大于账面净值时和收到保险赔款、其他赔款时记贷方，补偿收入小于账面净值时和注销账面净值、支付有关费用时记借方，期末结转损益后无余额。

(6)“劳动者权益分成”账户。该账户属于权益性账户。按留存的人力资本分配企业实现的价值增值给劳动者时记贷方；企业支付给劳动者的工资低于国家或政府规定的最低工资标准时，差额部分也记贷方；劳动者从企业提取劳动者权益分成收益时和劳动者退出企业放弃劳动者收益分成时记借方；余额在贷方，表示留存在企业的劳动者权益分成额。

对人力资源会计的核算应采取如下一些账务处理。

1. 人力资产增加的核算

(1)招聘人员，支付招聘费、补偿费、差旅费等款项。

借：人力资产——×类人员——×××

　贷：银行存款、现金、实物资本等

(2)录用职工时，按评估的价值核算。

借：人力资产——×类人员——×××

贷：银行存款、现金等

(3)有关人员进修、学习，支付培养费等费用。

借：人力资产——×类人员——×××

贷：银行存款、现金等

(4)支付大额医疗费、大额保险费、一次性巨额补助等其他资本性支出。

借：人力资产——×类人员——×××

贷：银行存款、现金等

2. 计提人力资产成本费用的核算

(1)计发工资、福利费等收益性支出。

借：人力资产成本费用

贷：应付工资、应付福利费等

(2)计提人力资产折旧。

借：人力资产成本费用

贷：人力资产累计折旧——人力资产成本摊销

(3)当劳动者处于中老年期，身体健康状况恶化，致使劳动能力下降时，

借：人力资产成本费用

人力资本——人力资本贬值

贷：人力资产累计折旧——人力资产成本摊销

——人力资产贬值

3. 人力资源退出企业的核算

高级技术管理人员退出企业时，按人头确定人力资产账面净值，并予以注销；一般职工退出企业时，可根据该类人力资产的原始价值扣除累计折旧后的账面净值，除以该类人力资产的总数，求出单位价值，并据此确定退出人力资产的账面价值，也可以估算其账面价值，并予以注销，同时冲销对应的“人力资本”账面余额。

(1)调出人力资源的核算。

借：人力资产累计折旧——人力资产成本摊销

——人力资产贬值

人力资本

人力资产损益——未摊销的人力资产成本

贷：人力资产——×类人员——×××

如果收到赔偿，则应冲减人力资产损益。

借：银行存款

贷：人力资产损益——未摊销的人力资产成本

(2)职工退休的核算。

① 注销账面价值。

借：人力资产累计折旧——人力资产成本摊销

——人力资产贬值

　　人力资本

　　人力资产损益——未摊销的人力资产成本

　贷：人力资产——×类人员——×××

② 支付一次性退休金、补助费等。

借：人力资产损益

　贷：银行存款

如果退休金是分月支付的，则不能作此分录，而应列为管理费用。

(3)职工死亡的核算。

① 注销账面价值。

借：人力资产累计折旧——人力资产成本摊销

　　　　　　　　　　——人力资产贬值

　　人力资本

　　人力资产损益——未摊销的人力资产成本

　贷：人力资产——×类人员——×××

② 支付医疗费、丧葬费、一次性抚恤金。

借：人力资产损益

　贷：银行存款

③ 收到保险公司或其他单位赔款。

借：银行存款

　贷：人力资产损益

4. 高级人才能力评估增值(或贬值)的核算

(1)评估重置价值大于账面价值时，按增值的部分核算。

借：人力资产——×类人员——×××

　贷：人力资本

(2)评估重置价值小于账面价值时，按贬值的部分核算。

借：人力资本

　贷：人力资产——×类人员——×××

5. 期末结转人力资产损益的核算

借：人力资产损益

　贷：本年利润

借：本年利润

　贷：人力资产成本费用

6. 劳动者权益分成的核算

(1)实现的价值增值部分属于劳动者权益分成的部分。

借：利润分配——劳动者权益分成

　贷：劳动者权益分成

(2)少付的工资转化为劳动者权益分成挂账。

借：应付工资

　贷：劳动者权益分成

(3)劳动者从企业提取劳动者权益分成收益。

借：劳动者权益分成

　贷：现金、银行存款等

(4)劳动者退出企业，放弃劳动者权益分成。

借：劳动者权益分成

　贷：资本公积

科目之间的关系用“T”字账户表示，如图 10-3 所示。

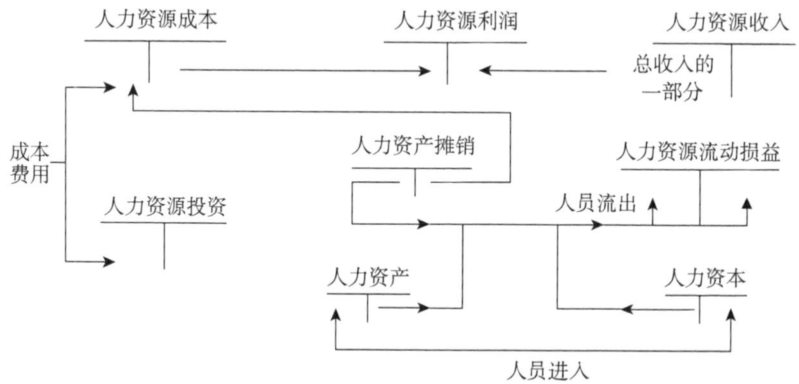

图 10-3　人力资源会计科目之间的关系

人力资源会计的报表披露格式：我们考虑到人力资源会计的特点，也兼顾到人力资源会计和传统会计的衔接，设置资产负债表(表 10-1)和损益表(表 10-2)。

表 10-1　资产负债表(简式)

流动资产	短期负债
人力资产	长期负债
人力资产摊销	劳动者和所有者权益
人力资产投资	实收资本
固定资产	人力资本
资产合计	负债、权益合计

注：劳动者和所有者权益即按人力资本在总资本中的比例乘企业所拥有的总权益

表 10-2　损益表(简式)

一、非人力资源收入
非人力资源成本
非人力资源利润
二、人力资源收入
人力资源成本
人力资源利润
人力资源流动损益
三、利润总额
所得税
四、净利润

案例分享

上海卫星工程研究所的薪酬制度

上海卫星工程研究所创建于 1969 年 12 月，是上海航天基地的卫星研制总体单位，主要承担卫星的总体设计、总装、总测试以及空间环境模拟试验，同时还承担卫星的结构、热控、数据收集、测控等分系统和总体电路及部分星上仪器的设计研制工作，拥有可供卫星测试和空间环境模拟试验的各种大型试验设备。

20 世纪 70 年代，上海卫星工程研究所先后设计、研制并成功发射了三颗技术试验卫星。1977 年，该所开始设计研制我国气象系列应用卫星。1988 年 9 月 7 日、1990 年 9 月 3 日和 1999 年 5 月 10 日，先后成功发射了三颗"风云一号"太阳同步轨道气象卫星。卫星发回的高质量云图资料已应用于气象分析和预报业务，还向国外传送了轨道参数和云图照片。特别值得一提的是，1999 年 5 月 10 日成功发射的"风云一号 C 星"，已被国际气象组织列为国际气象业务应用卫星，并获得了国家科技进步一等奖第一名。1997 年和 2000 年，上海卫星工程研究所设计研制的新一代"风云二号"地球同步气象卫星又两次顺利发射升空。"风云二号"各项性能指标均达到了 20 世纪 90 年代国外同类卫星的水平，它提高了我国天气预报、预防各类气象灾害、保护环境等多方面的能力，使我国气象现代化事业进入了一个新的阶段。

上海卫星工程研究所现有员工 600 余人，科技人员占全所员工 2/3 以上，其中高级科技人员占 1/3。20 世纪 90 年代中期以后，上海卫星工程研究所同时承担了多项国家重点卫星项目的研制任务，科研形势十分喜人。但是，自 1995 年以来，该所的人才流失十分严重。面对繁重紧迫的任务，人才匮乏，特别是高层次人才匮乏的现象十分明显。人才断层、人力资源短缺已在一定程度上影响了科研任务的完成，影响了该研究所的竞争力和发展后劲。

分析上述现象产生的原因，主要是现行的薪酬制度不合理。研究所现行的薪酬制度中最大的不合理之处在于：工资结构不合理，工作关系不顺，片面强调职务、职称、资历，忽视岗位、责任、贡献。这在一定程度上影响了技术骨干工作的积极性，导致部分骨干相继流失。所以，为适应市场经济的发展，抓住良好的发展机遇，必须改革现行的薪酬制度。

2000 年 3 月，新的薪酬制度正式执行。执行后，从工资增长幅度分布情况来看，人数与增幅关系呈正态分布，说明该制度执行后，绝大多数职工都是受益者，且工资增长幅度控制在合理的范围之内。从工资增长人员状况来看，主要骨干人员的工资增长幅度较大，这符合新制度的指导思想，达到了预期的目的。上海卫星工程研究所薪酬制度有关内容如下。

一、指导原则

薪酬是以货币形式表现出来的直接支付给劳动者的劳动报酬。在制定新的薪酬制度时，应遵循如下原则。

(1)应与国家政策接轨，并逐步与市场接轨。

(2)体现效益优先、现职优先、一线优先原则。

(3)薪酬与责任风险挂钩，淡化职务、职称、资历，强化岗位、责任、贡献，按劳分配，兼顾公平。

(4)实现“两个分离”，即科研生产一线和管理相分离；管理岗位中，具有真正管理职能的管理人员与不具备管理职能的人员相分离。通过对一线岗位和管理岗位采用不同的考核办法，达到员工个人收入与考核结果相挂钩的目的。

二、岗位设置

1. 一线人员的确定及岗位设置

(1)一线人员的范围。一线人员包括直接从事卫星工程设计的技术人员，项目管理人员，生产、试验、装配工人及其他科研保障人员；从事预先研究(以下简称预研)、发展战略研究的技术人员和管理人员；在完成卫星工程任务的基础上，承担其他科研任务的技术人员、管理人员和技术工人。

(2)岗位设置及描述。一线人员岗位设置及描述见表10-3。

表10-3　一线人员岗位设置及描述

岗级	岗位名称	岗位描述	备注
1	工程技术负责人	全面负责卫星工程的技术问题，组织卫星设计或预研，负责重大技术问题的决策	
	工程管理负责人	组织编制卫星工程研制计划并负责实施，对任务的完成负主要责任；组织编制卫星产品质量保证大纲并负责实施，对卫星设计、试验、生产的质量负主要责任	
2	技术学科带头人	卫星工程设计、研制的主要技术负责人，卫星关键技术领域内的技术专家，或组织开展重要工程或重大关键技术课题预研的技术专家，负责确定工程总体技术状态、工艺总方案或关键技术方案	
3	主要技术骨干	全面掌握卫星工程研制的业务知识；能独立组织开展工程某一方面的设计、工艺、试验、装配等工作；能独立开展重要工程或重大关键技术课题的预研工作；能出色地完成所承担的工作等	
	主要项目管理骨干	全面掌握卫星工程行政指挥、质量管理的业务知识，熟悉工程技术业务；能独立组织开展卫星某一方面(含预研)的计划调度、条件保障和质量管理工作；能出色地完成所承担的工作	
4	技术骨干	熟悉卫星工程研制的业务知识；能独立负责卫星系统或单机的设计、工艺、试验、装配等工作；能独立负责预研课题的研究工作；能胜任并承担多岗位工作；能创造性地完成本岗位及所兼岗位的各项工作	
	项目管理骨干	熟悉掌握卫星工程行政指挥、质量管理的业务知识，了解工程技术业务；能独立负责完成卫星系统或单机研制、试验、生产、预研的计划调度、条件保障和质量管理工作；能胜任并承担多岗位工作；能创造性地完成本岗位及所兼岗位的各项工作	

续表

岗级	岗位名称	岗位描述	备注
5	一般技术人员	了解卫星工程研制的业务知识，能完成承担的某项具体技术工作	
	一般项目管理人员	了解卫星工程计划调度、质量管理的业务知识，能完成承担的某项具体工作	
6	一般保障人员	从事科研生产保障且技术含量较低的工作	
7	见习人员	在他人指导下，能完成或部分完成所承担的工作	

2. 管理人员的确定及岗位设置

(1)管理人员的范围。在技术经济、技术基础、行政、政工等方面具有管理职能和职责的各类人员。

(2)岗位设置及描述。管理人员岗位设置及描述见表 10-4。

表 10-4　管理人员岗位设置及描述

岗级	岗位名称	岗位描述	备注
A	党政第一负责人	全面负责研究所党政各项工作	
	党政副职、工会第一负责人	协助党政第一负责人，负责分管某一方面工作	
	党政助理	辅助党政第一负责人，负责分管某一方面工作	
B	部门第一负责人	负责本部门职责范围内各项工作的组织领导和日常管理，对本部门的工作全面负责，对研究所主管领导负责	
	主要管理骨干	全面掌握主管工作的业务知识、办事程序和政策法规，有较强的分析、判断、概括和表达能力；负责部门某一方面工作；在部门负责人不在时，能代理部门负责人完成工作	
	管理骨干	熟练掌握本职工作所需的专门业务知识和方法，有一定的分析、判断、概括和表达能力；能独立承担某一方面的管理工作；能胜任并承担多岗位工作；能主动、积极和创造性地完成本岗位及所兼岗位的各项工作	
	一般管理人员	基本掌握本职工作所需的专门业务知识和方法，有基本的分析、判断、概括和表达能力，承担并胜任某项具体的管理工作	
C	见习人员	在他人指导下，能完成或部分完成某项目具体的管理工作	

3. 辅助人员的确定及岗位设置

(1)辅助人员的范围。辅助人员包括：管理部门中从事不具备管理职责和职能且技术含量较低的工作的各类人员。辅助人员的薪酬分配采取“两步走”的方式：第一步，考虑研究所的现实情况来确定辅助人员的收入；第二步，在第一步的基础上，辅助人员的收入逐步与管理部门脱钩，逐步与市场相应劳动力价格接轨。

(2)岗位设置及描述。辅助人员岗位设置及描述见表 10-5。

表 10-5 辅助人员岗位设置及描述

岗级	岗位名称	岗位描述	备注
1	一类辅助人员	从事事务性或技术含量较低的工作；能胜任并指导其他辅助人员完成工作	
2	二类辅助人员	从事事务性或技术含量较低的工作，能胜任工作	

三、薪酬结构

员工工资＝职级工资＋岗级工资＋绩效工资＋特殊津贴

1. 职级工资

(1)职级工资执行事业单位工作人员工资标准中的专业技术职务等级工资标准、行政职务等级工资标准、工人等级工资标准。

(2)职级工资随员工职务、技术等级的变动及国家有关政策规定作相应调整。

(3)职级工资由研究所统一核定发放。

2. 岗级工资

岗级工资＝岗级基准×岗级系数＋航龄工资

(1)岗级基准。根据研究所经济效益及能力、人员结构、工资框架、职工福利等确定。岗级基准按其确定原则基本保持稳定，可根据研究所的经济效益及能力作适当的调整。

(2)岗级系数。根据研究所人员分类和岗位设置，以及各系列岗位的职责、风险等，将岗位分为若干等级，同一等级岗位分设四个档次。

(3)航龄工资。

航龄工资＝航龄基准×职工航龄

其中，航龄基准为 6 元/年；职工航龄按本系统上级有关规定统一计算。航龄跨年度按两年计，计入航龄工资的航龄上限为 30 年。航龄工资每年调整一次，并从当年 1 月 1 日起执行。

(4)核发。岗级工资由研究所统一核定发放。

3. 绩效工资

(1)一线部门绩效工资。

一线部门绩效工资＝绩效基准×所系数×部门工作量系数×任务完成系数

一线部门绩效工资直接与部门所承担任务的科研经费及任务的完成情况挂钩。在现行任务结束而后续任务(按经费情况)尚未到位的情况下，部门绩效基准按全所绩效基准平均值的 60%～80%核定。

“所系数”根据上一年度全所完成任务的情况作相应调整(上浮或下浮 10%)。

为鼓励一线部门多承担任务，设置“部门工作量系数”。部门承担卫星研制、预研的具体情况以科研计划部门的上报为准，“部门工作量系数”根据部门承担任务的情况确定。

“任务完成系数”由所一级考核确定，详见“考核”部分。

(2)管理部门绩效工资。

管理部门绩效工资＝绩效基准×所系数×部门工作量系数×管理服务质量系数

管理部门绩效工资根据研究所总体经济效益、能力及工资框架等确定。其中“所系数”的含义与一线部门相同，“部门工作量系数”按一线部门平均“部门工作量系数”的80%～90%核定，“管理服务质量系数”由所一级考核确定，详见“考核”部分。

(3)核发。各部门第一负责人负责根据考核结果在本部门绩效工资总额内核定本部门职工的绩效工资，并与每月 5 日前将《部门绩效工资核发汇总表》报交人事部门。同时，由部门将所属员工当月绩效工资以书面形式于每月 15 日前通知员工本人。部门核定员工绩效工资时必须分出档次，拉开差距，不得搞平均主义，部门最高所得与部门人均所得之比一般不得小于 1.5 倍。

各部门第一负责人的绩效工资根据其个人和部门考核结果核定。

4. 特殊津贴

特殊津贴专对特殊岗位和人员而设置，起一定的调节作用，其享受面及额度由所领导严格控制。在研究所卫星科研经费有保障的情况下，特殊津贴作为一种激励机制将持续稳定地存在，但特殊津贴也要纳入考核，不再承担卫星任务或考核不称职者将不再享有特殊津贴。

四、关于考核

1. 岗级工资的考核

(1)岗级工资随员工岗位的变动而调整，同时员工年度考核的结果(分优秀、称职、基本称职和不称职四档)作为下年度岗级工资调整的依据。

(2)各部门根据考核结果重新调整部门员工的岗级后，报人教处汇总审核，经所办公会审议，最后经所长批准后执行。对岗位无变动者，若考核结果为“优秀”，则上调一个档次，直至本岗位等级最高档次止；“称职”者保持原档次不变，连续两年“称职”，则上调一个档次，直至本岗位等级最高档次止；“不称职”者下调一个档次，并提出警告，连续两年“不称职”者作“见习”岗处理。

2. 绩效工资的考核

绩效工资采用二级考核方式。一级考核由所长、党委书记负责，内容为：对副所级领导、所长助理和各部门第一负责人进行考核；对各部门工作进行考核；对二级考核情况进行审定。二级考核由各部门第一负责人负责。

(1)一级考核。

①由所长、党委书记负责对副所级领导、所长助理和各部门第一负责人进行考核。

②成立所考核工作组负责具体考核工作。

③所考核工作组对各部门的考核侧重于管理质量和为一线服务的质量(服务质量由一线部门打分)。

④绩效工资考核每半年进行一次。每次考核前两周，各部门将《部门半年工作情况表》报交考核工作组。

⑤考核工作组收集汇总所领导、考核组对各部门的考评分数，并填报《部门季度考核汇总表》交所办公会审定，最后得出各部门相应的任务完成系数或管理服务质量系数。考核工作结束后，由考核工作组向各部门反馈系数，并核定后半年部门绩效工资总额。

(2)二级考核。各部门第一负责人负责制定二级考核办法并实施二级考核。考核办法需充分征求本部门员工的意见，并报人教处备案审定后执行。部门员工若对本人的考核结果存有疑义，可向所工会、纪委等有关职能部门反映。相关职能部门在调查核实后，只负责向当事人反馈其本人的考核是否公正，不负责解释其他情况。

五、关于部门编制与绩效工资总额

(1)部门编制确定后应保持相对稳定，除非研究所对部门职责有重大调整或其他改革措施出台；一般性任务增减在部门考核系数中反映。

(2)部门编制确定后，在职责不变的情况下，部门的人员进出均不影响绩效工资总额基数(因考虑发展等因素而增加人员的情况除外)。

(3)在部门满编情况下，新增返聘人员的一半费用从部门绩效总额中支出。

(4)鼓励部门精简人员，将富余人员报转分流托管分中心(人事部门)待岗。研究所一般不直接安排待岗人员的工作岗位，而按实际需要组织转岗培训，为待岗人员提供竞岗机会，择优上岗。

六、其他

(1)本办法实施后，凡在原岗位上工作满 6 年，属正常新老交替而从原岗位退下来的同志，其岗级工资待遇予以保留。

(2)建立完善的工资档案。工资变动按国家政策规定执行。

(3)本办法执行后，非由研究所或部门统一布置的加班，加班费一般不再由所计发，而由部门在绩效工资中考虑；某些特定岗位的补贴仍由所计发。

(4)各部门每月 5 日前将职工考勤情况报交人事部门。

➢本章小结

人力资源会计的生命力在于应用，目前其推广应用速度缓慢，原因在于人力资源会计还没有与现行的会计准则融合，进入日常财务会计与管理会计领域。不过，我们可以在现有的企业会计准则中“挖掘”人力资源会计的“元素”，逐步使人力资源会计“登堂入室”，成为知识经济时代经营管理的战略工具。

我们的当务之急是设计一套切实可行的人力资源会计制度，以便有计划、有步骤、有重点、有选择地在会计实务中试行推广，积累经验，总结提高。我们可以将现行传统会计中有关人力资源的那一部分会计事项，按照人力资源会计的原理和方法加以处理。

企业的经营者应该具备强烈的战略管理意识，把人力资源投资作为第一投资，把人力资源价值作为最重要的资产。应该组织企业的高层领导(包括总会计师、总经济师、总工程师)共同筹划，组建由人力资源管理部门和财务会计部门共同参与的人力资源会计。

人力资源高度集中的单位应率先推行。例如，培养人才的基地高等院校，智力密集的行业(如咨询业、金融业、高科技产业)，甚至文艺团体、足球俱乐部等，都涉及许多人力资源会计的问题。

人力资源权益是人力资源会计的核心。唯有人力资源权益，才能使企业的经营者、管理者、劳动者把自己的利益与企业的命运紧紧地捆在一起，使他们的贡献完全记在账上，可以参与企业的分配。这一点又从理论上使马克思的劳动价值论真正复归：唯有可变资本才创造新的价值，而不变资本只是转移价值。但事实上从来都是不变资本的所有者在参与分配，而可变资本的所有者却一直被排斥在外，岂不是历史的颠倒？只有当人力资源会计充分反映了人力资源权益时，历史才能恢复其本来面貌。

人力资源计价有两种基本方法：成本法和价值法。

会计信息的外在形式是数字，但其实质体现一定的经济利益关系。人力投资的费用化、资本化直接影响各期收益，进而影响企业及投资人各方的利益。

人力资源会计的核算主要包括两个方面的内容：人力资产核算和劳动者权益核算。

第11章 人力资源会计的推广应用

学习目标

通过本章的学习，了解在现代企业制度下，如何应用人力资源会计正确处理所有权与经营权分离所形成的委托-代理关系，从根本上解决激励和约束的实际矛盾；懂得如何科学地设计企业经营者的薪酬制度和有效地实施股票期权计划，从而使投资者利益最大化。

随着市场经济的深入发展，国有企业中掀起了一场“经理革命”，即“专业经理取代公司所有者成为决策者”。在我国目前建立的现代企业制度下，所有权与经营权分离是现代企业制度的主要特征。所有者即国家股东拥有最终的财产所有权与剩余索取权，没有直接的经营决策权；经营者代理所有者行使经营决策权，但要所有者承担其决策后果。显然，根据理性经济人的假设，追求各自的效用最大化的委托人(所有者)和代理人(经营者)的目标之间总是存在分歧的。代理人有可能以实现个人效用最大化为目的来选择企业的经营目标，甚至有可能以牺牲所者的利益为代价。迄今为止的委托-代理理论也只是提出问题，事实上并没有提供解决问题的方案。例如，如何解决信息不对称的问题，如何解决内部人控制的问题，如何降低代理成本的问题。

国内外的成功经验表明，“经理革命”和以“金手铐”为特征的股票期权制度可以从根本上解决所有权与经营权分离后必然出现的委托-代理问题。同样，我们现在面临的现代国有企业产生的这个委托-代理问题，就正是目前企业改革面临的严峻问题。如何设计一套约束、激励机制激发代理人的工作积极性，最大限度地降低代理成本，既是现代企业改革的关键问题，又是人力资源管理制度变迁的重大目标。因此，经营者激励制度的设计有着极其重要的作用。

11.1 “经理革命”和“金手铐”

从我国国有企业改革的现状来看，企业家制度还相当欠缺，经营者激励与约束机制的不健全、利益与风险的不对称都导致了严重的经营者“败德”行为，从而不可避免地降低了人力资源管理制度的效率。针对这些问题，需要设计一个经营者激励合同。

企业所有者和经营者之间实行激励劳动合同，即该合同除规定双方最基本的权利和义务外，要明确规定经营者享有企业剩余索取权和控制权，并承担相应的风险，按经营者的劳动贡献(即企业的劳动贡献)来决定对经营者的奖惩；经营者是工人的委托人，并监督工人的工作。劳动贡献决定劳动报酬，这是按劳分配的基本原则。

11.2　企业经营者的剩余索取权

我们知道，现代国有企业是所有权与经营控制权分离的企业，现代企业制度已赋予国有企业经营者企业控制权(即经营权)。正如弗兰克·奈特指出的那样：没有人愿意替代他人承担风险而不要求对他人的控制权，也没有人能不替代他人承担风险就能取得对他人的控制权。因此，国有企业经营者在享有国有企业的经营控制权的同时必须承担一定的风险。而剩余索取权是一种分享企业剩余的权力，市场交易法则和经济人的理性行为决定了没有经营者会愿意在得不到一点儿企业剩余的情况下去经营他人所有的企业。所以，国有企业经营者拥有剩余索取权也是理所当然的。接下来的问题是，我们为什么要规定让经营者做工人的委托人来监督工人的工作而不是反之？

资料 11-1

14 年挣 6 亿　打工皇帝唐骏 10 亿身价转投新华都[①]

4 月 17 日，上海明天广场，唐骏在星巴克门口低声打着电话，咖啡店里享受着午后阳光的人们，没有谁注意到这个实际个人资产已经高达 15 亿元的“中国打工皇帝”。

“我的合约中没有聘期，也没有任何附加条件，”唐骏说，“我希望把新华都做成在中国民营企业中前十大，也希望自己也成为中国新首富的缔造者。”

签约奖金 10 亿元，唐骏凭什么？

“我个人最大的价值，是拥有一个最优秀的职业经理人所需具备的全部条件”，唐骏对理财周报记者说，脸上带着他招牌似的自信微笑。在他看来，微软 10 年获得的全球最先进企业的管理经验、盛大 4 年的全程资本市场运作，使他拥有了职业经理人的顶级经验，“可以运用到任何一家公司的经营管理中”。

两天前，唐骏在北京召开个人发布会，从新东家陈发树的手中接过了新华都总裁兼 CEO 的聘书。这一纸聘书的 signing bonus(签约奖金，国内媒体广泛译为“转会费”)高达 10 亿元。

“这 10 亿元全部是集团和子公司的可兑换原始股，目前已经转到了我的个人账户上”，唐骏对理财周报记者说。尽管这一天文数字还不是严格意义上的真金白银，但其含金量远不仅于此。就在发布会的第二天，新华都集团参股的“国内黄金老大”紫金矿业(601899)，以 0.1 元面值、7.13 元/股的发行价启动 A 股网上申购，唐骏自称将是紫金矿业登陆 A 股后“一个很大的受益者”。而未来 3 个月，新华都集团旗下子公司新华都购物广场也将在 A 股上市。

在此之前，紫金矿业登陆 A 股已经引起国内投资者对新华都集团的兴趣。1995 年

① 李冰心．14 年挣 6 亿　打工皇帝唐骏 10 亿身价转投新华都．理财周报，2008-04-21。

成立于福州的新华都集团，是集百货、超市、地产、工程、矿产、旅游、投资业等为一体的综合性企业，集团员工总数超过1万名。随着紫金矿业股价的变化，新华都董事长陈发树的身家也水涨船高，2004年陈发树居《福布斯》内地富豪榜第111位，2005年为第56名，2006年为第29名，2007年则跃为富豪榜第16名，计199.3亿元个人财富。

不过，尽管数度上榜福布斯内地富豪榜，但福建以外真正关注“陈发树”这个名字的人并不多。而现在，大家都知道他是“打工皇帝”唐骏的“新东家”。

陈发树延揽唐骏加盟新华都，付出的代价起点是10亿元，但他觉得这笔投资“非常值得”。“唐骏拥有多年国际与本土企业的经营经验，我们非常看重他的全面才能。”陈发树说，唐骏加盟后将正式负责新华都集团的日常管理、长期战略以及资本运作等工作。

4年进账5亿元，唐骏究竟为盛大做了什么?

15日的发布会上，唐骏的“老东家”盛大董事长陈天桥特别委托代表出席并宣读他对唐骏履新的祝贺。陈天桥表示，与唐骏有着4年愉快的合作经历，唐骏在盛大圆满完成其工作，为盛大转型做出贡献。

4年的总裁任期内，包括尚未套现的股权，唐骏共获得了总价值约5亿元的丰厚报酬，他究竟为盛大做出了什么?

“唐骏作为职业经理人，几乎完美。”曾与唐骏一起共事的前任盛大副总裁朱威廉这样评价他。朱威廉认为，唐骏在盛大贡献颇多，尤其是在华尔街的两次成功路演为盛大建立起与投资者沟通的桥梁。

2004年4月2日，盛大向美国证券交易委员会递交欲在纳斯达克上市的招股说明书。“家族企业顾虑、收入来源单一和与韩国游戏开发商的法律纠纷”是盛大上市面临的三大不利要素。唐骏作为盛大总裁去华尔街做过路演，“我需要跟他们解释的只是网游模式问题”，唐骏说。唐骏“微软(中国)终身荣誉总裁”的身份首先打消了华尔街的第一项顾虑，他又凭借强大的沟通能力瓦解了第二项疑虑，并动用自己各方面资源直接斡旋解决了第三个问题。

2006年11月27日，唐骏再次踏上游说华尔街之途。盛大股价应声上涨，短短一个星期内暴涨30%，各大投资机构亦纷纷上调对盛大的投资评级。“有一个在华尔街工作4年的分析师告诉我，那次路演是他看到最成功、效果最好的一次，一个星期股价涨了30%；此前李彦宏、张朝阳都去做过路演，但是没有这样的效果。”唐骏说他最有价值的能力之一就是沟通，“其实我就是给他们打了个比方，让他们明白盛大在做什么。直接效果就是我在一周时间里面，为盛大赚进了4亿美元”。

唐骏对理财周报记者给出“更多地担当首席财务官职责”的评价，微笑着表示默许。唐骏确实曾经兼任CFO(chief finance officer，即首席财务官)——而陈天桥则承认自己不了解华尔街，也不了解资本运作。

不过唐骏强调，离开盛大完全是职业发展需要，自己与陈天桥之间的合作“不存在一点问题”。“我在盛大的定位一直非常清楚，我是去辅佐陈天桥的，我们的沟通非常顺畅，每天一起喝茶有3～5次，还经常发短信，这样有什么问题会沟通不好么?”

不过，唐骏至今仍对陈天桥拒绝雅虎10亿美元入股盛大表示遗憾，“从职业经理人的角度去考虑，如果成功收购新浪是值得骄傲的，当时陈天桥如果听了我的话，盛大将引进 10 亿美元，收购新浪就不会再受到毒丸计划的阻击”。

“陈天桥不是一个只注重利益的商人，他有自己的理想和方向。”唐骏这样评价老东家。离开后，唐骏仍继续担任盛大董事和 CEO 顾问。

每年推一子公司上市，收获可能数倍于 10 亿元

“他是一个非常有理想的企业家，他的梦想是做中国最具影响力的公司，正是这个梦想打动了我。”唐骏这样评价新雇主陈发树。

唐骏似乎是一个服务首富的专业户，他曾在全球首富比尔·盖茨手下任职 10 年，从微软公关部经理做到中国区总裁；随后的 4 年工作中，盛大成功登陆纳斯达克，陈天桥一度成为中国新首富。现在，唐骏又被福建首富招致麾下。他说：“我希望把新华都集团做成中国民营企业的前十大，甚至缔造出又一个中国首富。”

“相信 3～5 年以后，大家也会像今天关注盛大一样关注新华都”，唐骏说。对于一个从股份制家族企业逐步走向资本市场前台的企业集团，投资者会依据他的管理团队、他对经理人的信赖度给予公司相应的估值。从这个角度来讲，新华都对于唐骏的需求一如当年走向纳斯达克的盛大。

一方面，新华都集团烦琐的股权关系和复杂业务构成使外界对其知之甚少，而唐骏的加入意味着，国内最炙手可热的职业经理人从职业角度出发对公司的价值判断。另一方面，新华都涉及的业务，无论是零售、景区还是房地产对现金流的敏感性都很高，在美国次贷危机波及全球投资市场、国内商业银行对资金投放又变得相对谨慎的阶段，唐骏的沟通能力实在是非常重要的。

不过唐骏坦陈，自己对新华都集团还没有全面的了解。“从我选择加入，到现在马不停蹄地开始工作，我只知道这家公司拥有的多项业务，但对具体的组织架构和高管，还没有一个完整的认识。”

加入一个之前了解甚少的传统产业集团，唐骏说自己并不觉得有风险，“更多的是挑战”。“我的主要工作是将公司旗下各个分公司做上市，未来 3～5 年新华都将有 3～5 家子公司陆续登陆海内外资本市场”，唐骏坦陈，自己将是新华都一系列资本运作的主要推手，而他持有的大量原始股很快将水涨船高，“可能成倍于 10 亿元”。

唐骏透露，新华都集团上海办公中心正在积极筹备，包括战略投资、市场规划、人事和财务总部的上海新华都“将实际具备总部功能”，办公室选在即将竣工的上海第一高楼上海环球金融中心。

15 亿元身家投资高手，未来可能成立私募基金

唐骏在上海明天广场万豪酒店的超级 VIP 房间已经住了 5 年，迄今为止没有在国内任何一处置业。原因是他作为职业经理人可能会在不同城市发展，而且包括汤臣一品在内的任何一处房产也从未入他的法眼。

这位“中国打工皇帝”的资产究竟有多少？理财周报记者粗略地算了一笔账：在担任微软(中国)总裁之时，唐骏的收入超过了 1 亿元；担任盛大总裁 4 年，收入 5 亿元左右；这些收入大部分用来投资，折合投资收益总额 4 亿左右。实际上，在得到新华都的 10 亿元之前，唐骏的个人资产已经达到 10 亿元。如果再加上最新的 signing bonus，即使扣税后他的个人资产也超过了 15 亿元。

坐拥15亿元身家的唐骏说，自己的人生规划，就是成为职业经理人的标杆，“不会否定自己，再去创业”。

“保持10%的现金，25%左右委托私人银行打理，65%左右自己作投资。”这是唐骏的个人资产管理模式。唐骏向理财周报记者透露，他购买高盛、美林和瑞银的私人理财服务，年回报率在8%～10%，而自己所作投资的年收益基本维持在50%以上。他做天使投资，投了一家海外的铁矿和一家国内教育企业；也作IPO前夜的私募投资，包括即将登陆纳斯达克的医药公司、即将登陆A股的电力公司(这是他个人投资最大的一个项目，投资额达到800万美元)、中国前三大私人造船厂之一，还有奇瑞汽车。

唐骏也作投资跟进，如某外省房地产开发商的一个项目找到他融资，承诺将已经从30万元/亩升值到200万元/亩的土地，仍然作价30万元/亩部分转让。唐骏欣然接受，而他加入之后，开发商面临的动迁难题很快解决，土地资产迅速变现。“实际上我完全没有做过什么，但我所拥有的资源和人脉关系作为背景，足以令问题迎刃而解。”这项投资，唐骏的单笔收益超过了300%。

“我的股权投资大部分不是靠眼光，而是靠人脉关系，这没什么不可告人的，只是中国现阶段市场的一个现状。”唐骏说，也因为自己的人脉太广，“很多消息我知道了再去介入，这对其他不知情的股民来说有失公允”。

唐骏还向理财周报记者透露，也许未来，会设立自己的私募基金，“帮助更多的朋友去作投资”。

国内著名“打工皇帝”

紫金矿业集团股份有限公司董事长陈景河，年薪356.5万元，获公司股权激励11 459.4万股，折合人民币8.2亿元(按网上申购价7.13元/股计算)。

中国平安保险(集团)股份有限公司董事长兼CEO马明哲2007年年薪4 616.1万元，另有2 000万元奖金，按上市之初马明哲总计约拥有0.16%的公司总发行股本比例未变更测算，现在拥有平安保险1 175.2万股股份，按目前市值折合人民币6.5亿元。

浙江新安化工集团股份有限公司董事长王伟，年薪148万元，并获公司股权激励800万股，按目前市值折合人民币4.5亿元。

浙江新安化工集团股份有限公司总经理季诚建，年薪115.6万元，并获公司股权激励400万股，按目前市值折合人民币2.75亿元。

辽宁成大股份有限公司董事长尚书志，年薪51.6万元，并获公司股权激励400万股，按目前市价折合人民币1.13亿元。

11.3 企业经营者的薪酬制度设计

企业经营者的薪酬可以分成基本年薪、增值年薪和长期激励报酬三个部分。

11.3.1　基本年薪的确定

基本年薪主要依据经营者的能力，即“能干什么”来确定，这是劳动的潜在形态。基本年薪包括基本工资和津贴。它主要根据高级管理人员现期或上期（上一财政年度）对公司所做出的贡献而定。因此主要以上一财政年度的业绩以及一些其他因素作为评定标准。具体确定的方法是以地区和相应（近）行业的平均工资为基础，并考虑经营者的岗位、经历、资历和学历等因素，运用企业经营者能力测评专家系统进行测试，以得分的高低加以调整；结合管理人员现期或上期（上一财政年度）的现实表现和对公司所做出的贡献确定基本年薪的等级。新聘任的高级管理人员有以往的现实表现和经营业绩记录的，基本年薪可以参照执行；新聘任的高级管理人员无本公司的现实表现和以往经营业绩记录可供参考的，可以结合该管理人员加入本公司以前的工作经验及薪酬情况确定。基本年薪的确定可以按契约或公式计算，具体计算方法如下。

新上任的高级管理人员的基本年薪的计算公式为

$$基本年薪=[常规年薪+常规年薪\times(能力测评得分)^{\frac{1}{3}}]\div 5$$

在任的高级管理人员的基本年薪的计算公式为

$$基本年薪=\{常规年薪\times[1+a+(能力测评得分)^{\frac{1}{3}}]\}\div 5$$

其中，a 表示经理人员的业绩表现。$-50\%<a<5\%$，需要改进；$a=15\%$，成功；$a>30\%$，优异。

不同的公司所参考的数据范围有所不同，部分公司只能参考本行业的数据。公司的性质不同，对市场或行业的薪酬数据的处理方法也不同。确定基本年薪的工作程序为：第一步，评价公司上一财政年度的业绩，根据公司业绩设定高级管理人员的工资平均增长水平。第二步，评定个人的业绩，根据公司业绩评定个人业绩，一般分为需要改进、成功和优异三个等级。个人业绩“需要改进”，表示薪酬委员会对该管理人员的工作不满意，基本年薪可能不增长或者增幅低于平均水平；如果个人业绩“成功”，基本年薪可以增长 10%；如果个人业绩“优异”，基本年薪增长 20%。第三步，根据劳动力市场同类人才的薪酬数据进行微调。薪酬委员会对于高级管理人员的基本年薪有最后的裁决权，当市场或公司发生变化时，薪酬委员会有权减少基本年薪的增幅甚至冻结基本工资。

11.3.2　增值年薪的确定

增值年薪主要考虑经营者的业绩表现，即由“在干什么”来确定，这是劳动的现实形态。薪酬委员会主要考虑公司业绩、高级管理人员的业绩、劳动力市场上相似人才的报酬情况。

（1）公司业绩：上一财政年度的财务指标的增长性；财务指标与公司预定目标的差异；市场占有份额。

（2）高级管理人员的业绩：高级管理人员的权职范围；对公司上一年度业绩所做出的贡献；对公司战略发展所做的贡献。

（3）劳动力市场上相似人才的报酬情况：劳动力市场上相似人才的一年的薪酬情况；

劳动力市场上相似人才的三年期的薪酬平均数据。

增值年薪确定的方法以基本年薪为基础，考虑企业的净利润增长率、净资产增长率以及销售增长率，再结合经营者的管理贡献和企业经营业绩的综合指数。具体计算方法为

$$\text{增值年薪}=\text{基本年薪}\times\{0.2\times[0.4\times\text{净资产增长率}+0.4\times\text{净利润增长率}+0.2\times\text{销售增长率}]+0.5\times0.2\times(1+\text{管理贡献率})+0.3\times(\text{企业业绩综合系数})^{\frac{1}{3}}$$

其中，净资产增长率、净利润增长率和销售增长率均可从会计报表的有关数据中求得，管理贡献率和企业业绩综合系数详见本书 5.4 节。

11.3.3 长期激励报酬的确定

长期激励报酬主要考虑经营者的贡献，即由“干了什么”来确定，这是劳动的凝固形态或物化形态。其中已考虑了经营者的管理贡献。计算公式如下。

$$\text{长期激励报酬}=\text{年净利润}\times[0.025\times(1+\text{管理贡献率})]+\text{基本年薪}\times0.7\times(\text{企业业绩综合指数})^{\frac{1}{3}}$$

11.4 股票期权计划

公司的高级管理人员时常需要就公司的经营管理以及战略发展等问题独立地进行决策，如公司购并、公司重组以及长期投资等重大决策给公司带来的影响往往是长期性的，效果往往要在 3～5 年后，甚至 10 年后才会体现在公司的财务报表上。在执行计划的当年，公司的财务指标记录的大多是执行计划的费用，计划带来的收益可能很少或者为零。如果一家公司的薪酬结构完全由基本工资及年度奖金构成，那么出于对个人私利的考虑，高级管理人员可能会倾向于放弃那些短期内会给公司财务状况带来不利影响但是有利于公司长期发展的计划。为了解决这类问题，公司应设立一种新型激励机制，将高级管理人员的薪酬与公司长期业绩联系起来，鼓励高级管理人员更多地关注公司的长期持续发展，而不是仅仅将注意力集中在短期财务指标上。

股票期权是公司给予高级管理人员的一种权利，持有这种权利的高级管理人员可以在规定时期内以股票期权的行权价格购买本公司股票，这个购买的过程称为行权。在行权以前，股票期权持有人没有任何的现金收益；行权过后，个人收益为行权价与行权日市场价之间的差价。高级管理人员可以自行决定在何时出售行权所得股票。

11.4.1 股票期权的类型

股票期权计划可分为两类：激励股票期权(incentive stock option)以及非法定股票期权(non-qualified stock option)。

激励股票期权必须满足如下条件。

(1)股票期权的赠予计划必须是一个成文的计划，在该计划实施前 12 个月或之后

12 个月，必须得到股东大会的批准。

(2)股票期权计划实行 10 年后，自动结束；如果要继续施行，需再次得到股东大会批准。股票期权计划的开始日期以实行日或股东大会通过日两者中较早者为准。

(3)从股票期权赠予日开始的 10 年内，股票期权有效。超过 10 年后，股票期权过期，任何人不得行权。

(4)股票期权不可转让，除非通过遗嘱转让给继承人。

(5)在股票期权赠予日，如果某高级管理人员拥有该公司 10%以上的投票权，则未经股东大会特批，不得参加股票期权计划。

11.4.2　股票期权的赠予条件

所有按照法律规定不需要股东大会批准的条款的决定权都在公司的薪酬委员会。

(1)股票期权的受益人。股票期权发展初期，其受益人主要是公司的高级管理人员。如果某高级管理人员拥有该公司 10%以上的投票权，则未经股东大会批准，不能参加股票期权计划，只能持有非法定股票期权。

(2)股票期权的赠予时机。高级管理人员一般在以下三种情况下获赠股票期权：受聘、升职、每年一次的业绩评定。薪酬委员会将根据该高级管理人员的工作表现、公司该年的整体业绩来决定合适的股票期权数量。

(3)股票期权行权价的确定方法。行权价不能低于股票期权赠予日的公平市场价格(fair market price，FMP)。当某高级管理人员拥有该公司 10%以上的投票权时，如果股东大会同意他参加股票期权计划，则他的行权价必须高于或等于赠予日公平市场价格的 110%。非法定股票期权的行权价可以低至公平市场价格的 50%。

(4)股票期权授予期(vesting period，又称为等待期)的安排。通常情况下，股票期权不能在赠予后立即执行，需要在授予期结束之后才能行权。高级管理人员只有在股票期权的授予期结束后才能获取行权权(行权的权利)。股票期权的行权权将分几批授予高级管理人员，这个时间安排称为授予时间表(vesting schedule)。行权权的授予时间表可以是匀速的，也可以是加速度的。高级管理人员在获赠股票期权 5 年后才可以对所有的股票期权行权。

(5)股票期权的不可转让性。股票期权是不可转让的，唯一的转让渠道是在遗嘱里注明某人对股票期权有继承权。除高级管理人员个人死亡、完全丧失行为能力等情况以外，该高级管理人员的家属或朋友都无权代替他本人行权。其配偶在某些特定情况下对其股票期权享有夫妻共同财产权(community property rights)。

11.4.3　股票期权的结束条件

激励股票期权从赠予日起 10 年有效，非法定股票期权的有效期限不受限制，一般为 5～20 年不等。如果某高级管理人员拥有该公司 10%以上的投票权，需经过股东大会批准，才可以参加股票期权计划，但是他所持有的股票期权的有效期不得超过 5 年。在高级管理人员结束与公司的雇佣关系以及公司控制权发生变化时，股票期权可能提前失效。

(1)自愿离职。如果高级管理人员自愿离职，中止了与公司的雇佣关系，则从公司和员工都认可的该员工的最后一个工作日起的3个月内，员工仍然可以对持有的股票期权中可执行部分行权。对于尚在授予期的股票期权，离职的高级管理人员不得行权；如果其在离职前根据公司特殊规定已提前行权，公司有权以行权价回购这一部分股票。

(2)退休。如果高级管理人员是因为退休而离职，薪酬委员会有权给予高级管理人员的权利是：他持有的所有股票期权的授予时间表和有效期限不变，享受与离职前一样的权利。需要注意的是，如果股票期权在退休后3个月内没有执行，则成为非法定股票期权，不享受税收优惠。

(3)丧失行为能力。如果高级管理人员在事故中永久性地完全丧失行为能力，因而中止了与公司的雇佣关系，则在持有的股票期权正常过期以前，该高级管理人员或其配偶可以自由选择时间对可行权部分行权。但是，如果其在离职后12个月内没有行权，则股票期权转为非法定股票期权。薪酬委员会有权在赠予股票时或该高级管理人员因丧失行为能力而结束工作时，向他提供以下优惠条件：如同员工仍在公司工作一样，继续施行授予时间表，分期分批授予行权权；加快授予时间表的授予速度。

(4)死亡。如果高级管理人员在任期内死亡，股票期权可以作为遗产转至继承人手中。薪酬委员会有权在赠予股票时或该员工因死亡而结束工作时，向员工提供以下优惠条件：如同员工仍在公司工作一样，继续施行授予时间表，分期分批授予行权权；加快授予时间表的授予速度。

(5)并购。当公司被并购时，股票期权计划中的授予时间表可能会自动加速，使所有的股票期权都可立即行权；或者也可能由母公司接管股票期权计划或将股票期权计划转为基本等值的现金激励计划。

(6)控制权变化。如果发生以下两种情况，可以认定一个公司的控制权发生了变化：公司外的某人或某机构通过持有公司股份，拥有公司30%以上的投票权；在任何一个36月期中，董事会的成员构成发生很大变化：期末董事会成员中，从期初起一直在任的董事人数不足一半。在公司控制权发生变化时，股票期权计划的授予时间表将自动加速，使所有的股票期权都可以立即行权。

11.4.4 股票期权的执行方法

股票期权有以下三种执行方法。

(1)现金行权，即个人向公司指定的证券商支付行权费用以及相应的税金和费用，证券商以行权价格为个人购买股票，个人持有股票，作为对公司的长期投资，并选择适当时机出售股票以获利。

(2)无现金行权，即个人不需以现金或支票来支付行权费用，证券商以出售部分股票获得的收益来支付行权费用。这时，个人需要选择出售股票的方式，一般有三种方式：其一，市场交易委托指令，即以当时市价出售股票；如果股票期权面临过期，必须在短时间内行权，最好采用这种委托指令方式。其二，日限价交易委托指令。如果在当时交易日内，股价达到或超过指定价格就执行交易，出售股票，否则指令自动撤销。其三，撤销前有效交易委托指令。如果在规定时段内(一般为30个日历日)，股价达到或超过指定价格就执行交易，出售股票，否则指令自动撤销。

(3)无现金行权并出售，即个人决定立刻出售对部分或全部可行权的股票期权，以获取行权价与市场价的差价带来的利润。

11.4.5　股票期权的行权时机

一般在以下几种情况下，高级管理人员会考虑行权。

(1)股票期权即将到期，如不及时行权，则股票期权作废。

(2)个人认为公司股价已达到最高点，并且预计以后不会继续上升。

(3)个人急需使用现金。

(4)出于减少税赋的考虑，将大量股票期权分期在各年内分批行权。

(5)个人将在近期内结束在该公司的工作。

股票期权一旦变成股票，可无限期地长期持有，不再像股票期权一样会在 10 年后过期。

案例分享

联想：分红权变股权[①]

1999 年 7 月 15 日，联想总裁柳传志从香港回到北京，心情格外轻松。他决定见见记者，谈谈他们担心已久、追问已久的联想产权问题——在股票推介活动中，他已经向我国香港和国外的基金管理人透露，香港联想的大股东北京联想的产权问题将获突破性进展，其员工所享有的 35%的分红权将明确为产权。柳传志说："对这件事情中科院和政府有关部门都表示支持，我觉得可以谈了。"对柳传志和他属下的 7 000 名联想人来说，最大的一粒定心丸也许来自于 6 月 30 日召开的一次"技术创新大会意见征求会"，会上李岚清副总理明确表示关注联想、四通等高科技企业的产权问题。

在外界看来，联想总是那么"顺"：步子总是那么平滑，又总是能到达目的地。在业务上是这样，在人事更替上是这样，这一次，在最难以逾越的产权沼泽里，也是这样。

联想的英文名"LEGEND"，另一重意思为"传奇"。也许，只有联想人自己才了解构成这一"传奇"的种种要素，比如机缘，比如韬略，比如十余年的等待。

奉献年代

1984 年 11 月 11 日，柳传志和 11 位同事揣着中国科学院计算技术研究所(以下简称计算所)的 20 万元，在科学院南路的一间平房里开始办公的时候，压根儿没想过产权这码事。他说，"文化大革命"时期，我跟大多数人一样，浑浑噩噩。这时候有了机会，我就想看看自己到底能做多大事。

柳传志那年 40 岁整。后来人们都把他当成大器晚成的典型，但当时他倒一点儿都没觉得自己老。在计算所，他是最年轻的研究人员——他 1966 年大学毕业，此后"文化大革命"断档整整 10 年。心态年轻的柳传志埋头创业的劲头也完全像个小伙子。至今联想还流传着他与另一位创业者"十八相送"的故事：两个人在下班的路上共商公司事务，

① 李甬．联想：分红权变股权．南方周末，1999-07-30。

到了其中之一的家，还是言犹未尽，于是又送回来，如此若干次，等说完话，发现已是凌晨两点。

后来柳传志把这些总结为“领导方式”。他说：“创业阶段领导其他人、凝聚其他人，就靠我们几个核心骨干干得更多、干得更好。”“领导方式”还有一条，就是不多拿报酬，不先图享受。创业阶段的艰苦是可想而知的。1985 年，柳传志与一位下属赴香港开会，会后他们打算多待几天，看一看香港的电脑公司。为了省钱，他们决定前往中国科学院(以下简称中科院)驻港工作人员处借住，那里只有一个铺位，柳传志把衣服一撂：“你睡床上，我睡地下。”在香港期间，柳传志坚持只坐电车，不坐公共汽车，因为电车 6 毛钱，公共汽车 1 元。他总结的两条经验相当灵验。与柳传志同赴香港的这位下属后来在北京顶着高烧跑订单，订单拿到手后，两腿一软滚下了楼梯。

联想就这样一步步长大：有悲喜，没有困惑。但是公有制产权问题就像埋在饭里的刺，早晚会被你碰到，让你觉得不是滋味。

1988 年，联想第一次实行承包制，销售经理金开贵大大超额完成任务，按照公司承诺该拿奖金 6 000 多元。当年柳传志的月工资是 200 多元。

柳传志犯难了，不是他心理失衡，而是当时政策规定，奖金如果超过 3 个月的工资，单位要上交 300% 的奖金税。也就是说，金开贵获 6 000 元奖金，联想要拿出 240 00 元。

柳传志当然不会赖账。剩下的办法只有两个：一是硬交奖金税；二是想办法逃税。硬交对柳传志来说无异于割肉。联想 1988 年全年的利润不过 100 来万元，而且，奖金超过 3 个月工资的还远不止金开贵一人。但是逃税，柳传志猛然想到——第一次那么清楚地想到——公司不是我的，这奖金也不是我拿，但出了事，责任是我的。

一心想看看自己能做多大事的柳传志还是选择了逃税。结果出了事，联想罚了钱，柳传志挨了批评。一年以后，有关奖金税的政策被取消。

公有制企业经营者柳传志开始感到，一个公有制企业经营者所要求的奉献精神，也许太多了：不光要吃苦在前享受在后，而且要乐于为公有资产承担个人责任。在又一次经历了类似事件之后，柳传志给当时的中科院院长周光召写了一封信。信中说，现在经营企业很难，不光有决策风险、管理风险，还有政策风险。国家在一天天转型，政策在一天天趋于合理，但是我们的企业老是消极等待，如果不想一点办法，冒一点风险，可能一天都不能生存。这就要求企业经营者不光要有才能，还要有超强的奉献精神。为什么国有企业通常办不好呢？就因为经营者要么因为公有资产无人负责，而浑水摸鱼；要么因为公有资产与己无关，但求无过。

分红权

1988 年联想进军香港，步入新的创业时代。从那时候开始，联想陆续引入了一大批年轻人。

柳传志发现自己的“领导方式”不灵了。自己和其他几名核心骨干还是一如既往地吃苦在前，还是一如既往地享受在后，但是年轻人不领情，他们问：我们为谁工作？一位年轻人甚至在会上公开提出向四通看齐，提高工资，增加办公费用。他说反正是国家的，为什么不多分点？分不了的，为什么不多花点？

柳传志没有把他们赶出联想。一方面，他虽然不能同意他们的结论，但他们提出的问题，正越来越深地触动着自己；另一方面，他们从精力到能力均胜出大部分早期创业者，联想要掘得更多的第二桶金，他们是主力军。

特别是，当一个名叫郭为的年轻人和另一个名叫杨元庆的年轻人相继来到联想并初试身手之后，一个大面积的交接班构思在柳传志的心里几经酝酿，呼之欲出。但是接班易，交班难。早期创业者几乎是赤手空拳，刚刚打下江山又要拱手让出，不要说他们，就是柳传志自己，也通不过。

柳传志的目光又一次逼向产权。如果收缴控制权的同时他们能获得相应的资产收益权，他们会交得平稳，而自己，也会收得安心。除此之外，似乎别无他法。

柳传志开始审时度势。他注意到，在学界和舆论界，公有产权问题的讨论时露峥嵘，并非绝对的禁区，只不过从来也不曾有过明确的政策。“这说明什么呢？说明情况复杂。这时候你就可以体会，你做得好，做得稳妥，是完全有可能单独先行一步的。”

柳传志的第二个判断是：“中国的事情要顺势而为，不能强来，不能急。”他决定边准备边等待。

从 1989 年开始，柳传志一步步提高工资奖金，稳定军心。与此同时，他主动出击，力争东家中科院的更大信任。联想在中科院一直小有口碑，柳传志决定更上层楼。联想对中科院的回报年有增加，至 1993 年达到 200 万元。虽然中科院从来都悉数返还给计算所，但联想和它的领头人柳传志显然留下了好印象。他们的另一个好印象来自于联想的透明度。联想几乎公开了公司的所有事务。年初怎么说的，年底怎么回事，一目了然。

联想渐渐把自己同大多数公有企业区别开来。

联想内部也有人不理解，他们向柳传志抱怨：“院里给我们投资那么少，我们干嘛不向院里要块地，要几幢房子?”柳传志回答：“房子和地对院里来说是最金贵的东西，对我们不是。我们最金贵的东西，他们能给。”

1993 年下半年，联想向中科院提出 35%的分红权。1994 年，中科院批准。

中科院主管副院长严义埙先生回忆道：“那会儿中科院所属的公司，业绩跟联想一个量级的还有几家，但我们就给了联想，因为联想比较规范，联想的经营者考虑企业发展比较多。”

应该说，中科院的确是大度的东家，而联想也的确是体谅的经营者。柳传志没要股权，要的是分红权。因为中科院没有国有资产让渡权，但有利润分配权。另外，35%的比例也是终获批准的因素之一，正如严义埙先生所庆幸的：“如果他要 50%，我们就难办了。”

最富戏剧性也是最能体现柳传志良苦用心的情节在于，1992 年，也就是向中科院提出分红的前一年，柳传志已经把这 35%的分红权在内部分掉了。“如果中科院批准下来，分红权的内部分配也是个大难题。”因为创业者没有一个人投过一分钱，他们之间也从来不曾形成过任何关于资产收益权的合约。“但是在批准之前，空头支票就好分多了。”

但事实上，这个小计谋不可能成为顺利分配分红权的决定因素。真正的决定因素，一是柳传志的权威。联想至此八年，柳传志的地位始终不曾动摇。单就联想产权问题的解决来说，这一点可谓联想之福。柳传志自己也承认："在老同志那儿，我说话还管一点用。"柳传志的牺牲精神应该算做第二个决定因素。获批的35%的分红权又分作三份——其中的35%分给参与创业的重要老同志，20%分给一般老同志，另外45%留给1988年以后进入的新员工，他们共同组成员工持股会。

柳传志没有把自己单列出来，他把自己视作"参与创业的重要老同志"，这个群体由15人构成，一共18份，柳传志拿3份，常务副总裁李勤拿2份，其他人一人1份。在柳传志最早提出的方案里，他自己拿2份，李勤拿1.5份，其他人一人1份，后来中科院分别给他俩上调了一点。

一般老同志为120人，柳传志和其他几位核心领导为他们一一打分，最高者12分，最低者1分。

绝对公平是不可能的，但没有人跳出来声称自己拿得少，因为每个人都觉得，比起该得的那份，拿得最少的是柳传志。老同志们揣着分红权欣然退位。1994年，30岁的杨元庆临危受命，出任集团微机事业部总经理。而在此之前，郭为已经独当一面。年轻的"领军人物"们登上甲板。

此后，"联想号"的节节奏凯早已广为人知。

股权

但是分红权毕竟不是股权。

柳传志继续等待时机。1994年分红权获批之后，联想内部就有人主张趁热打铁，将分红权明确为股权，柳传志按住不让动。他觉得触动太大，可能弄巧成拙。并且，分红权已经足以解决交接班的问题，产权障碍已经暂时退后。

"过了这关咱们再往下说。"柳传志还是老主意——边准备边等待。在他看来，政策环境总体趋好，时机总会成熟。

联想越做越大，高科技企业的发展越来越成为政策关注的焦点。1988年，北京市工商行政管理局透露，中关村2 000多家高科技企业正为产权问题所绊，其中包括一批大企业。北京市市长贾庆林在人代会上承诺，"一定要摸清这批大企业的产权归属问题"。2009年6月，国务院批准建设中关村科技园区。

柳传志提出将分红权明确为股权，中科院表示支持。严义埙副院长说："联想员工持股享有分红权已经5年了，我想最后还是要过渡到股权。"他说："院里思想很统一。之所以以前没做，是囿于有关政策规定，如果现在有所松动，中科院很愿意尝试。"

据悉，这一操作将以认股权的方式进行。中科院高技术企业发展局即将与联想共同组成一个研究小组，一方面报于政府有关部门，另一方面解决其中的具体问题，如以什么价格认股等。

拥有分红权的员工还要追加一笔钱才能获得股权，但数额不会很大，不足部分将由过去的公积金、公益金支付。

严义埙表示："我想不会有太大的问题。并且，不会拖得太久。"

柳传志把它称为"拐大弯"。他说："看准目标，然后拐大弯，不要临时拐急弯，拐急弯容易熄火。"

柳传志不愿意承认他有韬略，愿意说他有妥协性。他一度担心爱将杨元庆不知道妥协，不敢交付更重的担子。为此，他要求杨元庆做三件妥协的事，其中包括将杨元庆的干将上调总部。最后杨元庆做到了。

分红权明确为股权并不能为联想产权变迁划上最后的句号。联想还有 65%的所有权，背后没有自然人。这就意味着，从理论上，联想的决策权掌握在跟联想资产并没有本质关系的“所有者代表”手里。“所有者代表”是不是以联想资产的长期增值为第一目标，具有极大的不确定性。

举个例子，外界一般认为，柳传志将会从杨元庆和郭为两人之中挑出自己的接班人。但是——仍然是从理论上——如果“所有者代表”看他们不顺眼，或者认为他们不听话，他们也只得靠边站。

这样的事情不是没有发生过。中国科学院自动化研究所有个张嘉林，办了个中自公司，80 年代末 90 年代初跟联想几乎同等规模，但所长不由分说把他免掉，自己上阵当了总经理，后来中自一蹶不振。

联想与中自的不同之处在于它们分属不同的所，联想后来更是升格为院属。正如柳传志一再强调的，计算所和中科院，都是好到不能再好的“婆婆”，联想赶巧了。

柳传志称中科院领导“深刻理解市场经济和西方文明”。他们给了联想经营者几乎全部的人事权、财务权和决策权。1996 年，为了使计算所所长换届不至于给联想带来任何不确定因素(依惯例，计算所所长当为联想董事长)他们甚至任命柳传志兼任计算所所长。今年 3 月柳传志卸任之后，新所长也并未同时出任联想董事长，这一职务仍由创业时期的董事长、老所长曾茂朝担任。

柳传志说：“我们这么大个公司，要是换个东家，副部长退了休要来当董事长或是总裁，我能有什么辙？无非弃冠而去。但是中科院没人动过这个念头。我的行为比较长期，没有这种危机感也是原因之一。”

但是在加以制度化或法律化以前，外界可能很难像柳传志自己那样放心。联想有一个很给中国人提气的目标：2000 年实现销售收入 30 亿美元，进入世界信息产业 100 强；2005 年实现销售收入 100 亿美元，接近世界企业 500 强。这个目标并不轻松，联想容不得大的差池。

近期有学者提出，公有制企业明晰一部分股权之后，剩下的公有股份可以考虑转为“优先股”：只有分红权，没有投票权。

不知道柳传志有没有把这一意向定为联想新的目标。但是采访最后，他关于退休问题的回答还是让人欣慰的。他说：“我一定会把产权问题弄得清清楚楚再离任，而且，也有时间表。”

➤本章小结

如何设计一套约束、激励机制激发代理人的工作积极性，最大限度地降低代理成本，既是现代企业改革的关键问题，又是人力资源管理制度变迁的重大目标。因此，经营者激励制度的设计有着极其重要的作用。

企业所有者和经营者之间实行激励劳动合同，即该合同除规定双方最基本的权利和义务外，要明确规定经营者享有企业剩余索取权和控制权，并承担相应的风险，以经营者的劳动贡献(即企业的劳动贡献)来决定对经营者的奖惩；经营者是工人的委托人，并监督工人的工作。

国有企业经营者在享有国有企业的经营控制权的同时必须承担一定的风险。而剩余索取权是一种分享企业剩余的权力，市场交易法则和经济人的理性行为决定了没有经营者会愿意在得不到一点儿企业剩余的情况下去经营他人所有的企业。所以，国有企业经营者拥有剩余索取权也是理所当然的。

企业经营者的薪酬可以分成三个部分：基本年薪、增值年薪和长期激励报酬。

基本年薪主要依据经营者的能力，即“能干什么”来确定，这是劳动的潜在形态。基本年薪包括基本工资和津贴，它主要根据高级管理人员现期或上期(上一财政年度)对公司所做出的贡献而定。因此主要以上一财政年度的业绩以及一些其他因素作为评定标准。

增值年薪主要考虑经营者的业绩表现，即由“在干什么”来确定，这是劳动的现实形态。薪酬委员会主要考虑公司业绩、高级管理人员的业绩、劳动力市场上相似人才的报酬情况。

长期激励报酬主要考虑经营者的贡献，即由“干了什么”来确定，这是劳动的凝固形态或物化形态。其中已考虑了经营者的管理贡献。

股票期权是公司给予高级管理人员的一种权利。持有这种权利的高级管理人员可以在规定时期内以股票期权的行权价格购买本公司股票，这个购买的过程称为行权。在行权以前，股票期权持有人没有任何的现金收益；行权过后，个人收益为行权价与行权日市场价之间的差价。高级管理人员可以自行决定在何时出售行权所得股票。

参考文献

贝尔 D. 1984. 后工业社会的来临．高铦，王宏周，魏章玲译．北京：商务印书馆

布劳格 M. 1990. 经济学方法论．黎明星，陈一民，等译．北京：北京大学出版社

陈仁栋．1991. 人力资源会计．厦门：厦门大学出版社

陈宗胜．1996. 新发展经济学：回顾与展望．北京：中国发展出版社

弗兰霍尔茨 E G. 1986. 人力资源管理会计．陈仁栋译．上海：上海译文出版社

科普兰 T，科勒 T，默林 J. 1997. 价值评估——公司价值的衡量与管理．贾辉然译．北京：中国大百科全书出版社

刘仲文．1997. 人力资源会计．北京：首都经贸大学出版社

马歇尔 A. 1983. 经济学原理．朱志泰译．北京：商务印书馆

舒尔茨 T. 1990. 论人力资本投资．吴珠华，等译．北京：北京经济学院出版社

斯密 A. 1979. 国民财富的性质和原因的研究．见：王亚南．资产阶级政治经济学选辑．北京：商务印书馆

王忠明．2000. 人的暴利．北京：经济科学出版社

魏杰．2001. 企业前沿问题——现代企业管理方案．北京：中国发展出版社

吴文武，牛越生，赖辉．1996. 中国人力资源开发系统论．北京：中国建材工业出版社

徐国君．1997. 劳动者权益会计．北京：中国财政经济出版社

张文贤．1999. 人力资源会计制度设计．上海：立信会计出版社

张文贤．2001. 管理入股——人力资本定价．上海：立信会计出版社

赵秋成．2001. 人力资源开发研究．大连：东北财经大学出版社

周天勇．1994. 劳动与经济增长．上海：上海三联书店，上海人民出版社

Barton R J. 1996. People in business-the cost value issue. Benefits &Compensation International，25(7)：14～18

Becker G S. 1962. Investment in human capital：a theoretical analysis. The Journal of Political Economic，70(5)：9～49

Bontis N，Dragonetti N C，Jacobsen K，et al. 1999. The knowledge to toolbox：a review of the tools available to measure and manage intangible resource. European Management Journal，17(4)：391～402

Bowman M J. 1964. Schultz，Denison，and the contribution of EDS’ to national income growth. The Journal of Political Economic，72：450

Campbell J Y. 1996. Understanding risk and return. Journal of Political Economy，104 (2)：298～345

Chung-B G. 1998. Accounting for changing times-aligning human-resource practices to employees nonwork lives. Marriage and Family Review，28 (1～2)：143～152

Dalmahoy M. 1996. Putting a value on people. Management Accounting-London，74 (2)：27，28

Davidove E A，Schroeder P A. 1992. Demonstrating ROI of training. Training & Development，46 (8)：70，71

Dawson C. 1994. Human resource accounting：from prescription to description. Management Decision，32 (6)：35～40

Dawson C. 1994. The use of a simulation methodology to explore human resource accounting. Management Decision，32 (7)：46～52

Dean J W，Schwindt R. 1995. Business Administration Reading Lists And Course Outlines. Durham：Eno River Press

Grojer J-E；Johanson U. 1998. Current development in human resource costing and accounting reality present，researchers absent. Accounting，Auditing&Accountability Journal，11（4）：495

Janss S. 2001. Controlling communication costs. Network World，18（28）：27

Johanson U. 1999. Why the concept of human resource costing does not work：a lesson from swedish cases. Personal Review，28（1～2）：91～107

Jones R. 1998. Human resource accounting ：with special reference to charitable institutions. Accounting & Business Research，28（3）：229，230

Klase K A. 1996. Accounting for human resource development in the public sector. International Journal of Public Administration，19（5）：661～688

Mince J. 1962. On-the-job training：costs，returns，and some implications. The Journal of Political Economy，70（2）：50～79

Russell P，Vakharia C C E. 1995. Financial accounting of human resource policies. Cost Engineering，37（7）：38～40

Schultz T W. 1961. Investment in human capital. The American Economic Review，51（1）：1～17

Skarlicki D P，Latham G P，Whyte G. 1996. Utility analysis：its evolution and tenuous role in human resource management decision making. Canadian Journal of Administrative Science，13（1）：13～21

Stabile D R. 1993. Accountants and the price system：the problem of social cost. Journal of Economics ，27（1）：171～188

Thompson G D. 1999. Cultural capital and accounting. Accounting，Auditing & Accountability Journal，12（4）：394